世界政治与国际关系译丛·学术名著系列

《世界政治与国际关系译丛》学术顾问（按姓氏笔画排序）

  王正毅 王逸舟 王缉思 许振洲
  宋新宁 张睿壮 时殷弘 庞中英
  金灿荣 倪世雄 秦亚青 袁 明
  贾庆国 阎学通 楚树龙 潘 维

地区构成的世界
美国帝权中的亚洲和欧洲

〔美〕彼得·卡赞斯坦 著

秦亚青 魏 玲 译

A World of Regions

Asia and Europe

in the American Imperium

著作权合同登记　图字：01-2006-2153号

图书在版编目(CIP)数据

地区构成的世界：美国帝权中的亚洲和欧洲/(美)卡赞斯坦著；秦亚青，魏玲译.—北京：北京大学出版社，2007.12

(世界政治与国际关系译丛·学术名著系列)

ISBN 978-7-301-13153-4

Ⅰ.地…　Ⅱ.①卡…②秦…③魏…　Ⅲ.国际政治-研究　Ⅳ.D5

中国版本图书馆CIP数据核字(2007)第182385号

A World of Regions: Asia and Europe in the American Imperium, by Peter J. Katzenstein
Originally Published by Cornell University Press
Copyright © 2005 by Cornell University
This edition is a translation authorized by the original publisher, via Big Apple Tuttle-Mori Agency, Labuan, Malaysia
Simplified Chinese translation Copyright © 2007 by Peking University Press
All Rights Reserved

书　　　名：地区构成的世界：美国帝权中的亚洲和欧洲
著作责任者：〔美〕彼得·卡赞斯坦　著　　秦亚青　魏　玲　译
责 任 编 辑：耿协峰
标 准 书 号：ISBN 978-7-301-13153-4/D·1925
出 版 发 行：北京大学出版社
地　　　址：北京市海淀区成府路205号　100871
网　　　址：http://www.pup.cn　电子邮箱：ss@pup.pku.edu.cn
电　　　话：邮购部 62752015　发行部 62750672　编辑部 62753121
　　　　　　出版部 62754962
印　刷　者：北京汇林印务有限公司
经　销　者：新华书店
　　　　　　730毫米×980毫米　16开本　20.75印张　337千字
　　　　　　2007年12月第1版　2007年12月第1次印刷
定　　　价：38.00元

未经许可，不得以任何方式复制或抄袭本书之部分或全部内容。
版权所有，侵权必究
举报电话：010-62752024　电子邮箱：fd@pup.pku.edu.cn

出版者言

我们一直在呼吁建设独立自主的世界政治和国际关系学科,但在全球化思潮的影响下,学科交叉如此频繁和复杂,实现国际关系学学科的完全自主似乎已成为不可能。但是,世界政治和国际关系的学科建设依然是具有重大意义的事业。为了推动这项事业,我们采取原版影印的方式,组织引进了一批在世界政治和国际关系学科领域颇有影响的国外(主要是美国)教科书,也就是我们已经出版的《世界政治与国际关系原版影印丛书》。在推出那套影印丛书的同时,我们还选择了一批最有影响的学术经典著作,推出了一个影印版的《学术精品系列》,与原版教科书共同构成了一个原文教学和科研的参考大系。

如今,我们在这个大系的基础上,再推出一个翻译版的大系,即现在的这个《世界政治与国际关系译丛》。目前我们把这个译丛分成两个子系列:一是《经典教材系列》,一是《学术名著系列》。

《经典教材系列》着力引进国外著名的世界政治和国际关系专业的大学教科书,按照其侧重点的不同,分别涉及世界政治(或国际政治)、国际关系、国际政治经济学、美国外交政策等等,以期对我国现行的高校教科书体系起到有益的补充作用,同时也起到对照和激励的作用。因此,我们在选择国外教科书时奉行的宗旨是:服务于我国高校的教学和学科建设,向广大大学生和更多读者提供最具亲和力的专业读物。当然,我们的态度以及我们所倡导的态度始终是"拿来主义"的,绝对不主张照搬照抄国外的教学模式和教学内容。国外教科书有其丰富多彩、生动活泼、注重基础、亲和力强的特点,这是我们应该借鉴的,但也有一些弱点,比如主要针对的是其本国的大学生,而且往往带着发达国家的政治"有色镜",这些都值得我们在阅读和使用时加以分辨。

《学术名著系列》则重点选择本专业领域内的名家代表作,侧重学术性、专业性,但不唯流派、不倡门户之见,坚持开放性和多元化的原则,让国内的学术界了解到国外国际关系学术界"百花齐放"的特征,从中感受魅力、体悟精华、掘采灵气,以期对我国的国际关系学术发展起到启迪思维、放宽视野、见贤思齐的效应。因此,我们在选书时既优选长盛不衰的大师经典,也青睐学术新秀的最新开拓;既聚焦于声名远播的方家文墨,也不拒绝学界"孺子牛"的真心书写;既热衷于那些坚守学科自主的佳作,也投好于那些跨越学科篱墙而独树一帜的名品。当然,学术的限度永远存在。学术著作应该是开启智慧的钥匙,而不应该是束缚思维的绳索,我们引进国外学术名著的意旨和诫界也在于此,故亦请读者明辨。

世界政治与国际关系学科的建设是一项系统工程,尤其是其基础部分,更需要各方面的共同努力,我们所做的工作只是这项系统工程的一小部分,希望有更多的教员和学生以及更多的出版界同仁参与到我们的这项工作中来,共同把我国的世界政治与国际关系这门学科推到世界水平上,不仅在世界上创出更多拥有中国自主知识产权的学术成果,而且搭建一个供各国学界同仁交流的学术舞台。

希望我们的呼吁和努力一如蓝天鸽哨,长久地留响于读者诸君的心际!

北京大学出版社
2005 年 3 月 1 日

目　录

序 ……………………………………………………………………（1）

第一章　世界政治中的美国权力 ……………………………（1）
　　美国与地区 ………………………………………………（2）
　　全球化与国际化 …………………………………………（14）
　　多孔化地区秩序 …………………………………………（23）
　　案例与理论 ………………………………………………（38）

第二章　地区秩序 ……………………………………………（46）
　　地区政治：初始时期的美国因素 ………………………（47）
　　亚洲市场网络中的民族资本主义 ………………………（65）
　　欧洲政体中的法律与政治 ………………………………（74）

第三章　地区认同 ……………………………………………（81）
　　亚洲和欧洲的地区认同 …………………………………（82）
　　东方和西方 ………………………………………………（94）
　　德国和日本 ………………………………………………（101）

第四章　地区经济与安全秩序 ………………………………（109）
　　亚洲和欧洲的技术和生产网络 …………………………（111）
　　欧洲和亚洲的内外安全 …………………………………（130）
　　亚洲和欧洲的地区秩序 …………………………………（151）

第五章　多孔化地区与文化 …………………………… (155)
　　日本和德国的文化外交 ……………………………… (156)
　　亚洲和欧洲的流行文化 ……………………………… (168)
　　遥远的世界——20世纪30年代的封闭地区 ………… (181)

第六章　地区与帝权之间的联系 ……………………… (187)
　　与中心之间的联系——美国帝权中的德国和日本 … (187)
　　与周边的联系——欧洲和亚洲的次地区主义 ……… (196)
　　双向的美国化 ………………………………………… (206)

第七章　地区世界中的美国帝权 ……………………… (216)
　　美国帝权 ……………………………………………… (217)
　　欧洲和亚洲的多孔化地区 …………………………… (225)
　　南北美洲 ……………………………………………… (233)
　　南亚、非洲和中东——论点的延伸 ………………… (243)
　　帝权的困境和可能性 ………………………………… (253)

参考书目 ……………………………………………… (259)

索引 …………………………………………………… (297)

序

许多年前,我在康奈尔大学的一个学生对我说:"我对理论不感兴趣。我感兴趣的是了解世界是怎样运作的。"我说:"可以将世界视为一个美国帝权治下不同地区所构成的世界。"这样思考,或许能够回答"世界是怎样运作的"问题。虽然越来越多的学者认为,以地区为研究重心的论述很有意义,但在美国,以地区为研究重心的方式仍然不是教授学生学习国际关系的方法。国际关系的标准教材忽略了地区研究,这类课本重点讨论的是分析框架和抽象模式。① 在最流行的比较政治学教材中,跨地区比较研究也是凤毛麟角。② 如果将地区比较研究与对全球权力和进程的分析结合起来,就会提供一种十分有意义的方式,使人们了解"世界是怎样运作的"。

地区研究的方式与研究国家和帝国、市场和全球化、文明与世界文化的方式之所以不同,关键在于地区具有其特性。有些学者从安全问题出发,研究国家权力和帝国意义。这类理论都有一定的局限性,因为它们没有充分重视新兴的力量,而正是这些力量削弱了这类理论所重视的权力的作用。有些学者研究市场效率,或是研究全球化对社会经济问题的变革性影响,这类研究也有缺失,因为它们忽视了传统的权势统治形式。世界政治研究中对文明和文化的分析往往也缺乏对特性的分析。其中许多研究自造了某些物化的情景,然后据此演化出地缘的同质性和行为体的认同。从另一个方面,其他一些学者则将世界文化简化为一种

---

① 可参见 Gordon 等 2002。
② Huber 2003。

教条,将其与人的有意图行为割裂开来。本书提出一种地区的研究视角,这种视角既涵盖了安全、经济、文化等领域,也关注跨领域力量在不同的领域之中是如何配置和产生作用的。

在写这本书的过程中,必然要涉及一个问题,这就是多年来人们对地区研究在美国社会科学中具有什么作用的讨论。[③] 地区研究的政治和学术动因是在第二次世界大战之后产生的。社会科学研究理事会在一份报告中指出,地区研究是实现三个目标的最有效途径。这三个目标是:在迅速变化的世界中扩大人文研究的作用;将人文研究与社会科学联系起来;在迅速形成的全球对抗中维护美国的国家利益。[④] 冷战结束之后,美国压缩了预算,英语作为全球化时代的通用语言流行开来,同时,数学和统计学被视为更有效、更经济的获取世界知识的工具,其吸引力日渐增强。由于这些情况的出现,在美国,外语训练的重要程度下降。"9·11"恐怖主义袭击之后,美国在阿拉伯语言和对伊斯兰以及中东的了解方面都暴露出明显的弱点。无论是在政府部门还是在学术界,情况都是如此。这就使得关于地区研究的辩论再度产生了新意。

与本书的撰写尤为相关的是出现了一批"基于地区知识"[⑤]的研究成果。这些成果兼容并蓄,既从社会科学、也从人文科学那里汲取了营养。社会科学理论和方法的发展,对于更加深入地理解世界事务是极其有益的,但前提是这样的发展不能与历史学和人文科学的视野分裂开来。传统的学术领域完全集中在抽象的概念上面,所以,与世界各个地区的不同经验只能有肤浅或是抽象的联系。对于分析世界事务来说,历史、语言和地缘知识依然是不可或缺的。但是,如果只专于某一特定地区的研究又会忽视了世界不同地区之间事务发展的相互关联。所以,必须了解世界的某一特定地区,同时又至少熟悉一个特定的社会科学领域,这才不会成为当今社会科学的"文盲"。

地区研究从本质上必然是多学科交叉的研究,因此也就受到了两种观点的批评。一是强调学科性和"科学性"的科学派,二是强调"文化"的文化派。前者重视普遍规律,轻视语境化问题;后者则全然是从人文视角进行研究。罗伯特·贝茨(Robert Bates)从理性主义观点出发,认为如果地区研究使用精致的研究设计,对不同结果的不同解释进行严格的

[③] 以下部分是根据 Katzenstein 2001, 2002a 改写的。亦参见 Rudolph forthcoming; Szanton 2003; "Roundtable" 2002; Biddle 2002, 67—86; Hall and Tarrow 1998。

[④] Hall 1948; Rafael 1994, 92—98。

[⑤] Prewitt 1996a, 1996b, and 2002。

科学验证,就会促进社会科学的研究方式。⑥ 批评者指出了贝茨先入为主的信念和超乎寻常的雄心。⑦ 但是,贝茨及其同事以较为缓和的语气重新表达了他们的观点。无论是在这一重新表述之中还是在他们实际进行的研究项目中,都说明了基于地区的知识具有至关重要的作用。⑧ 持文化观点的批评者则是从文化—人文立场、有时是一种后现代立场来批评地区研究的。⑨ 地区研究将现代国家作为分析单位,这样就把本来十分不稳定的国家身份因素视为不变的因素,并使之具体化。但是,文化派的这种批评实际上并没有击中要害,因为在对跨国关系、非政府组织的全球性活动、跨越国界的社会运动的研究中,基于地区的知识都发挥了最重要的作用。

基于地区的知识为科学派和文化派的学者提供了一个机会,使他们能够意识到各自偏爱的研究方法不可避免地存在缺陷。与20世纪60年代相比,当今的学界发生了可喜的变化:理性主义学者有时愿意承认,理性主义排斥共同知识的根本假定限制了他们的视野。他们现在意识到,在政治游戏的运作之中,参与者是具有相关的知识的,亦即他们具有共同的知识。地区研究虽然受到文化取向的影响,但不时会衍生出通则化的结论,这些结论超越了具体的地域范畴。所以,基于地区的知识是一片肥沃的中间地带,从不同的源泉汲取着丰富的营养。

在撰写本书的过程中,我终于意识到兼容并蓄使人获益匪浅。不同思想之间的智识竞争导致了新思想的产生。比如在20世纪60年代,在传统的地区研究学者与流行的行为主义学者之间出现了意见分歧。双方争论的焦点往往集中在不同研究方法的长处和不足上面。20世纪90年代再次出现了辩论,但这一次的焦点是集中在怎样合理地界定社会科学和地区研究的作用上面,而正是地区研究产生了关于地区的丰富知识。经验实际中会出现与理论不符的现象,这使人们意识到不同的研究途径可以起到相辅相成的作用。比如,在20世纪60到90年代之间,东亚国家将迅速的增长与全面发展结合起来,取得了引人注目的成就。东亚的这些经验是新古典经济学所谓的普适性理论无法解释的。⑩ 同时,东亚福利社会的成长是与人口、经济、政治等因素相关的,这些又不仅仅

---

⑥ Bates 1996.
⑦ Johnson 1997;Elster 2000.
⑧ Bates 1997,1998.
⑨ 可参见 Rafael 1994。
⑩ Kang 2003—2004,166—168.

限于一个地区的范畴之内。构建抽象理论的学者梦寐以求的是未来的图景,届时世界的政治体制会普遍相似;地区研究领域的学者梦寐以求的是过去的图景,因为当时世界不同的地区各不相同,互不往来。⑪ 基于地区的知识是多学科的,这一领域的研究人员会从一般性理论和具体知识两个方面吸取营养。我在本书中正是遵循了这样一种方式。

本书的研究始于20世纪80年代后期。起初只是一些笔记,后来形成了一部专著的提纲。当时,我、布鲁斯·卡明斯(Bruce Cumings)和彼得·埃文斯(Peter Evans)三人计划申请社会科学研究理事会国家与社会结构委员会的资助来做这个项目。我们十分希望能够了解世界不同地区的不同国家类型。但是,此事无果而终,因为冷战的结束使我们三人走向了不同的研究领域。90年代,我组织了两个相关的研究项目,分析欧洲的德国以及日本和亚洲。⑫ 项目结束的时候,仍然有许多颇有意义的问题遗留下来,有些没有答案,有些还根本没有被人提及。所以,我决定自己写一本书。罗杰·海登(Roger Haydon)一直是我的著作的编辑,也是我的老朋友。他从一开头就坚持说美国应该在书中居于中心地位。我原则上同意了他的说法。但是,对于我来说,了解亚洲和欧洲具有更大的学术意义,我不想仅仅选择美国作为我的地区研究中提纲挈领的主线。对"9·11"事件的反思也使我认真思考美国权力的本质,并促使我探寻美国和世界不同地区之间的更为深层的联系。

在撰写本书的过程中,我得到了几个学术机构的研究资助,使我受益匪浅。这些资助支持了我的研究工作,给了我世上最珍贵的商品——时间,即思考和写作的整段时间。阿贝研究资助(1998—2000)使我能够在亚洲和欧洲进行研究,收集资料,采访官员。华盛顿特区伍德罗·威尔逊中心的研究资金(1997—1998)使我得以进行跨地区和地区间的比较研究,并写出了几个经验性案例的初稿。拉塞尔·塞奇研究资助(2001—2002)使我有机会进一步发展我的美国帝权论点,考虑美国帝权与世界地区的关系。后来,我得到斯坦福行为科学高级研究中心的研究资助(2004—2005),使我完成了最后的书稿。除了这些慷慨的资助之外,我还从与一些知名学者的谈话中获益无限。与在不同学科进行开创性研究的学者讨论问题是一种极大的智力享受。他们告诫我,学之愈多,知之愈少。

---

⑪ Kasza forthcoming.
⑫ Katzenstein 1997b. Katzenstein and Shiraishi 1997a.

除了这些令人神情愉悦的访学,我就在康奈尔大学教书,这是我整个学术生涯的美好家园。我的周围是富有挑战性的学生和同事,因此,我总是小心翼翼地论证,时而还会从书稿中返回现实。

在研究过程中,我得到了许多学生的帮助。他们帮助我收集、筛选、核查了大量的研究资料。他们分别对这一研究项目的不同部分提供了宝贵的帮助,有的延续数年。我要感谢康奈尔大学这些优秀、勤奋、充满活力的学生,他们是:布赖恩·鲍(Brian Bow)、雷切尔·格伯(Rachel Gerber)、理查德·赫奇(Richard Hedge)、雷科·黄(Reyko Huang)、安杰拉·金(Angela Kim)、乌尔里克·克罗兹(Ulrich Krotz)、丹尼尔·莱文(Daniel Levin)、凯文·斯特罗姆普弗(Kevin Strompf)。另外,还有拉塞尔·塞奇基金会的贝基·维里奥(Becky Verreau)。

我还应邀到美国、亚洲和欧洲做过许多讲座,阐释本研究项目的不同章节。限于篇幅,我在这里无法一一列举这些讲座。但我仍然希望说明,在这些不同的地方,听众的批评和建议对于启发我的思维是多么重要。在不同的听众面前、以不同的方式表述自己仍不成熟的思想,对我更加清楚地提出自己的论点是不可或缺的。我要感谢所有邀请我讲课的人们,所有参与听讲和讨论的人们,感谢他们使我的思维逐步清晰起来。

我要特别感谢一批博士生和同仁,他们花费时间,专门召集会议,讨论本书的成稿,包括在柏林科学研究中心(2003年5月)、康奈尔大学政府系(2003年9月)、达特茅斯学院(2004年1月)、多伦多大学芒克中心(2004年2月)以及澳大利亚国立大学(2004年3月)等学府召开的会议。在美国和美国之外的地方寻求学术探索的机会使我意识到,单从美国视角思考世界是会产生偏颇的。这些讨论有的是半天,有的长达两整天。讨论证实了我的预期:在世界不同的地方会有不同的反响。比如,我原书稿中有一章的开头称美国在世界政治中扮演了最核心的角色。在达特茅斯和康奈尔举行的讨论会上,人们对此并无异议。但是,在柏林、多伦多和堪培拉,参会者却坚持认为我应该对这个句子做出一点改动,即把"最核心的角色"改为"核心角色之一"。改动虽小,寓意深长。这是一个十分说明问题的例子,表现了世界不同地区的学者的学术研究是不同的,因为他们在智识敏感和政治直觉等方面具有明显的差异。同样重要的是,他们帮助我确定了本书核心论点的最终表达方式。

专家针对书中不同章节提出了批评和建议,这也使我受益匪浅。这些专家包括:彼特·安德烈亚斯(Peter Andreas)、乔瓦尼·阿里吉(Giovanni Arrighi)、布雷特·德·巴里(Brett de Bary)、约翰·博恩曼(John Borneman)、多米尼克·博耶(Dominic Boyer)、维克托·查(Victor Cha)、彼得·埃文斯、理查德·弗里曼(Richard Friman)、格雷戈里·弗赖伊(Gregory Fry)、袋井冈(Oka Fukuroi)、阿尔布雷克特·芬克(Albrecht Funk)、詹姆斯·戈德盖尔(James Goldgeier)、玛丽·戈特沙尔克(Marie Gottschalk)、克里斯·亨默(Chris Hemmer)、伦纳德·霍克伯格(Leonard Hochberg)、斯蒂法尼·霍夫曼(Stephanie Hofmann)、艾达·霍奇克(Aida Hozic)、凯瑟琳·伊瓦塔(Kathryn Ibata)、伊藤瑞子(Mizuko Ito)、江忆恩(Alastair Johnston)、阿图尔·科里(Atul Kohli)、乌尔里克·克罗兹(Ulrich Krotz)、戴维·莱海尼(David Leheny)、沃尔夫·莱彭尼斯(Wolf Lepenies)、戴维·利瓦伊—福尔(David Levi-Faur)、安德雷·马科维茨(Andrei Markovits)、约翰·马修斯(John Matthews)、吉尔·梅罗姆(Gil Merom)、安德鲁·莫劳夫奇克(Andrew Moravcsik)、杰辛塔·奥黑根(Jacinta O'Hagan)、约翰·雷文修(John Ravenhill)、理查德·塞缪尔斯(Richard Samuels)、弗雷德·肖特(Fred Schodt)、马克·塞尔登(Mark Selden)、白石沙耶(Saya Shiraishi)、田波铁矢(Tetsuya Tanami)、和田纯(Jun Wada)和山影进(Susumu Yamakage)。他们就自己审读的章节,纠正了我的错误,同时还往往就整个书稿提出了颇有见地的意见。

对于一个学者来说,最重要的是有人能够将全书认真读完,就如何修改一个不完善的作品,提出严厉、真诚的批评和建议。我在这里对这样做的同仁表示感谢。他们慷慨大度、精辟敏锐,一针见血,使我受益良多。他们是拉维·阿卜杜拉(Rawi Abdelal)、艾伦·卡尔森(Allen Carlson)、柯庆生(Tom Christensen)、马修·伊万杰里斯塔(Matthew Evangelista)、彼得·古尔热维奇(Peter Gourevitch)、德里克·霍尔(Derek Hall)、彼得·霍尔(Peter Hall)、韦德·雅各比(Wade Jacoby)、玛丽·卡赞斯坦(Mary Katzenstein)、罗伯特·基欧汉(Robert Keohane)、乔纳森·柯什纳(Jonathan Kirshner)、戴维·莱廷(David Laitin)、亨利·诺(Henry Nau)、卢·波利(Lou Pauly)、T. J. 彭泊尔(T. J. Pempel)、贾尼斯·斯坦(Janice Stein)、悉尼·塔洛(Sidney Tarrow)、迈克尔·朱恩(Michael Zürn)。此外,康奈尔大学出版社邀请的两位匿名审稿人也在此列。

萨拉·塔洛(Sarah Tarrow),后来还有约翰·雷蒙德(John Raymond),他们改进了我书稿的语言质量。有一个人对我的帮助特别大,他就是罗杰·海登,因为他有对语言无可比拟的把握。罗杰的编辑水平在学术圈子里有口皆碑。他认真编辑了此书,我对此深怀感激。

我将此书献给玛丽(Mary)、泰(Tai)和苏珊娜(Suzanne)——我生活中至高无上的三位一体。

彼得·卡赞斯坦
纽约伊萨卡

第一章
世界政治中的美国权力

　　冷战结束,苏联解体,"9·11"恐怖袭击,反恐战争开始——我们应该如何思考当今的世界政治?我的回答十分简单:我们的世界是一个地区组成的世界,这个世界深深地嵌入了美国帝权之中。几十年之前,赫德利·布尔(Hedley Bull)想像了一个没有冷战的世界,那是一个"更为地区化的世界体系"。① 当时,这仅仅是布尔的一种设想,如今却正在成为事实。

　　为了支持这个基本论点,尤其是观察到亚洲和欧洲的实际情况,我提出了一个由四部分组成的理论。第一,美国帝权,通过整合其领土和非领土权力的行动,对地区产生了深刻的影响。第二,这些地区在制度形式、认同类型、内部结构等方面均有不同。有些地区,比如亚洲和欧洲,有着地区核心国家:亚洲是日本,欧洲是德国。这些国家在过去几十年里一直是美国权力和目标的支持者。其他一些地区,比如拉美、南亚、非洲和中东,则缺少这样连接美国和本地区的桥梁国家。第三,美国政策反映了美国的领土和非领土权力,在这些政策的推动下,全球化和国际化两个进程相辅相成,使得世界成为一个由多孔化地区(porous regions)组成的世界。多孔化地区发展的动力完全不同于过去那种封闭地区所具有的动力。第四,一种垂直关系将地区核心国家与美国、地区与次地区、美国与各个地区联系起来,这种关系从政治上加强了地区的多孔化。美国帝权不仅是塑造世界的力量,而且也是一种重塑美国的体系。

---

① Bull 1977, 261.

这个理论改变了我们对美国帝权、欧洲、亚洲以及它们之间的关系的理解。帝权和地区已经成为坚实的支柱,支撑着欧洲的民主与福利国家,支撑着亚洲的经济发展和民主化进程。这种结构有益地限制了美国的扩张动因,使在美国帮助下建立起来的政体能够和睦相处,而不是与美国希望遏制和击败的强大对手发生危险的冲突。既认识到美国权力的重要意义和特征,也认识到美国权力的局限,这对于美国,对于欧洲和亚洲,都是十分重要的。帝权和地区之间的共存共处保证了一种基本的政治秩序,培养了一种共同道德目标的松散意识,这就使为谋求利益和公正的政治斗争能够在国家和地区政治中得到解决。

美国与地区

我使用"帝权"(imperium)这个概念是为了分析方便,而不是考虑历史的原因。"帝权"这个词的意义在历史上已经发生了变化。正如罗兰·阿克斯特曼(Roland Axtmann)所说的那样,在古罗马,"帝权"指非领土权力。到了奥古斯都时期,帝权才被理解为在罗马新占领的土地上实施权力。② 我在本书中使用这个概念,要表达的意思是:包含领土和非领土两种要素的综合权力。

地区的概念既具有物质意义,也具有象征意义,可以将这个概念理解为行为相互依存和政治实践的模式。③ 地区反映了国家权力和国家目标。由于存在两组因素,地区呈现多孔化特征。第一组是全球和国际进程的融合,第二组是多种多样的关系将地区与地区内外的其他政治实体联系在一起。我认为,全球化是世界体系进程所导致的,地区正是深嵌在这一世界体系之中。全球进程使国家以及国家之间的关系发生了变化。我还认为,国际化是国家体系进程所导致的,构成国家体系的这些国家也构成了世界上不同的地区。国际进程穿越了现有的较为开放的国家边界。最后,地区之所以多孔化,还有一个原因,那就是它们与美国帝权、与地区核心国家、与较小国家、与非国家和次国家行为体之间的联系。

---

② Axtmann 2003, 127. Morestein Kallet-Marx 1995, 337.
③ Deutsch 1981, 54.

美国帝权

欧洲的德国和亚洲的日本是很好的研究对象,可以从它们身上观察到地区是怎样在美国帝权框架中运作的。美国二战以后的利益是遏制苏联和通过使世界经济自由化防止战争的爆发,因此,美国战后的政策将德国和日本牢牢地拴定在美国帝权框架之中。其他地区的重要性相对较低。比如在南亚和非洲,美国没有与地区主要国家建立起紧密的伙伴关系。在南亚,为了遏制苏联在阿富汗的影响,美国对巴基斯坦实行了接触政策,20世纪80年代尤其如此。一个不可避免的结果就是美印关系不佳。在非洲,没有出现可以成为地区领导国家的核心国家。种族隔离政策使得南非无法将其经济和军事力量转化为地区领导力量。尼日利亚仍然在内战、军政权和经济衰退中挣扎。

与此形成鲜明对比的是,德国和日本在无条件投降并被美国占领之后,成为美国的两个保护国,并最终成为地区核心国家。中东虽然对美国利益至关重大,但也像南亚和非洲一样,缺少一个地区核心国家,一个既一贯支持美国又在地区政治中发挥核心作用的国家。在中东,沙特阿拉伯的石油和以色列的安全与美国的重大利益休戚相关。但是,这里没有出现多孔化的地区主义。三种针锋相对的宗教相互争夺,使领土争端成为最重要的问题,致使美国的非领土权力没有施展的余地。沙特政权的政治价值观与美国截然相反。并且,阿拉伯国家认为,由于以色列在美国国内政治中的重要地位,美国不会限制以色列的权力。这就与欧洲和亚洲形成了鲜明的对比。在欧洲和亚洲,北约、美日安保条约和国际经济制度对德国和日本有着限制作用,因而使这两个国家的敏感邻国感到比较放心。

美国在南北美洲有着重要的利益,这比在中东的历史还要长。但是,在这一地区,也没有重要的中介国家或中介国家群出现。美国在其后院的权力和影响一向强大无比。因此,虽然美国在美洲、中东、南亚和非洲四个地区都有重要的战略利益,但是,没有一个地区出现稳定的地区中介国家。所以,尽管一个地区的规范不可能用来衡量其他地区的运作情况,但我们已经可以得出两个初步的结论:一是地区中介国家为数很少,二是多孔化的地区同样为数不多。

美国在二战中取得了对法西斯的绝对胜利,在冷战中也取得了胜利。美国表现出在政治、军事、经济和意识形态方面的强大综合实力,这是美国在世界政治中具有强大影响力的基石。④ 美国权力的根源反映在美国帝权的特征上面。美国帝权结合了两种不同形式的权力。第一是领土权力。领土权力一度是旧大陆和海洋帝国的核心权力，20世纪三场大的战争使得旧大陆和海洋帝国都崩溃了。美国在冷战中建立了包围苏联的庞大基地网络，"9·11"恐怖袭击之后这一网络更为扩大。这显示了美国帝权中的领土权力成分。根据美国国防部发布的统计数字，2001年9月，美国在153个国家部署了25万军事人员。如果将非军事雇员和家属计算在内，人数超过了50万。美国在38个国家设有重要军事基地。⑤ 第二种是非领土权力。关于美国的非领土权力，迈克尔·哈特（Michael Hardt）和安东尼奥·内格里（Antonio Negri）曾做过分析。他们认为，"帝国并非现代帝国主义的一种弱式版本，从根本上讲，帝国是一种新的统治形式。"⑥根据这种观点，在世界政治中存在某些政治逻辑，这些逻辑不是在传统的民族国家层面上运作，而是在其他层面上展开。非领土政治的典型特征是流动式的不稳定性，表现在多重身份、灵活的等级体制、多渠道沟通，以及新的跨国界权威和强制形式的产生等诸多方面。当然，领土性"帝国"和非领土性"帝国"都属于分析上的对立概念或是理性类型。

在20世纪，强大的力量冲垮了领土帝国——一战结束的时候，哈布斯堡和奥斯曼帝国土崩瓦解；二战结束之后，欧洲诸帝国相继崩溃；后来，冷战结束了，苏联帝国也烟消云散。殖民地反对领土统治的力量从社会和政治方面动员起来了，其力量远远超出强制性技术的发展。这些帝国之所以崩溃，部分地是由于对非领土权力的重要资源失去了控制能力，于是帝国从内部开始衰退。哈布斯堡和奥斯曼帝国在20世纪初享有人们对帝国的忠诚和对宗教的虔诚，这是非领土权力。但这种权力资源比重太小，并且越来越小。英国、法国、荷兰、比利时和葡萄牙诸帝国的非领土权力在二战期间大量丧失，因为当时民族独立运动成为重要的政治力量。苏联和东欧的共产党在二战期间展开了英勇卓绝的反对德国法西斯的战争，这使得它们在1945年之后积蓄了意识形态资本，但到了1989年这些资本已经消耗殆尽。

非领土权力对于英帝国来说也是至关重要的。英国的影响力超出

---

④ 在抽象层面，我对美国帝权的思考受到以下学者的影响：Michael Mann 1986，1993，2003，and Franz Schurmann 1974。
⑤ Johnson 2004，4，154—160。
⑥ Hardt and Negri 2000，xii，146。

了对殖民地正式的领土控制。英国的"帝国主义自由贸易"⑦远远超出了英国殖民地的领土疆界,延伸到奥斯曼帝国的埃及地带和中国广袤的大地上面。阿根廷本土并没有军阀混战,但这也未能阻挡英国深入这个富庶的国度。美国帝权也有相似的传统。上个世纪之交,自由贸易和对重要市场的非正式控制,与占领殖民地和维持殖民地政权相比,在意识形态上是比较容易被接受的,在经济上也是代价较低的一种做法。"门户开放"成为推动美国扩张的唯一原则。对于美国的决策者来说,非正式地渗入外国社会并控制外国市场是美国自由资本主义活力冲动最受珍视的张扬,是美国必然要带给世界的东西。1945年之后,美国多国公司发展起来,这就既支持了自由主义的立场,也强化了现实主义的观点。前者认为国家主权已经"无足轻重",而后者则认为政治"风暴"正欲笼罩多国公司。⑧ 全球化理论从过去30年的历史中汲取了经验,认为传统主权理念已在消退,新的治理形式正在出现。

美国帝权反映出权力的双重特征。它与大英帝国和苏联帝国都有相似之处。1945—1947年,美国取代了英国的地位;后来美国又与苏联争锋夺势。非领土权力对于美国帝权比对大英帝国更为重要。与苏联帝国相似,美国帝权的核心是兼具领土和意识形态双重意义的"集团"。但是美国帝权同前面两个帝国之间的差异远远大于相似之处。⑨ 与这两个帝国相比,美国帝权的范围更广,渗透更深。苏联帝国虽然使用了或是直接或是通过代理人的方式渗入古巴、非洲之角和南亚,但苏联帝国的影响主要还是局限在其周边。而美国帝权却是延伸到整个世界。英帝国在边缘地区形成了联盟,但在作为"大国政治心脏"的欧洲大陆的力量却很虚弱。美国帝权则不同。在二战中打败法西斯国家之后,美国帝权便从世界的中心实施统治。六大权力中心只有两个(苏联和中国)不在美国的帝权范围之内。其他四个(美国、英国、包括联邦德国在内的西欧和包括日本在内的东亚)则全然整合为一。与持续了几个世纪的英帝国不同,美国帝权是从19世纪末开始的。现在还没有迹象表明美国帝权已经开始衰退。当然,21世纪初美国举国上下令人担忧的骄胜心态和乔治·W. 布什政府草率的财政政策则可能会是美国衰退的先期征兆。

在不同的政治环境中,"帝权"表示正式和非正式的统治体系、平等

---

⑦ Gallagher and Robinson 1953.
⑧ Vernon 1971, 1977.
⑨ Lundestad 1990, 47—48.

和不平等的混合政治关系。美国帝权正在创造一种世界政治,它既会产生动力,也会形成制约。美国帝权包含的两种权力成分——领土权力和非领土权力——在重要性上会交替消长。孰消孰长,要根据美国国内相互对立的联盟之间的政治斗争而定。在这些国内斗争中,谁胜谁败会影响到美国对世界政治中多孔化地区做出的外交政策反应。

对于分析 20 世纪美国在世界政治中的作用,无论怎样表述,都会引起人们的困惑。[10] 有人将帝国的概念视为非褒非贬的中性词,仅指一种等级式的政治关系。有人用这个词表示一个特定的历史时期:一个强大的国家正式或是非正式地控制另外一个国家的内外事务,比如 19 世纪后期的"帝国主义时代"。还有一些人使用专门的标记,比如将"帝国"一词置于引号之中[11],或加上限定性形容词,比如"类似于帝国"或"准帝国"等。[12] 有时,人们也会使用霸权的概念,但这样往往会遮蔽了权力的双重性特征之间的差异,即一方面是物质性、领土性和以行为体为中心的特征,另一方面是象征性、非领土性、体系层面的特征。布鲁斯·卡明斯写道,霸权"极少被理解成其原本的意义"。而这种原本的意义正是我称之为美国帝权所要表达的意思。[13]

世界的地区

什么是地区?[14] 从广义上讲,有三种方式定义地区。第一种是物质主义的传统地缘政治理论的定义;第二种是理念主义的批判地缘理论的定义;第三种是行为主义理论的定义。我认为,物质主义和理念主义理论各自包含了重要的但又是不完整的内容。我依照地区秩序的视角,将两种理论的定义融合起来。地区秩序具有各自明显的制度形式,这类制度形式既会改变行为和政治实践,也会被行为和政治实践所改变。

无论国家和政治情势有何不同,所有地缘政治物质主义理论家都认为,国家之间争夺领土的战争是不可避免的。[15] 有些人认为陆地与海洋的战略重点之间有着根本的区别。比如,阿尔弗雷德·塞耶·马汉(Alfred Thayer Mahan)认为,海洋力量是美国崛起为世界大国的根本。俄国

---

[10] Lundestad 1998, 1—4.
[11] Lundestad 1990.
[12] Maier 1989, 274, and 2002, 28.
[13] Cumings 2000, 18.
[14] Mansfield and Milner 1997, 3—4. Lake and Morgan 1997, 11—12.
[15] Polelle 1999. Camilleri 2000, 1—14.

在 19 世纪的时候通过向亚洲的扩张聚集了大量的防卫力量。⑯ 但是,俄国没有不冻港。在海洋大国看来,这是俄国作为一个大国的弱项。不过,也许正是因为没有不冻港,俄国集中精力和资源,在陆地上向东挺进,扩张领土。像英国或美国这类海洋国家是无法征服俄罗斯帝国的核心地带的,但可以在周边地区控制俄国。继马汉之后,哈尔福德·麦金德(Halford McKinder)提出了历史中枢理论,尼古拉斯·斯派克曼(Nicholas Spykman)提出了欧亚大陆心脏及其沿海边缘理论。马汉认为,俄国的历史中枢地位可能会形成对欧洲、亚洲和非洲这三个相互连接的"世界岛"的统治。斯派克曼认为,如果俄国控制了欧亚大陆的边缘地带(即西欧和东亚),它就会统治整个世界。英国和美国可以制衡也可以打破这样的控制,最有作为的地方就是在边缘地区。简言之,地域与权力竞争的战略和动力是密切联系在一起的。

其他地缘政治理论家完全集中在领土问题上面。第二次世界大战之前,卡尔·豪斯霍弗(Karl Haushofer)认为当时有三个崛起大国——美国、德国和日本。这三个国家挑战英国的霸权。美国、德国、日本三国在各自的势力范围之内都是主导国家:美国在拉美、德国在欧洲并延伸至非洲和中东、日本在西太平洋。豪斯霍弗认为,这几个崛起的"大地区"正在成为世界政治中至关重要的基本单位。二战结束之后,德国和日本成为战败国,英国几代理论家仍然以三极地缘政治的思维方式来考虑问题。⑰ 他们认为,二战中的三个战胜国,美国、英国和苏联,会分别统治世界的某个地区。乔治·奥威尔(George Orwell)在他的小说《一九八四》中描述了一幅令人毛骨悚然的图画:世界分为大洋洲、欧亚洲和东亚洲三个地区集团,地区集团之间是全面的备战与连年的征战。

事态发展与奥威尔的预测全然不同。世界出现了两极而不是三极,这与美国地缘战略分析的预测相似。西欧和东亚是欧亚大陆的边缘地区,成为美国极其重要的战略地区,乔治·凯南(George Kennan)在 1947 年做出的著名论断成为事实。⑱ 于是,传统的地缘分析重新受到重视,但与以前的研究并不尽然相同。在美国执行其新的冷战战略的过程中,"遏制"这个词的意思已经不仅仅局限于地缘范畴了。它成为捍卫一种生活方式中的宗教和文明价值的标志。

---

⑯ LeDonne 1997.
⑰ Taylor 1990, 1992.
⑱ Kennan 1947, 1994.

传统的地缘政治与纳粹的"生存空间"概念联系在一起,因此,1945年之后,社会学和政治学基本上不再使用地缘政治的术语了。但是,从70年代起,尤其是自冷战结束以来,地缘政治的概念在法国、德国以及其他欧洲国家再度兴起。[19] 例如,在80年代,德国历史学家展开了一场激烈辩论,焦点就是德国在地缘方面的中心位置。保守派认为德国居于欧亚大陆的中心部分不是一件好事,因为这种地缘位置是德国偏离正道的原因。自由派反对这种对地缘政治理论的简单化解释,坚持认为应该弄清楚德国特殊论的社会和政治原因。虽然论战十分激烈,但双方都认为,冷战使得西德能够有机会与西方建立坚实持久的关系。回过头来看历史的话,德国的东西领土分治和北约的安全保障使德国能够与大西洋主导国家——美国、英国和法国——发展密切友好的关系。

冷战结束之后,"地缘政治"再度兴起,因为专家和社会科学家试图重新解读这个全然不同的新世界。约翰·米尔斯海默(John Mearsheimer)提出了一个现代版本的地缘政治逻辑。他认为,水域的阻挡力量使得全球霸权成为包括美国在内的任何国家都无法实现的目标。米尔斯海默写道:"统治世界的主要障碍是,国家难于将自己的实力越洋投射至另一个对立大国的领土之上。"[20] 根据他的观点,像美国和英国这样的世俗国家,与其他国家相比,既不能说雄心不足,也不能说更加珍爱和平,只能说美国和英国更加受到地缘条件的限制。美国和英国发挥着离岸平衡国的作用,进可以干预,退可以撤离。大国最多可以成为地区霸权国。历史上其他大国也曾试图称霸地区,但在近现代史上,美国是第一个真正的地区霸权国。

米尔斯海默的理论完全是简单化的理论,精致简约,但却是空中楼阁。水域当然是陆地权力投射的障碍,但是并非所有帝国都是陆地帝国。比如,对于最为重要也是历时最久的西方帝国,地中海就没有形成障碍。罗马帝国轻易地使其实力越过地中海水域。罗马征服了所有的沿地中海地区,地中海也就成了罗马的内湖。[21] 进而,山地也可以构成重要的屏障,阻止陆地国家的地缘扩张。乔舒亚·爱泼斯坦(Joshua Epstein)曾具体讨论过美国和苏联在海湾地区可能发生而未发生的冲突,

---

[19] Gray 1977.
[20] Mearsheimer 2001, 41.
[21] 我感谢伦纳德·霍克伯格(Leonard Hochberg),他向我指出了这一点。我还要感谢他对本节内容的初稿提出的批评和建议。

这一事件说明了山地的屏障作用。㉒ 日本帝国在20世纪30至40年代入侵亚洲大陆。水域并没有阻挡住日本，反对日本侵略的国家国力不强才是导致日本入侵的一个原因。㉓ 1850年之后，美国停止了对加拿大和墨西哥的征服行动。之所以如此，不是水域阻挡了美国，而是世界政治中发生了更为重要的变化：作为帝国主义征服对象的国家内部兴起了民族主义和社会运动。㉔ 米尔斯海默使用传统地缘政治理论的时候，忽视了一些至关重要的因素，包括相对实力、控制领土的成本和收益、结盟态势、民族主义、制度以及国家内部的意识形态等等。

兹比格纽·布热津斯基（Zbigniew Brzezinski）曾经分析过美国霸权与作为世界地缘核心区域的欧亚大陆的关系。他以与米尔斯海默类似的方法，在其分析中使用了地缘政治的逻辑。㉕ 一方面，布热津斯基使用了自由主义理论分析美国的权力要素，其中包含了软实力和文化权力，但布热津斯基研究的最重要贡献在于他修正了地缘政治理论。冷战之后，布热津斯基呼吁建立法国—德国—波兰—乌克兰结盟，以便抗衡俄罗斯在欧洲的实力。布热津斯基的主张完全改变了欧洲以海洋为主的边缘地带理论，转而提倡以大陆为主的地缘战略。布热津斯基提倡地缘政治，在俄罗斯国内政治辩论中地缘政治也重新得到支持，两者不谋而合。俄罗斯民族主义者，包括日里诺夫斯基（Vladimir Zhirinovsky）和久加诺夫（Gennady Ziuganov）等人，一度认为，俄罗斯恢复大国地位是历史规律的必然，但是，他们现在将希望寄托于地缘方面：他们不再重视历史这一时间纬度，而是转而重视地缘这一空间纬度。无论是沿着马克思主义还是民族主义道路向前迈进，似乎俄罗斯复兴都充满了希望。查尔斯·克洛弗（Charles Clover）写道："欧亚主义成功地调和了原本充满矛盾的共产主义、宗教原教旨主义和民族基旨主义等思想。欧亚主义……已经成为一种统合型思想，吸收了后苏联时代兴起的各种政治思想中的激进成分。"㉖

这种"整合型的地缘理论"表明了理念的、批判的地缘理论的中心思想，即：地区是由政治因素造就的。㉗ 这类理论包括不同的派别。其中强

㉒ Epstein 1987, 44—97.
㉓ Mearsheimer 2001, 264—265.
㉔ Mearsheimer 2001, 488.
㉕ Brzezinski 1997.
㉖ Clover 1999, 13.
㉗ Reuber and Wolkersdorfer 2001.

调政治经济内容的派别将地区视为资本主义生产过程的空间表现形式，将核心和边缘区分开来。强调文化内容的派别将地区视为某些集团选定的集体符号，用来主导地理世界上某些具体的地域。

约翰·鲁杰（John Ruggie）认为，在现代国家体系中，"空间不是自然界给定的东西。空间是人们在某种意义上发明的社会性建构"。[28] 根据这种观点，米尔斯海默在其理论中未加质疑地提出的水域可以阻断权力的观点，对于菲利普·斯坦伯格（Philip Steinberg）来说就成为质疑的对象。斯坦伯格揭示了一个问题：对水域的不同理解是以政治为依据的。例如，"对于'非领土性质'的印度洋，人们可以将海洋理解为分割不同社会的非社会空间；对于具有高度领土性质的'密克罗尼西亚'人们则将海洋理解为是陆地的延伸，并以这种方式来对海洋进行管辖；而对于复杂的'地中海'，人们又可以将海洋视为不被任何人占有的、但却是各方展示社会权力和进行权力竞争的合法场所"。[29] 人们可以用同样的方式理解陆地。争夺宗教圣地引发的冲突说明的是一个全球性现象。[30] 陆地不是自然界定的，也不具有统一不变的意义。它对于不同的人有着不同的意义。宗教圣地对于不同的人群来说越是重要、越是不能与他人分享，它所引发的领土冲突就越是难于以和平方式解决。所以，地域的宗教性内涵、陆地板块之间的距离等因素会使陆地不同于海洋，将不同的陆地板块分成根本不同的地区，并使之成为人类合作和冲突的地域。

由于批判地缘理论强调空间边界的变动性，所以，如果将这样的地缘理论用于欧洲和亚洲，便会与以"历史性地区"为主的传统地缘政治理论发生矛盾，并会使人从这种矛盾中得到启发。例如，"欧洲"这个概念在不同时期产生过什么不同的意义？[31] 对于希腊人来说，他们西北方的地域是欧洲，这与亚洲和非洲是完全不同的，因为亚洲在其东方，而非洲在其南方。这种理解在十字军东征和 1500 年之后发生了变化，因为信奉基督教的欧洲征服了世界。信奉基督教的、扩张的欧洲后来又得到了新的诠释：由于启蒙运动，欧洲被视为现代化的地区，因此不同于世界其他地区。欧洲成为进步的象征。作为文明世界的唯一中心，欧洲的价值观念被说成是具有普世意义的。在这个世界上，欧洲是"非亚洲"。在发明"东方"这一术语的时候，便假定欧洲为"西方"。西方的统治是负责

---

[28] Ruggie 1999, 235.
[29] Steinberg 2001, 207—208.
[30] Hassner 2003. White 2000.
[31] Pocock 1997. Taylor 1991.

任的统治而不是专制式统治;西方充满活力而不是死水一潭;西方是理性的而不是非理性的。二战结束之后,人们对欧洲文明的兴趣,在欧洲经历了最黑暗的10年之后再度兴起,这反映了欧洲被两大非欧洲国家分割的经历。一方面戴高乐表现出反美意识;另一方面东欧国家坚持认为苏联是亚洲国家,所以苏联的占领属于异类入侵。冷战的结束也是大西洋欧洲的终结。所谓的大西洋欧洲就是西方的、民主的、自由的、当然首先是反对共产主义的欧洲。现在,人们正在接受一个新的不同概念:新戴高乐主义的欧洲,即一个传统意义上的强国,正在兴起;一个由诸多毗连的较小国家组成的欧洲,它们反对在兴起的欧洲政体中任何国家夺取统治地位的企图,提倡各国保持各自的民族多样性;同时"为欧洲人的欧洲"这样的口号也提出来了,它们用这样一个既充满威胁但又凝聚人心的口号对应迅速增多的外来移民。

　　从批判地缘政治理论的角度来看,东亚还没有形成一个经历着相似的经济社会变革的国家联合体。地方具体差异的纵横交错和跨国结构影响到地区一体化的形成过程。[32] 地区的形成是各种人际联系的结果。在亚洲,这类人际联系是等级性的,是以不同的城市为中枢形成的,基础是不同的历史渊源。比如东北亚以中国为中心的朝贡体系和东南亚的前殖民地海洋体系等。"东亚"作为一个概念,缺少明显的中心点或共同的传统。对于有些国家来说,比如美国和日本,使用亚太地区和环太平洋地区的概念,就意味着将亚洲视为包括这些国家在内的地区。这些新的概念是制度化语言的产物,布鲁斯·卡明斯将其称为"环洋峰地"(rimspeak)。[33] 这个词可能过于直白,不太顺耳,但毫无疑问它具有政治含义。这个词抓住了、也反映了亚洲的政治、经济、文化进程,这些进程创造了人与人、地方与地方之间的新型关系。批判地缘政治理论强调话语政治,认为这才是定义地区的唯一要素。帕特里克·摩根(Patrick Morgan)参考了大量将地区主要视为符号建构的研究文献之后,坚信"如果人们希望加强国际政治研究,就不能仅仅从地理意义上界定地区"。[34]

　　摩根的观点可能过于偏激。地区既有物质性意义,也有理念性意义。人们难以确定一致认同的"欧洲"或是"亚洲"的边界,这并不意味着政治行为体不再使用并不再从政治上理解地区这一术语。比如,东亚地区的定义包含了东南亚和东北亚,主要有东南亚联盟(东盟)加

---

[32] Bernard 1996. Nonini 1993, 162.
[33] Cumings 1993.
[34] Morgan 1997. 20.

上中国、北南朝鲜和日本;同时它不包括北美、澳大利亚、新西兰、南亚（即英国殖民地和英帝国控制的地区）。这样一个东亚的概念,一方面受到各种质疑,另一方面,对于建立亚洲和东亚地区主义的诸多倡议来说,它又是相当稳定的一个定义。进而,基于传统中华文明和文化共性的东亚概念表达了一种天然的国际不平等意识,已经淡化。而新加坡提出的地区定义强调了地区的互动和国家的平等,这样一种定义逐渐被接受了。㉟

在欧洲扩大的过程中,欧洲的意义也在发生变化。欧洲各国政府一直为一个问题所困惑:俄罗斯和土耳其是不是欧洲国家。各个次地区的边界——特别是中欧、中东欧和东欧——极其迅速地发生着变化。冷战的结束使世界政治发生了变化,原来是中心明确、严格划界的环境,国家极力维护疆界的不可侵犯,而现在领土、意识形态、问题领域等因素的边界却变得相互交错、模糊不清、日趋淡化。㊱ 但是,概念上的模糊不清并没有影响"欧洲"、"亚洲"作为政治参照物的意义,因为它们的含义显然不同于德国、法国、日本、中国这些国家,也不同于柏林、巴黎、东京、北京这些城市。

第三种理论是地缘行为理论。这类理论集中讨论地区是怎样被政治实践活动塑造和再造的。地区是物质性结构,具有影响行为的作用。地区也塑造和反映了变化中的政治实践活动。空间具有行为属性。比如海洋/陆地领土之间的区别。在分析国内政治的时候,学者已经使用了强调海域重要性的理论,用这样的理论来分析国家之内的发展问题而不是国家之间的关系。㊲ 当商人开始利用海运带来的经济机会的时候,海河港口城市的居民也就开始沿海岸河岸建设外向型的商业基地。这些地区完全不同于内向型的、重商主义的内陆地区。同样的逻辑也可以用于国家之间的关系。比如,在20世纪40年代,卡尔·多伊奇（Karl Deutsch）研究了促成国际文明和中世纪统一兴起和最终衰退的经济条件。在远距离贸易难以通达的广袤的内陆地区,交通运输方式的变革和成本的降低是这些内陆地区大型商业中心得以发展的允容性条件,但却不是决定性条件。对于商业活动促成的生产专业分工来说,同样如此。㊳

㉟ Evans 2005, 197—198.
㊱ Jowitt 1992, 307.
㊲ Fox 1971. Hochberg 1986. Fairbank and Goldman 1998.
㊳ Deutsch 1944.

另外一个例子是当年的"大加勒比地区",也就是以种植园为主的美洲地区。㊴ 从东北部的巴西一直延伸到美国的马里兰,这一地区因奴隶贸易而实现了经济上的整合。在 17 至 19 世纪,这个地区是极端重要的。但在今天这一地区已经不复存在。所以,地区不仅仅是一个地理事实,也不仅仅是意识形态概念。地区表现了人的实践活动的变化。经济发展、军事扩张、与某些特定地区的象征性认同,都会随着时间的推移而发生变化,并且,特定地区的边界和主要特征也会随之发生变化。

大量的研究发现,地缘因素会对行为产生直接或间接的影响。㊵ 比如,地理上的距离影响到商业交换活动的频繁程度和战争发生的可能性。考古学研究发现,对于罗马帝国来说,海洋和江河的运输成本要远远低于陆地运输。与莱茵河边界之外的日耳曼部落做生意成本最高。㊶ 经济学家的数据表明,地理距离对于国际贸易流动的影响是巨大的。㊷ 2 500 英里的距离可以使贸易降低 82%,股本交易降低 69%,对外直接投资(FDI)降低 44%;如果距离延长到 4 000 英里,那么,这三组数字将分别上升到 97%、83% 和 58%。㊸

人们做出的选择对其后的行为也会产生影响。在北美,人们更愿意在加拿大或是美国国内经商,而不是穿越美加边界进行贸易。愿意在国内经商的人数比跨国界经商的要多出 10 到 20 倍。所以,美国和加拿大的铁路建设也是各自分别沿东西两线展开,经济活动随之跟上。克里斯托弗·韦(Christopher Way)的研究也是一个例子,说明了地理对行为的影响。根据战争和贸易数据,他发现,在欧洲、亚洲和非洲有着十分相似的现象:贸易往来越多,冲突次数越少。但在中东,这一现象却不明显。而在拉美则根本没有这种现象。㊹ 因此,地理距离在不同的地区对于冲突与合作的影响是不同的。所以,我们虽然有着统计数据,表明地理会对行为产生重要影响,但这并不能帮助我们理解,到底是什么不同的因素在相互发挥作用,最终导致了这些行为的发生。

㊴ Taylor 1988, 262.
㊵ Storper 1995, 1997.
㊶ Greene 1986, 40. 我感谢伦纳德·霍克伯格,他提醒我注意格林(Greene)的著述,尤其是这里借鉴的部分。
㊷ Frankel 1997, 37, 118. Isard 1956, 55—76.
㊸ Hirst and Thompson 2002, 258.
㊹ Way forthcoming. 这种特殊性不是由于美国巨大的影响力。如果把涉及美国的双边冲突排除在统计数据之外,整体结果也不会发生多大的改变。韦将拉美的反常案例存疑,留在以后研究。

总之,物质主义、理念主义和行为主义的地缘理论都包含了有益的内容,但这些理论又都具有片面性。我在本书中试图将这些理论融合起来形成一种视角,强调不同地区秩序的不同制度形式所具有的重要意义,指出这类制度形式塑造了政治实践、同时也被政治实践所塑造。[45] 实际上,其他一些有意义的政治现象,其概念的边界也是模糊不清的。维特根斯坦(Wittgenstein)关于"游戏"的论述也适用于"地理":我们没有明确界定的概念,我们只能使用熟悉的相似概念,这种相似概念是处于一个事物的不同表现形式之间的东西。[46] 地缘具有物质性和象征性两个侧面,它在不同国家集团之间构建了跨问题领域的高度行为相互依存状态。

我在本书中提出,地区由于诸多进程的作用而变得多孔化了,不同地区有着十分不同的制度形式。有些地区具有支持美国权力和目标的核心国家,有些地区没有这类国家,这也是因地区而异。在美国占主导地位的时代,这些地区因素对世界秩序产生的影响是至关重要的。

全球化与国际化

当前世界政治中的地区主义有一个重要的特征,这就是地区多孔化。新闻记者和政治家常常使用地区"集团"的概念。他们认为,传统的国际政治仍在得以复制,只不过是在为数不多但幅员更大、权力更强的地区之间展开。这是完全不符合事实的。全球化和国际化的进程使得地区变得通透起来,并且,这种变化与美国帝权的权力和目标往往是一致的。

自从冷战结束以来,全球化和国际化主导了公众的讨论和学者的研究。虽然这两个术语往往混用,但我认为它们表达的意思是十分不同的。[47] 我将全球化定义为超越空间和压缩时间的进程。全球化对于世界政治来说具有全新的变革性作用。我将国际化定义为以领土为基础的跨国界交换进程。国际化是国际范围内国家体系进化的基本延续。全球化彰显了世界政治中新的行为体的兴起和新的关系的出现。国际化

---

[45] 这一思维方式很像以前解决多元主义和马克思主义之间学理争论的方式。当时的解决方式最终引发了一连串富有成果的研究,内容是民主和资本主义的各种不同的制度秩序。

[46] 感谢帕特里克·撒迪厄斯·杰克逊(Patrick Thaddeus Jackson)向我指出了这一点。

[47] Hirst and Thompson 1996, 185, and also 8—13.

则表示原有行为体持续的重要性和原有关系的进一步加强。⑱ 基于领土的国际进程使得国家行为之间的差异得以继续存在;非领土的全球进程则将国家之间的差异推向融合,同时也催生了许多为切实适应全球变化而启动的地区进程。例如,在全球经济中,跨国公司削弱了国家的公共政策,并往往将公司行为归拢到一个全球一致的完善标准上面。但是,全球性的公司政策也引发了许多地方性的对应行动,有些支持全球性政策,有些则是反对这类政策。在国际经济中情况就不一样了,政府政策继续使国家经济努力适应采取不同战略的多国公司的运作模式。

全球化

冷战结束之后,美国成为世界上唯一的超级大国,全球化一度成为记者、商业家和政治家描述世界政治时喜欢使用的词语。1971年,一个储存了800种经济和商业刊物的大型国际数据库在其数据中没有一个包含"全球"或"全球化"的文章题目。到了1995年,这类文章题目达到了1 200个。⑲《纽约时报》和《华盛顿邮报》上包含"全球化"一词的文章在90年代后期"几乎是呈直线飙升的态势"。⑳ 专栏文章和新闻电讯稿也在大谈特谈全球化带来的福气或是灾难。但是,如果将这种概念形成过程中的变化简单地视为"全球化妄言"而不屑一顾,那就大错特错了。这种世界范围内公共话语的全面变化,可能与当年创造"国际化"一词具有同样重要的意义。据说,"国际化"是边沁(Jeremy Bentham)在18世纪后期发明的。㉑

技术变化是在相互交错的社会和地理空间中发生的。全球化指的是创造新的"跨国"空间,这正在侵蚀传统的、领土形式的社会和政治生活。新的全球空间或是替代了旧的领土空间,或是与之共存。当今的生活中出现了许多平常和不平常的事情。导弹可以在几分钟内摧毁地球上任何一个地方。互联网在几秒种内就可以将世界各地的人连接在一起。跨国公司的营销战略针对的是整个世界,工厂生产出来的部件被运往全球各地进行装配,全球变暖影响所有在这个世界上生活的人,好莱坞电影的生产和销售瞄准的也是全球各地的观众。

技术正在制造一场通讯革命,它大大加快了信息、工业产品和金融

---

⑱ Scholte 2000, 49.

⑲ Reinicke 1998, 234 n. 20.

⑳ Henwood 2003, 17.

㉑ Scholte 2000, 43—44. Taylor 1995, 1.

资本的流通,从而缩小了空间、缩短了时间。对于越来越多的人来说,他们之间的社会性互动越来越不受地理距离的限制。卫星技术、数字技术和光纤技术的发展大大降低了交通运输的成本,使得人们之间的"联系"更加紧密无间。一个称为里斯本集团的学术专家委员会以强烈的语言表达了这种景象。他们说:第一、第二和第三世界之间人人皆知的差别被消除了,"全球世界是根本性重组的必然结果。……全球化进程标志着国家体系作为人类活动和互动的最高组织形式,正在开始消亡"。㊾

全球化理论家收集的数据表明,变化是迅猛的。20 世纪 70 年代早期,国际相互依存程度开始接近 19 世纪后期的水平。从那时起,经济、军事、技术、生态、文化、移民、政治等方面的交往都在迅速扩展。无论是以绝对数字衡量,还是以与国内的流动速度相比,都反映了跨国交往的高速增长。新兴技术也在迅速发展。例如,整个 90 年代,世界万维网的使用率以两位数的高速度增长。在生产的全球化方面也发生了深刻的变化,到 90 年代达到了历史最高水准。这些宏观层面的趋势是由微观方面的变革驱动的。查尔斯·奥曼(Charles Oman)认为,创造全球化的是"诸如公司、银行、个人等个体行为体的行动。他们的行动通常是为了追求利润,也往往是由竞争的压力推动的。因此,最好将全球化理解为一种微观经济现象"。㊿

全球化创造了复杂的文化和社会分化,这是基于传统和领土的贫富概念所无法解释的。国家之间和国家经济之间的传统交往方式发生了变化,在世界中心地带出现了社会边缘化现象,而在边缘地带则出现了财富高度聚集的现象。全球化促进了世界市民社会的兴起,标志是去领土化进程的发展和新的政治行为体的出现。公司和非国家行为体在全球范围内日益增长的权力是这一正在兴起的世界社会的显著特征。

全球化使得不同的公司和政府采用的标准趋于一致。这种标准一致的做法不仅仅是因为市场压力,而且也是政治冲突和学习行为的结果。进而,在经济和社会方面,全球化在世界不同地区产生的影响是非常"不平衡"的,结果是有些标准得到一致的接受,而有些标准在不同地区受到了不同的对待。

全球化理论家坚持认为,面对全球趋同和地区分异的挑战,国家权力被削弱了。由于金融和技术领域形成了全球性网络,在税收、提供社

㊾ Group of Lisbon 1995, 19.
㊿ Oman 1999, 38.

会保障、组织生产和贸易、控制媒体、护卫边界、对应非传统安全等诸多方面,诸多国家的能力比以前更容易受到质疑。部分地是为了对应这些变化,精英们设计了无数的国际和准政府安排,将全球范围内正在兴起的社会和专业共同体联系在一起。于是,世界政治原来是政府之间的协商谈判,而现在成了公营部门和私营部门的混成治理体系。这样一来,"上层"的合法性被部分地弱化了,而来自"下层"的认同运动进一步加大了这种弱化程度。与过去相比,政府现在对国家事务的控制能力减弱了。非国家行为体得到了更多的承认,在世界事务的治理之中发挥了日益重要的作用。跨国社会运动方兴未艾;个人可以更加容易地得到信息,因而也就可以发挥更大的作用;公司之间出现私下和半公半私的安排——这些变化从根本上改变了国家的地位。主权并没有消失,但主权现在处于制度网络之中。正是这种制度网络,以新的方式制约了国家的行为,并使非国家行为体能够发挥作用。

跨国行为体的新的网络在过去几十年里迅速发展。有一份研究表明,现在有3万5千个非政府组织(NGOs)在发展中国家开展活动。1万5千多个非政府组织得到联合国经社理事会的承认,它们提供的援助超过了整个联合国系统所提供的援助。它们还常常为发展中国家在当地提供一些服务,这类服务本该是当地政府提供的,但是政府却没有能力做这些事情。㉞ 非盈利的进步通讯协会(Association for Progressive Communications)允许非政府组织以市内电话费的低费用使用互联网,为非政府组织扩大影响开辟了新的渠道。全球性的社会运动使得人们可以与欧美比较成熟、资金丰厚和了解媒体的集团直接联系。跨国社会运动的发展已经在诸如环境、性别、常规武器控制等不同领域改变了国家的传统外交方式。㉟

全球化是复杂的现象,但并非必然是一个和平的过程。有效的市场作用会削弱某些社会关系及这些关系所依赖的制度的政治合法性。因此,经济全球化造就了自身的反冲效应。集体暴力的性质发生了变化。诚然,目前发生的许多暴力事件与国家和集团几百年来进行的传统战争、种族灭绝和大规模屠杀等行动非常相似,但是,国家之间的战争明显减少,暴力呈现出新的形式,比如,高科技战争和非常规暴力。高科技战争可以使美国几乎不受损失;而非常规暴力则可以使失败国家或激进集

㉞ Mathews 1997, 52—54.
㉟ Brock and Albert 1995, 268—270.

团在军事和政治领域改变实力对比状态。非和平状态已经超越了新老军事战争和国家安全的范畴。在当前的世界上,无法控制的风险不断威胁着诸如食物、水、空气这些人类最基本的需求,因此,安全感依然脆弱,很容易就会被摧毁。

国际化

在国际性的世界上,国家主权不仅仅是一个区分国内和国外的领土边界概念。主权也是在复杂的政治关系体系中讨价还价的工具。虽然国际化并非一定减弱国家的权力,但是,国际化可以重新定义国家权力,在连接国内和国外事务的领域尤其如此。国际化不仅仅是货物、服务和人员流通不断增长的结果。对等流通创造了相互依存和相互受损的条件;不对等流通形成了单方依赖和单方受损的可能。所以,国际化是一个典型的政治过程,在这个过程中,不同行为体都会试图利用不对等状态产生的权力关系,谋求自己的利益。此外,不同政体对对方的国内发展更为敏感。比如,在金融领域,国家利率的微小变化可能导致投机资本的大量流动。再举一个例子,在人权问题上,国家政府越来越受到国际标准的制约。

国际化表述的是一种过程,重申了非国家行为体作为国际体系中基本行为体的地位。这种说法的基础可以被称为方法上的国家主义或民族主义。国家维护主权,当涉及在无政府世界上保证生存的问题上尤其如此。民族主义是集体身份的核心形式。一国的公司在国家的保护之下开展跨国界的货物和服务贸易。经济流通和社会交流的增大导致国内力量的重新结盟,加强了国内不同政策和做法,形成某种程度上的协调一致。国际化过程不可能也并没有消除国家作为国际体系基本行为体这一事实,政府仍然是搭建政治舞台的核心行为体。在这个政治舞台上,出现了市场的国际化;不同的资本机制在国际经济领域竞争,设计不同的方法对应相似的外部挑战。

许多统计数字表明,国际化是一个逐步加强的长期趋势,这种趋势使得世界体系越来越开放。在过去 30 年里,世界贸易的增长速度是收入增长的两倍,制成品贸易则增长了三倍。㊻ 这些数字还可能低估了当前的发展。非法领域的年贸易额(主要是毒品贸易)增长迅速。在 20 世

㊻ Milner and Keohane 1996,10—14. Gilpin 2000,21.

纪90年代,年贸易额达到1万亿美元。㊼ 国际资本市场的情况也是一样。海伦·米尔纳(Helen Milner)和罗伯特·基欧汉(Robert Keohane)指出,"国际交易在世界经济中的作用越来越重要。没有一个国家可以逃脱这一变化所产生的重大影响。"㊽

但这并不是说近年来出现了与过去完全不同的世界。比如,具体就国际金融而言,戴维·夏皮罗(David Shapiro)就认为,"在过去,金钱比当今大部分货币都具有全球性质……我认为,在当今的世界上,货币的全球化程度比过去几百年都要低。当然,美元、德国马克和日元是明显的例外。"㊾ 在除了德国以外的大部分主要工业化国家,1993年的贸易依存度(国际贸易占GDP的份额)要低于1913年。㊿ 1920年,大约50个外国政府在美国资本市场发行了经穆迪公司评级的债券(Moody-rated bonds),这一数字直到最近才被超过。㉛ 世界范围内商品出口的年增长率在1870年至1913年之间是1.7%,而从1953年至今只有1.3%。外国直接投资与全球产出之比在1913年是9%,1960年是4.4%,90年代中期是10.1%。㉜ 多国公司开展业务的市场是以政治为基础的,跨国组织使得政府需要处理日益增长的新问题。这些现象弱化了近期国际化程度的提高降低了国家权力的观点。㉝

从更宽泛的角度来说,最近几十年来国际化的逐步加强不一定必然削弱国家的作用。比如,斯蒂芬·沃格尔(Stephen Vogel)认为,"即便是在政府退出的典型领域之中,如取消规则等行动,我也发现政府的实际控制几乎没有减弱。即便是在最具活力、最全球化的行业之中,如电信业和金融服务业,我发现政府很少在国际市场的压力下屈服。"㉞ 国家权力和政治继续发挥重要的作用,这有助于解释为什么不同国家的政策有着很大的差异。例如,典型的资本主义福利国家模式,在日益增长的国际化过程中,继续表现出很大的灵活性。除了为数不多的发达经济体之外,统计数据无法证明在生产力水平和生活水平方面出现了任何全球经

㊼ Friman and Andreas 1999, 2.
㊽ Milner and Keohane 1996, 14. 亦参见 Weiss 1999, 62—63。
㊾ Spiro 1997, 19.
㊿ Arrighi 1997, 2.
㉛ Sassen 1996, 42—43.
㉜ Uchitelle 1998a.
㉝ Gilpin 1975. Krasmer 1995.
㉞ Volgel 1996, 2—3.

济趋同的整体态势和一般取向。⑥ 虽然国际经济对国家政策的制约性越来越强,但不同形态的资本主义在世界市场上适应竞争压力的同时也各自保持着自己的特色。流动资本"外逃"的威胁并没有弱化国民作为决定政策的主体所发出的"声音"。

同样,国家的党派政治在国际化时代继续发挥着重要的作用。⑥ 左派和旨在减弱市场不平等性质的经济政策并没有被减弱,实际上比前几十年还要强大。但是,驱动国内劳工市场发展的也许不是党派政治,而是另外一个国内的原因:技术引发的国内市场结构转型。⑥ 从更加一般的意义上讲,如果脱离了根深蒂固的国内制度、观念和利益,就无法理解经济国际化产生的结果。因为制度、观念和利益影响了行为体的偏好,使得对国际经济效益的考量必须符合不同国家的国家目标。⑥ 市场压力具有不确定性,市场压力给予政府和公司的信号也往往是含糊不清的。国内制度影响到对这类信号的解读。制度往往是坚韧的,可以克服一切可能产生的使国家趋同的压力。一旦趋同现象出现,它的影响不是避开国家政治,也不是绕过国家政治,而是通过国家政治发生作用。在国际化的世界里,国内制度的作用是至关重要的。

全球化与国际化的互动

全球化和国际化使得当今的地区成为多孔化地区。就效果而言,全球化具有变革性,国际化具有渐进性。国际化和全球化的互动加强了地区的通透性,打破了地区的封闭。

全球化和国际化的理论发展了早先的思想,尤其发展了以前提出的"国际相互依存"的观念。当时,分析性概念无论是从研究角度还是从规范角度都受到了挑战,现在也是如此。在 20 世纪 70 年代,人们认真分析了日益增强的国际相互依存现象,将其理解为不同社会、不同国家相互之间越来越强的敏感程度和脆弱程度,也指出这些现象会对世界政治产生普遍而且重要的影响。自由主义学者意识到出现了一个新的时代,传统的权威将受到新兴的非国家行为体的挑战。马克思主义学者指出,日益增长的国际相互依存造成了资本主义内在的不稳定性,无论国际国内都是如此。现实主义和研究国内政治的学者认为,即便是相互依存程

---

⑥ Boyer 1996, 57—58. Wade 1996.
⑥ Garrett 1998, 1, 10, 24. 129.
⑥ Iversen and Cusack 2000.
⑥ Keohane and Milner 1996.

度大大提高,也不会强大到改变世界政治性质的程度。

今天,不同学派之间的分歧一点也没有缩小。比如,学者们集中争论的是全球化带来的问题:一方面效率提高、收益增大,另一方面不平等现象明显、代价加大。同样,全球大众通俗文化的传播也激活了许多政治性的反运动(countermovements),这些运动强调,在民族国家或宗教社区内,应该是政治主导、道德优先。人们的意见分歧还集中在国家这个被视为国际体系中过时的组织形式,因为国家无法有效应对全球变暖和种族清洗这类挑战。国家受到批评:对于许多大问题来说,国家显得太小;对于许多小问题来说,国家又显得太大。在国内政治中,日益迫切的需要不是国家的强制性干预,而是公营—私营伙伴结盟的微风细雨效应。

在相互依存、全球化和国际化等问题上,政治意见持续分歧,但这并不意味着我们在过去30年里什么新的东西也没有学到。20世纪70年代初,人们对国际相互依存程度变化的讨论是在很窄的范围内展开的,集中在富国之间的关系方面,没有包括当时的社会主义阵营,也没有密切联系穷富国家之间依附关系的讨论。大部分研究人员采用了理性主义认识论和个体主义本体论。目前的辩论范围比当时宽广多了。辩论的重点涉及将世界各个部分联系在一起的多种进程,形成的理论也是基于不同认识论和方法论观点的。政治和研究视野变得开阔了,但是,在解读不同统计数据的意义的时候,人们之间辩论依旧,视野的开阔并没有使人们的思想一致起来。

那些集中讨论国际化进程的学者认为,当今的世界上仍然是为数不多、长期存在的那些国家行为体在发挥主要作用,它们依照熟悉的规则,进行着古老的游戏:国家在国际机制的框架中讨价还价,试图解决战争与和平的问题;国内大公司和多国公司在国内和国际市场相互竞争;偶尔,形形色色的非国家行为体试图影响国家行使权力的行为。那些研究全球化进程的学者却认为,新的国际行为体类别大大增加,许多遵守着不同的规则:没有政府或是绕过政府的全球治理;遍及全球的跨国公司;还有结成跨国联盟的无数非国家行为体。

对世界的不同解读往往是由于人们采用了不同的社会学和经济学的推理。社会学主要讨论关系和过程,经济学则主要讨论行为体和行为体属性。全球化可能带来了转型性变化。有的时候,全球化迫使世界各个部分趋同,因而减少了政治多样性。但有的时候,全球化又造成了世界各地众多的不同,各个地方采取不同的适应全球化或是反对全球化的方式。国际化导致了渐进式变化。国际化使得世界各地在深层联系方面出现了差异,在不同国家催生了不同的结果。全球化强调进程:进程重构了国家和社会之间的空间性和社会性安排。国际化强调条件:条件制约着国家和社会的行为。全球化影响的是进程的质量、不同行为的整合程度,以及政体内部和政体之间不平等现象的改变。国际化重视的是开放程度的大小、跨国界行动的扩散以及国家独立性的变化等现象。全球化使我们考虑没有政府的治理和国家性质的变化。国际化使我们思考去规则化和再规则化之间变化的关系以及国家能力的变化。对当今世界政治的不同看法往往根植于这些对于全球化和国际化的不同认识。

　　这些进程并非确凿的事实,而是帮助我们理解这个世界的分析类型。因此,现实和概念之间的相互交错是不可避免的。弗兰科·佩罗克斯(Francois Perroux)很早之前就说过,围绕着国际化这一问题,存在"一个核心的事实,这个事实又发展成为一个解读和夸张的双重进程"。[69] 最近,迈克尔·韦塞斯(Michael Veseth)使用了"贩卖全球化"的说法,也表达了同样的观点。[70] 好在我的观点不要求一定使用什么全球化和国际化的具体理论观点,如果真要做出选择,必定是一个无解的难题。我在这里只需要说明,进程是重要的。各种进程逐步地在相互运动之中融合起来,从而创造了使地区多孔化成为可能的条件。

　　全球化和国际化造成的多孔化地区主义依然能够推动地区扩大的进程。自20世纪90年代中期以来,这方面的例子有北约、欧盟和东盟的扩展。地区扩大与地区之间的交往是同步进行的。例如,自从1996年以来,欧洲和亚洲的领导人定期会晤,举行高层会谈。欧盟和拉美的南方共同市场之间建立更加密切关系的设想也在酝酿之中。全球化引发了世界政治的变化,改变了领土国家和其他行为体的能力,这也往往是美国权力和目标的结果。国际化是一个国家越来越开放的渐进过程,但并不触及领土国家的根本性质。对于世界政治来说,全球化和国际化这两个进程不是互相排斥的。贸易数据表明了国际化的重要性,金融流向表明了全球化的普遍性。[71] 托马斯·弗里德曼(Thomas Friedman)坚决支持全球化,并写过一本关于全球化的畅销书。他将全球化和国际化

---

[69] Perroux 1950, 21.
[70] Veseth 1998.
[71] Stallings and Streeck 1995, 73—80.

两种动力结合起来,用以表述世界政治的特征。他说:"现在,一个新的国际体系显然已经取代了冷战体系,这就是全球化。"⑫实际上并非全然如此。我在本书中提出的论点是,全球化和国际化共存互补,使地区成为深嵌于美国帝权框架中的多孔化地区。

多孔化地区秩序

地区是政治权力和目标的发源地。强大的国家往往会通过战略行动和自身影响力的结合将国家目标投射在国土之外。这样做是为了追求阿诺德·沃尔弗斯(Arnold Wolfers)称为"环境目标"(meliu goals)的东西,也就是试图建构熟悉且符合其目标的环境。⑬美国就是一个很好的例子。日本在亚洲和德国在欧洲也都是如此。1945年之后,美国对两个战败的轴心国国家政权的形成施加了很大的影响,在这两个原本非自由主义的政权之内注入了大量的英美式自由主义成分。后来,日本和德国有了它们新的商业目标和内化了的政治自由主义观念,对亚洲和欧洲的地区政治产生了持久的影响。

造成地区多孔化的原因有两种,一是全球化和国际化的进程,二是将地区和其他政治行为体联系在一起的多种纵向关系。因此,一个地区组成的世界绝非仅仅是一个具有地域界限的、将国家保护主义延伸到超国家程度的地缘经济集团所组成的体系。但它也不是一个进入后国家政治时代的非领土主权体系。多孔化地区一方面是抵御负面制约的缓冲地带,另一方面也是利用新的机遇的平台。

最后,不同的多孔化地区具有不同的制度形式。权力不仅仅存在于政治行为体,而且也存在于政治行为体生存的社会和制度环境。地区秩序就是这样一种环境。地区秩序塑造日本、德国和其他行为体,同时,地区秩序也是这些行为体造就的。地区秩序与地区核心国家(比如德国和日本)之间的关系同与美国帝权之间的关系类似,但在程度上要弱一些。行为体帮助塑造了这个世界,同时,在一定程度上,又是体系给行为体以重要地位。德国之于欧洲、日本之于亚洲都是如此。美国帝权也必须适应地区国家的这种地位。

---

⑫ Friedman 1999, 110.
⑬ Wolfers 1962, 67—80.

世界地区和美国政策

20世纪下半叶,国家权力和目标推动形成了地区主义。在安全问题上,地区形成结盟,如里约条约组织(1947)、北大西洋公约组织(NATO,1949)、东南亚条约组织(SEATO,1954)、华沙条约组织(1955)等,依据是《联合国宪章》第51条和集体自卫权力。世界很快一分为二,形成了东方和西方两个竞争的集团,分别由两个超级大国统领。在"南方",第三世界国家终于也开始建立地区组织,比如美洲国家组织(OAS)、非洲统一组织(OAU)以及阿拉伯联盟,目的是捍卫刚刚获得的国家主权。在经济领域,冷战期间形成的政治结盟也反映了国家的权力和目标。作为原则,美国推动降低关税壁垒、建立自由兑换货币等机制。但是,二战结束之后,至少是在战争刚刚结束后的一段时间里,欧洲的国家重建阻碍了工业化国家之间消除关税和投资壁垒的进程。进而,美国也无力使苏联、中国和共产主义阵营的其他国家采取同样的自由主义政策。印度和其他第三世界国家支持进口替代政策和高关税壁垒。后来,欧洲、拉丁美洲、东部非洲等地区形成了关税同盟和自由贸易区,这使人们对地区一体化产生了越来越大的兴趣。还有一些非经济性质的地区组织在世界其他地区也蓬勃发展起来。

自20世纪80年代中期以来,资本主义竞争和社会主义衰退使得地区政治重新活跃起来。美国政策的变化直接加强了地区的多孔化。美国为了加强自身的国际地位,无论是在共和党还是在民主党任期之内,都提出了涉及地区的政策建议,以配合美国在世界范围内实现自由化的一贯主张。[74] 这种新的政策取向促成了保持向世界开放的地区经济整合,美国也参加了一些这样的地区组织。[75] 美国政府以"公平贸易"的口号清理了世界的经济领域,保护了自己的脆弱行业和战略工业,比如纺织业和微电子工业,并通过施加重大政治压力和建立北美自由贸易区(NAFTA)打开欧洲和亚洲的市场。根据杰格迪什·巴格瓦蒂(Jagdish Bhagwati)的论述,到了90年代初期,地区多孔化的主要动力来自美国政府的一项政策,即依照关贸总协定章程第24条的规定,接受并促进地区性活动。[76] 10年之后,世界贸易组织的支持者认为,分离独立的地区主

---

[74] Helleiner 1994.
[75] Fishlow and Haggard 1992, 7.
[76] Bhagwati 1992, 540.

义已经对世界贸易体系形成了体系性的威胁。但是，在布什政府眼里，事情并非如此。布什政府一方面仍然坚持进行世贸组织关于贸易谈判的多哈回合，另一方面实施美国领导的、在2005年建立美洲自由贸易区的计划。詹姆斯·米特尔曼（James Mittelman）和理查德·福尔克（Richard Falk）认为，地区主义的发展"已经成为新自由主义多边秩序的重要特征，当然，它还不稳固，甚至有着不一致的内涵。地区主义是一种粘合剂，常常被用来粘合全球重组过程中的政治和经济两个领域"。⑦

美国的政策同时还间接地加强了地区多孔化。20世纪90年代，美国政策集中在国内事务方面。许多国家一方面卸除了冷战的压力，另一方面也摆脱了美国的监控，因此便有机会加强各自在本地区的地位。在这种新的形势之下，国家"竞相加强地区化"。⑧ 政府认为地区化富有吸引力，其中原因很多。近邻效应、地区规模经济、交通运输成本的降低等因素推动了大规模贸易，投资关系又可以加速经济增长。进而，在地区层面采取国际性的去规则化行动往往会提高效率、加强竞争力。瑞典前外贸和欧盟事务部长马茨·赫尔斯特龙（Mats Hellstrom）说过，"我们可以预见，将来世界贸易的绝大部分会被地区规则和地区偏好所左右。"⑨

当今的世界，穿越国家边界变得越来越容易了，许多地区组织都与经济和安全事务有关。20世纪90年代，地区行动蓬蓬勃勃，包括成立北美自贸区、建立欧洲经济区（在欧盟和欧洲自由贸易联盟之间实现贸易自由化）、签订美洲国家建立自由贸易区的《迈阿密宣言》、发表亚太经济共同体的《茂物宣言》等等。1990年到1994年之间签订了33个地区贸易协定，这是自二战以来任何五年期间签订这类协定最多的一段时间。⑩ 10年之后，地区贸易协定持续增多。2004年，美国与中美洲国家和澳大利亚签订了协议；7个南亚国家签订了自由贸易协定；南方共同市场很快就会与欧盟签订自由贸易协定，同时与美国的谈判也在进行之中，目的是签订一个南北美洲自由贸易的协定。当然，南方共同市场与美国的谈判还没有进入实质性阶段。

自冷战结束之后，地区主义也包括了安全问题。例如，1986年通过了《戈德华特—尼古拉斯法案》（Goldwater-Nicholas Act），美国武装力量将其很大一部分权力从华盛顿的文官手中转向了五个地区军事司令部。

---

⑦ Mittelman and Falk 2000, 3.
⑧ Thomas and Tétrault 1999.
⑨ Richardson 1996, 17.
⑩ Mansfield and Milner 1999, 601. Frankel 1997, 4.

戴维·莱克(David Lake)和帕特里克·摩根认为,从比较一般的意义上讲,"应对暴力冲突的努力将主要涉及在地区层面设计和实施的规划和行动。……与过去相比,地区已经成为更加重要的冲突与合作的场所"。[81] 总之,美国政策使得地区主义成为世界政治的一个主要特征。[82]

多孔化地区

地区主义的多孔化还有一个原因,这就是国际性跨国界交往和全球变革对国家之间关系的影响。这类进程往往跨越并且改变边界,但又扩展不到全球的范围。[83] 国际贸易流向表明,认为内向型地区贸易"集团"已经形成的观点是错误的,虽然不少人持有这样的观点。经济学家和地理学家的统计数字表明,经济集团并没有主导当今的世界政治。[84] 诚然,美国和德国与各自的邻国发展了坚实的贸易关系,但是这些关系在20世纪70年代中期之前就已经形成,并一直处于稳定状态。日本贸易的范围更加全球化。所以,地区集团业已形成的观点所采用的证据充其量也是不坚实的和含糊的。阿尔伯特·菲什洛(Albert Fishlow)和斯蒂芬·哈格德(Stephan Haggard)认为,美国、亚洲和欧洲的跨地区贸易,与地区内贸易的增长保持了同样的高速度。当然,地区贸易协定会有某些歧视性规定,但是,外来投资的自由流通产生了强大的自由化效应,足以抵消地区贸易协定的歧视性规定。[85] 20世纪80和90年代,全球化和国际化结合在一起,这种结合促进了地区的多孔化。

自从20世纪80年代以来,地区贸易安排蓬勃发展。1948年至1994年间,关贸总协定收到了124份建立地区贸易安排的备案,1995年至2000年间,世贸组织又收到了130份备案,涵盖了货物和服务贸易。在214份已经签署的协定中,2000年有134份生效。所以,在90年代期间,地区贸易安排增长了3倍。这一数字还在增加。到2002年底,170项地区安排备案,估计还有70项虽然没有备案,但会得以实施。[86] 90年代初

---

[81] Lake and Morgan 1997, 5, 7.
[82] Gilpin 2001, 361.
[83] Beisheim et al. 1999, 16.
[84] O'Loughlin and Anselin 1996, 142, 144, 151, 153. Mansfield and Milner 1999, 598—602.
[85] Fishlow and Haggard 1992, 8.
[86] http://www.wto.org/english/tratop_e/region_e/rhttp://www.wto.org/english/tratop_e/region_e/regfac_e.htm. http://www.wto.org/english/tratop_e/region_e/summary_e.xls. (accessed December 4, 2004). Chase 2005.

期,大约90%的关贸总协定成员国参与了地区贸易安排活动。⑧对于这类地区安排的性质人们是有不同看法的,莱斯特·瑟罗(Lester Thurow)认为会出现一个由三个地区组成的世界,而杰格迪什·巴格瓦蒂则极力捍卫全球范围内的自由贸易机制。⑧ 在这两种极端的观点之间,大部分学者采取了比较中庸的立场,认为地区贸易安排往往是开放性而不是封闭性的,地区化可以是冲突的根源,也可以是合作的平台。

几十年来,地区主义和地区化总是与全球范围的多边谈判联系在一起的。⑧ 结果,世界贸易和投资总额的 2/3 到 4/5 集中在北美、欧洲和东亚三个地区内部和三个地区之间。近年来,这三个地区的国家与其他较不发达地区的国家之间开展了双边交易,以建立"少边"(minilateral)体系来弥补现有的多边体系。启动多边世界贸易谈判的多哈回合也催生了新的地区自由贸易区(FTAs),在贸易、投资和政府法规等领域促进了自由化的发展。

自由贸易区是地区多孔化的铺路石,不是障碍。大型公司大大推动了这一进程。灵活且低成本的生产方式越来越促使公司将生产和资源网络建立在地区层面,而不是建立在全球和国家层面。⑨ 在世界经济的核心地带之外,地区主义的动力已经不再是经济交换和生产专业化了。驱动地区主义的是革新,革新来自于创造比较优势,而比较优势又来自于建立大规模和大范围的生产、研发以及营销所形成的经济体网络。这一过程往往需要开发地区性资源。

公司大多是在最贴近母国市场的地区发展起来的。⑨ 所以,微观经济因素推动公司沿地区界线组织经济活动。在整个第三世界中,出口加工区成为经济发展的优选地区。20 世纪 60 年代中期之前,只有两个这样的地区;1970 年,出现了 20 个出口加工区,分布在 10 个国家;1986 年,出口加工区数目增长到 175 个,其分布的国家数也增长到 50 多个。2002 年,出口加工区增长到 3 000 个,雇佣人员达 3 700 万,其中有 3 000 万在中国。⑨ 大型公司的活动跨越国界,形成了与供应商、承包商和客户之间具体的依赖关系。对外投资和经济业务往往是在临近的地区展开的,欧

---

⑧ Mansfield and Milner 1999, 600.
⑧ Thurow 1992. Bhagwati 1992.
⑧ Lawrence 1996, 3.
⑨ Oman 1994, 11—17, 33—36.
⑨ Dörrenbächer 1999, 135—136, 152.
⑨ Yuan and Eden 1992, 1026. ILO 2002, 1.

洲和东亚出现了地区生产复合体。这些都说明民族国家内部和超越民族国家之上的新的空间结构构建了开放性的地区。克里·蔡斯（Kerry Chase）提出了一个很有说服力的国内政治理论，有助于解释多孔化地区发展的趋势。这个理论认为，规模经济使得利益集团从地区一体化中获益，因此这些利益集团就会大力提倡建立地区贸易安排。[93]

地区主义的一般性特征也具体适用于亚洲和欧洲。亚洲地区政治经济制度化根植于市场运作中的社会网络，与世界其他地区高度融合，尤其是与美国经济融合。一方面，自20世纪80年代以来，在亚洲许多国家中自由化影响十分明显，多孔化地区主义成为明显的政治特征，这主要是该地区各个国家与美国之间不对称的双边权力关系造成的。虽然亚洲区内贸易大幅度增加，但亚洲经济在很大程度上仍然依赖于美国市场。亚洲的一些关键原料需要进口，这也像以往一样需要美国海军保护海洋通道。军事和经济方面对美国的依赖使得亚洲不可能建立一个内向型的地区。在贸易、援助、投资和技术方面，日本和其他亚洲国家与美国和一些较穷的国家之间有着各种各样的经济和政治关系，而德国则更多的是囿于欧洲之内。[94] 亚洲国家对美国的依赖程度很高，互联网的情况就说明了这一点。除了东京和首尔之外，所有亚洲城市都是直接与互联网相接，高达99%的亚洲互联网流量是通过美国传输的。[95]

由于世贸组织框架中的进一步贸易自由化的努力没有多少进展，自从1999年以来，日本、新加坡和韩国倡议建立双边自贸区"螺旋"，将东北亚和东南亚连成一片，同时也将东亚、拉美和大洋洲连接起来。从2000年到2003年，人们提出或实施了40多项优惠贸易安排。[96] 亚洲国家一方面需要与中国在吸引外资方面竞争，一方面也希望实施贸易自由化的步伐能够比拖沓的多边贸易谈判快一些，因此，这些政府签订了许多自贸协定，最后还同意于2010年建立中国—东盟自贸区，建立日本—东盟全面经济伙伴关系，并提出各种建议，以建立范围更广的亚洲自由贸易区。"贸易自由化"和"地区一体化"之间的分界线越来越模糊，全面的多边安排和范围较窄的"少边"安排打破了国家的关税和非关税壁垒。

多孔化地区主义的例子也表现在国家安全问题上。我们这里使用

---

[93] Chase 2003.
[94] Lincoln 1993, 135. Wan 1995, 98.
[95] Ernst 2001.
[96] Munakata 2002. Ravenhill 2003.

的国家安全概念既包括狭义的军事安全,也包括广义的环境安全。亚洲制度秩序,涉及到安全问题,主要集中在国家力图保卫自己的安全和主权方面。许多亚洲国家(包括巴基斯坦、印度、中国、朝鲜)在军事技术领域偏重投资于远程弹道导弹以及核武器、化学武器、生物武器等大规模杀伤性武器,这可能从根本上改变未来强国与弱国之间一旦发生冲突时的实力对比。如果军事技术得以扩散,建立反对美国的国际性结盟的可能性就会降低。诚然,美国的军事基地是美国实力的明显象征,但实际上,也可能成为要挟美国的人质。⑰ 如果恐怖主义网络在中亚、南亚和东南亚扩张开来,其政治效应与大规模杀伤性武器差不多。这些变化使得亚洲在安全问题上更加受到世界政治发展的影响。从另外一个角度来说,印度和巴基斯坦之间、中国内地和台湾之间、美国和朝鲜之间的冲突,不仅对于亚洲,而且对于整个世界政治,都会产生严重的后果。如果我们超越传统的军事安全,更广义的安全概念也有着同样的意义。比如,环境安全就受到亚洲经济强势发展的直接影响。到 2010 年,预计亚洲释放的二氧化硫会超过欧洲和美国之和。到 2020 年,亚洲将会成为世界上最大的温室气体释放源。⑱ 日本表现出对地区环境合作的兴趣,原因是要通过地区技术合作和资金援助,达到《京都议定书》提出的将污染降低 6% 的目标。所以,环境和军事安全问题表明,亚太地区与世界政治的发展是密切联系在一起的。

多孔化地区主义在欧洲的情况与亚洲相似。但是,欧洲的制度形式具有正式和偏重政治的性质,不像亚洲那样具有非正式和偏重经济的性质。1957 年建立了欧洲经济共同体(EEC),鼓励的是比较封闭的地区政治经济体系,而不是开放的地区发展。当然,有两个因素削弱了这种封闭性。第一,由于美国的领导和美国公司在欧洲的大量活动,从一开始,日益增长的自由世界经济就将欧洲与世界经济密切联系在一起。第二个因素同样重要,这就是欧洲社会内部迅速发展起来的自由民主的社会力量。这使得多孔化地区主义成为这些国家自然而然的选择。目前,欧洲多孔化地区主义的根源在于布里吉德·拉芬(Brigid Laffan)称为"中间性"(betweenness)的因素之中。⑲ 欧洲在政治与外交、政府与治理、威斯特伐利亚与后威斯特伐利亚之间徘徊。欧洲各国之间的关系密度很

---

⑰ Bracken 2000, 153.
⑱ Barkenbus 2001.
⑲ Laffan 1998, 236—238.

高,欧洲的制度化程度也很高,这就使欧洲成为全球和国际进程的过滤器。欧洲的多孔化地区主义有着三种特征:治理的多元中心;一体化的多重维度;互动的多样形式。在欧洲国家内部、国家之间以及国家的环境中,处处表现出多层面治理的形态。

这种体制并非仅仅限于欧盟。欧盟具有多重目标和多种政治经济功能,在欧盟周围,有着诸多欧洲组织,专门处理具体问题(例如空间、环保、民航),具体地域(例如波罗的海、黑海、巴尔干地区),或是具体的规范、价值和行为(例如欧洲人权机制和欧洲安全与合作组织)。欧洲多孔化地区主义也具有一些独特的互动方式,延伸到全球和国际领域。比如,在确立欧盟政策方面的超国家治理方式;影响成员国和非成员国的欧洲规制政策;涉及国家中央政府和地方政府的欧盟分配政策;在国家之间交换政策经验的规则性协定;密切的跨政府合作和磋商以及社会活动家之间的跨政府协调等。这些方式会波及到全球和国际范畴,所以,往往很难划出一条清楚的界限,将欧洲多孔化的地区主义与全球性或国际性的进程和制度安排区分开来。

欧盟的扩大加强了欧洲的多孔化。欧共体在1957年只有六个初始成员国,后来成员国不断增加,欧洲的影响也就随之扩展。不仅如此,其影响还扩展到那些对加入地区一体化犹豫徘徊的国家,比如挪威和瑞典。有一些欧洲边缘的国家,或是希望完全加入欧盟,或是希望成为欧盟的准成员国,它们也受到欧洲地区主义的影响。2004年欧盟东扩覆盖了大片地域,从欧洲东北部(爱沙尼亚、拉脱维亚和立陶宛)到中东部(波兰、捷克共和国、斯洛伐克、斯洛文尼亚和匈牙利),一直延伸到地中海地区(塞浦路斯和马耳他)。南欧国家(罗马尼亚和保加利亚)以及前南斯拉夫诸国可能也会随之跟进。此外还有土耳其。土耳其从20世纪60年代就希望加入欧洲进程,等待至今。10年之后,欧盟的人口可能会接近5亿,比美国和俄罗斯两国人口加在一起还要多。欧盟的经济规模会达到9万亿美元,略低于美国。还有一些国家虽然不是欧盟的正式成员,但与欧盟关系密切,它们或是欧洲经济区这类相关组织的成员(挪威、冰岛、列支敦士登),或是加入了欧洲自贸区(挪威、冰岛、列支敦士登、瑞士),或是与欧盟有着自由贸易安排(瑞士)。另外还有一些国家(阿尔巴尼亚、克罗地亚、塞尔维亚、马其顿)不能满足欧盟1993年在哥本哈根峰会上提出的三个条件,即:(1)尊重民主与人权;(2)实行有效的市场经济;(3)具有采纳和实施欧盟过去和未来立法的能力。对于这些国家则做出了一些特别的安排。

第一章 世界政治中的美国权力

欧盟还与其他一些国家建立了协作关系,这些国家包括非洲、加勒比和太平洋地区的原法国和英国殖民地(即所谓的 ACP 国家)、北非国家(欧洲—地中海关系国家)。这也表明了多孔化地区的运作。诚然,欧盟的注意力开始东移,因而削弱了它与非洲和亚洲贫穷国家之间的关系。但 1995 年在巴塞罗那召开了欧洲—地中海会议、1998 年召开了巴勒莫会议、1999 年 4 月召开了斯图加特会议。这些会议的讨论重点是和平与稳定、经济合作、市场改革、文化和科技合作等领域,加强了欧盟与北非之间政治关系的重要性。进而,在"9·11"之后,美国进行的阿富汗和伊拉克战争也强化了这种政治主张的意义。到目前为止,欧盟正在与一些国家就达成协议进行谈判,包括摩洛哥、突尼斯、约旦、以色列以及巴勒斯坦自治政府。塞浦路斯和马耳他已经加入欧盟,与土耳其、黎巴嫩和阿尔及利亚的谈判也在进行之中。但是,总的来说,这些开放市场的谈判,与欧盟东扩过程涵盖的那些国家所进行的谈判比较起来,其意义没有那么深远。但是,在这两类谈判中,欧盟制度和战略是相同的:将周边地区在政治上更加密切地与欧洲结合在一起,让这些地区更加充分地融入全球化和国际化进程,从而使欧洲周边地区保持稳定。

不同制度秩序中的多孔化地区主义在不同个案中产生的效果也是不同的。全球—地区进程和地区—国家进程的不同组合说明了这一点。例如,萨斯基亚·萨森(Saskia Sassen)认为,数字化全球经济的根据地是全球性城市。全球化"导致了国家边界部分地非国家化,也将国家主权部分地转移到从超国家组织到全球资本市场等其他组织场所"。⑩ 一些世界主要城市正在被改变成各种服务、保险、评估和管理等行业的总部,其业务遍及全球的金融市场。高技术城区地带聚集了对全球经济至关重要的跨国公司。新的地区—全球联系通过信息、资本和人员的流动建立起来。为数不多的中枢城市的控制力不断延伸,加大了世界城市之间的不平等现象。于是,经济全球化和地方的社会性碎片化并驾齐驱,这就对确定人们认同的地域意识产生了影响。另外,非地方性的环境和因素也会通过一体化进程对地方产生深刻影响。全球和地方贯通的(glocal)公司生产网络就是一个例子。因此,全球和地方已经以某种方式完全交织在一起,既加强了一体化的力量,同时也推动了碎片化的进程。

国际化也会导致不同的力量组合,在地区之内并跨越国家边界发生作用。50 多年前,弗兰科·佩罗批评"地方化幻觉",撰述"经济活动的

---

⑩ Sassen 1996, xii.

非地方化"。[101] 国家经济的领土特征和社会的同质性同时受到了两种力量的冲击：一种力量将经济和政治活动推向更大的地区环境，另一种力量则将其压至比国家更小的范围之中。20世纪后半期，地区贸易安排的迅速发展就是一个很好的例子。规模经济和保护主义政治同时成为巨大的动力。因此，国际化和地区化使得地区这个规模不是过大的场所能够具有市场优势，它不仅能够生存下去，而且能够繁荣发达。欧洲和太平洋地区以及在世界其他地区都可以看到这种情况。在认定最佳公司和国家适当行为等问题上，各国有着不同的标准，这方面也表现了地区和国家之间的互动效应。在一定程度上受到规范的市场上展开竞争可以导致不同公司和国家行为模式之间的跨地区竞争，并最终使大家统一到最佳的解决方案上来。当然，成功的竞争标准不是强行实施某个具体国家的标准，而是多个国家和多个地区标准中不同成分的融合，这些成分在不断扩大的地区网络中融为一体。[102]

全球化和国际化往往是相辅相成的。"全球—地方化"（glocalization）这个词虽然拗口，但却反映了由于全球和地区经济生产要素之间的互动而产生的全球和地方的融合特征。[103] 文化人类学家探讨的一个问题是，大众文化的全球性意义是怎样得到地方层面的解读应用的，这反映的也是同样的道理。国际化使得国家进程能够与地区进程互动，互动的不同方式可以产生"深层"或"浅层"的地区一体化模式。在不同的组合之中，这样的进程为建立多孔化的地区秩序提供了有利的条件。

货币秩序：说明理论的案例

亚洲和欧洲的货币秩序，都表现了全球化和国际化之间的高度交融。这是一个极好的例子，说明地区组成的世界所具有的两个显著特征：一是推动地区多孔化的强有力进程，二是不同地区秩序所具有的不同制度形式。

本杰明·科恩（Benjamin Cohen）认为，"国家货币领域中日益增强的相互依存大大改变了国际关系的性质。"[104] 统计数据显示了资本流通的大幅度增加，有力地说明了全球化和国际化是如何互动并改变了世界经济。在1993—1994年期间，全球股市上涨之前，股票和债券市场世界性

---

[101] Perroux 1950, 23, 24.
[102] Storper 1995, 206. Bernard 1996, 653—658.
[103] Ruigrok and Van Tulder 1995, 178—179.
[104] Cohen 1998, 3.

的资本化程度突破了 31 万亿的关口,这一数字是美国国内生产总值的四倍还多。[105] 在 1980—1990 年期间,国际借贷(跨国界借贷和国内以外汇计价的借贷)从占经合组织成员国国民生产总值之和的 4%增长到 44%。到 1998 年底,外汇日交易量总计达到 1.5 到 2.0 万亿美元。[106] 1983 年,外汇交易是世界贸易的 10 倍,10 年之后,则猛增到 60 倍。[107] 2000 年,对外直接投资总量接近 6 万亿美元。同年,全球的对外直接投资(FDI)流量则达到 1.1 万亿美元。而这一数字在 1997 年是 4 010 亿美元,1994 年是 2 170 亿美元,1986—1988 年间则是每年平均 1 230 亿美元。[108] 1980—1995 年间,对外直接投资占全球经济总产出的份额增长了一倍,从 5%增至 10%,同一时期,外国市场的资本份额(指与世界贸易相比)则增加了 4 倍,从 5%到 20%。自 1980 年以来,富裕国家金融资产的增长速度是 GDP 增长的 2.5 倍,货币、债券、期货交易量的增长速度则要超出 GDP 增长的 5 倍。随着规模的增大,资本流通也大幅度增长,自由化和金融自由化的做法促进了资本流通的增长。[109]

由于缺乏稳定的自我约束,全球金融市场仍然充满了发生危机的可能,这使政府干预成为必然。因此,全球化和国际化的相互依存就进一步深化。货币危机就是一个例子。在欧洲,国家行为是在欧洲货币体系(EMS)或欧洲货币联盟(EMU)这类地区制度环境中发生的,这些制度提供了正式和非正式的集体对应机制。在亚洲,国家行为是在国际货币基金组织(IMF)等全球市场和国际金融制度环境中发生的,这类制度是与美国政府密切联系在一起的。所以,亚洲国家遇到金融危机的时候,其政府往往比欧洲政府更加依赖临时行动和双边安排来予以对应。

在欧洲,几十年的发展造就了地区的货币秩序。建立货币联盟的最初步骤在 20 世纪 60 年代初就开始启动了。德国统一使人们对一系列的谈判感到了一种前所未有的政治紧迫感,这些谈判最终建立了欧洲货币联盟。德国政府在 90 年代前半期致力于德国货币统一。在同一时期,欧洲诸国的政府于 1990 年 6 月决定召开第二届政治联盟的政府间会议,以配合 1989 年 12 月召开的欧盟会议。这两次会议是德国总理赫尔穆特·科尔支持的,意图在于将统一后的德国更加紧密地与欧洲联系

---

[105] Prakash 1997, 577—578.
[106] Broad 1999, 114.
[107] Sassen 1996, 40.
[108] *The Economist* 2001a. Howells and Wood 1993, 3—4, 153. UNCTAD 1998, 361.
[109] Uchitelle 1998b, D6. 亦参见 Reinicke 1998, 44—48.

在一起。1991年在马斯特里赫特达成的条约中,最核心的内容不是政治联盟,而是货币联盟。德国统一之后,在政府采取扩展性政策之前,就开始出现通货膨胀。德国央行为了对付通货膨胀压力,大幅度提高了利率。这也说明德国国内政治使其他国家承受了巨大的成本。

1992年9月—11月和1993年夏天的货币危机表明欧洲货币秩序既有局限性,也具有优势。1992年夏,市场状况表明,出于声誉的考虑,英国在英镑升值的情况下加入了欧洲货币体系。到了9月10日,英国开始协商一项价值100亿欧洲货币单位(当时约合144亿美元)的国际支持措施。这是对投资者的又一个信号,表示英镑可能会在欧洲货币体系中升值。9月16日,在危机高潮期间,英国央行花费了其货币储存的二分之一,也就是大约150亿英镑,应对货币市场的投机活动。货币市场的日交易量超过了1万亿美元。当时,针对英镑以及意大利里拉出现了严重的投机活动,迫使英镑和里拉退出欧洲汇率机制(ERM)。瑞典政府下决心留在汇率机制之内,于是一度提高了利率,使之达到了500%的天文数字。在短暂的喘息之后,第二轮投机活动又开始了,这一次是11月针对瑞典克朗的,迫使克朗贬值。瑞典的危机应对措施失败了,以当地货币计,瑞典损失了至少250亿克朗,也许这一数字达到950亿克朗。到了圣诞节的时候,挪威和爱尔兰也像瑞典以及软货币俱乐部成员西班牙和葡萄牙一样,在欧洲货币体系内采取了货币贬值的措施。[⑩]

总之,欧洲主要国家的央行花费了1 500亿美元的外汇储备,这笔花销一是用来维护英镑和里拉的平衡,二是用来支持法国法郎应对国际金融市场上的投机活动。前者失败,后者成功。仅9月一个月,德国央行为了支持弱势货币花费了600亿美元。1993年8月,在新一轮货币投机之后,欧洲汇率机制中的货币浮动中心区间(central band)拓宽了6倍,从原来的+/-2.25%上升到+/-15.0%。当时,英美两国许多金融刊物的记者从中得到的一个结论是:欧洲货币体系失败了。当全球金融市场猛烈冲击欧洲货币体系的时候,欧洲政府便不得不放弃欧洲内部的准固定汇率制度。而欧洲货币体系是地区货币一体化的形式,其程度仅低于完全意义上的货币联盟。

但是,事情还没有结束。正式的ERM所形成的整合性约束,实际上不如人们想像的那样重要。欧洲诸国政府在1993年8月决定大幅度拓宽货币浮动区间,但是,加入欧洲汇率机制的货币实际上浮动幅度并不

---

⑩ Stern and Sundelius 1997, 32, 36.

大。拓宽浮动区间是降低市场压力的低成本方式,但是各国央行继续紧紧尾随德国马克的价位。⑪ 即便是没有欧洲汇率机制的约束,欧洲诸央行也愿意在制定国家货币政策的时候放弃自主权,因为它们意识到欧洲会继续朝着货币联盟的方向发展。尤其是对于欧洲货币体系的核心成员国来说,危机之前和之后的平衡是微不足道的事情。于是,政府和市场便联系在一起。金融市场日益加强的全球化与国家政策不断加强的国际化也就密切联系在一起了。

在过去20年的时间里,亚太金融市场已经向全球金融市场开放。但是,这一地区没有出现像德国马克或欧元那样的地区主导货币,与美元形成对抗态势。这一地区也没有形成类似欧洲货币联盟、甚至欧洲货币体系的机制。与欧洲不同的是,亚洲地区主义不是依靠正式的政治制度,而是依靠基于市场的非正式安排。由于美国在亚太地区具有重要的地缘战略地位,美元是这种地位的象征,并会加强美国的这一地位,所以,美元仍然是亚洲最重要的货币。1997年亚洲金融危机清楚表明,全球市场具有高度的不稳定性,同时,国内金融管理制度在管理方面存在不足,这些促使各国政府采取行动。

虽然中国在20世纪90年代发展迅速,但日本作为出口市场、供应商、投资者、债权国和捐助国,在亚洲仍然具有十分重要的地位。除了韩国和越南,日本仍然是亚洲各国最大的出口国。同时,日本也是最大的单一投资国,在泰国、印度尼西亚和马来西亚尤其如此。日本银行是该地区最大的债权商,它们提供的资金占亚洲国际总借贷的30%。在全球市场自由流通的是日元而不是人民币。因为日本在亚洲地区的援助、投资和金融借贷远远超过美国,美元依然比日元重要这一现象是十分不正常的。亚洲依赖美元的根本原因是日本一直不愿使其货币国际化,不愿意在货币领域发挥领导作用。这不仅在亚洲,而且在全世界都是如此。有人认为,如果日元发挥更大的作用,就会在1997年金融危机中成为稳定性因素。亚洲国家的货币或明或暗地与美元挂钩,因此,如果美元和日元的汇率发生变化,如果全球市场日益增强的不稳定状态构成了重大的压力,这些国家的货币就很容易受到冲击。

20世纪90年代日本经济和金融的缺陷是导致1997年金融危机的一个重要原因。金融机构鼓励对制造业进行大量投资,使日本产品在80年代充斥世界市场,这也加剧了日本的结构性问题。进而,90年代,日本

---

⑪ Abdelal 1998,238—239,249—257.

政府为刺激日本经济所采取的政策也影响了亚洲许多经济体的资本流动和投资模式。日本的投机性泡沫、严重的资产贬值、迅速跌落的国内消费、日元升值——这些因素促使日本央行采取了一种低成本的政策，致使利率降低到零，同时，高额私人存款和大量经常账户盈余使得金融市场保持了短期运转。日本政府希望经济能够回升，这样一来，政府就可以消除创记录的赤字，商业银行也可以解决坏账问题。1999年坏账数额达到5 000亿美元。当然，要解决这些问题，利率要保持在接近零的水平。[112] 日本极低的利率使得日本大量资金流向亚洲。许多亚洲国家放松了对资本的控制，致使亚洲的公司对这一廉价资本的聚集充满渴望。1995年之后，一些国家的外来短期债务迅速增加，比如，印度尼西亚达到250亿美元、韩国达到1 000亿美元，而这些国家的政府则并不完全清楚外来短期债务达到了如此高的额度。日本银行毫无风险地赚了一大笔钱：在日本国内以1%的利息借入，而在亚洲新型市场国家则以6%的利息借出。这样就把日本的经济泡沫转嫁到了亚洲其他国家。

在80年代中期，美元对日元的贬值持续了10年，这也促成了亚洲经济的过热现象。由于亚洲各国的货币以不同方式与美元挂钩，1994—1995年，美元对日元开始升值，于是，亚洲各国央行和政府突然面临着一种全新的形势。当时，已经不可能继续以持续贬值的美元偿付以美元计算的债务了。所以说，亚洲金融危机的原因是其发展战略出现了问题。这一发展战略的基础有二：一是亚洲生产商在美国市场上的出口竞争力，二是日本金融机构需要使其资本在地区循环流通。人们坚信美元会持续贬值，因为人们普遍认为亚洲在崛起，而美国却在衰退。

因此，首先蔓延开来的是一种对于投机活动的乐观情绪，然后才出现了1997年秋季的普遍悲观情绪。亚洲国家的贸易平衡状况恶化，但由于短期投机资本的大量流入而被一度遮掩起来。日元贬值加剧了各国货币承受的压力。1994年中国人民币大幅度贬值曾削弱了东南亚国家生产商在传统市场上的竞争力，也使得各国货币出现不稳定现象。日元贬值无异于雪上加霜。外来投资在恐慌之中终于决定撤出资金，这些问题终于导致了1997年的亚洲金融危机。

为了应对危机，日本提出建立亚洲货币基金，但很快就遭到美国和国际货币基金组织的反对。一年之后，日本政府提出了一系列规模较小的措施，目的是恢复东亚金融稳定。到2000年底，日本支持地区复苏的

---

[112] Godement 1999, 37.

许诺金额总数已达800亿美元,只比1997年9月提出的亚洲货币基金1 000亿的总额少200亿美元。由于日本许诺的额度没有全部兑现,所以,这一重要承诺并没有完全阻止日本受损的金融机构撤出亚洲国家。[113] 这种新的方式绕过正式的制度,而实施了非正式的安排,比如1998年10月提出的"宫泽计划"(Miyazawa Initiative)在马来西亚和韩国之间实施了双边互换协议;1999年在亚洲发展银行内部建立了亚洲货币危机支持机制(Asian Currency Crisis Support Facility);建立了最终被称为《清迈倡议》(Chiang Mai Initiative)的地区货币互换安排;成立了马尼拉框架集团(Manila Framework Group),重点考虑早期预警问题;建立了东亚和太平洋地区央行行长的定期会议机制;试图建立亚洲债券市场等。[114]

但是,亚洲地区货币和金融合作仍然极其有限,至少根据欧洲标准来判断是这样的。国际银行业谨慎措施的普及是依照全球标准而不是地区标准展开的。只要亚洲国家的政府在汇率和外汇储备政策方面倚重美元,亚洲货币和宏观经济合作领域的行动自由度就会依旧有限。1998年日本金融自由化之前以日元为计算单位的资产承担了很高的交易成本,1998年之后日本的金融机构又变得日益脆弱,这也减弱了在较高程度上依赖日元、使其作为地区货币的可能性。在东盟以及相邻的东亚和南亚国家的支持下,许多央行行长和金融机构领导人组成了委员会,以便更多地交换意见。但是他们并不认为他们的任务是协调政策。虽然亚洲的金融合作符合大部分国家的利益,但是在这方面取得的成效仍然是微不足道的。

总之,这两个地区的金融危机案例说明,全球化和国际化的效应会逐渐加强,它们之间的关系是相互作用、也是相互加强的。理查德·奥布赖恩(Richard O'Brien)认为,金融一体化会导致"地缘的终结",这表达了一种普遍的观点。但是,这两个地区个案却表明,事实并非如此。[115] 20世纪90年代欧洲和亚洲的金融危机揭示了一个事实:全球化和国际化是如何产生了合力,造就了多孔化的地区,并将这些地区连接在一起。同时,这两个地区的金融危机也表明,亚洲和欧洲在制度方面的差异具有重要的政治意义。德国深深地根植于欧洲,多边行动已经几乎成为德国的习惯行为,德国的国家身份也已经高度国际化。而日本自身的国家身份仍然十分明显,因此,像许多亚洲国家一样,日本倾向于采取双边行

---

[113] Katada 2001, 188—189.
[114] Evans 2005, 199—200.
[115] O'Brien 1992. Payne and Gamble 1996, 2.

动而不是多边安排。"亚洲方式"主张灵活和非正式的政治安排,基础是亚洲独特的制度特征,这就使欧洲方式的货币一体化在政治上不具吸引力。在欧洲,利益的冲突是在一种政治环境中得以化解的,这种政治环境最终导致了欧洲货币联盟的产生。1992—1993年的欧洲金融危机显示了正式和非正式金融机构之间的互动。1997年的亚洲金融危机则表明,与亚洲有着密切联系的是以美国和国际货币基金组织为中心的全球金融秩序,而不是以亚洲为中心、以日元为主导的地区金融秩序。简言之,欧洲和亚洲的金融危机都表明,全球化和国际化可以在不同制度化的多孔地区秩序内形成合力,产生影响。

案例与理论

亚洲和欧洲是地理的"存在",也是政治的"建构",所以为研究多孔化地区组成的世界提供了很好的机会。从权力的不同侧面来衡量,这两个地区比任何其他地区都要重要。(当然,有人可能不同意这种说法。)同时,正如经典地缘政治理论所表述的那样,这两个地区对于美国帝权的政治基础来说,显然是至关重要的。我这里说的东亚包括东亚和东南亚,欧洲则指除了原苏联诸共和国之外的整个欧洲大陆。这两个地区幅员广阔,政治意义重大,因此是值得认真研究的案例。欧洲非常清楚地显示了地区主义中物质的、正式的和政治的侧面;而亚洲则显示了地区主义中理念的、非正式的和经济的侧面。如果将其中一个视为"正常现象",将另外一个视为"反常现象",那无疑是十分错误的。两个案例都说明,一个地区构成的世界会呈现出政治的多样性。

在本书中,我也要集中讨论德国和日本在各自地区产生的作用。对于美国帝权来说,这两个国家在欧亚两洲当然是至关重要的。德国在20世纪欧洲历史上起到的是毁灭性的作用,在冷战时期则具有极其重要的地位,所以,选择德国作为欧洲的核心国家是很容易理解的。在亚洲,自20世纪90年代中期以来,迅速崛起的国家是中国。所以,选择日本做案例是需要做出一点解释的。以市场价格计算,日本GDP是中国的4倍左右;如果按人均计算,则是40倍左右。[⑩] 从2001年至2005年,日本银行消除了其坏账总数的一半左右,而中国才刚刚开始应对其债务问题,中

[⑩] 以GDP评估国家实力有两种计算方法,一种是以市场价格计算(这可以大致衡量一个国家在国际经济中的相对实力),另一种是购买力平价(这可以衡量国家总体消费的相对水平)。两种方法差别很大。根据购买力平价,中国2000年的GDP已经超过日本1/3,而日本的人均收入是中国的6倍。参见 McNicoll 2005, 57—58。

国的坏账比日本严重得多。在高技术武器领域,日本大大超出中国。同时日本与世界唯一超级大国的政治关系也远比中国密切。虽然90年代日本经济和政治发展缓慢,中国也存在各种国内问题,中国的发展过热和日本的发展过冷都会导致严重的问题。如果我选择不同的国家做比较,比如法国和中国,或是新加坡和英国,我可能需要根据研究对象的不同对我的论点做出一些调整,但我的基本方式和基本观点仍然会是站得住脚的。

有人可能会问,比起冷战时期自由主义的"三边主义"和后来现实主义的"三极格局"等研究,本书重点研究的问题有什么新意?冷战时期的头二十年,跨大西洋世界是人们关注的重点,自由主义打破了这种沉闷的气氛,支持三边主义,这样就在20世纪70年代把日本和太平洋地区包括进来了。美欧亚太三边关系至多也是一种不平衡的三角关系,这种三边关系将超级大国美国与两个地区联系在一起,一个是规模大、活力强的亚洲经济,另一个是富裕的欧洲部分。冷战结束之后,一些现实主义学者发展了经典地缘政治理论,将苏联解体之后世界的典型格局界定为三极世界。所以,无论是当时还是现在,自由主义和现实主义学者都有着一个含蓄的假定:地区是世界政治中的行为体。人们认为,华盛顿、布鲁塞尔和东京分别控制了各自的地区。但是,三边主义或三极格局的形式与当今德国和日本在欧洲和亚洲地区主义中所起到的作用是不同的。亚洲和欧洲涵盖了世界上大部分的国家和人口,呈现出高度的政治经济多样性。在这两个地区,有着巨大的权力中心和耀目的财富中心,也有着极其贫穷与极端落后的地域。这两个地区在政治上不受任何一个权力中心的指挥。所以,我认为,当今的亚洲和欧洲既不是富裕的三边俱乐部成员,也不是封闭的三极集团成员。如果将亚洲和欧洲视为美国帝权中的多孔化地区,则会产生更有成效的研究成果。

我们怎样才能为更深入的研究选择具体的实例呢?为了更全面地进行研究,本书在第四章和第五章分别讨论了经济和安全问题。这两章说明,国际化和全球化这两种进程是怎样在欧洲和亚洲这两个有着不同制度秩序的多孔化地区起到了相辅相成、相互融合的作用。

技术和生产是全球化进程的主要指标:空间的缩小和时间的缩短是全球化的基本标志。地缘上的相近导致了功能上的相互依存和跨越边界的外在性效应,这就促使地区技术革新和生产网络的形成。同时,这些网络又包含了空间上的间断性进程,因为各个地区都有着不同的生产技术发展需求,而不同技术是分散在世界上不同的地方的。一个国家的经济供应基地,比如零部件、次系统、原料、设备技术等供应基地,很多都是位于具有不同特征的地区。还有向世界市场提供这些物品的公司之间的关系,也具有地域特征。⑰ 在欧洲和亚洲,大量的证据都支持了这一观点。

对内对外的安全政策反映了国家维护国家主权的意愿。国际化创造了不同世界政治场所和行为体之间日益紧密的联系,但并没有改变行为体的根本身份。在安全问题上,多孔化地区是十分重要的,无论在冷战期间还是冷战之后都是如此。欧洲和亚洲的地区安全复合体经历了不同的进程。例如,德国和日本在二战中惨败,之后,两国在安全战略方面都放弃了武力。德国坚持国际性战略,而日本则坚持国家性战略。这就对日后欧亚形成的不同安全秩序产生了深刻的影响。这两种不同的安全秩序又分别受到两个地区不同的地区制度和政治实践的影响。欧洲不同于亚洲的一点是,欧洲有着更加密集的制度,应对地区内外的安全问题。自从冷战结束以来,亚洲安全制度和实践相对而言没有发生重大变化,而欧洲则完全不同,因为欧洲经历了一个深刻的转型期。内外安全问题表明了多孔化地区秩序的存在。

最后,文化流通既会是垂直的,也会是平行的。垂直流通是国家之间在国际化的世界舞台上展开的活动,国家总是力图控制文化的内涵。比如,政府试图通过文化外交,传递某种形象,以便加强或是改变国家现有的身份。水平文化流通则是通过市场和其他渠道在个人之间展开的,是全球世界的组成部分。水平文化流通创造并再造通俗文化,政府很少直接插手。因此,这两种文化进程反映了不同的国际动力和全球动力。

本书使用的案例研究可以使我们认真分析打造多孔化地区秩序的不同进程之间的关系。反映全球化进程(技术/生产和通俗文化)的案例是否有着重要的共同点,使其明显不同于国际化进程(对内/对外安全和文化外交)?如果将这些进程置于欧亚两洲,是否会具有更为重要的意义?我认为,全球化和国际化的合力以及亚欧两洲明显不同的制度打造了两个不同的多孔化地区,构建了两种不同的地区秩序。在不同的政策领域中,这样的地区秩序发挥的作用是相同的。

用查尔斯·蒂利(Charles Tilly)的话说,我的研究重点是试图发现

---

⑰ Borrus and Zysman 1997.

"表面上相互独立的经验之间的联系"。⑱我不预设存在一个涵盖所有经验的整体系统,比如全球资本主义体系或是国家构成的国际体系。在第六章里,我会探究这类联系,重点是德美和日美关系、欧亚两洲的次区域政治、美国影响世界和世界影响美国的双向进程。最后,第七章重申了我的论点,讨论美国和欧亚两个开放地区之间是如何联系在一起的。同时,我也将这一论点延伸到其他地区,比如南北美洲、南亚、非洲以及中东。

我在本书中使用的方法类似于最近美国历史学家的研究方法。他们将美国本国和地方的叙事置于比较和跨国家的语境之中,以质疑美国历史的特殊性问题。⑲对于一个像美国这样远隔重洋的国家来说,这种方法是很适合的。美国开始的时候是其他国家实施帝国主义政策的对象,它隔洋与其他国家联系在一起,同时又在大洋的庇护下免受其他国家的侵袭。隔洋联系的重要意义和大洋的强大保护作用使得人们坚信当年马克斯·韦伯(Max Weber)在讨论早期新教徒时写下的话:"美国置身于它主导的世界之上,但又不是这个世界的组成部分;所以,事实本身就决定了美国的命运和经历是独特的。"⑳后来美国的历史著作对这种观点提出过质疑,这倒不是要摒弃美国的国家历史,而是要将美国历史置于更加广阔的语境中加以审视。采取这种方式的还有伊恩·蒂勒尔(Ian Tyrrel)对澳大利亚和加利福尼亚环境主义的研究以及丹尼尔·T.罗杰斯(Daniel T. Rogers)对进步运动时代跨大西洋社会政治思潮发展史的研究。㉑如果要对不同地区相互关联的进程进行实实在在的研究,这些著作具有非常有用的参考意义。而一个多孔化地区构成的世界恰恰为这样的研究提供了一个极好的试验场所。㉒

现有的地区主义研究往往强调国际政治的某些特征:极化现象、制度效用、文化内容(种族、宗教或是文明之间的联系和断裂)等。这些研究的基础是现实主义、自由主义和社会理论,每一种理论都有长处,可以帮助我们了解地区秩序。现实主义认为地区秩序是权力均衡或威胁均衡的产物;自由主义认为地区秩序是制度和组织对政策进行协调的结果;社会理论则认为地区秩序是身份认同的竞争所导致的。但是,每一

---

⑱ Tilly 1984, 147.
⑲ Kammen 2003.
⑳ Rodgers 1998, 3.
㉑ Tyrrell 1999. Rodgers 1998.
㉒ McMichael 1990, 386, 395—396.

种理论都存在令人困惑的问题。比如,在当今的世界上到底存在多少极?应当如何测量制度的效用?规范和认同冲撞竞争的理论怎样用来解释多样性无处不在这一不容置疑的事实?

我借鉴了以上三种理论,但我在本书中的理论视角是灵活折中的。[123] 我承认美国、日本和德国的物质性实力具有重要的意义,也承认在涉及相关问题时国际制度是有效的,更承认在欧洲和亚洲的地区事务中集体身份是重要的。我不试图测试这些理论哪一种更具解释能力,我只是希望能够有选择地从三种理论中汲取营养,以便解释各种不同进程之间的联系。

在研究过程中,我从完全不同的地区主义理论中自由地汲取营养,这些理论是三代学者在构建理论方面的努力结果。[124] 我将地区主义(不仅仅是安全问题)与体系层次联系起来,将体系层次设定为美国帝权。[125] 我认识到,超越民族国家但又未能达到全球意识的集体身份是一个相关因素。[126] 我分析了亚洲和欧洲的不同形式的地区主义,我的分析远远超出了技术和地区生产网络的范畴。有些经济学家在研究地区经济的时候,将地区视为世界市场和国家经济之间的中介,我的分析与这种经济分析有相同之处。我同意一些政治经济学家的观点,他们将地区主义分别与国际性和全球性的进程和结构联系起来考虑。[127] 同时,我也赞成其他一些政治经济学者的观点,他们有的认为国家制度、有的认为市场效率是形成经济地区主义的主要动力。[128] 最后,我在本书中提出的理论将国家层面融合在地区政治的分析之中,没有坚持以国家为中心的现实主义立场,因此也没有强调国家领导人的政治利益高于国内政治中所有其他政治行为体的观点。[129]

但是,我在一些重大的方面也与这些理论有着实质性的分歧。我避免采取非历史的方式,因此没有将冷战时期的国际体系视为"2+3"格局,将冷战后的国际体系视为"1+4"格局。[130] 我对美国帝权逻辑的分析表明,如果不理解超级大国的社会性目的,也就无法理解多孔化地区组

---

[123] Katzenstein and Okawara 2001/02. Katzenstein and Sil 2004.
[124] Värynen 2003. Breslin and Higgou 2002. Mansfield and Milner 1999. Taylor 1993, 1—46.
[125] Buzan and Wæver 2003.
[126] Huntington 1996.
[127] Gilpin 2001, 341—361; 2000, 193—292. Payne and Gamble 1996.
[128] Mattli 1999.
[129] Solingen 1998, 2001, 2004. Chase 2003a, 2003b.
[130] Buzan and Wæver 2003.

成的世界所产生的动力。我不赞成在研究集体身份的时候不充分考虑不同文化的混合交融。在第五章中我会讨论这个问题,尤其是通俗文化问题。[131] 我在分析当今的地区主义的时候,既避免过分强调国际化的影响,也避免过分强调全球化的影响。[132] 我的观点是,多孔化地区融合了国际化和全球化两种进程。我不赞成对不同地区之间存在的制度差异轻描淡写,故意忽视。[133] 我认为,美国的政策并非在所有地方都以同样的方式加强国际性联盟,对于多孔化地区来说,全球化和国际化形成了巨大的压力,势必弱化国家主义—民族主义同盟所提倡的封闭政策。[134] 最后,我也不赞成结盟研究的假定,即:公司可以直接影响政策,无需制度的中介作用。[135] 相反,我研究了德国福利民主体制和日本生产性民主体制的制度特征,以及这些制度特征是如何将德国和日本分别与制度形式大不相同的地区秩序联系在一起的。

在分析美国大选的研究中,将美国分为东西南北四大地区类别,这样一来就掩盖了一些影响投票的不同变量之间的组合。这种用简单的分类标签遮掩无知的做法也存在于世界政治的地区研究之中。[136] 好在先前的一些研究弱化了这个问题。我在本书中提出的论点结合了两个方面的内容,一是第一代和第二代学者对地区核心国家和世界体系动力的强调,二是第三代学者对地区主义作为自发进程的重视。对于美国的经济和安全利益,世界不同的地区具有十分不同的政治意义,地区秩序和在地区秩序中生存的核心国家也是一样。全球化和国际化在一起融合,加上地区、美国帝权、地区核心国家和其他行为体之间的垂直联系也混合在一起——这绝不像一块层次分明的蛋糕,而是更像一块大理石斑纹的蛋糕,纹理交错、混杂相间。

现有的研究似乎表明,地区主义和地区化现象过于复杂,任何单一的研究方式都难以对其进行透彻的分析。罗伯特·吉尔平(Robert Gilpin)明确承认,他偏爱的以权力为导向、坚持国家中心论的现实主义难以充分解释地区主义[137],理解世界政治中地区主义的复杂性需要在理论

---

[131] Huntington 1996.
[132] Gilpin 2001. Payne and Gamble 1996.
[133] Mattli 1999.
[134] Solingen 1998, 2001, 2004.
[135] Chase 2003a, 2003b.
[136] Lemke 2002, 126—128.
[137] Gilpin 2001, 359.

上博采众长、兼容并蓄。这种观点也适用于其他理论,包括强调制度效用的理论和主张集体认同的理论。在这里,我不想发展和重构相互竞争的理论,也不想验证具体的假设。我的主要兴趣是发现欧亚两洲截然不同的制度秩序所具有的特征,探讨将美国帝权与多孔化地区构成的世界联系起来的三个进程,即全球化、国际化和地区化。前两个进程使得世界呈多孔化状态,后一个进程再造和重塑了不同的地区秩序。

我们不乏关于世界政治形态的很有意思的想像、口号和比喻。但我们缺乏的是对这些想像、口号和比喻所隐含的各种效应做出分析和评判。找出这样的效应是很不容易的事情。例如,大前研一(Kenichi Ohmae)在20世纪80和90年代出版的系列书籍和文章中表达了两种相互矛盾的地区观念。大前研一使用了"三角权力"的概念,试图表明80年代的世界存在地区集团,它们相互对峙,贸易战一触即发。[138] 虽然到处都有人高唱贸易保护主义的调子,但根据这种观点,三个主要经济地区的每一个核心国家——北美自贸区和美国、欧盟和德国、亚太经合组织和日本——都在建立地区联盟,以便保护自己免受全球市场的负面干扰。公司如果希望获得成功,除了依靠某一集团别无他法。根据这种奥威尔式的观点,我们生活的世界是一个"集团化地区主义"构成的世界。

几年之后,大前研一以同样的雄辩气势提出了一个完全不同的观点。"民族国家的终结"、"无国界世界中地区国家的兴起"、"看不见的大陆"这类词语构成了他90年代主要著作和文章的抢眼标题。[139] 这些词意味着,当今世界已经与"集团化地区主义"的世界大相径庭。经济活动不会固守国家的政治边界和文明的文化边界。经济活动遵循的是大前研一所说的"四个I",即:投资(Investment)和产业(Industry)沿着信息(Information)开辟的路径直接通向个体消费者(Individual consumers)。各地的经济民族主义者领会了一个痛苦的事实:现代国家已经失能(dysfunctional)。根据这种观点,在新的世界上,国家走向消亡,而资本主义则强大兴盛,创建了一个人人都可以获益的新世界。政治国家低效无能,已属非正常现象。地区国家与政治国家形成鲜明对照,是"自然的"经济区,有时会存在于国家之中(北爱尔兰、釜山、硅谷、大阪以及关西地区、马来西亚的槟榔屿等),有时会存在于国家和实体之间(圣迭戈—蒂华纳、新加坡的增长三角区、柔佛岛、廖内岛等)。历史已经进入了一个

---

[138] Ohmae 1985.
[139] Ohmae 1990, 1993, 1995, 1999.

全球化地区主义的新时代,国家边界已经失去了意义。

大前研一的这两种观点都是错误的。原因是他忽视了美国帝权的中心地位。美国帝权是独特的,既具有领土性权力,也具有非领土性权力,这种混合权力居于由多孔化地区构成的世界的中心。如果从这个角度来看,大前研一的观点一是过于简单,二是过分片面。无论是地区集团的论点,还是地区国家在一个无国界的世界上活动的理论,都失之偏颇。世界划分为不同地区集团的说法使人联想到已经逝去的矛盾重重的昨天。集团化地区主义的观点无视美国的非领土权力,所以是一种过于"硬"的观点。世界失去了国家边界的说法描绘了一幅过于美妙的未来图景,但如此美妙的理想可能永远不会实现。无国界地区主义的观点无视美国的领土权力,所以是一种过于"软"的观点。如今,正是美国帝权和多孔化地区之间千丝万缕的联系塑造了世界政治。

20世纪后半期,两个对抗的超级大国塑造了世界政治。几十年里,这两个超级大国并立共存,既有尖锐的冲突,也有困难的妥协。两个超级大国有着意识形态冲突产生的鸿沟,展开了激烈的军备竞赛,也在世界不同地区怂恿了代理人的战争。在冷战的面纱之下,多孔化地区逐渐形成,在美国主导的西方联盟地区尤其如此。冷战结束,苏联解体。之后,爆发了反恐战争。地区主义逐渐走向成熟,地区主义的形态也已经清晰可见。现在,是多孔化地区和美国帝权之间的互动塑造了世界政治。

第二章

地区秩序

在地区构成的世界上，美国起到了核心的作用。东西方界线分明、相互对立的两大集团已经一去不复返了。冷战结束之后，社会主义阵营的解体使得第一、第二世界的划分失去了意义。即便是苏联解体之前，第三世界作为世界政治中团结一致的力量已经不复存在。随着诸多贫穷国家的迅速工业化，区分工业化的北方和非工业化的南方也已经不合时宜。但同时，北南内部和北南之间的贫富差距也在加大。美国帝权现在已犹如车轮的轴心，不同地区是轴心辐射出去的辐条。总之，世界政治已经发生了重大的变化：从一个集团式的两极结构转化成为一个以美国为中心的地区格局。

20世纪40年代后期美国采取的行动，对于过去50年里亚洲和欧洲形成地区制度秩序起到了至关重要的作用。市场和法律是两个关键的制度，亚洲和欧洲地区就是依照这两个制度组织起来的。在亚洲，塑造地区主义的是强大的市场民族资本主义所产生的力量，这里的市场有一个典型特征，即它是围绕各种网络关系组成的。在欧洲，法律和司法制度根植于诸多的政治制度之中，这些政治制度将欧洲各国连接成为一个欧洲的政治实体。我这样明确地区分欧亚两洲的特点，并不是要否定欧洲存在重要的网络关系，也不是否认亚洲存在发展型国家。但是比较欧亚两洲，可以凸显两个重要的事实。欧洲的网络是深嵌于法制环境之中的，法制环境深刻地影响了欧洲网络的活动；而在亚洲，国家试图利用在超出国界的网络中发展起来的市场。部分地是由于美国的影响，欧亚两洲也有一些相似的制度，但这一事实并不能遮蔽我在这里提出的一个更为重要的观点：塑造欧洲和亚洲的制度各有特色，并且两者之间有着很大的差异。

地区政治:初始时期的美国因素

在整个20世纪中,国家权力和国家目的影响了地区主义的兴衰。美国未能支持国际联盟以及国联提倡的原则,结果,纳粹德国和日本军国主义就提出了不同版本的封闭式地区主义。德国版本的地区主义是欧洲的"新秩序",日本则提出了"大东亚共荣圈"的地区设计。二战结束的时候,全球主义和地区主义再次为世界政治勾勒了两幅不同的蓝图。美国国务卿科德尔·赫尔(Cordell Hull)主张普世主义;而英国首相丘吉尔则高举地区主义大旗。这一分歧反映在联合国宪章之中:第24条授权安理会维护世界和平和国际安全,而第52条则强调了地区组织的重要性。1945年之后不久,反共产主义联盟的政治界定了欧洲和亚洲的地区主义。当时,美国的政策反映了一种等级式的世界观,这种世界观具有强烈的文明优劣感,有时甚至具有种族主义内涵。这种政策对欧洲施行多边主义,而对亚洲施行双边主义。所产生的后果对后来欧洲和亚洲地区主义的发展产生了深远的影响。[①]

欧洲和亚洲反共联盟的建立

迪安·艾奇逊(Dean Acheson)宣称要在美国"开始彰显力量之时"就发挥作用,他也确实是这样做的。[②] 虽然婴儿诞生的时候哭声一般都是很响亮的,但是,美国帝权的崛起却因为大萧条持久的后果而受到影响。美国帝权的崛起是从1945年世界大战结束时开始的吗?抑或我们应将美国帝权的崛起追溯到根源上,亦即大约自1914年开始侵扰世界的30年战争状态时期呢?

一种常识性的观点认为,1945年打败纳粹德国和日本是美国和苏联这两个超级大国的巨大胜利。美苏两国之间的政治和意识形态竞争将国际体系分为两极。在其后的40年里,两极格局和核武器的效用使得冷战没有变为热战。与二战之后这一态势密切联系在一起的是另外两个发展趋势。一是非殖民化。欧洲帝国土崩瓦解,几十个新兴国家出现了。民族主义和民族经济发展成为这些国家政治议程上最重要的问题。

[①] 以下引自 Hemmer and Katzenstein 2002。
[②] Acheson 1969.

同时,这些新兴国家也不断成为民主资本主义和集权社会主义冲突的所在。二是西方工业化国家之间的发展问题,西方工业化国家将日本包含在内。虽然这样做违反地缘常识,但实际情况就是如此。这就出现了一个问题:在什么条件之下、以什么样的方式将战败的轴心国家纳入两极体系呢?

另外一种不同的观点认为,世界秩序不是一天形成的。世界秩序是在国内国际联盟、各种制度和不同目标之间的政治斗争中逐步形成的。根据这种观点,美国权力的崛起可以追溯到美国在大萧条时期做出的选择。这些选择深刻地影响了1945年之后国际体系的重建。在20世纪30年代,美国对内实施经济自由主义,对外实施孤立主义,这已经成为正统的政策选择。但在大萧条时期,这些政策已经不能解决紧迫的问题了。政府干预和国际主义成为解决问题的措施。第二次世界大战的结束显然是一个重要的时刻,但是,美国帝权的雏形是在20世纪30年代初期显示出来的;到朝鲜战争爆发、美国开始大规模扩军备战之时,美国帝权终告形成。美国帝权的基石不是某一种理论,而是一系列相互竞争的思想:有自由主义也有干预主义,有孤立主义也有国际主义,有双边主义也有多边主义。不同的政治联盟使得不同的思想发生作用,并不断做出调整,使其适应于不同时期实际政治的需要。

我们没有必要在这两种历史观之间做出选择。重要的是,到了50年代中期,美国已经在亚洲和欧洲建立起强大的跨区域反共联盟,抗衡苏联和中国。在一个开放的世界体系之中,美国与其欧洲和亚洲的盟国相比,享有巨大的权力优势。欧洲的德国和亚洲的日本是冷战时期最重要的两个前沿阵地。多孔化特征使得欧洲和亚洲这两个地区成为美国帝权完全发展成熟的场所。

德国一度被视为第三次世界大战的潜在根源,也是冷战的核心地带。1945年,苏联和美国的决策者都没有意识到会出现一个明显的两极体系。他们认为,可能出现诸多不同的权力格局。在他们的计算之中,欧洲是十分重要的,可能成为包括重新复苏的德国在内的第三个权力中心,这样就会决定性地影响地缘战略平衡态势。所以,两个超级大国之间的竞争是在一个可能出现的三极体系中展开的。在这种情况下,美国不会遵循单边主义的孤立战略,不会仅仅将自己的资源用来加强自己的军事实力。恰恰相反,美国在欧洲采取了多边主义战略,将资源大量投入到盟国身上。③

二战结束后的几年里,美国的决策者认为,欧洲的威胁主要来自欧洲自身的虚弱,而不是苏联的进攻。美国的政策利用了欧洲害怕被抛弃的心理,加大了对欧洲重建的力度。欧洲的重建是将德国包括在内的。美国的政策并不是基于一个宏大的设计,而是基于各种设想的发展和成型。这种发展反映了华盛顿在不同时期所出现的不同结盟的兴盛与衰退。虽然方式不同,但所有这些设想都有一个目的,那就是建立一种战后的欧洲秩序,这种秩序要不同于引发30年代的大萧条和40年代的世界大战的那种闭关自守的秩序。1941年的《大西洋宪章》以及后来与之相关的所有计划,不仅仅是为了反对纳粹德国的新秩序和日本的"大东亚共荣圈",而且也是反对英联邦和有利于推行帝国主义政策的体系。美国官员试图建立一个由稳定和开放的工业民主国家构成的核心。美国的政策最终占了上风,但美国也对欧洲盟国做出了两个重要的妥协:一是欧洲不是建立一个完全的自由经济秩序,而是一个有控制的自由经济秩序;二是美国做出具有约束力的安全承诺,由美国在欧洲驻扎地面部队,而不是仅仅采取传统的离岸平衡战略。这两个妥协对于在欧洲建立持久的反共联盟至关重要。

英国政府不愿意接受完全的自由国际贸易,对于这种安排也感到恐慌。但美国国务卿赫尔坚定不移地支持完全的自由国际贸易。不过,美国国会在这个问题上比英国更加强硬。美国参院大部分议员认为,新制度的权力可能会过大,所以,国会最终没有批准建立国际贸易组织(International Trade Organization)的条约。因此,关贸总协定(GATT)成立,替代了国际贸易组织。关贸总协定是秘密行动的结果,是由行政命令建立的。在这种安排下,美国和英国在涉及战后货币秩序问题上有了更多的妥协余地。国际货币关系不再是完全依赖市场力量的自由运作,而是由政府加以控制。经过一系列的谈判,终于在1944年6月达成了布雷顿森林协议。英国的约翰·梅纳德·凯恩斯(John Maynard Keynes)和美国的哈里·德克斯特·怀特(Harry Dexter White)同意,由于取消了汇率控制和对金融活动的限制,所以要想改变汇率,需要通过协商和有序的方式进行。

在其他重要问题上,包括提供新的国际货币和规定有能力提供信贷以使国际货币体系恢复平衡的国家所担负的义务,最后达成的妥协更偏

---

③ Ikenberry 2001, 163—214. McAllister 2002, 15.

向怀特的意见,而不是凯恩斯的意见。布雷顿森林体系避免了对国内通货紧缩和高失业率问题的依赖,而对这两种因素的依赖恰恰是19世纪金本位体系的重要特征。这样一来,布雷顿森林体系的自由主义理念就深嵌于保护国内经济免受外来冲击的政治承诺之中。④ 约翰·鲁杰写道:"美国国内的稳定措施是最不完善的,也是最具争议的。但即便对美国来说,门户开放的国际大厦也必须服从国内新政的干预主义政策。"⑤

第二个妥协是军事问题。美国不同意在欧洲长期驻扎地面部队的观点。罗斯福、杜鲁门和艾森豪威尔三任总统都希望西欧复兴之后可以遏制苏联和德国,使美国扮演一种更为合适的离岸平衡角色。二战结束的时候,美国参谋长联席会议甚至没有考虑在欧洲建立长期的军事基地。⑥ 的确,诸如摩根索计划中旨在遏制德国未来兴起的惩罚性措施,以及一系列支持欧洲一体化的计划,都是基于一个前提的,那就是美国在欧洲长期驻军是不可想像的事情。乔治·凯南依照现实主义的观点观察战后欧洲大陆的秩序,他认为,由于二战,美国在欧洲事务中涉足太深,已经不正常了。所以,美国应该及时抽身。在这一点上,凯南和迪安·艾奇逊是有共识的。他们希望欧洲一体化会解决德国问题。⑦ 在建设盖尔·伦德斯塔德(Geir Lundestad)称之为"一体化"帝国的过程中,美国政策的重要动机是让西德与其欧洲伙伴结为一体,尤其是要与法国结为一体。⑧

欧洲的各个主要国家都有自己的理由抵制美国的撤离政策。⑨ 英国希望维护它与美国的特殊关系,因此以经济、政治和意识形态等方面的理由反对将欧洲建设成第三种力量。法国十分担心在一体化的欧洲中自己是否有能力遏制德国和苏联,因为法国一方面要维护分崩离析的法兰西帝国,另一方面又要建立一个新的欧洲,实在力不从心。于是,争取美国在欧洲的长期军事介入就成为法国重要的政策目标。这样一来,默许德国重建也就成为英国和法国的一个筹码,用来换取美国保护西欧的长期承诺。后来举行了一系列会议,最终美国承诺不撤离欧洲,并于1949年以《北大西洋公约》的形式确定了这一承诺。但是,即便到了这

---

④ Ruggie 1982, 1991. Block 1977.
⑤ Ruggie 1996, 37.
⑥ Larson 1985, 3.
⑦ McAllister 2002, 16—20.
⑧ Lundestad 1998, 22.
⑨ Trachtenberg 1999, 66—91.

个时候,美国做出的承诺也不是毫无限制的:美国参院批准了条约,同时也明确规定,虽然《北大西洋公约》第 5 条做出了集体防卫的规定,但宣布战争的权力仍在参院。后来,朝鲜战争和苏联的原子弹改变了一切。德国的重新军备和美国的长期承诺成为将《北大西洋公约》变为北大西洋条约"组织"的政治基础。⑩ 于是,美国成为一个不太情愿的伙伴,参与到一系列制度之中。在其后的几十年里,这些制度在大部分时候使得美国能够实施它的反共政策,但有的时候也会对这样的政策形成限制。

在亚洲,大约也在这个时期,美国政府在与欧洲十分不同的地区条件下建立了反共联盟。杜鲁门政府试图通过重建并稳定东南亚达到一箭双雕的目的:一方面遏制中国,一方面重建日本。日本像欧洲的德国一样,是反共联盟中的关键一环。1949 年中国共产党获得了胜利,这就使得美国加强了对日本的承诺。如果日本经济复兴,就需要美国干预东南亚,而从历史上来说美国在这一地区的利益是微不足道的。此外,还有两个原因使东南亚变得重要起来。首先,东南亚处于革命动荡之中,民族主义和共产党领导的起义交织在一起。其次,法国在东南亚的战争消耗了大量资源,而法国急需这些资源实施欧洲的政治和经济重建计划。另外,东南亚还提供了一种机会,在英属马来西亚尤其如此,那就是通过美国、英国和马来西亚的三角贸易来减少英国的高额美元债务。这种贸易会对美国的生产商形成歧视,所以有利于英国减弱债务压力。

美国在亚洲的计划越来越需要立即付诸实施。美国的决策者希望出现一个统一的非共产党中国,与美、欧、日进行贸易并接受这些国家的投资。但是,中国共产党夺取政权已经近在眼前,所以,杜鲁门及其顾问试图通过重建日本来加强美国在这一地区的存在。至少是从 1946 年开始,这已经成为美国重要的政策目标,"失去"中国使这一目标变得更加刻不容缓。杜鲁门政府原来的目标是完全改造日本,方法是惩罚那些发动战争的日本高层领导人(但天皇不在惩罚之列)。美国占领日本也是以改革日本政治为目的,采取的措施包括撤换日本高层政治领袖、解散作为日本战争机器的两大组织——军事和经济联合体、鼓励工人组成工会,并使日本成为国际自由经济体系的一部分等等。

但是到了 1947 年下半年,美国政策中改造日本的成分发生了逆转性变化。当时,日本的经济复苏成为比政治改革更为重要的事情,因为日本要代替中国成为该地区的经济中心和最重要的反共堡垒。1947 年

---

⑩ Trachtenberg 1999,95—145。

5月确定,日本经济联合体的下属公司有1 197家需要解散,但两年之后,只有19家得以改组。原来确定要清除20万在30年代参与制定政策的日本领导人,但是到1948年5月这一计划被搁置起来。到1952年,清除名单上只剩下8 700人;139名曾被清除的政客重新被选入日本国会。⑪ 1949年,日本停止战争赔偿。美国对日本的经济援助也增长了,目的是通过对亚洲的出口启动日本的经济复苏,减少日本对美国市场的依赖。

但是,怎样实现美国的目标仍然模糊不清。⑫ 这一地区西起巴基斯坦,东至日本,不同的政策方针会在这样一个地区产生不同的实际影响。还有东南亚这一差异极大的地区,其中不同的国家有着不同的特殊情况。面对诸多政策建议,美国的决策者犹豫不决。此外,许多东南亚国家清楚地记着日本的军事侵略和日本占领时期的残酷统治。还有,如果日本和东南亚国家之间加强经济联系,就需要双方做出双边的优惠贸易安排,这可能会与当年日本没有实现的"大东亚共荣圈"有着尴尬的相似之处。在40年代,美国是坚决反对日本建立"大东亚共荣圈"的。但是,面对共产党在中国大陆的胜利,美国需要采取行动。

民族解放运动和共产党领导的活动在整个亚洲地区创造了革命的条件,后来,在越南、印度尼西亚和马来西亚都爆发了战争。反殖民情绪也反映在《大西洋宪章》之中,最终使得美国在1946年从菲律宾撤军。整个40年代,这一地区的主导情绪是反对主要帝国主义国家,尤其是英国、法国和荷兰。日本投降的时候,其他帝国主义国家还没有来得及重返亚洲,东南亚的民族主义精英就夺取了政权。其后的岁月里,内战代替了原本就不稳定的和平。当时,美国面临两种政策选择,一是坚持支持各种独立运动的原则,二是支持法国在印度支那和荷兰在印度尼西亚毫无用处的镇压性军事行动。美国一度奉行一种模棱两可的政策,试图避免在这两种情景中做出非此即彼的选择。但是,为了在该地区组建强大的反共联盟,杜鲁门政府最终选择了支持殖民主义、不支持亚洲民族主义的政策。

虽然民族主义热潮和共产主义运动的结合在各个国家中的表现都不相同,但是到了1949年晚些时候,美国决策者针对东亚和东南亚初步提出了多米诺骨牌理论。当时,美国的官员越来越相信苏联在全球范围

---

⑪ Rotter 1987, 39, 41.
⑫ Ibid., 46—48, 108—111.

内成功扩张的说法,失去中国和担心法国在印度支那的失败使美国认为制止这种扩张已经是刻不容缓的事情了。共产主义在东南亚和日本的活动尤其可怕并且富有威胁性,需要做出强有力的反应。从1949年中到1950年春发生了几个事件,促使美国采取行动。苏联试爆了第一颗原子弹,打破了美国的核垄断;在中国,美国支持的国民党政权垮台,共产党掌握了政权,使得整个东南亚出现了共产主义蔓延的态势;欧洲和日本的经济复苏遇挫。面对这些情景,美国的选择是采取行动。当1950年6月25日北朝鲜军队进攻南朝鲜的时候,杜鲁门政府迅速采取强力行动,这是与几年来美国的反共政策相一致的。美国的地面部队参加了战斗,原来对该地区有限的援助迅速扩大。事实证明,朝鲜战争产生的经济刺激对日本和亚洲的经济复苏起到了决定性的作用。

朝鲜战争使人们更加相信这样一种观点:欧洲和亚洲的命运是联系在一起的。1947—1949年欧洲经济的稳定表明,三角贸易是有好处的,可以促成英镑区进入美国市场,从而加强英国日趋衰退的经济地位。与英国经济问题相比,北朝鲜对南朝鲜的进攻被视为更严重的事件,使人想像到在欧洲和亚洲爆发全面战争的情景。总之,反对共产主义的基本政策减弱了美国帝权构架中跨地区的政治松散状态。

欧洲的多边主义和亚洲的双边主义

美国在20世纪40年代后期和50年代初期建立的反共联盟,在欧洲和亚洲分别呈现不同的制度形式。[13] 经济开放、政治多元和涵盖广泛的法律制度是美国帝权的基本特征。美国一方面试图将其他地区纳入这种帝权构架,但同时在做出承诺方面又十分小心谨慎。但是,在华盛顿,有着不计其数的各种观点,所以,很明显,正在成形的美国帝权构架"所要建立的不会只是一种秩序"。[14]

不同的政策目标、地缘政治现实以及物质性实力使得美国的政策在欧洲和亚洲会支持不同的制度形式。当然,不同的制度形式也跟美国决策者与这些新建构的地区有多大程度的认同有关。美国在与北大西洋伙伴交往的时候,倾向于在多边基础上采取行动;但在与东南亚伙伴打交道的时候则偏爱双边行动。美国决策者认为,欧洲盟友相对来说更是同一共同体中平等的成员。潜在的亚洲盟友则不同,这些国家要比自己

---

[13] Press-Branthan 2003.
[14] Ikenberry 2001, 184.

低一等,属于另外一个陌生的社会。从广义的角度来讲,美国愿意在欧洲建立多边制度,美国的权力在短期中可能会受到限制,但从长远观点来看则会得到加强。但在亚洲,美国却急于建立双边制度,因为在亚洲,建立制度的概念对美国来说并不是那样具有吸引力。更具吸引力的是通过双边关系确立美国在这一地区的优势权力。

这种差异明显地表现在日本、韩国和菲律宾的案例中。这三个国家都是通过双边防卫条约与美国联系在一起的。在这一地区,有一个多边安排类似于北约,这就是东南亚条约组织(SEATO)。这一案例也很能说明问题。虽然有好几个缔约国,但东南亚条约组织却不是北约意义上的多边组织。⑮ 首先,条约的承诺性语言要弱得多。北约对集体防卫有着条约义务的规定,进攻北约的一个成员国就被视为对北约所有成员国的攻击。而东南亚条约的第四条只是将这样的进攻视为对和平与安全的威胁。进而,在东南亚条约组织内,美国明确表示保留采取双边和单边行动的权力。1962 年,这一政策在腊斯克—塔纳(Rusk-Thanat)联合声明中被正式认可。在这一声明中,美国强调了它对泰国的承诺"不依赖于缔约各方以前共同做出的安排,因为义务既包含了集体义务,也包含了个体国家的义务"。⑯

从组织形式来看,差别也是十分明显的。东南亚条约组织没有统一的军事指挥系统,也没有具体分配国家的军事力量。进而,东南亚条约组织的任何行动都是以成员国的名义而不是以整个组织的名义采取的。⑰ 美国决策者设计了一个亚洲互助性安全组织,许多潜在的亚洲成员国赞成这样一个组织,但美国坚决反对以北约为模本建立这样的组织。⑱ 美国甚至不赞成使用东南亚条约组织的简称 SEATO,担心这个简称会引起与 NATO 相关的类比,因为美国不希望人们有这样的联想。唐纳德·埃默森(Donald Emmerson)认为,没有出现东北亚条约组织,"并不是因为太平洋的这一部分不存在敌人,而是因为在美国和东北亚的反共盟友之间存在根本的距离和差异,包括空间的、历史的、经济的和文化的等各个方面"。⑲

出现这种制度形式差异的一个重要原因是对世界政治中权力和地

---

⑮ Ruggie 1997, 105.
⑯ Rusk and Thanat 1962, 498—499.
⑰ Modelski 1962, 38—39. Webb 1962, 66.
⑱ Lundestad 1999, 208. Kim 1965, 65—66.
⑲ Emmerson 1993, 22.

位的主导意识。美国官员正确地认识到,虽然第二次世界大战削弱了欧洲盟友的实力,但它们会很快恢复实力;而在亚洲,美国的盟友会长期处于弱势。相对而言,二战后美国在亚洲的实力远远超过在欧洲的实力。1950年,欧洲四个主要国家的GNP总数是美国GNP的39%,而到了1965年,东亚和东南亚七个主要国家的GNP总数才达到美国的15.9%。[20] 所以,在亚洲创立地区制度,制约美国独自制定政策的能力,是不符合美国利益的。同时,对于亚太地区美国的盟国来说,参与它们几乎无法控制的地区制度,并且要以放弃搭便车的机会为代价,减弱它们对美国的依赖程度,显然也不符合它们的利益。国家地位也是一个重要因素。欧洲是世界政治中传统大国的家园,而大部分东南亚国家在40年代后期才刚刚获得完全意义上的国家主权。

美国国内的军政领导层基本达成了一个共识,即,东南亚不如欧洲重要,受到威胁也不如欧洲严重。在亚洲,美国主要的问题是反击共产党的颠覆活动;而在欧洲,建立北约是为了阻断苏联大规模的进攻。不同的东南亚国家面对的国内颠覆活动的威胁不同,所以,成立一个像北约那样的"统一"的多边机制是不合适的。艾森豪威尔总统回忆录中有几次提到东南亚条约组织,其中之一是他对丘吉尔的观点表示赞成:"由于东南亚条约组织需要面对如此不同的地域和条件,他[丘吉尔]认为,最好的办法是,如果可能,就以国家为单位实施行动。"[21]

权力、地位和威胁感都是重要的因素,但是,在亚洲和欧洲之所以出现不同的结盟政治形式,还有一个根深蒂固的原因,这就是美国对自己定位的认识:美国与欧洲的认同程度高,与亚洲的认同程度低。北大西洋被视为一个地区,美国在这一地区大致是一个与其他国家地位相似的成员,美国对此表示认同。所以,接受多边原则就是十分自然的事情。正如英国外交大臣厄恩斯特·贝文(Ernest Bevin)所指出的那样,强国主导的双边关系,比如苏联在东欧强制施行的双边关系,"不符合西方文明的精神。如果我们要在西方建立组织的话,这个组织必须是一个精神联盟。……它必须包含我们西方各国主张的自由的所有成分。"[22] 美国决策者同意这种观点,认为欧洲应该享有一个多边制度所赋予的更多的权力,欧洲享有这样的权力也是令人放心的。但是,美国在亚洲组建新兴

---

[20] 随着日本经济实力的上升,到1989年该数字已增长到79.8%。Crone 1993, 503, and 510 n.7.

[21] Eisenhower 1963, 368.

[22] Jackson 2001, 428—429.

的东南亚地区的时候却没有遵循同样的原则。美国的决策者认为,东南亚是一个异族组成的地区,在许多方面都处于劣等地位。因此,双边主义也就成为美国很自然的政策选择。美国的决策者认为,不能将多边制度可能提供的权力交给东南亚国家,使它们的影响加大。同时,美国还认为,这些国家不应该享有多边结构可能给它们带来的那种承认。

到底基于什么原因美国与欧洲认同程度很高,而与亚洲却没有这样的认同呢?美国官员一般都认为,共同的宗教和民主价值是大西洋共同体的基石。他们还会提到共同的种族。但对此说的比较少,大概是因为纳粹德国的种族清洗政策使得种族的概念在欧洲的话语体系中成为完全不合法的内容。[23] 美国和欧洲双方感知到的"亲和"关系加强了基于民主制度的政治互信,卡尔·多伊奇及其同事所说的那种"认同感"(we-feeling)和"互应性"(mutual responsiveness)是建立大西洋安全共同体的核心要素。[24] 在亚洲,这样的亲和感和信任感是不存在的。只有很少几个国家和美国有着同样的宗教和民主价值。同时,种族也是将美国与亚洲分离的强大力量。这些不同的信仰和感情因素,也是影响美国采取多边还是双边政策的重要内容。

对美国在世界上的地位发生了重大的认识变化之后,北大西洋地区开始兴起。艾伦·亨里克森(Alan Henrikson)指出,二战之前的地图是刻意将美国置于中心,两洋分居两翼。但是,战时为了向英国提供所需物品,后来则需要向欧洲运送大量部队,这使得地图的画法发生了变化。在战时的地图上,大西洋位于中心,美国和欧洲分居两翼。[25] 中心转移到"北"大西洋的做法在战后得到了极大的支持,因为当时苏联向挪威施加压力,让挪威与苏联签订防卫条约。如果苏联建立起一个影响到挪威的势力范围,它就会在大西洋上打开一个巨大的窗口,使欧洲的北翼暴露无遗。[26]

"北大西洋"这一新的地缘区域的创立显然也为政治目的服务,在某种意义上是政治权衡的结果。比如,马丁·福利(Martin Folly)认为,"建立北大西洋体系是个天才的创意",这是厄恩斯特·贝文的点子。[27] 40年代初期,英国政府开展了一场政治运动,目的是防止美国在冷战后撤

---

[23] Horne 1999, 454—459. Hunt 1987, 161—162.
[24] Deutsch et al. 1957.
[25] Henrikson 1975.
[26] Henrikson 1980.
[27] Folly 1988, 68.

离欧洲。贝文意识到,美国可能会对加入"欧洲"结盟体系犹豫不决,但会愿意讨论海洋通道、使用基地以及建立"北大西洋"结盟体系。以北大西洋为核心,也完全符合美国对跨越大西洋的"垫脚石"(stepping stones)所给予的军事关注。美国军方依赖基地和停靠地运送人员和设备,强调冰岛、格陵兰岛、亚速尔群岛等地的重要意义,所以,也将大西洋置于重点考虑的地位。㉘ 在美国国内政治中,对于担心美国在欧洲陷得太深的选民和国会来说,北大西洋共同体比较容易接受,而欧洲结盟就难以得到认可了。㉙ 进而,"共同体"的概念确立了一种政治认同的基础,超越了狭隘的军事—战略层面的考虑。

1948年,官方和民众涉及欧洲问题的话语突然发生了变化。1948年3月之前,对于可能出现的跨大西洋结盟体系的讨论总是在欧洲或西欧结盟体系的框架中展开的。但在3月之后,官方讨论的重点发生了急剧变化,开始谈论大西洋或北大西洋条约体系和共同体。以《纽约时报》刊登的文章为代表的公众讨论也在1948年的后半期发生了相似的变化。比如,在"一周回顾"栏目编辑部发表的漫画中,苏联在地缘上的对手从欧洲先是变为西欧,后是西方,最后,于1948年12月终于变为北大西洋和北约。"北大西洋"这一重点地区的突然出现表明,一旦政治条件成熟,新的地区认同会迅速出现,将政治发展、物质实力和充满活力的主张结合在一起。如果我们想一想这一变化是如此迅速,那就值得注意一个事实:国务院官员坚持说,北大西洋公约的缔约国没有发明一个新的北大西洋地区。他们认为,北大西洋公约仅仅是将一个业已存在几百年的政治共同体以法律的形式表述出来,这一长期存在的政治共同体为相互认同奠定了基础。用迪安·艾奇逊的话来说,北约"是一个至少具有350年历史的产物,可能时间比350年还要长"。㉚ 不过,虽然他们如此强调北大西洋地区的悠久历史,但在1948年之前,除了在涉及国际民用航空组织的时候曾稍稍提到这一地区之外,美国国务院的官员从来没有谈论过什么北大西洋地区。

在亚洲,地区标签同样充满问题。尽管"东南亚地区"的字眼在法国和德国19世纪的地理和种族研究中也偶尔出现过,但只是在太平洋战争之后,这一术语才突然变得重要起来。东南亚指的是中国以南、被日

㉘ Lundestad 1990, 251. Henrikson 1980, 19.
㉙ Kaplan 1984, 2—3, 7—8, 10, 31, 41—42, 52, 70, 78, 115—117.
㉚ Acheson 1949, 385.

本占领过的地区。㉛ 二战期间罗斯福和丘吉尔的私人通信说明,这一地区概念是逐渐发展起来的。1941年初罗斯福第一次使用了这个术语,他提到日本人的一个建议,即日本可以全盘放弃进入"东南亚"地区的军事行动,条件是美国人也做出同样的承诺。罗斯福进一步向丘吉尔解释道,美国的回答是明确警告日本,美国不会允许日本在"东南亚"采取任何军事行动。㉜

美国决定首先集中精力经营欧洲地区,所以,对东南亚的讨论逐步淡出。后来,美国的注意力又转向亚洲地区,但如何称呼这一地区仍然是悬而未决的问题。1943年6月,丘吉尔写道,是盟国更多地考虑"南部和东部亚洲(或日本)"问题的时候了。他建议成立一个新的司令部,统辖这一地区。后来,丘吉尔重申了这一观点,但使用了"新的东亚地区司令部"的说法。当时,非常实际的政治权衡对这一地区的命名过程产生了深刻的影响。罗斯福反对丘吉尔建立统一的东亚司令部的建议,认为这样做会疏远当时仍然控制中国战场的蒋介石。为了避免这种情况发生,罗斯福将重心回移到了"东南亚"。丘吉尔认为罗斯福的担心是有道理的,他说:"或许,较好的方案是将这一新的司令部命名为'东南亚'司令部而不是'东亚司令部'。"㉝在1943年8月的魁北克会议上,美英两国同意建立东南亚司令部。东南亚司令部的职权范围大致与如今统称为东南亚的地域是吻合的。

共产党在中国取得胜利之后,美国在太平洋战争之后采取的不干预政策很快发生了变化。用安德鲁·罗特(Andrew Rotter)的话来说,杜鲁门政府"在其对中、日、英、法政策的十字路口上'发现'了东南亚"㉞。美国决策者希望,在已被视为一个地区的东南亚发展亲西方的力量,会有助于遏制中国、复兴日本、加强英国,并为受伤的法国止血。罗特认为,"美国的决策者不再将东南亚视为互不相关的国家凑成的丛林地带,而是将其视为一个地区,这个地区必须与远东和西欧最重要的独立国家联系在一起。"㉟1954年9月建立的东南亚条约组织将这种观念扩展开来,也实现了将这一地区与世界其他地区联系起来的意图。其实,东南亚条约组织的成员国中只有泰国和菲律宾两个国家是在东南亚的地理范围

㉛ Williams 1976, 3. Warshaw 1975, 1.
㉜ Kimball 1984, vol. 1, 275—276.
㉝ Kimball 1984, vol. 2, 248, 263, 275—277, 282.
㉞ Rotter 1987, 5.
㉟ Rotter 1987, 165.

之内。其他六个国家（澳大利亚、法国、英国、新西兰、巴基斯坦和美国）都不是人们通常理解的东南亚地区之内的国家。

这种地理范围和认同范围不一致的现象在欧洲同样存在。在成立北约的讨论中最令人关注的一点是美国和欧洲的全面认同。这一点突出表现在认为北大西洋政治共同体业已存在的观点之中：北大西洋公约只不过将一个早已存在的、具有共同理想和共同利益的共同体以条约形式正式认可而已。㊱ 正如W.埃夫里尔·哈里曼（W. Averel Harriman）所说的那样，"有一种精神的情感……，认为自由的人们应该是肩并肩的。"㊲ 专栏作家沃尔特·李普曼（Walter Lippmann）虽然批评杜鲁门政府的整体政策，但也认为"大西洋共同体"的成员是"美国天然的盟友"。李普曼的观点是，大西洋共同体的核心是"清楚的，毋庸置疑的"，地理、宗教和历史是这一核心的基础。㊳ 美国的欧洲盟友也发表了类似的言论，使用了"西方精神联盟"、保护"西方营垒"、"我们文明的道德与价值"，以及"大西洋国家共同体是怎样基于共同的道德文化价值传统的"等字眼。㊴ 这种情感在北大西洋条约的序言部分得到了最高程度的表述：序言部分确认，成员国决心"捍卫其人民的自由、共同遗产和共同文明"。

相互认同有的时候会包含难以克服的种族内容。美国助理国务卿威尔·克莱顿（Will Clayton）希望北约成为构筑大西洋联邦的第一步。克莱顿在听证会上将支持更紧密的跨大西洋关系与种族和文化因素联系在一起。他说："我的想法是，在建立大西洋联邦的初期，可以包括所有持与我相同的自由观点和自由理想的国家，所有白种民族的国家。"㊵ 美国对建立东南亚条约组织的反应与大西洋联邦完全不同。实际上，人们对东南亚国家到底可以对亚洲结盟体系做出多大的贡献是持怀疑态度的，导致这种怀疑的恰恰是文明、种族、族性、宗教以及历史记忆之间的差异，而不是这些方面的共同之处。即便是殖民主义已经土崩瓦解，殖民意识仍然很强。在美国对东南亚条约组织的诸多讨论中，有一种明显的居高临下的口气，这在讨论北约的时候是不存在的。许多美国的决策者认为，亚洲人不配得到美国对欧洲国家的那种信任，不配享有美国

㊱ Hampton 1995.
㊲ U. S. Senate 1949, 206.
㊳ Jackson 2001, 320—321.
㊴ Ibid. , 427—428. Gheciu forthcoming, chaps. 2 and 7.
㊵ U. S. Senate 1949, 380.

地区构成的世界

给予欧洲国家的那些权力。

这种对亚洲重要性和亚洲人能力的轻视表现在美国国务院的最高决策人身上。迪安·艾奇逊在国务卿任期内至少了访问欧洲 11 次,但声称自己太忙,一次也没有访问过东亚。1950 年 6 月,朝鲜战争爆发之后,艾奇逊决定积极支持美国参战,但他的主要目的是要表明美国对其欧洲新盟友的支持。后来,艾奇逊反对美国介入越南战争。沃尔特·罗斯托(Walt Rostow)认为,艾奇逊之所以采取这种态度,是因为这位前国务卿的世界观是欧洲的世界观。[41]

这种世界观形成的主要原因是二战之后主导美国外交政策的那些人的个人背景。他们来自新英格兰地区的精英中小学、常青藤大学、华尔街的商业公司和律师事务所。这些就是被称之为东部传统的机构,当时这类机构正值鼎盛时期。这些人在私营和公营部门穿梭任职,就像"曲棍球队为迎击来球而变化位置一样"变化着自己的任职。他们是带着西欧式的思想偏见进入 1945 年之后的世界的。[42] 他们是在欧洲强权、第三世界羸弱、种族隔离肆虐的时代出生和成长起来的,所以,他们不加质疑地接受了欧洲人和其他人种不同的观点。[43] 实际上,当他们试图解释他们看到的苏联行为与自己的行为是如此不同的时候,便总是强调斯大林政权的"亚洲"或是"东方"特性。[44] 正如来自密西西比州的参议员詹姆斯·伊斯特兰德(James Eastland)所理解的那样,刚刚开始的冷战是"东西方文明之间的斗争",是"东方游牧人群与有着两千多年历史的西方文明之间的斗争"。[45]

当然,在美国社会中也有一部分人对亚洲的重视超过对欧洲的关注。这些人主要是在中西部和太平洋沿岸的共和党人。珍珠港事件之后,他们提出了"亚洲优先"的战略,并继续批评美国的对外政策,认为美国没有重视亚洲。他们中有些人关注亚洲,主要是因为需要批评以欧洲派为主导的美国东部势力。当时,东部势力主导了民主党、总统和美国政府的外交机构。不过,大部分重视亚洲的共和党人之所以这样做,是因为美国西部与亚洲建立了跨太平洋的商业联系以及众多美国传教士

---

[41] Isaacson and Thomas 1986, 698.
[42] Isaacson and Thomas 1986, 482, 19—31.
[43] Borstelmann 1999, 552.
[44] Borstelmann 1999, 552—553. Isaacson and Thomas 1986, 306, 320.
[45] Jackson 2001, 293.

跨越了太平洋去亚洲传教。㊻ 但是,这些持相反意见的共和党人与东部精英的不同之处在于,他们没有掌握美国帝权中的权力杠杆。1952年艾森豪威尔战胜塔夫特,赢得共和党内总统初选的胜利,巩固了共和党内部欧洲派的胜利。但是,对于倡导亚洲优先战略的人来说,即便是他们获得了胜利,也不会在亚洲采取多边主义政策。他们与亚洲人的交往,尤其是基督教传教士与亚洲的联系,不会导致美国与亚洲产生那种作为发展多边制度基础的认同感。亚洲人是"野蛮人,不过比较听话",亚洲是"资源丰富、充满机会的地区,居住在亚洲的是顺从懦弱的人群,他们会服从白种人的领导"。㊼ 所以,美国的目标不会是与平等的人合作,而是建立美国的单边统治。

这并不是说,欧亚两洲的差异犹如白日和黑夜、白色与非白色一般截然不同。与日本签订双边条约之后,约翰·福斯特·杜勒斯(John Foster Dulles)解释说,不会建立亚洲的北约,但是他将日本与菲律宾置于同美国有着共同命运的国家之列。㊽ 这种差别表现出美国在二战之后建立的不同等级的认同关系。虽然日本和菲律宾不包括在杜勒斯所说的"具有共同种族、宗教和政治制度的西方共同体"之内,但是,共同的历史经历(战争和战后对日本的占领,菲律宾的殖民地经历)是非常重要的。认同可以有着程度上的差异,不是要么完全认同、要么完全不认同的事情。如果种族、宗教以及共同的政治制度使得美国的欧洲盟友比其亚洲盟友高出一等,共同的历史经历使得有些亚洲国家比另外一些亚洲国家又要高出一等。

重要的是我们需要注意一个事实:二战之后美国在对待欧亚两洲问题上表现出来的认同差异和政策差异并不是什么反常现象。在许多方面,美国继续坚持战时的态度,这种态度导致了诸多事情的发生:采取欧洲优先的战略;拘禁日裔美国人;与欧洲的敌人相比较,美国更加仇恨亚洲的敌人;在大众媒体中更加暴露日本在中国的暴行,而不是德国在东欧和苏联的暴行;在欧洲的战争结束之前就做出首先在日本而不是在德国使用原子弹的决定。的确,诚如迈克尔·亨特(Michael Hunt)和保罗·克雷默(Paul Kramer)所说的那样,在美国对外政策思维中存在一种由来已久的传统,即将世界按照人种分为等级,英美人是最高等级,其他

㊻ Westerfield 1955, 240—268. Purifoy 1976, 49—73.
㊼ Cumings 1990, 96, 93, 79—97.
㊽ Dulles 1952, 183—184.

欧洲人次之,亚洲人、拉美人和非洲人再次之。㊾ 二战后决定美国对外政
57 策的那些人就持有这样的观念。富兰克林·罗斯福(Franklin Roosevelt)将"东方的褐色人种"比作"需要监护人的孩童"。同样,杜鲁门在其私下写的文章中,对英国人大加赞扬,对中国人和日本人则带着蔑视的口吻,称其为"支那人"和"日本佬"。艾森豪威尔总统认为"世界上讲英语的人"地位要高于其他人。正如他的一个顾问所描述的那样,"一群群非洲人、亚洲人和阿拉伯人在数量上占据优势,但他们被感情所支配。与他们相比,西方世界在战争、和平与议会程序等方面更有经验。"㊿这就是他的思维方式。随着时间的推移,这类公开鼓吹种族歧视的语言已不多见,但取而代之的是关于文化和文明价值方面的暗示。在当前的公众辩论中,仍然可以感觉到那种将世界分为等级的心态。

地区结果

美国之所以在欧洲采取多边政策,在亚洲采取双边政策,是政治、物质、制度和认同等诸方面因素错综复杂地缠绕在一起所导致的。但有一个核心的事实不容置疑:美国在20世纪40年代后期采取的不同地区政策对于欧洲和亚洲的地区主义发展产生了重大影响。

北约和东南亚条约组织都是美国冷战时期战略的产物。北约成功地改造了成员国的安全关系。只是在2001年的"9·11"事件之后,美国对外政策出现了严重的单边主义转向,这才使人们开始质疑以北约为核心的跨大西洋安全共同体。与此形成鲜明对照的是东南亚条约组织。东南亚条约组织一直是一只纸老虎,1977年"悄无声息、毫无失败意识地"退出了舞台。(51) 确实,自从冷战结束以来,亚洲缺乏历史根基的多边安排需要根据政治变化而进行调整,这与欧洲比起来要困难得多。目前,中国和日本对正式的制度仍然十分谨慎。中国担心陷入不是中国创立的制度之中,而对于日本来说,它已经不是60年代的日本,不再需要正式制度来克服外交孤立的困难了。

在欧洲,情况恰恰相反,美国政府坚定地支持多边主义原则。欧洲国家出于不同原因,也都希望不太情愿的美国能够长期参与欧洲的军事和政治事务。北约成为历史上非常独特的机构,从一个结盟体系发展成

㊾ Hunt 1987, 46—91. Kramer 2002.

㊿ Hunt 1987, 162—164. 亦参见 Lauren 1988。

(51) Kaplan 1981, 15.

一个安全共同体，实现了在和平时期意义深远的军事力量一体化。围绕德国统一进程而展开的讨价还价是在很少几个国家之间展开的，这些国家中的大部分几十年来就是在北约和欧盟稳定的多边主义框架中活动的。没有这样一个制度环境，针对德国统一进程的谈判会更为困难。约 58
翰·鲁杰在90年代初期总结说："当今，超越传统均势政治的希望在欧洲，而在亚太地区，人们可以希望实现的最好图景是一种合理的稳定均势状态。"(52)

但是，在90年代，亚太安全安排方面开始出现初始状态的多边主义。无论是在内部安全还是在外部安全问题上，初始状态的多边主义和根深蒂固的双边主义并没有相互排斥。(53) 个人之间的关系使得这两种不同的安排联系在一起。(54) 在制度方面，阿米塔·阿查亚（Amitav Acharya）谈到了一种相互交织在一起的"蜘蛛网"式的双边体系，这部分地弥补了亚太地区缺乏多边安全合作的缺失。(55) 例如，在20世纪60和70年代，反对共产主义提供了一个政治基础，使大家可以采取联合警务行动，比如，马来西亚和印度尼西亚之间可以穿越国界，展开"追踪"共产党游击队的行动。在马来西亚和泰国之间也可以展开同样的活动。

60和70年代的内部安全状况与90年代的外部安全状况有相同的地方。正如迈克尔·斯坦克维克斯（Michael Stankiewics）所说的那样，涉及朝核问题的两次危机表明，"东北亚双边外交和多边外交相辅相成的势头日益增长"。(56) 亚太地区各种双边关系的改善，逐步加强了多边安全安排。例如，1999年4月，日本、韩国和美国建立了三边协调和监督小组（Trilateral Coordination and Oversight Group），目的是协调对朝鲜采取的政策。美国和朝鲜在2003年开始谈判，谈判的背景则是中国促成的多边安排。美国政策也发生了变化，美国军方试图促成职业军人之间的多边会议。进而，有的亚洲政府出于各自的目的支持多边主义。比如，新加坡通过军事基地安排的再谈判，试图保证美国海军继续参与亚太海洋事务。这是自20世纪80年代后期以来新加坡的一个政治两手政策，用来抗衡中国和日本的政治要求和经济实力。亚洲多边主义缺乏坚实的历史基础，但一直以来这并没有制约这一地区在政治领域可能采取的行

(52) Ruggie 1993, 4.
(53) Capie, Evans, and Fukushima 1998, 7—8, 16—17, 60—62, IV/3—4, 7. Evans 2004.
(54) Bredow 1996, 109—110.
(55) Acharya 1990, 1—12.
(56) Stankiewicz 1998, 2.

动。不过，没有坚实的多边主义基础这一点也确实影响到人们怎样认识什么是可行和恰当的行动。

欧洲地区主义是沿着多边主义的路径发展起来的，所以会倾向于支持集体决策。到50年代后期，为数不多的欧洲国家政府同意在某些重要领域里由集体决策来处理事务，这些领域包括钢铁、能源和农业。在后来的几十年里，由于西欧在对外贸易领域实施了集体决策，所以，在先是关贸总协定后是世贸组织框架内的谈判中，在西欧和美国之间，实际上往往展开的是双边式谈判。在这种谈判中，欧洲作为一方发出了强有力的声音。亚洲地区主义则不同，亚洲地区主义往往集中在涉及双边交往的共同利益方面，目的是争取提供集体物品。比如，在亚洲建立地区贸易组织的政治性建议主要是希望将其作为讨价还价的筹码，动力也主要是来自国际贸易谈判的需要或是其他地区的助动，而不是亚太地区创建贸易制度的内在需求。但是，讨价还价获取利益的行为受到关贸总协定多边规范的限制，这些规范产生了重大的影响。[57] 40年代美国制定的对外政策对于后来造就欧洲和亚洲各自地区秩序的那些制度产生了重大的影响。

通过欧洲和亚洲的多边和双边机制，在这两个地区建立的反共联盟就与美国帝权联系在一起了。这对于1945年之后的德国和日本产生了重要的影响，无论是涉及这两个国家的国内发展，还是它们与其他地区伙伴之间的关系，都是如此。1945年后美国对这两个国家的占领，使德国和日本出现了一个"创建性毁灭"的过程。[58] 美国在这两个国家清除犯有罪行的精英并重构过时的制度，因而为新的政治和经济制度奠定了基础。美国的行动在德国做得要比日本彻底。美国的政策也启动了另外的进程，深刻地影响到德国和日本精英阶层在国内和整个世界范围内行使权力的方式。[59] 这些政策产生的结果是，德国和日本政治的某些方面发生了深刻的变化，某些方面发生了一般性的变化，还有一些方面则没有发生变化。当然这些结果一方面是外来强加形成的，另一方面也是内部自由释放出来的。

---

[57] Aggarwal 1993, 1035—1040. Crone 1993, 519—525.
[58] Herrigel 2000, 341.
[59] Herz 1983. Montgomery 1957. Moulton 1944.

亚洲市场网络中的民族资本主义

中国和日本是亚洲新地区主义的重要中心。但是亚洲新地区主义与20世纪30和40年代日本提倡的"大东亚共荣圈"式的地区主义是不同的。旧地区主义强调自给自足,新地区主义则依赖开放的网络系统。东亚的地区网络与整个世界是密切联系在一起的。东亚的国际活动有80%—90%集中在该地区十几个大都市区。⑥ 目前,亚洲地区主义呈现两种形式。日本的资本主义是本土经济发展和有意识实施政策战略的结果,是政府和商界精英的合作协调所促成的。在地区层面上,中国的市场经济则走了一条不同的道路,既没有统筹性的本土政治经济设计,也没有统一的政治战略。所以,中国发展的模式几乎可以达到无限灵活的程度。⑥

日本

日本经济具有岛国特征,部分地是因为居住在亚洲其他地方的日本人相对不多。19世纪上半叶,东南亚有100多万华侨,这一数字在20世纪初叶至20世纪30年代初之间增长了一倍。⑥ 1945年,在东南亚的华侨达到800—1 000万,占当地总人口的5%—6%。⑥ 日本在德川幕府(Tokugawa Shogunate, 1603—1868)时期有着长期的封闭传统,所以,海外日本人的人数不多。后来,日本社会的弱势人群自发地向东南亚移民,主要是"妓女和皮条客,后来还有店主、店员和种植场工人等"。这类移民人数在20世纪初的几十年里开始增长,从1907年为数极少的2 800人增加到1936年的36 600人。⑥ 东南亚当地的日本领事馆、日本团体首领和日本协会等都出现了,最终日本统一的教育体系也超越了国界,这一切都是为了一个目的:在整个东南亚地区对日本殖民管辖的地区施行"再日本化"。同时,日本海外侨民借助华人商业网增强自己的竞争力,在零售业尤其明显。⑥ 1945年,日本在东南亚的侨民降到几乎为零的地

---

⑥ Rohlen 2002, 8—9.
⑥ 这一部分是根据 Katzenstein 2000 改写的。
⑥ Hui 1995, 41, 143.
⑥ Hui 1995, 143—144.
⑥ Shiraishi and Shiraishi 1993, 7.
⑥ Hui 1995, 175—176.

步。战后日本与亚洲的关系就是基于这些历史联系以及日本军事占领所遗留的诸多记忆,在东南亚地区尤其如此。

战后的几十年里,日本与亚洲的关系是通过赤松要(Kaname Akamatsu)所说的工业增长和衰老的雁阵模式实现的。[66] 赤松要关于工业变革的论述基于亚洲市场模式,在这种模式中,政府直接涉足贸易、投资和援助等流通领域。小北三良(Saburo Okita)深受赤松要的影响,1955年担任日本经济企划厅(Economic Planning Agency)研究室主任。小北三良根据赤松要的基本思想,在设计日本扩大出口的时候,重点放在势必要发展起来的亚洲诸经济体身上,日本也希望这些经济体会发展起来。如果日本援助它们发展,就可以消解历史积怨,将人们的关注点从危险且毫无意义的政治争论中转移开来,加强地区的发展,建立一个稳定的国际环境,这对于日本富有竞争力的资本物品行业来说是大有好处的。

如果这样理解事态的发展,就可以建立一个坚实的学理基础,以便分析日本的亚洲政策。赤松要最有见地和最具影响的学生小岛清(Kiyoshi Kojima)在60年代提出在太平洋地区创建地区体系的主张,这一主张支持地区经济一体化。通过经济一体化,日本就可以与亚洲邻国持久地联系在一起了。小岛清在60年代提出的"太平洋自由贸易区"包括美国、加拿大、澳大利亚和新西兰。这一地区要与包括东南亚诸经济体整合之后的东南亚地区连成一片。这样,日本一方面可以与发达的美国经济联系起来,因为日本的出口要依赖美国的市场;另一方面也与落后的东南亚联系起来,这一地区必然会接纳日本的夕阳工业。

在整个60年代,日本政府提出过不同的亚洲地区一体化建议。[67] 80和90年代,同样广义的亚太地区理念仍然是日本外交的核心。但是,这些建议却由于其他亚洲国家对日本的高度怀疑而受阻。后来,日本接受了60年代失败的教训,便转而支持一种非正式和软性的亚洲经济地区主义。[68] 日本政府开始支持建立松散的、非政府的组织,这类组织一方面可以通过广泛的成员参与扩散日本的影响,另一方面也可以在日本不参与的情况下开展活动。

太平洋盆地经济理事会(The Pacific Basin Economic Council)就是第一个这样的机构。它创建于1968年,开始的时候成员只有五个环太

---

[66] Akamatsu 1961.
[67] Katzenstein 1997a, 16—18.
[68] Lincoln 1992, 13.

平洋国家的商业界人士,后来扩大到许多其他亚洲国家。1969年开始召开的"第二轨道"会议成为泛太平洋地区商业一体化的重要游说势力。10年之后,日本外相小北(Okita)和首相大平正芳(Masayoshi Ohira),连同澳大利亚总理马尔科姆·弗雷泽(Malcolm Fraser),召集了一次会议,后来发展成为非政府的国际研讨会(太平洋经济合作会议 The Pacific Economic Cooperation Conference, PECC)。这就进一步强化了范围广阔、以市场为基础的亚太模式。PECC包含的是一个强调经济而不是强调政治的地区理念。这种理念加强而不是弱化了国家主权。它强调的是经济发展和未来图景,而不是为解决历史积怨的政治修好。这样一种方式与日本60年代的失败政策形成了鲜明的对比。非政府的机构重视个人之间的关系,重视信息的交流,而不是强调政治谈判和制定具有约束力的条文。

1985年,日元飙升,大力促动了日本的直接对外投资和外援,这就为日本公司的急剧扩张以及承包公司和子公司网络的垂直式发展提供了平台。这类机构迅速行动,在海外建立了与自己关系密切的连锁供应网络。这首先发生在纺织和电子行业,然后就是汽车制造业。现在,多国公司占亚洲外贸的比重超过了历史上任何一个时期。这些连锁网络又将诸多等级分明的承包商和部件生产商统合在一个复杂的多重格局之中,无论是生产商还是购买商都无法左右这一格局。日本的对外投资创建了技术转让的链条和方式,对于经济部门、各个国家,乃至整个亚洲都产生了深刻的影响。

日本在东北亚和东南亚日益扩大的经济网络促成了一个联系密切的亚洲地区经济,同时也加强了一种三角结构:日本的出口和对外投资导致了对西方市场出口的迅速增长,出口产品首先对准的就是美国市场。日本对外投资和贸易大量增长,它又是地区的最大援助国,在这种态势的支撑下,日本政府也试图影响外国企业和政府,方法是输出日本偏爱的政府指导模式。日本将这种模式稍加修改后加以推广,并或多或少地获得了成功。⑥ 1990年秋天,日本通商产业省(Ministry of International Trade and Industry, MITI)在亚洲许多国家建立了相关组织,以帮助当地的商人、日本的投资人、当地政府官员和通产省官员等各方举行定期会议。日本希望这些政府机构提供"地方性指导"。⑦ 操纵投标(*dan-*

---

⑥ Hatch 2002, 187—194.
⑦ Lincoln 1993, 125, 127—128, 145—146, 178, 192.

go）的做法在日本国内的公共项目中是司空见惯的事情,日本援助项目也将这种做法带到国外。用戴维·阿拉斯（David Arase）的话说,日本在外援方面采取了提要求的做法,这就造成了"贪污腐败,而日本政府则可以以不知情而搪塞过关"。⑦

日本的政治和经济实力在整个地区都产生了影响,这样一种体系尤其使得技术效率达到了最高程度,同时又反过来加强了日本在亚洲的政治和经济领导作用,因为亚洲是在日本的带领下发展起来的。沃尔特·哈奇（Walter Hatch）和野口悠纪雄（Kozo Yamamura）认为,日本和其他国家技术方面的差距在80和90年代确立了日本在经济和政治领域的主导地位。⑫ 根据这种观点,亚洲地区主义不过是日本经济发展模式的国际扩展而已。这种方式自80年代中期以来,在亚洲广阔的地区生产网络中已经制度化,同时诸多领域的贸易、援助和投资政策也在支撑着这种制度化。日本方式在亚洲地区的扩展在不同政策领域都呈现出惊人的一致。但是,这并非是在一种秘密的超级策划下进行的。日本的地区化传播了日本国内一些有用的安排和做法,但在90年代,这些安排和方式在日本国内越来越失去了生命力。⑬

海外华人

1945年以来,亚太地区的华人产业经历了重大的变化,尤其突出的是发展型国家的兴起和外国多国公司日益增长的重要性。华人网络成为重要的中介因素,一方面联络政府部门官员、军方人士和政治家,另一方面接触外国企业,并将它们联系在一起。在20世纪50和60年代实施进口替代政策的阶段和后来实施以出口为导向的工业化阶段,华人都起到了这种作用。华人商界的核心仍然是家庭,但是,在家庭主导的周边有着层层的股东和政治势力,由当地精英组成。据报道,80年代后期,东南亚、台湾和香港的华人经济,"依其经济规模"而言,达到了世界第四的地步。⑭

"海外华人"是指居住在中国大陆之外的华裔人士。20世纪之前,海外华人缺乏一致的认同。乡亲关系、方言土语、血缘关系和行业社团等因素比同为中国人的认同感要强得多。后来,中国大陆爆发了革命,

---

⑦ Arase 1995, 161.
⑫ Hatch and Yamamura 1996, 97—129.
⑬ Hatch 2000.
⑭ Kao 1993, 24. Hui 1995, 16—17.

随之开始传播的是一种华人移民的认同感。但是，作为一种社会类属，"海外华人"这个概念在很大程度上无法反映中国人在东南亚不同地区丰富多彩的经历。

因此，中国商界华裔移民的文化特征具有极大的灵活性，也就不足为奇了。⑦ 19世纪和20世纪初，中国的国家体系难以维系，中国的资本却遍及东南亚，建立了超越政治分野和国家边界的商业网络。中国政治秩序江河日下并最终分崩离析，但是，主要的经济网络枢纽却成为中国沿海的安全地带，比如上海、广东以及其他一些海港城市。东南亚、夏威夷和美国西海岸的华人经济网络也是安全的。⑦ 中国的地区网络包括了金融、贸易和制造业。

企业家戈登·吴（Gordon Wu）认为，海外华人的商业组织就像一盘沙子。沙粒是家庭，而不是个人。将人们联系在一起的是亲缘、信任和义务，而不是法律、政府或民族精神。⑦ 企业集团是以家庭为核心的，中国资本的承载人总是一家之主。比如，在台湾，无论规模大小和独立程度如何，家庭企业总是胜过大型集团式企业。⑦ 在这类企业中，"很少有将责任权力交托给别人的做法，即使交托给儿子也不行。……如果家长说向右转，你就要向右转。"⑦ 社会关系也不仅仅是亲缘和联姻关系，还要倚仗规定具体关系的社会规范，主要特征有服从、信任、忠诚和可靠等等。对于这些规范，人们有着不同的理解，也有着工具性的诠释，但这些规范渗透了中国社会的经济组织，潜移默化地引导经济活动，确立了独特有效的分配形式。

20世纪90年代初曾对150多个海外华人企业家做过调查，结果证明，根据他们的思维方式，只有家庭成员才真正可以信赖。⑧ 在家庭范围内实施严格控制必然限制企业的规模和发展，对高技术产业尤其如此。由于亲缘关系的重要性，富有的商人往往投资于小型公司组成的大型网络，这些网络涉足诸多行业和诸多行业中的部门。因此，形成规模经济并不是通过兼并单个的公司，而是通过将小型公司联系在一起的网络系

---

⑦ Hui 1995, 25; 亦见 287—288.
⑦ Hamilton 1996, 336.
⑦ Brick 1992, 5.
⑦ Hamilton and Kao 1990, 142, 147—148.
⑦ 转引自 Ridding and Kynge 1997, 13.
⑧ Kao 1993.

统。⑧¹ 根据雇员人数的统计数字看，台湾公司集团（不是单个公司）的雇员人数比日本的公司集团要少5到6倍，台湾公司在国民经济中的地位也比日本公司要低。⑧² 但是，主导东南亚和香港大部分经济生活的却是中国的老板，而不是日本的大亨。加里·汉密尔顿（Gary Hamilton）认为，华人资本主义"是非政治形式的资本主义，非常灵活，很容易抓住外部的经济机会"。⑧³

华人的网络不仅仅服务于经济目的，同时也是一种社会体系。⑧⁴ 海外华人的正式互助协会是基于家族、同一省份的老乡关系，或是同一方言（比如广东话、客家话、福建话、潮州话等）的。"这类协会的活动方式与银行相似，成员可以在这里借钱、交流信息、招募工人，以及在商业圈里互相引见等。"在许多情况下，市场不发达，法律不成熟，这类网络就成为人们从事复杂生意所偏爱的方式，中国人做生意靠的是握手交朋友，华人网络加强了这种行为方式。⑧⁵ 保证行为的可预测性是这类以地方、地区、行业团体和亲缘关系为基础形成的体系，不是国家。而行为的可预测性恰恰是经济交易得以发展的必要条件。

海外华人强大的网络体系是中华人民共和国政府面临的一个重要问题。1953年人口普查时将海外华侨定为中国人口的组成部分。1954年中华人民共和国宪法规定，全国人民代表大会包括海外华侨代表。但是，不久之后，中国政府放弃了血统（*ius sanguinis*）原则，让海外华侨个人自行选择自己的国籍。印度尼西亚政府对华侨采取了歧视性政策，与中国发生了很大矛盾，最终促使中国政府在50年代后期采取了切实可行的政策，到"文化大革命"初期才进行了更改。当时采取的这种政策更多地维护了中国政府的外交利益。

由于海外华人越来越富裕，加上居住国的经济歧视政策，所以，大部分海外华人选择了居住国国籍。他们希望这样可以与当地居民享有同等权利，不再受歧视性政策的制约。中华人民共和国成立后的10年里，超过80%的海外华人选择了他们所居住的东南亚国家的国籍。⑧⁶ "华人"更多地是一个文化概念，而不是一个政治概念。如今，"海外华人"指

---

⑧¹ Hamilton 1996, 334—335.
⑧² Hamilton and Kao 1990, 140, 142.
⑧³ Hamilton 1996, 335.
⑧⁴ Esman 1986, 149.
⑧⁵ Weidenbaum and Hughes 1996, 51—52.
⑧⁶ Hui 1995, 191. Gambe 1997, 19—22.

的是生在东南亚国家并具有当地国籍的华人。⑧⑦ 现在东南亚华人中95%都是出生在这些国家的。⑧⑧ 他们尽管还没有完全被同化,但都是在东南亚政治体制中生长起来的。他们在很大程度上控制了主要东南亚国家的经济资源。虽然统计数字不尽相同,华人控制了马来西亚、印度尼西亚和泰国80%的企业。在菲律宾,华人控制了40%左右的企业。⑧⑨

80年代以来,中国政府加强了与海外华人的经济关系,大力鼓励海外华人回国投资、向中国国内亲友汇款以及到中国旅游。中国政府政策大力支持巴里·诺顿(Barry Naughton)称之为"中华圈"(China Circle)的发展,将香港、台湾、东南亚的华人和中国大陆联系在一起。⑨⓪ 自80年代中期以来,中国大陆的合同投资和实际投资中有大约4/5来自中华圈内的产业网络。⑨① 1997年亚洲金融危机之后,海外华人与中国大陆的关系更加密切,形成了亚洲商业网络进一步扩展的新阶段。这类网络对亚太地区政治经济的重要意义在于,它们比类似APEC这类正式制度的作用要大得多。同样重要的是,中国商业力量的兴起不能被简单地视为国内现象。它具有国际意义,是与全球经济发展的动力密切联系在一起的。⑨②

因此,自80年代后期以来,商业关系网络将"大中华"重新联系在一起。民族和家族关系促成了地区商业网络的建立,这些网络是"非正式的,但又无处不在;各国有所不同,但从根本上说又不以国家为界;由资本流通、合资经营、婚姻关系、政治需要、共同文化以及共同的商业道德联系在一起。"⑨③中华商业网络的突出特点是它们所遍及的广阔地域、它们所包含的大量人际关系和它们所表现出来的缺乏正式制度化的形态。这与欧美是不同的。大型海外华人企业通过共同承担股份和其他机制相互合作,因而也就相互促进。这些企业又与作为中介商的中小型零售和批发企业联系在一起。在90年代,大型华人家族企业开始介入全球金融市场,使其业务多样化,并开始摆脱它们对华人银行的依赖。⑨④

---

⑧⑦　Hui 1995, 172, 191, 194.
⑧⑧　Hicks and Mackie 1994, 48.
⑧⑨　Hui 1995, 254—258.
⑨⓪　Naughton 1997.
⑨①　Berger and Lester 1997, 5. Esman 1986, 150—153. Hui 1995, 259—268.
⑨②　Hamilton 1996, 331. Hui 1995, 13—14, 219.
⑨③　Sender 1991, 29.
⑨④　Yeung 2003.

日本人和华人的网络系统

亚洲地区主义在不同的商业网络框架中施行制度化,其中,日本国民认同和华人民族认同起了重大作用。文化认同和传统的家族和商业联系在克服信任忠实问题上是大有用处的,这有利于实施华人的组织方式。这与在更具等级性的日本网络中形成的技术效益模式大相径庭。华人网络最有利于寻租和资本的迅速收益,日本则是控制援助和技术的流通,为其他国家的生产商提供资本投入和中间产品。[95] 韩国和台湾虽然迅速缩小自己与外界的发展距离,但它们主要是在精密程度较低的产品领域达到高度的专业化,所以仍然依赖从日本进口核心技术和中间产品。因此,韩国和台湾位居日本和东南亚之间。东南亚国家一方面提供原料和市场,另一方面也为装配产业和日益增长的地方生产更新活动平台。

日本商业网络和华人商业网络相互重合,这在泰国表现得很明显。米切尔·塞奇威克(Mitchell Sedgwick)根据他的实地研究,做出了如下的论断:

> 日本在泰国的多国公司造就了劳工的专业化和高度集中的决策权威。……但是,高度的集中不但反映在企业内部的活动上面,而且也反映在子公司与总部的相对地位上面。泰国的日本子公司就是控制严密、等级森严的日本总公司结构的延伸。[96]

与之形成反差的是泰国华人主导的商界。华人商界经过多年的发展,呈现出完全不同的形态。但在过去的 30 年里,年轻一代的华人企业家呼应了泰国经济国际化,依照传统方式管理企业,与香港、新加坡、台湾和中国内地的商界保持了密切的联系。泰国的例子表明,公司的迅速发展,可以通过垂直的、封闭的典型日本模式得以实现,也完全可以通过水平的、开放的海外华人网络得以实现。[97]

日本和中国不同版本的地区主义,虽然都呈现出民族商业网络和次区域活动的形式,但两种地区主义的历史根源有着极大的不同。日本的资本主义在 1870 年和 1930 年之间发展迅速,带有国家建设和帝国发展的时代印记,中国的资本力量虽然是在同一时期发展起来的,但却带上

---

[95] Hatch and Yamamura 1996, 96.
[96] Sedgwick 1994, 8.
[97] Hamilton and Walters 1995, 94, 99—100.

了帝国崩溃和国家解体的时代印记。⁹⁸ 自从19世纪中期以来,海外日本侨民人数与中国侨民相比要少得多。与日本工商业网络相比,华人工商业网络的范围要为广阔,历史根基也更加深厚。日本政府官员在建立日本网络的时候充分意识到日本企业在亚洲地区的严重局限。所以,日本和中国商界的不同历史根源造就了两个国家在亚洲经济活动的不同特点。

在具体行业中可以明显看出这种普遍的行为方式。日本的工商业网络着力依赖的是知名的、具有相当技术能力的日本供应商。海外华人的公司所依赖的则是将遍及亚洲的中小企业联系在一起的网络系统,这些中小型企业的专业化程度越来越高。日本人的网络系统是封闭的、垂直式的、以日本为中心,并且注重长远利益。华人的网络是开放的、水平式的、灵活的,而且比较注重当前的利益。⁹⁹ 在垂直式的组织中,股份所有权控制着组织;而水平式的组织更偏爱家族所有权和家族伙伴关系。在一个群体中,垂直式网络系统是通过交叉持股和相互主导进行控制的,而水平式组织则是通过核心人员担任多种职务实施控制的。垂直式系统的组织方式是群体之间的股份持有权;水平式系统的组织方式则是由个人和公司提供贷款和组建合资企业。在垂直式组织中,分包关系是结构性关系,是半正式的;在水平式组织中,分包关系则是非正式且高度灵活的。在垂直式组织中,增长方式是由银行融资;而在水平式组织中,增长方式则是非正式的融资和再投资。ⁱ⁰⁰

日本和中国的组织模式既是不同的,又是互补的。在东南亚,新兴的华人巨商往往和日本企业合作,比如,泰国的暹罗摩托集团(Siam Motor Group)、印度尼西亚的阿斯特拉公司(Astra Company)和 Rodamas 集团、菲律宾的 Yuchenco 集团和马来西亚的郭氏兄弟集团(Kuok Brothers)等。ⁱ⁰¹ 在1974年日本和印度尼西亚建立的138个合资企业中,74%的印度尼西亚合伙人是当地的华人。ⁱ⁰² 日本公司经常发现,若是没有华人做中间人,他们是很难做生意的。进而,中国和日本之间的贸易量增长很快。2003年,每周乘航班来往中日两国的人数大约为1万,超过了1992年全年的数字。如果不包括夏威夷,日本人到中国大陆的旅游团超过了到美国的旅游团。日本工商业界现在已经意识到,中国是推动日本经济

---

⑱ Hamilton 1996, 332—333, 336.
⑲ Hamilton, Orrù, and Biggart 1987, 100. Hamilton and Feenstra 1997, 67—73.
⑳ Orrù, Biggart, and Hamilton 1997.
㉑ Hui 1995, 189.
㉒ Hui 1995, 189. Brick 1992, 3—4.

走出长期低迷状态的最重要市场,因此,日本对外投资大量增长。仅在上海地区,日本投资的合资企业就达 4600 家。2003 年,上海以及上海周边每天都有 2—3 家新的日本公司开业。[103]

总之,在亚洲市场看到的不是一些互不往来、独立特行的商业行为。加里·汉密尔顿写道:"相互联系的商品链同时也深嵌于当地的社会和政治制度之中,并且,这些商品链对于类似价格和货币动荡等全球现象是非常敏感的。"[104]在地区层面,这些社会和市场联系显然遵循着华人或是日本人的行为方式。两种工商业网络都避开了正式的制度化:日本人的大型公司联合体和华人的家族企业都是在没有正式的政治制度的情况下实现经济一体化的。1990 年代,亚洲的地区主义和地区化呈多孔化态势,对世界经济发展是开放的;亚洲的经济形态是网络状的;亚洲的政治形态是多元的。

欧洲政体中的法律与政治

"回归欧洲"是一个政治性口号,主导了二战结束以来欧洲地区一体化和地区化扩大的研究,冷战结束以来更是如此。这方面的例子很多:1945 年之后的德国,80 年代的西班牙、葡萄牙和希腊;1990 年以来的中欧和东欧国家。到底什么才是这些国家希望回归的"欧洲"呢?战后的欧洲地区主义是基于一种自由主义观念的,既反对法西斯主义,也反对共产主义。冷战的开始迅速将一种泛欧洲的观念缩小到一个西欧的概念。冷战结束之后,为了加强并扩大这一基于自由主义理念的社区,欧洲联盟在 1989 年的斯特拉斯堡峰会上重申了它的承诺:弥合欧洲的东西方鸿沟。

欧洲地区主义在制度形式上完全不同于亚洲地区主义。这主要是因为欧盟。自由民主体制是加入欧盟的条件。法治、市场经济中的私有财产、民主参与的权力、尊重少数民族权益,以及社会多样性,这些都是自由人权的内容,也是欧盟的灵魂。这些原则深嵌于致力于和平解决所有争端的由国家组成的多边体系之中。自从 1957 年以来,这些价值观念被以法律语言确定下来,具体体现在欧洲各国政府签署和批准的诸多条约之中。1993 年欧洲理事会(European Council)在哥本哈根召开的会

---

[103] Pilling and McGregor 2004.
[104] Hamilton 1999, 52.

议上以简洁的语言重申了这些价值观念。

随着时间的推移,欧洲的地区一体化发生了变化。原来只是一个政府之间谈判协商的体系,现在则成为一个政府以及其他组织共同谈判协商的政体。欧洲治理的动力是功能性需求,设立了庞大的科层组织,涉及包括次国家、国家和欧洲组织在内的多层面活动。集团、政党、政府部门都参与到这个政体之中。这个政体一方面具有合法性,另一方面也受到挑战。这个进程既不会走向创建欧洲超级国家的大统,也不会导致民族国家特立独行的分裂状态。

欧洲政体的困难是长期存在的决策效率很低的问题,这种状况恰恰是这种既非超级国家又非民族国家的中间形态造成的。低效率决策根植于几对矛盾,比如"积极"一体化和"消极"一体化之间日益加大的鸿沟。再比如,一方面要根据长远的、法定的计划消除经济和社会边界,另一方面对新兴欧洲市场的管理又是谨慎的,进展也是不平衡的,这两者之间的矛盾也是日渐明显。欧洲地区主义的核心是正式的制度机构:欧盟理事会(the Council of the European Union),亦即以前的欧洲部长理事会(Council of Ministers);欧洲委员会(the European Commission);欧洲议会(the European Parliament);欧洲法院(the European Court of Justice)。这些机构与欧洲各国政府分享权力,这些机构之间也分享权力。[105]

欧盟已经发展成为一个独特的政体,将行政和立法权力合并在不同的机构之中,在欧洲地区层面上、同时也在地区和国家之间展开活动。部长理事会和22个不同的部长级职能委员会分别处理外交政策以及范围很广的诸多专门事务。虽然这些理事会有着许多行政特权,是创建跨政府联盟的场所,但它们也是欧盟最重要的立法机构。进而,在执行政策方面,它们与各国政府部门密切联系。这些理事会常常处理高技术事务,因此也与欧洲议会委员会、国家层面的利益集团,以及越来越多的欧洲地区层面的利益集团进行协商。由于这些理事会的工作基本上是在协商一致的情况下开展的,所以,许多活动不是公开进行。这些理事会的工作说明,在欧盟,权力是如何分散在不同权力中心之间和在不同治理层面之间的。

欧洲委员会(the Commission)20个成员国会议的功能就像内阁,与部长理事会(Council of Ministers)协调行动。欧洲委员会管理大约1.3万在布鲁塞尔工作的公务员,同时也启动大部分欧盟的重要立法项目。

---

[105] 以下段落引自 Katzenstein 1997b, 33—36。

欧洲委员会的立法大都是以规则和决定的形式发布的。据报,自从1957年以来,所有立法项目已经达到10万页。欧盟成员国所通过的新法律之中有一半是在布鲁塞尔制定的,尤其是涉及环境、公共卫生、消费者保护和内部安全等问题。退休金、福利和教育等领域的事务主要仍在成员国国内立法。进而,虽然欧洲委员会缺乏执法权力,但它监督成员国执行欧盟法律的情况。在制定新的政策和执行现有政策的时候,委员会往往依靠国家政府部门的专业能力。但是,委员会努力减轻对成员国政府的依赖,所以便大量利用非政府组织渠道提供的信息。因此,在实际运作中,欧洲委员会是将立法和执法、超国家权力和国家权力结合起来的。

欧洲议会成员自从1979年以来都是直接选举产生的,他们根据思想取向而不是国家利益开展活动。欧洲议会虽然有着有限的共同决策权,但其权力基本上属于咨询性质。欧洲议会可以推迟某项行动,有权弹劾欧洲委员会成员。但是,欧洲议会实施否决权的范围被限制在欧盟预算一半以下的项目上面。比如,农业是欧盟最大的单一预算项目,但欧洲议会在涉及农业开支方面没有多大的预算控制权。由于不存在一个单一的欧洲公众,所以,欧洲议会的选举往往更像是对某些互不关联的、涉及具体国家事务的民意测验,而不是考虑整个欧洲政体的重要事务。80年代中期开始实施制度改革加强欧洲议会的权力,结果是欧盟理事会或欧洲委员会提交议案之前的协商力度加大了。德国政府认为,这些改革远远没有达到纠正欧盟民主赤字的要求,但法国和英国政府却不这样想。将来,民主赤字可能会减少,因为欧洲议会和各成员国立法机构的联系越来越密切。所以,欧洲议会的活动会将不同权力的中心和不同级别的政府联系在一起。

在欧洲地区层面上产生了大量的组织机构,这一现象是值得注意的。但是,亚洲和欧洲最大的差异是欧洲有着深远的法律一体化进程。欧洲法院是以积极行动闻名的,因为它的法律身份使其免受政治干预。在国家层面则不是这样,在涉及谁有权定义政府机构之间的权力平衡这类问题,还有,谁可以规定欧洲政治一体化的速度、范围和方式等问题上,国家的法院和行政机构都会公开质疑哪个组织机构有权做出决定。欧洲委员会有权起诉成员国(第169条),成员国有权相互起诉(第170条),欧洲法院有权复查欧盟理事会和欧洲委员会采取的行动是否合法(第173条)。这些权力的目的都是要保证欧盟行为符合1957年建立欧洲共同体的《罗马条约》中所做出的规定。但是,欧洲法院的主要任务是确定对欧洲法律的一致解释和执行(第177条)。进而,作为欧洲法院逐步发展起来的新的使命,它有权监督成员国法律,以免这些法律不符合《罗马条约》的规定。根据这一权力,欧洲法院受理成员国国民起诉成员国立法和行政机构的案件。最后,根据第 177 条的具体规定,欧洲法院有权对涉及欧盟法律有效性的一般性事务进行裁决。欧洲法院没有就这类事务做出直接的裁决,这表明超国家机构和国家政府之间的密切联系。欧洲法院的做法是颁布"初步裁决",以便引导下一级法院的判决。[71] 欧洲法院在执行法律方面的放权方式是削弱还是加强了欧洲法院,或者两者兼而有之,对此,人们有着不同的看法,并且各有各的道理。但是,很明显的一点是,欧洲法院在积极开展活动,同时成员国法院也在采取行动,后者构成了前者活动的环境。

欧洲法院和成员国法院使欧洲共同体的诸多条约宪法化,这是欧洲法律发展的重要标志。这一进程将制度建设和法律解释结合在一起。"宪法化"这一术语表述了一个进程:一系列条约"从一套对主权国家具有约束力的法律性安排发展成为一个垂直式的统一法律机制,赋予欧洲共同体领土之内的所有公共和私人法人及法人实体以在法律上可以执行的权利和义务"。[106] 宪法化既要归因于欧洲法院在法律领域的积极活动,也要归因于欧洲法院和成员国国家法院之间不断的法律对话和沟通。

宪法化进程有过两次高潮。[107] 在第一次高潮期间(1962—1979),欧洲法院成功地确定了欧洲法律高于欧洲国家法律的原则,也确定了欧洲法律对欧洲共同体内所有法人均具有效力。在第二次高潮期间(1983—1990),法律一体化进程加强了成员国国家法官确保欧洲共同体法律有效实施的能力。比如,在 1983 年,欧洲法院确立了间接有效原则,要求成员国家法官在解释其国家法律的时候要与现有欧洲共同体法律相一致。1992 年欧洲法院的一项判决将间接有效原则进一步扩展开来。这项判决认定,在欧洲共同体行政命令在成员国没有得以通过、或是以错误的方式得以通过的情况下,成员国家的法官必须以符合欧共体法律的方式解释并施行国家法律。判决指出:"这一原则赋予国家法官修改国家法律的权力,亦即'符合原则的建设性做法',以便能够使欧洲共同体法律在没有实施措施的情况下仍然可以得到执行。"[108] 1990 年是欧洲法

---

[106] Stone Sweet 1998,306.
[107] Stone Sweet 1998,306—308.
[108] Stone Sweet 1998,307.

律一体化的峰巅,欧洲法院确立了政府负责的原则。根据这一原则,国家法院可以判定,如果成员国未恰当执行或实施欧盟法律,并因之造成危害,那么成员国家必须对造成的危害负责。

随着时间的推移,欧洲法院已经有力地推动了法律一体化的发展,大大超出了成员国原来的设想,也超过了经济和政治一体化的进程。[⑩]法律一体化之所以取得如此进展,是由于包括诉讼人、律师和法官在内诸多行为体的努力,他们共同组成了在制度上相互联系的决策链条。国家法院接受了欧洲法律高于国家法律和欧洲法律直接有效的原则,但接受的过程是充满变数的,也具有高度的路径依赖性。蒂耶门·库普曼斯(Thijmen Koopmans)在20世纪80年代做过欧洲法院法官。他没有孤立地观察不同层面上欧洲法律发展的情况,他认为,"在思想上更有意义也更有意思的是将欧洲法律的发展作为全球进程来加以观察:这是一个逐步建立一座多面体法律大厦的进程。"[⑩]

国家法院之间、国家法院与其他政治行为体之间的竞争,一般来说是有利于促进欧洲法律一体化进程的,尽管个别时候也会产生一定的阻碍作用。在20世纪80年代中期到90年代中期这段时间里,欧洲法院尤其试图加强一种执行欧洲法律的权力分散体系。这一努力创造了条件,使得国家的初中级和高级法院可以在使用欧洲法律的时候相互竞争。卡伦·奥尔特(Karen Alter)写道:"初中级法院和高级法院之间的意见分歧恰恰是法律一体化的动力。"[⑪]初中级法院更倾向于使用欧洲法律,以得到理想的法律结果,而高级法院则往往限制欧洲法律秩序扩展到国家内部。一般来说,初中级法院将高级法院推到了这样一种地步,使后者必须接受欧洲法律高于国家法律和直接有效的原则。[⑫]

但是,法律一体化不是单向的。不同国家的法律进程也会对欧洲法律一体化构成障碍。德国宪法法院做出了众所周知的1974年(Solange I)和1993年(马斯特里赫特)判决,在很大程度上限制了欧洲法律一体化进程。[⑬]由于没有明确的法律解释,成员国对新的欧洲法律的执行情况也没有确定的评判,这是很难避免的事情。这种模棱两可状况的产生,是因为新的欧洲法律规定是在国家环境中实施的,各国都有自己盘

[⑨] Stone Sweet and Brunell 1998, 67—68.
[⑩] Koopmans 1991, 506.
[⑪] Alter 1998a, 242.
[⑫] Alter 1998a, 243, 249—250;1996. Stone Sweet 2000, 153—193;1998, 324—325.
[⑬] Alter 1998b. Mattli and Slaughter 1998, 270—271, 274—275.

根错节的法律传统,往往会对法律规定的社会意义做出十分不同的解读。国家对于需要优先考虑的事项或是缺乏判断能力,或是不够清晰;对于责任和机会也不够清楚,便造成了"有折扣的执行"的现象,这已经成为欧盟法律秩序的一个鲜明特征。[114]

法律一体化也是通过对话进行的。这类对话由两个部分组成:一是建立新的原则,比如欧盟法律高于国家法律和直接有效的原则;二是成员国法院和政治家接受这种新的法律管辖权。欧洲法院在审理成员国提交的案件时,刻意创造了这种法律管辖权。虽然所有国家的司法机构都坚持认为,欧洲法律高于国家法律的原则应以国家宪法为基础,但国家法院即便是在本国政治家和行政官员反对的情况下,也会实施欧洲法院的判决。[115] 因此,欧共体条约的宪法化和法律一体化进程在很大程度上依赖于成员国法院如何解释、实施或是挑战欧洲法律,依赖于国家接受欧洲法律对欧洲法院之后的判决会产生什么影响。在法律和政治的交界点上,欧洲法律一体化进程是由法官和政治行为体在欧洲政体的制度秩序中导航的。

欧盟的这些发展描绘出一幅图画:政治在法律框架中展开,而不是法律依附于政治。[116] 一位研究欧洲法律的早期学者斯图尔特·沙因戈尔德(Stuart Scheingold)曾在 1971 年以简洁的语言总结道:"在各方认同的、国家有克制的选择框架之中,一个相当灵活的法律程序诞生了。"[117]欧洲法律化没有纠缠于政府间主义和超国家主义孰是孰非的问题,而是强调了欧洲多层政体框架中法律一体化的根本动力——这就是传统的、等级的和集中的国家权力因素与非传统的、非等级的和多元的治理体系相结合。

这些涉及欧洲一体化的法律和政治因素并没有包含欧洲化的所有方面。还有一些因素也有助于解释欧洲为什么会发展成为多层面的政体。[118] 这里,有两种因素特别需要注意。第一,欧洲希望输出自己的政治模式、独特的制度和做法,认为这样做可以影响整个世界政治的走向。"欧洲化"包含很多内容,包括调整经济效益与社会公正、不允许将文化作为商品、强烈反对死刑、具有保护环境的强烈自我意识,以及坚持国际

---

[114] Conant 2002, 52.
[115] Alter 1998a, 227—228, 231. Witte 1998, 292—293. Stone Sweet 1998, 312—323.
[116] Armstrong 1998, 163.
[117] Scheingold 1971, 14.
[118] Olsen 2002.

法和多边国际组织在处理世界事务中具有优先权等。第二,欧洲化通过其扩展的过程,对成员国国内制度和做法产生了更为强大的影响力,对进入这一进程的欧洲南部和东部国家尤其如此。欧洲化过程着力强调的是经济和社会问题,这也恰恰是资本主义福利国家的核心问题。但是,欧洲的法规也涵盖了道德和文化问题,这就延伸到社会道德的范畴之中。⑲ 欧洲化还强调不要首先使用强制性军事权力获取狭隘的国家安全利益,这也使得欧洲化在世界事务中得到了更为合法的地位。

欧洲的制度化是很普遍的现象,影响到社会和政治生活的方方面面。但是,与亚洲相比,正在出现的欧洲政体最突出的特征不是通过一部欧洲宪法,而是欧洲条约体系的宪法化。权力分合共存的多层面政治体系会采取协商一致的决策程序,在这种政体中往往会出现严重的利益冲突,使成员国政府发生矛盾。约瑟夫·韦勒(Joseph Weiler)提醒我们注意宪法性宽容的原则。反差很大的欧洲国家承诺建立一个关系密切的联盟。这些国家是联系在一起的,连接它们的纽带也是越来越多。它们之间的联系促使它们、而不是强迫它们,将国家的决策权力交付给一个政治共同体。在这个共同体之中,行使权力的不是民主的大众,而是其他的国家。韦勒最后说:"欧洲联邦主义是在一套自上而下的规范中得以确立的,但是其权威和实际权力却呈现一个自下而上的等级状态。"⑳ 这些相互交叉的政治进程使我们注意到,欧洲是一个解决问题的议事性政体,它与国家主权和社会关系等不同的政治形态构成了一种相辅相成的关系。㉑

欧洲和亚洲地区秩序的最重要差异是与美国政策相关的。1945年之后,美国决策者在欧洲大力推行的制度化革新是多边主义,但在亚洲却不是这样。华盛顿帮助设定了两个地区制度发展的不同轨迹,结果导致了亚洲市场的民族资本主义,在欧洲则出现了深嵌于各种政治安排中的欧洲法律体系。这些差异对美国帝权以及德国和日本都产生了重要的影响。美国帝权试图管理这个由地区构成的世界,德国和日本则分别在欧亚这两个最重要的地区发挥了最重要的作用。

---

⑲ Kurzer 2001.
⑳ Weiler 2000, 244, 240.
㉑ Cohen and Sabel 2003.

第三章

地区认同

在亚洲和欧洲的地区秩序中，认同是不一样的，而认同是两个地区不同制度形式的重要组成部分。我认为，地区认同并没有取代在通常情况下更为浓重的民族、次民族和地方认同，而是起到了补充作用。在亚洲，政治精英为了明确的政治目的会在很大程度上借用世界性和地方性的概念，并将二者结合起来，这样的结合比地区认同的文化和文明内容更为重要。相反，欧洲地区认同的基础是各种相互激烈竞争的文化和文明观念，它根植于社会进程之中，在不同地方和社会层面都保持了最大程度的可变性。

亚洲和欧洲的根本不同有着深刻的历史渊源，虽然美国于1945年后在亚洲和欧洲推广了不同的制度秩序，但实际上亚欧两洲的不同在此之前几个世纪就出现了。过去人们认为东西方的认知过程和智识传统是完全不同的，所以东西方处于相互分离的状态；但是，最近的文化心理学和经济社会学研究质疑了这一观点。因为欧洲和亚洲的地理中心在几个世纪以来发生了巨大的变动，而地理中心正是集体认同的对象，所以，毫不奇怪，东西方都具有极大的内在可变性。通过对文明思想进程和智识传统的讨论，有人提出人民和政体即为其是，并且是可以发生变化的。我们只有避免世界政治分析中的简化论和具体化，才能识别出美国帝权框架下的多孔化地区。通过对战后的德国和日本进行比较研究就可以证明这一点。它们成功地实现了政治成熟和经济重建，成为了地区核心国家，帮助塑造了亚洲和欧洲，同时也被各自的地区所塑造，并坚持对美国的意图和权力给予支持。

地区构成的世界

亚洲和欧洲的地区认同

  亚洲和欧洲的地区制度和实践在性质上有着重大差异,这种差异体现在地区认同特征上。国家认同(state identity)主要是外生的,是在由国家所组成的国际社会的进程中塑造而成的。民族认同(national identity)主要是内生的,反映了大众和精英获得、完善和丧失集体认同的过程。地区认同是不断发展进化的国家和民族认同的补充,而非替代。在亚洲,地区的多种认同随着全球和地方性的发展正在发生变化,并且避开了更具体的文化和文明因素。在欧洲,一种单一的地区认同正在逐渐显现,当然,在不同的国家、不同的阶层,以及在欧洲的不同部分这种认同所达到的程度仍然有所不同。欧亚是一块大陆,但所指的却是两大洲,至少包括两种文明和经济区。① 只有在俄国,欧亚主义意识形态才具有潜在的统一象征。② 与之形成对比的是,欧洲和亚洲的地区认同都是在相对于一个外在"他者"的时候,才能最清楚地被定义出来。这说明了欧亚两洲都有着一个很强的传统,即欧洲存在东方主义,亚洲也存在西方主义。

  尽管"英格兰在地理上一寸未动",然而 1066 年还是标志着肯尼思·乔伊特(Kenneth Jowitt)所谓的欧洲"观念地理"的决定性变化。③经过无数政治剧变后,欧洲格局在 1989 年再一次发生了变化。一位德国外事官员敏锐地意识到了地理接近的重要政治意义,他说:"你知道吗,欧洲政治的百分之五十都是地缘政治,谁都不能搬家了事。"④ 照此说法,还有另外百分之五十,那就是文化。齐美尔(Georg Simmel)认为边界不仅仅是一种能产生社会学后果的地理事实,而且还是一种地理形式的社会事实,他很可能是对的。⑤ 尽管文明冲突论者可能不会接受这种各占一半的说法,但是即便是塞缪尔·亨廷顿(Samuel Huntington)本人,也同意地理和文化并不完全吻合。⑥ 在特指金钱地理的时候,本杰明·科

---

① Evers and Kaiser 2001, 65.
② Brzezinski 1997, 109—113.
③ Jowitt 1992, 307.
④ Wallander 1999, 53.
⑤ Gienow-Hecht 2000, 488.
⑥ Huntington 1999, 49.

恩（Benjamin Cohen）写道："影像和事实之间存在差距，且差距在不断扩大。"⑦ 地理边界打断了知觉和行为的连续性。也许在特定的历史时期地理边界可能看起来是不可改变的，但边界总是服从于政治重建。一些具体事例给了我们有益的提示，即历史上某一时刻被看作是理所应当的事情在另一时刻可能会引起深深的疑虑。这些事例还表明，观念呈周期运动，比如在不同形式的民族主义和国际主义之间循环往复。不同地区很少保持同步的发展。比如，1945年后东亚的后殖民民族主义就与欧洲地区广为传播的欧洲观念大不相同。而在20世纪90年代，欧洲的民族主义因为对移民的普遍担心而上升，但是在东亚对亚洲价值观的接受度却大大提高。

亚洲

要对亚洲认同的发展演变进行分析，澳大利亚是一个很好的出发点。⑧ 美澳关系（美国和澳大利亚）和美加（美国和加拿大）关系在文化和政治方面具有诸多相似之处，使我们能够排除地理距离造成的差异。布赖恩·比达姆（Brian Beedham）认为，在20世纪70年代，澳大利亚的问题是不言自明的，"想像一下，把加拿大从现在的位置上拖走，放在靠近非洲的海面上，那么澳大利亚在地理位置上所面临的问题就很清楚了。"⑨ 当时，把澳大利亚放在亚洲就好像把加拿大放在非洲一样，显得格格不入。但是三十年后亚洲就不同于非洲了，大海已经不是阻隔澳大利亚的障碍。反对派领导人约翰·霍华德（John Howard）求助于地理法则以响应亚洲生气勃勃的经济发展，他说："毫无疑问，我们幸运之至，我们的地理位置使我们紧邻世界上增长最快的地区。"⑩ 霍华德认为澳大利亚幸运的地理位置是天意，这与比达姆悲观的估计正好相反，而且距离悲观之说也不过二十多年的时间。

更重要的是，这种观点忽视了澳大利亚国内在其集体认同问题上的激烈冲突，霍华德政府后期的政策甚至加剧了冲突。在过去的二十年里，相关辩论突出了澳大利亚的政治进程，有人赞成也有人反对多种族多文化的政体。对澳大利亚宪法和民族身份的象征——国旗和国歌，都存在很严重的争议。澳大利亚正变得越来越亚洲化，但是这一进程有其

⑦ Cohen 1998, 4.
⑧ 以下几页的内容改写自 Katzenstein 2002b。
⑨ 转引自 Keohane and Nye 2001, 146。
⑩ 转引自 Hudson and Stokes 1997, 146。

特殊性。加万·麦科马克(Gavan McCormack)写道:"澳大利亚并没有真正变成亚洲国家,它是在努力表达一种地区普遍主义,并力争同时具有后欧洲和后亚洲的特性,既超越欧洲种族和文化遗产,也超越特定的亚洲种族和文化特征。"⑪

新加坡的情况正好相反,认同塑造者们发掘出了"亚洲价值观",并将亚洲价值观而不是地区普遍主义作为思想核心。新加坡从地理位置上来看处于亚洲,这无可争辩。但是亚洲也是一个"强加的认同:一个奇异怪诞的意识形态构造物,既没有种族内涵,也没有文化意义"⑫。新加坡以亚洲价值观定义地区意识形态,这种颇有说服力的观点来自政府资助的一些组织,它们的责任是建立一种合法的意识形态体系以支持多种族社会中的国家建设。戴安娜·斯通(Diane Stone)说:"思想库是话语管理机构,是向外部、向西方投射亚洲认同的工具。它们提出关于'亚洲方式'的诸多概念,为这种话语提供智力支撑。"⑬随后,这种话语可以用于另外的政治目的。

在援用哪些亚洲价值观的问题上,人们意见很不统一,各种观点就像亚洲价值观和西方价值观一样互不相容。新加坡进行了雄心勃勃的现代化设计,并取得了令人惊叹的成功,在这种情形之下,制定政策强调国家的独特性就显得尤为紧迫。实现现代化并同时避免西方化提供了一条在多种族社会中建设独特文化的路径。在过去三十年里,政府试图把人们的思想意识统一到新发明的传统上来,这个传统能给予它政治和道德领导的合法性。把传统亚洲价值转化到现代生活中来,是中心任务,是当务之急,也是政府权力的源泉。

例如,把新加坡的人口主要分为四类(华人、马来人、印度人和白人)就忽视了在这些族群中无数的次群体。新加坡没有采用自下而上的"大熔炉"方式,相反采用了自上而下的"色拉盘"方式来管理它的种族多元化问题。"亚洲价值观"既避开了华人、马来人和印度文化的潜在分离作用,又躲避了西方势力的吸收性影响。"亚洲价值观"没有确定的地理范围,也不是新加坡这个亚洲经济奇迹一时傲慢的文化表现。相反,亚洲价值观为新加坡的政治精英在建立一个新型国家的过程中提供了一套政治上十分有用的思想意识形态。新加坡对亚洲价值观的倡导,和马来

---

⑪ McCormack 1996, 178.
⑫ McCormack 1996, 161.
⑬ Stone 1997, 12.

西亚对西方人权政策直言不讳的批评以及对没有美国或澳大利亚参与、具有凝聚力的东亚共同体的坦率支持,不无相似之处。这样的亚洲价值观让个人权力服从于群体义务。对马来西亚来说,亚洲政治共同体的概念直接关系到软集权政府的合法性,这个政府致力于高经济增长,并同时反对某些核心的西方价值观。

澳大利亚的普遍地区主义,新加坡和马来西亚坚持的满足其国内和国际需求的亚洲特性,都是正在兴起的更具包容性的亚太地区的一部分。然而,地区意识形态的表达并不仅仅是各国政府为了回避民主化和自由化的压力所采取的策略。地区意识形态的建立需要特定的集体认同,地区意识形态对于新加坡和马来西亚很重要,对于日本和美国也同样重要。环太平洋圈和亚太地区就是很好的例子。它们的地理界线非常模糊。⑭ 美国在亚太地区有重大承诺和义务,这表明它有兴趣继续参与亚洲事务。对亚太经济合作部长会议的建立美国政府给予了大力支持,后来这个机制变成了亚太经合组织(APEC)。它于 1989 年 11 月在堪培拉成立,1993 年 11 月在西雅图举行了第一次领导人非正式会议。APEC 成员众多,它支持美国在 20 世纪 80 和 90 年代倡导的经济自由主义政策。在 90 年代早期,美国和欧盟之间产生了激烈的冲突,和日本的贸易摩擦也日益增加,所以 APEC 就变成了一个很有吸引力的、反对上升的保护主义浪潮的平台。商界和政界领袖以及他们的经济顾问在立足于市场的、开放的亚洲地区主义中看到了实现自由的全球经济秩序的晋级之阶。

这种亚太或环太平洋圈的观点与亚洲很多国家政府的观点不一致。亚太经合组织 1994 年就做出承诺,要在 2020 年实现完全的贸易自由化,但这只不过是亚洲国家迫于美国和澳大利亚的压力勉强应允的。在亚洲金融危机后的一段时期里,这种温吞吞的态度更是凉了下来,就马来西亚而言,政策目标和兑现日期很可能就只成了一个象征,毫无约束力。亚太地区的很多政府都把基于市场的一体化看作是一种可以让政府能够继续介入市场的方式,而不是面对全球经济自由化、弱化国家制度的方式。

美国在 90 年代曾经渐渐地要变成新兴的亚太地区的一部分,但是与此同时,美国公民的亚裔美国人认同却没有在政治上真正得到加强。在欧洲中心主义为核心的盎格鲁—美利坚文化中,亚裔美国人更多的被

---

⑭ Dirlik 1993a.

看作是亚洲人,而不是美国人。跨越太平洋的联系并没有促进对美国集体认同中亚洲元素的认可;相反,事实上,这些联系常常使得亚洲人参与美国政治的要求遭到拒绝。要让美国把亚太作为它集体认同中深深持有的、有意义的一部分,多元文化主义的国内政治就不得不要把身份中的亚裔美国人血统挑出来做足政治文章,目前,亚裔美国人认同从大体上看,依然没有显现出来。⑮

尽管美国国内政治具有上述局限性,但是亚太这个新类别显示了新发展的牵引力,表明美国需要保持对亚洲事务的介入。2002年2月,布什总统在日本国会说:"美国和日本一样,也是一个太平洋国家,贸易、价值观和历史把美国带到亚洲,成为亚洲未来的一部分。"⑯在此,同英国做一下对比能说明一些问题。诸如亚太或者环太平洋圈的概念所指的是英国称为"亚洲"或"远东"的地区。英国外交部的远东和太平洋司从20世纪以来直到今天,仍然还掌管着中国、日本、韩国和蒙古(远东)以及澳大利亚、新西兰和大量小岛(太平洋)的事务。⑰英国的概念一直未变,这与美国不断变化的政治需要形成了显著对比。

欧洲

厄恩斯特·哈斯(Ernst Haas)在20世纪60年代发表了一篇关于比较地区主义的最重要的文章,在文章中他指出,人们常常援用欧洲统一的"内在神话"(immanent myth),但是不应以此来支持下述假定,即早期关于统一的历史经验会导致"这种令人愉快的事态自然地、必然地再次出现"。⑱ 起作用的并不是历史经验,而是社会进程和对那段历史的不断变化的政治诠释。90年代的欧洲在三个不同的领域充分证实了哈斯的观点,一是英国、德国和法国各不相同且不断变化的国家和欧洲认同构建;二是欧洲不同地方集体认同的结构重组,包括斯堪的纳维亚、波罗的海国家和中欧;三是欧洲和被认为先天不属于欧洲的地区之间的关系,特别是俄国,还有土耳其。这些发展演变的认同为欧洲一体化建立了一个允容性的(permissive)共识,逐渐显现的、模糊的欧洲集体认同的制度化象征就是这种共识的反映。

集体认同是分层次的。旧有的地方认同并没有因民族国家认同而

---

⑮ Dirlik 1993b, 305.
⑯ Bumiller 2002.
⑰ William Wallace,私人通信,1999。
⑱ Hass 1966, 94—95.

失去其精髓,民族国家认同也能够和新的地区认同和睦共处。欧盟1999年的一份报告指出,只具有国家认同的人和先国家认同后欧洲认同的人在数量上一样多;这两类人的数量都大大超过了那些只有欧洲认同或先欧洲认同后国家认同的人。[19] 杰弗里·切克尔(Jeffrey Checkel)做过一个总结,他说,长期以来,欧洲制度下无数的会议在精英阶层所产生的社会化效应"是不平衡的,而且往往微弱得令人吃惊,因此决不能将这个效应看作是塑造崭新的后民族国家认同的力量"。[20] 所以,无怪乎欧盟的文化政策强调"多样性中的同一性",以巩固合法性,我将在本书第五章对此进行论述。

欧洲认同并不是要建立一个统一的欧洲身份来替代各国的国家身份。首先,各国大众对于欧洲知之甚少,他们依赖自己的国家政治观来替代欧洲观。此外,欧洲的公众支持在不同领域有很大差异。在涉及国家身份问题的政策领域中,如文化和教育,对欧洲化的抵制是最强烈的。[21]

公众对欧洲的认同在不同的时代有所不同。经过20世纪80年代十年的"欧洲化"之后,90年代表现出相反的趋势,朝着"重新国家化"(re-nationalization)的方向发展,对欧盟的支持净减。那正是《马斯特里赫特条约》(1991)和《阿姆斯特丹条约》(1997)把重要的权力移至布鲁塞尔之时。公众对欧洲的支持不仅在每个年代不同,而且在每年都不一样。在2000—2003年期间,比较有欧洲归属感的欧洲人的比例先是下降了,然后在伊拉克战争的准备阶段又上升了15个百分点。[22] 然而,公众支持的这种曲线变化全然不同于欧洲精英对于欧盟合法性的认识,后者是在不断加强。在1996年对顶级决策人的抽样调查中,各国对欧盟的支持率只有12%的差异,最高的是德国,高达98%,最低的是瑞典,为84%。这些数字与最高为75%(爱尔兰、意大利)、最低为27%(奥地利)和29%(瑞典)、相差48%的公众支持率形成了鲜明对比。[23]

三个西欧大国的经验说明,集体认同的欧洲化在不同社会中的发展是不平衡的。德国比英国欧洲化程度高,法国处于中间。在所有主要的欧洲国家中,德国的集体认同最为欧洲化。这主要是德国极端民族主义

---

[19] European Commission 2000b, 11.
[20] Checkel forthcoming.
[21] Dalton and Eichenberg 1998, 257—262.
[22] Eurobarometer 60 (Autumn 2003).
[23] European Commission 1996, 4.

失败的结果,而不是欧洲认同的内在吸引力所导致的。纳粹德国的政策、国家的毁灭、战争失败和分裂使德国身份的颜面和信誉尽失,所以联邦德国的政治精英转而把欧洲身份作为唯一的替代选择。无论对于德国的过去,还是共产主义占据了半壁江山的现在,欧洲都是一个可选项。托马斯·里斯(Thomas Risse)说:"德国的民族主义被看作是独裁主义、军国主义和反犹太主义。在'后民族'认同形成的过程中,德国民族主义和军国主义的过去成了德国的'他者',欧洲性替代了传统的民族国家身份观。"[24] 基督教、民主、西方价值观和社会市场经济这些因素都推动了德国向欧洲的转向。实用主义和理性主义动机都起了作用。但是,随着时间的流逝,人们越来越把转向看作是自然而然的事情,根本不认为这是因为日益一体化的欧洲为德国提供了稳定繁荣的国际环境所造成的结果。

英国的情况恰恰与德国形成了鲜明对比。由于历史和政治原因英国精英们对于欧洲有距离感,这种距离感在德国是完全不存在的。对欧洲来说,英国一直是个很麻烦的伙伴。[25] 保守党右派和工党左派强烈反对欧洲主义,而这两个党的主流却支持准戴高乐主义版本的欧洲主义,即由民族国家组成的欧洲的浅层次一体化,这两股势力具有同等重要性。只有处在政治权力边缘的自由民主党明确表达了联邦主义的立场。

在英格兰人看来,欧洲大陆上的"他们"和不列颠群岛上的"我们"之间的差距就更大了。王权是对外主权的象征,议会则代表对内主权。它们共同作用形成了一种制度化的独立观,这种观点是由近一千年的历史所支撑的。英国不情愿牺牲这样的制度去接受布鲁塞尔那些未经选举的官僚的统治。随着保守党在苏格兰和威尔士灾难性地失去了支持,随着地区议会的建立,保守党作为对欧洲事务进行英国式反应的政党完全陷入孤立并不是不可能的,工党获得希望也不是不可想像的。

在过去二十年里,法国身份的欧洲化程度比德国和英国可能都要高。1945年后,法国领导人偶然采取的政策最终使德国紧紧地和一体化的欧洲政治绑在了一起,而法国的内部分歧却导致了1954年欧洲防务共同体的失败。[26] 查尔斯·戴高乐(Charles de Gaulle)总统将法国从阿尔及利亚解脱出来,并阐明了法国将立足于民族国家组成的欧洲的政治

---

[24] Risse 2001, 209.
[25] George 1994.
[26] Parsons 2003.

远见。法国是欧洲的天然领袖,天生高高在上,它既有普世的价值观,又有独特的文明使命。戴高乐主义的影响延续到了下一个十年,但最终还是让位于 20 世纪 80 年代的左派和 90 年代的右派。对左派来说,最关键的经历就是社会党的经济政策在 1983 年欧洲各国处于相互依赖的情况下垮台了;对右派而言则是在冷战结束和德国统一过程中法国居然都没有重大的参与行动。所以,欧洲一体化加速、《单一欧洲法案》和《马斯特里赫特条约》对这两派来说就成了最好的途径,最有希望使法国在超国家层面收回某些不得已在国家层面牺牲了的主权。从根本上看,法国认同的具体特点都投射到了欧洲层面,当然这种观点在传统的戴高乐主义者中还存在很大争议,这同时也是法国右派继续保持分裂的原因之一。

集体认同的欧洲化不仅在欧洲主要国家中可以看到,而且在北欧理事会(Nordic Council 或 Norden)中也有体现。㉗ 在冷战期间,相对于分裂的大欧洲而言,斯堪的纳维亚(包括芬兰)更为成功地降低了本地区的紧张度。进而,斯堪的纳维亚的福利国家指出了在资本主义和社会主义之间走第三条道路的可能性。20 世纪 80 年代和 90 年代的经济变化,冷战的结束,使北欧丧失了它的一些特性。位于柏林的新斯堪的纳维亚使馆群的建筑风格表达了一种共享但又各自独立的认同:这些建筑物前面有一些可以移动的围挡,建筑群外观看似一致;但里面却由风格迥异的建筑组成,有一些基础设施是共享的,共同为高效的各使馆服务。

波罗的海的合作不断加强,这与斯堪的纳维亚的变化是有关联的,它是集体认同欧洲化的又一个例证。"什么是欧洲?"有一个立陶宛人对这个问题的回答很能说明问题,他说:"不是俄国的地方就是……欧洲。"㉘波罗的海国家亲欧洲、反俄国,与白俄罗斯和其他一些后苏维埃国家形成了鲜明对比。在这个方面,波罗的海国家和中东欧国家具有重要的相似性。1989 年以前,波兰和捷克斯洛伐克的持不同政见者非常活跃,孕育了中东欧身份的改造,使反对苏联成为可能。"天鹅绒革命"后,他们中的很多人(其中有一些成了政治领导人)一开始非常支持各种各样的中东欧合作计划,但是几年之后就认识到次地区组合最多不过是个候车室,他们不过是在等着早该搭乘的欧盟快车。

在波罗的海和中东欧地区,集体认同形成的核心元素之一就是"欧洲","欧洲"是"自我",其对应的可怕的"他者"就是苏联或俄国。这种

㉗ Newmann 1999, 113—141.
㉘ Ash 1994, 18.

强硬的两分法在欧洲认同的形成中具有很大的普遍性。排他性的划界，而不是包容性的肯定，对欧洲身份意识的产生起了关键作用。苏维埃过去的痛苦经历和俄国令人担忧的未来都被看作是与欧洲的社会多元化、政治民主、高效资本主义和国际开放主义的原则背道而驰的。

反俄因素以不同的形式沿着欧洲的其他边界（真实边界或假想边界）蔓延开来，东至巴尔干，南至北非。例如，德国人就常常在政治演讲中指出，至少是间接指出，西方的天主教与东方的东正教之间具有文明分歧。德国人尤其把种族清洗看作是巴尔干的病态政治对欧洲人权机制根本原则的挑战，而这距离德国人自己以纳粹德国新秩序的名义实施种族清洗不过两代人的时间。20 世纪 90 年代，法国右翼政党仇外的民族主义所针对的对象之一，就是那些要逃离阿尔及利亚血腥内战的人。

土耳其早在 20 世纪 60 年代就获得了欧盟的准成员资格，但是这一地位也无助于它成为正式成员。随着土耳其的伊斯兰运动日益壮大，且同库尔德人的战争激化，老土耳其的形象得到了强化，老土耳其是一个因深刻的宗教和文化差异从欧洲分裂出去的国家。"9·11"袭击事件和反恐战争既强化了这种分裂，又增加了就土耳其最终欧盟成员资格进行谈判的政治压力。因此，集体认同的欧洲化产生了反作用。在"我们"与"他们"之间划清界限，可能会强化欧洲相对于欧洲以外部分（无论其形态如何）的集体认同。但是，随着人们对地方和民族忠诚度的提高，随着这种忠诚外溢并导致侵略性的新民族主义和针对移民和难民的种族主义的新民族主义，划界的做法也可能弱化欧洲集体认同。在亚洲很难发现这种把自我和他者断然划开的做法，亚洲的集体认同更具流动性和暂时性。

欧洲认同来源众多。以"多样性的统一"为标志的欧洲是欧洲认同的重要组成部分之一，同样重要的组成部分还包括"伊拉斯谟"（ERAS-MUS）等教育交流项目中所援用的欧洲启蒙运动的文化遗产，它与欧洲历史的另外一个版本——殖民主义、种族主义和军国主义相互抵触。㉙欧洲认同还根植于一个英雄诞生的神话，根植于三个富有远见的政治家的创举，他们是让·莫内（Jean Monnet）、康拉德·阿登纳（Konrad Adenauer）和阿尔希德·德·加斯珀瑞（Alcide De Gasperi）。

欧盟具有一个民族国家所有象征性的标志：国歌（贝多芬谱曲的"欢乐颂"）、基本实现的共同货币（欧元）、报纸（《欧洲》）、欧洲电视台（如英

㉙ Shore 1996, 483—486.

语台 SKY 和法德语台 ARTE)、大学(佛罗伦萨的欧洲大学学院)、足联、电影和歌曲节、议会、官僚机构、法院、共同护照、共同旗帜,以及轮值的"文化首都"。㉚ 这些象征和具体实践大多是近些年来才有的事物,是对战争(包括热战和冷战)的反应和对相应的欧洲一体化政策给予支持的结果。在欧洲的对外关系中,欧洲化加剧了欧洲同发达工业国家(如美国和日本)的竞争,也加深了欧洲人对于来自贫穷国家的移民的恐惧。而且,欧洲化还在不取代现有国家和民族认同形式的情况下,改变了不同民族和地区的认同形式和程度。集体身份的欧洲象征因此有意识地显示出其不完整性。欧盟的旗帜不是一面旗,而是一个"徽标"或"符号";国歌也只奏曲不唱词;货币和护照是民族和欧洲视觉元素的混合。㉛

语言方面的欧洲化表现为以英语为中心的部分趋同,英语,而非世界语,成为标准欧洲语。语言一体化不等于把地方语言理性地创造成国语,这种现象在 16 至 19 世纪的很多欧洲国家都发生过。从整个欧洲来看,理性化的案例是有限的,在法国尤其如此(法国常常被当作是典型案例)。在欧洲同时使用的语言有 67 种(还不包括方言)。仅在法国语言学家就数出了至少 25 个使用不同语言的群体。㉜ 欧洲正在演变成为戴维·莱廷(David Laitin)所说的 2 + 1 或 2 − 1 的语言体,与 20 世纪后殖民时代的印度十分相似。㉝ 在有些国家和地区,比如英格兰南部,人们用一种(2 − 1)语言(英语)就行。在其他地方,比如加泰罗尼亚(Catalonia),要使用三种(2 + 1)语言:西班牙语、加泰隆语和英语。在大多数国家要使用两种语言:国语和英语。在欧盟最近的一次民意调查中,除开生活在英国的人以外,40% 以上的人在接受调查时都声称"会英语"。㉞ 英语的重要性与日俱增,但并没有取代各国的国语。欧洲的地区语言和方言也在不断发展。语言和其他文化象征一样:欧洲在多个维度上的发展演变造就了一个多种语言的空间。

集体记忆和反美主义

地区不仅是地理概念,而且还是政治产物。在对亚洲认同和欧洲认

㉚ Borneman and Fowler 1997, 487—488.
㉛ Theiler 1999, 1. Katzenstein 1997b, 20—24. Shore 1996, 481—482. Pantel 1999, 53—54.
㉜ Borneman and Fowler 1997, 487, 499—500.
㉝ Laitin 1997.
㉞ European Commission 2001.

同进行讨论时,我们强调二者(尤其是亚洲认同)都具有高度的可塑性,且以精英为中心。认同包裹于集体记忆之中,集体记忆主要指强烈的民族经历和民族记忆,它在现在和过去之间搭建了链接;认同也嵌于美国帝权体系之中,美国帝权既反衬了各地区的反美主义,又使各地区有了美国化的经历。

全球化和国际化强化了历史记忆和认同政治。在德国和日本,政治精英和政治制度都把历史当作是一出道德剧,它记录了沙文种族主义和军国主义的危害。20世纪30和40年代的德国和日本成为了现代、自由和国际化的德国和日本在定义自我时相对的"他者"。右翼民族主义者同过去的决裂也许不是那么彻底,但是从大体上看,对于德国和日本的国家组织来说,通过两代人的政策努力,1945年的历史决裂得到了巩固和强化,德国的政策目标是欧洲的主权汇集(sovereignty pooling),日本的政策目标是亚太地区的市场竞争。

但是,德国和日本在集体记忆上的差异与相似性一样显著。[35] 用伊恩·伯卢马(Ian Buruma)的话来说,德国的记忆就"像一条巨大的舌头一次次在寻找疼痛的牙齿"[36],与日本形成了鲜明对比。"德国在欧洲"(Germany in Europe)和"日本与亚洲"(Japan and Asia)的区别主要是政治因素造就的,而不是内在的文化差异导致的。1945年后,德国的政治阶级是从魏玛共和国的民主党派中招募来的。新阶级的这些成员要么曾进过监狱或集中营,要么是移民或在"内部移民"过程中与纳粹政权没有政治关联。他们大多致力于建立新的集体记忆。而且,西德的教育政策不是由联邦政府,而是由各州分别制定的。政府官僚机构,尤其是各州的机构,都由社会民主党人把持,他们更愿意谈论德国过去的问题。他们往往委托专业历史学家撰写历史教科书,这些历史学家通常要与欧洲其他国家的同行进行合作,使历史叙述标准化。因此,德国和欧洲其他国家的学校所教授的历史就是这种国际化的历史。

日本1945年后的情况却与德国迥然不同,除了最高领导层外,日本政界基本保持不变。政治生活在既定的制度下展开,其中最重要的制度是天皇体制和保守的国家官僚机构。50年代后期,文部省的保守官僚获得胜利,开始实施教育政策中央集中制,从那时起,左翼的日本教师联合会(Japan Teachers' Union)渐渐势弱,文部省的保守官僚占了上风。政府

---

[35] Hein and Selden 2000.
[36] Buruma 1994, 8.

官僚机构更喜欢带有强烈民族主义情绪的历史书,这与几十年来主导着日本学术创作的马克思主义(解释)形成了尖锐对立。

集体记忆的差异产生了不同的后果。因为德国精英阶层愿意承认纳粹德国犯下的滔天罪行、愿意为此道歉,所以德国在欧洲的外交大受裨益。而日本对于自己在亚洲犯下的罪行要么保持沉默要么使之处于无休止的争议之中。日本领导人不愿意公开道歉,这大大降低了亚洲国家对日本的信任度,阻碍了亚洲集体认同的形成。

集体认同还以反美主义的语言嵌于美国帝权体系中。反美主义的逻辑并不一致。它不单单是对美国及其政策、对美国社会及其价值观的意见。它实际上根植于人们的两种感知,一是对认同差异的感知,二是对于美国对他们所珍视的价值观造成的冲击的感知。这两种感知造就了各种不同的政治实践,政治精英们以此展开权力和合法性的竞争。就欧洲和亚洲的反美主义而言,人们大多认为那是羡慕与怨恨混杂在一起的结果,是一种矛盾心理。

在亚洲,反美主义反映出人们渴望获得尊重、希望美国施行善治以及这种希望落空的状态。有时,也表现出实施报复或伤害的情绪。与欧洲形成鲜明对照的是,在亚洲日益繁荣的背后潜藏着痛苦的记忆、未予答复的问题和未致的歉意,这些因素使得反美主义的强度有所减弱。但在欧洲,尤其是在精英阶层中,反美主义是处于萌芽状态的集体认同的一个组成部分。伦敦的中立派《独立报》(*Independent*)在一篇社论中简要列了个单子,指出了人们对美国文化的主要偏见,这些偏见对反美浪潮起了推波助澜的作用:

> 愚蠢自信;鄙视穷人;头脑简单的和善;卖弄宗教虔诚;法律无情;热爱暴力;好莱坞式的感性;对物质成就超乎一切的盲目崇拜;政治浮华空虚;推崇"垃圾";想像力幼稚贫乏;坚信美国道德全球至上。㊲

欧洲的反美主义充满了无数的矛盾。政治版的反美主义是对美国的尖锐批判,左派集中批判美国帝国主义强权,而右派则指责美国作为世界领袖不应该采取(尤其是在冷战期间)纵容和多种族主义政策,认为美国根本靠不住。文化版的反美主义受到保守知识分子和进步民族主义者的支持,他们认为以商业化的庸俗大众文化为特点的美国式资本主

㊲ Cumings 2000, 16.

义具有毁灭性的力量。反美主义是欧洲和亚洲文化的一部分,它有助于欧洲和亚洲集体认同的形成。

第四章和第五章要讨论日本的制造体系和流行文化,日本之所以在这两方面取得成功,部分原因在于日本对某些美国因素进行了本土化改造,并以可地方化的形式出口到整个亚洲。当代亚洲城市的用户至上主义就根植于这些交叉的进程。欧洲也同样如此。政治、法律和市场使欧洲国家关系更加紧密,但是文化却使他们相互保持分离。现在欧洲人外出旅行比过去任何一个历史时期都要多。但是在视觉艺术、戏剧、文学、当代经典音乐、电影和流行音乐方面,民族主义仍然起着支配作用。哈利·波特是一个公认的例外,证明了一条法则,即欧洲对美国流行文化方方面面的集体贡献产生了一条最普遍的文化链,它能将各种迥异的民族文化联系起来。㊳ 亚洲和欧洲的集体认同具有可塑性,它们能吸收并有选择地采用美国元素,并将其结合到明显不同的地区认同中。

欧洲和亚洲既有深刻的历史记忆,又反对美国帝权,这两个地区的多孔性表现为集体认同的可延展性。在如何对待自己过去的民族沙文主义和军国主义问题上,德国在欧洲和日本在亚洲的表现完全不同。但是两国在利用反美主义政治和经历美国化的不同进程方面十分相似。德国和日本不但与它们自己的过去大不一样,而且与美国也迥然不同。德日两国情况是这样,亚洲和欧洲大体上更是如此:集体认同在政治进程中得到明确表达,这些进程联系着地区和地区的过去,联系着地区和美国。

东方和西方

地区秩序的内部政治动力以及它们同美国帝权的联系具有重要意义。多孔化的地区并没有以共同的工业化、民主化和世俗化模式为中心趋同,它们深厚的历史根基更强化了这一结论。但是,如果坚持认为因为各地区过去不同,所以注定它们将来也不一样,那就错了。最近的文化心理学和经济社会学研究成果使我们认识到学习和移情的重要作用,学习和移情是政治改革的源泉,改革既是系统的又是无计划的。

欧洲和亚洲不同的制度逻辑可以追溯到神圣罗马帝国和中国中心的世界。查尔斯·布赖特(Charles Bright)和迈克尔·盖耶(Michael Ge-

---

㊳ Riding 2004.

yer)认为,在19世纪末以前,“全球的发展依赖于一系列相互交叠、互动、但又根本自治的地区,每个地区都处于独特的自组织进程中……对20世纪的世界历史进行阐释,应该从一开始就果断地重点研究全球政治中的地区主义。”[39]其他学者从经济史的角度也对此观点表示赞同。[40] 经济活动似乎被看作是地区的,而不是国家的或全球的。埃里克·琼斯(Eric Jones)认为,亚洲的帝国体系和欧洲的国家体系为跨地区比较提供了相关的政治背景。由于两个地区各种深刻内在的原因,相似的国际竞争进程却导致了完全相反的结果:古代中国的全球统治和早期现代欧洲的均势。[41] 因此地区的现代性是多方面的。[42] 创造了现代欧洲的理性主义和世俗主义在其他地区环境中被改造了。历史的偶然性和不确定性为这种选择性利用进程提供了充足的理由。德国处于一个大宗教的势力范围内,而日本却不是,德日之间的差异证实了现代地区在制度上的多元性。

在当代欧洲,法律发挥着核心作用,制度机构也很复杂,这种状况是历史的再现。17世纪的罗马帝国位于德国和欧洲的中心,是一个完全制度化的合法政体。[43]《威斯特伐利亚和约》使得以自治政治单位相互依
赖为特征的体系完善起来,这些政治单位与常规的主权概念几乎无关。 89
在1618年以前,罗马帝国并不是一个统一的国家,宪法限制了帝王的权力;1648年后,帝王的地位比通常所描述的更加稳固。帝国并非由基本法律特征相似的主权国家组成。事实远非如此。帝王的强权受到王子们和自由城市专属领土管辖权的制衡。他们的管辖权在外受到帝国法律的限制,在内受到各种宪法安排的限制。要改变这些限制条件必须要在三个帝国委员会的两个中以多数通过并得到帝王批准,或者得到驻在相关领土的各代表机构的同意。

罗马帝国有两个高等法院处理诉讼,即帝国法庭(Imperial Cameral Tribunal)和帝国宫廷委员会(Imperial Aulic Council)。前者处理触犯帝国法律的犯罪行为,后者处理触犯帝国下属各政治单位法律的犯罪行为。两者都可以作为处理民事诉讼的法院,法官必须要取得高级法律专业知识的资质。向这两个法院申诉是有一定限制的,当然,如果诉讼人

---

[39] Bright and Geyer 1987, 71—72.

[40] Jones 1987, xv—xvi.

[41] Hui 2004, 176, 185.

[42] Eisenstadt 2000a, 2. 亦见 2000b。

[43] Osiander 2001, 270—281. 亦见 1994。

能向这两个法院充分证明他们的诉讼在其他机构没有得到正当的受理。帝国的任何人都可以将政治单位的统治者告上法庭,唯一的例外是帝王,他享有豁免权,不受任何法律程序的约束。臣民(包括下等人)控告统治者时,法庭一般都对他们持同情态度。在18世纪,帝国法庭年受理新案件达200至250起,在1790年代每年判决约100起。1767年宫廷委员会处理了2 800起案件,1779年处理的案件达3 338起;在接下来的5年里,年均处理案件达2 800起。[44] 庄园和地方王朝在帝国法庭上的长期冲突(有的长达几十年)渐渐平息,冲突偶尔会导致帝王废除摄政王的王位。宫廷委员会还监督政府财务,比今天的国际货币基金组织更具干预性。

但这并不意味着帝国的政治关系是和平的,或者政治关系是由很强的相互依赖规范所支撑的。事实并非如此。18世纪的战争死亡人数与总人口的比率是19世纪的8倍。只是到了19世纪各国才改变了战略目标,不再瓜分弱国,而是让它们继续保持相互依赖。保罗·施罗德(Paul Schroeder)写道,这些变化说明了权力政治的弱化,说明"国际政治的目的和目标发生了戏剧性变化"。[45] 然而在整个18世纪,帝国复杂的法律机构以及它为法人团体和公民个人所提供的保护表明了它对合法性的欢迎。就像北美19世纪的费城体系[46]和当代欧盟一样,神圣罗马帝国体现出在地区环境下,"帝国"和"主权"对国家行为的规范并不相互冲突。与松散得多的欧洲国家制度相比,帝国是一个完全制度化的具有合法性的政权。公共事务都是集体治理,内部管理权则保留在各成员国。因此,从这一点来看,同过去的决裂并非发生在1648年,而是在19世纪。经过一个半世纪的漫长过渡之后,1945年后的欧洲才又找回了它17、18世纪的法制本源,这一次的过渡是以和平方式实现的。安德烈亚斯·奥西安德尔(Andreas Osiander)说:"在当代,与早期现代罗马帝国最相似的就是欧盟。"[47]

当代欧洲地区主义所继承的第二笔遗产是源于19和20世纪的福利国家。如果没有一系列先前特定的历史变革,包括政教分离、世俗社会和现代科学的发展、国家政府的理性化和人权观念的出现,欧洲福利国家的发展是不可能的。除了欧洲社会结构的这些特点外,哈特穆特·

---

[44] Osiander 2001, 275—276.
[45] Schroeder 1994, vii—viii.
[46] Deudney, 1995.
[47] Osiander 2001, 283.

凯尔伯尔(Hartmut Kaelble)指出,各种进程在工业生产和就业、教育、城市化和福利国家的发展方面产生了趋同的压力。结果导致欧洲大陆的内部差异不大,几乎和一个大国的内部差异情况差不多,如美国和俄国。凯尔伯尔总结道,"欧洲一体化由于社会日益相似、互动日益增多,所以进程加快。……欧洲国家在社会模式、观念、生活方式和消费趋势方面的交流越来越多,……从长远看,一个真正的欧洲社会的的确确正在兴起,将要达到前所未有的程度。"㊽

与欧洲相比,亚洲地区主义的历史渊源更深。历史上,在中国强大的时候,亚洲就是和平的。等级制与稳定携手而行。中国的军事和经济优势以及稠密的跨国文化交流使得正式等级和非正式平等这两种形式结合了起来。定义地区体系的不是主权,而是宗主权,在这个体系中,中国虽然把其他单位包括在内,但是却给它们留下了相当大的回旋余地。在中国中心的世界里,各国象征性地承认清朝皇帝的至高无上,定期以繁复的仪式向其表示敬意。但实际上,在朝贡贸易体系中,交流互换对于弱者是更加有利可图的,当然有的时候也会在平等的基础上进行。皇帝允许缺乏美德和文化修养的外国人(如住在条约口岸的西方人)进行自我管理。皇帝的权威在于德行和文化上的卓越,他的美德可以给王土带来秩序和繁荣。皇帝的权威没有清晰的界定。为了和平与和谐,他有权力也有责任参与他统治之外的政治单位的事务。尽管权威界定模糊,中国周边的很多统治者都效仿了中国的统治体制。即使今天,东亚国家似乎也更喜欢跟随,而不是制衡崛起的中国。㊾ 即便是像日本这样强大的国家,几十年来其行为也让现实主义理论家们困惑不解。它既不制衡中国,也不制衡美国。

在这种地区秩序中,政治军事占领和抵抗没有成为一种独特的国际国内政治形式。㊿ 法律不是一项根本制度。知识分子试图以程式化的语言描述法庭的权力和荣耀,而实际上帝国的影响力并不具备那么大的强制约束性。比如,与其说国家官员鼓励和支持商业网络,还不如说他们寄生于其中。一千年来,小型资本主义是中国的主要发动机之一。它既驱动又削弱了国家管理的朝贡式的经济生产和交流模式。小资本家以"聪明的欺诈行为"为自己开拓着经济空间,"他们的做法是颠覆性的、扭

㊽ Kaelbel 1990, 1—2, 160.
㊾ Kang 2003a, 2003b, 169—174.
㊿ 以下部分改写自 Katzenstein 1997a, 23—31。

曲的、危险的,也是具有解放性的”。(51) 同时,不同的政治结盟就变化中的中国国家身份进行了斗争,而正是他们的力量塑造了明朝的政策利益。当中国的权力和合法性变得不容置疑的时候,国家之间就几乎没有开战的必要了。由于缺乏西方的主权概念,所以可以模糊处理。但自从西方的主权概念更全面透彻地深入东亚之后,模糊方式就行不通了。(52)

亚洲国家的发展谱系和欧洲国家不同。王赓武(Wang Gungwu)写道:“可以把亚洲的历史解释为一个个大大小小的帝国的演替,它们以政体或不完全的政体划界分布,有些有国王、王子和部落首领等,有些则全然没有。”(53)当代亚洲国家都是由一统帝国、地区王国和次大陆帝国的传统塑造的,这些帝国和王国的历史早于现代欧洲国家。苏珊娜·鲁道夫(Suzanne Rudolph)认为,它们的兴衰是以朝代为周期循环发展的,体现了一种循环轮转的历史进步观,这不同于欧洲学术传统中特有的线性
92 的、目的论的历史进步观。(54) “统一的主权”和“对武力的垄断”并不是亚洲的政治现实。比如,在东南亚,有一些重叠的王国,或曼陀罗(*mandalas*),它们代表着“一种特殊且常常动荡的政治局势,地理区域的划分很模糊,没有固定的边界。在这种情况下,小小的中心会四处寻求安全保障。”(55)另一方面,位于中国和越南的国家却假定“一个国家应有朝代延续的规则,应该由固定的边界来定义”。但是,即便在东北亚,这个政治中心或王国中的王国,也是市民社会在实行自我管理。

当然,有时候中心实行武力统治,并且从市民社会中榨取资源。但是这样的行为并不能界定亚洲帝国和王国的特性。政治中心和市民社会的关系是监护和仪式性的(56),市民社会又分为地区、社会等级、阶级、行会、宗教团体和次王国(subkingdom)。亚洲是由一个个庞大政体拼凑起来的集合,不是由专制的君主国构成的。在这些政体中,一种兼具排斥力和吸引力的体系使各单位保持在一个轨道上环行。处于政治宇宙中心的不是像在法国或西班牙出现的“太阳国”,而是一种涵盖一切的秩序感。国家盛行仪式性的主权,并不要求实际的主权。克利福德·格尔茨(Clifford Geertz)对巴厘岛上的小型国家尼加拉(Negara)的描述说明了

(51) Gates 1996, 43.
(52) Oksenberg 2001, 87, 91.
(53) Gungwu 1994, 237.
(54) Rudolph 1987.
(55) Wolters 1982, 17, 18.
(56) Rudolph 1987.

亚洲主权的仪式和美学哲学内涵,以及文化同化这一包容进程的重要性,而不是建立在正式制度基础上的行为规范的重要性。⑤国家的上述特点有助于建立一种共同的生活形式和无所不包的宇宙观。尽管军事入侵和占领发挥了重要作用,但通过传播和效法实现的社会复制也同样重要。后者帮助建立了一些社会文化领地,与政治中心的正式控制几乎没有什么关系。⑱

欧洲和亚洲的历史演变有着这么深刻的差异,因此有些文化心理学家和经济社会学家就认为,两个地区在认知进程和智识传统上根本不同。理查德·尼斯比特(Richard Nisbett)在察阅了文化心理学的研究成果之后,分别制作了东方和西方的思想地图。尼斯比特意识到对这两种不同的认知风格进行概括提炼是有风险的,但他的实验证据表明,东亚主体和美国主体不仅在回答中具有情态差异,而且这种差异大到足以进行细致研究的地步:

> 我的研究使我确信,两种完全不同的世界观自我维系了千万年……在作为一个群体的东亚人和另外一个具有欧洲文化背景的人群之间,在社会心理方面有着巨大的差异。东亚人生活在一个相互依赖的世界里,个人是大集体的一部分;而在西方人生活的世界里,个人是单一的自由行动者……西方人喜欢简单,东方人假定复杂,这种取向涵盖一切,不仅仅只是他们的因果观。他们的偏好延伸到了一般性的知识组织方式……我并不是说,我们在实验室发现的认知差异导致了态度、价值观和行为的差异,而是认知差异本身就与社会和动机差异不可分。人们持有特定的信仰,这是由他们的思维方式造成的;而他们的思维方式是由他们所生活的社会的性质决定的。⑲

东方主义或西方主义的传统理论认为人种是怎样就是怎样,不可能发生变化,这种观点是错误的。文化心理学家的实验提供了大量证据,证明了"西方"的内在可变性。⑳ 在美国,各族群的分布梯度也与他们的研究相符合,天主教徒和犹太人更接近亚洲的理想类型,新教徒趋向于

---

⑤ Geertz 1980.
⑱ Iriye 1992, 9.
⑲ Nisbett 2003, xx, 76, 135, 201.
⑳ Nisbett 2003, 69, 84—85.

"极端西方"。在东亚,日本人和中国人之间存在着显著差异。[61] 而且,生活在亚洲的西方人学会了新环境中的各种意义,生活在西方社会中的亚洲人也会入乡随俗。当一个在日本生活了几年的加拿大人申请北美的大学职位时,他的个人简介一开头就会说抱歉,说自己才疏学浅。而在西方生活了一段时间的日本人则表现出个人自尊的大大提升。[62] 香港人和亚裔美国人的思维方式或者是亚洲式的或者是西方式的。[63] 无论是在美国还是中国,用英语或汉语进行的实验表明,对于那些较晚才开始学习第二语言的人来说,语言造成了重大差异。但是对于那些小时候就学过第二语言的香港人和新加坡人来说,结果却大不相同。测试所使用的语言没有造成任何差异,他们更喜欢按关系给词语分组(这是典型的东方式认知),而不是按类属来分组(典型的西方式认知)。尼斯比特总结道:"文化影响思维,这种影响独立于语言。"[64] 因此,人的迁移和语言习得可能会影响认知。尼斯比特在总结时指出,社会变化可能有利于西方和东方在认知形式、社会体系和价值观上的融合。[65] 现在三分之一的韩国人是基督教徒,卡茨启尔(Catskills)的度假村过去要迎合中产阶级的犹太人,现在却把自己转变成了佛教学习中心。尼斯比特说:"事实上,有证据表明社会实践的变化,甚至一些社会性的临时国家的变化,都会引起人们感知和思维方式的变化。"[66] 这种混杂的状态在多孔化地区构成的世界里可能会变得愈加重要。

尼斯比特和村上泰亮(Yasusuke Murakami)观点一致,村上是一位有社会学倾向的经济学家,他认为东方和西方在智识传统和思维方式上有着明显区别。[67] 西方的特点包括元进步论(metaprogressive)、正义导向、先验宗教、以客观法则假定为基础的科学思维、主客体分离,以及独立的自我。东方的特点则包括元保守论(metaconservative)、阐释法、规则导向和以认识上自我分化假定为基础的历史思维。东方人的自我是反省式的,必须根据社会关系对其进行基本分析,而社会关系对现实图景的描画是重叠的。和尼斯比特一样,村上也认为东西方的"思维方式应该是

---

[61] Nisbett 2003,71—72.
[62] Nisbett 2003,68.
[63] Nisbett 2003,118—119,226—227.
[64] Nisbett 2003,161.
[65] Nisbett 2003,224—229.
[66] Nisbett 2003,226 and 227—229.
[67] Murakami 1996 and 1990. 以下两段引自 Katzenstein 1997c。

相互补充、相互支持的”。他说：“我相信，在人们的生活中、在历史上，的确如此。”(68)对东西方思维重新进行调校，就能在激烈的冲突中找到解决问题的共识，例如，在国际体系的不同国家之间、国际经济体系的不同资本主义形式之间和全球文化体系的不同文明之间的冲突等。村上的多形态自由主义承担了一定的学术风险，这种视角涵盖并整合了东方和西方的元素。

尽管村上的书属于政治经济学类，但是他在开头和结尾处谈的都是文化。他写道：“我们对21世纪进行检验的标准一定是不同文化之间的相互理解。”(69)他认为，未来一定是多样化的，不会走向同质化。要达成国际理解，并不是要求各种文化按照西方和现代科学设定的标准达成一致，而是要求以个人想像力和移情能力为基础不断增进各种文化的可通约性，并在此基础上建立一种基于规则（而非正义）的解释性生活架构和方式。对不同民族、不同文化和不同宗教独特个性的承认，是村上理论的基础。“在各种可见的维度上，边界正在消失，我们必须要接受这种变化，必须建立一个各种文化特性在很大程度上都能够生存的世界。”(70)

对多孔化地区和地区化进程的分析，使我们能够更具体、更准确地认知通向不同世界秩序的路径。我们不必把文化进程看作是个体层面的哲学和心理过程。无论是在文化、经济，还是安全方面，未来可能具有 95
重要政治意义的地区安排都是集体的、制度性的，而非个体的、心理的。

德国和日本

亚洲和欧洲地区主义是沿着不同的线索组织的。(71)亚洲地区主义的特点是不断增长的市场以及国家经济体和民族群体在市场上的竞争，欧洲地区主义的特点是法律和正在显现的政体。两个地区都有着明显的地区认同，当然，认同程度还不是很强。德国和日本是地区核心国家，它们与地区之间进行着相互塑造。军事上的全面溃败和占领为重大的政治改革开辟了空间，改革重建了两个国家，也间接地重建了两个地区。

德国和日本都是工业革命和国际权力政治博弈的后起之国。德国终于完成统一、日本实行明治维新，两国的工业化虽然推迟了，但在这时

(68) Murakami 1996, 21.
(69) Murakami 1996, 389.
(70) Murakami 1996, 65.
(71) 参见 Katzenstein 2003a。

都得到了飞速发展，军国主义也跟着膨胀起来。当时，各国都以自己特有的方式来应对两个历史挑战，即国内工人阶级的壮大和帝国主义时代的国际竞争。19世纪晚期，普鲁士和德国先后成为日本的制度模版。二战期间德国和日本的军事结盟反映了它们共同的历史发展轨迹。在国内，独裁战胜了民主。在国外，权力政治主导了商业扩张。两国都期望采用突袭战略来实现自己的政治目的。在1914—1945的30年里，世界政治是由战争定义的，这期间德国和日本都是颠覆性国家。两国的军事法西斯政权实行独裁政策，准备并发动了帝国主义战争，在它们占领的别国领土上实施了残酷的种族清洗暴行，德国更是进行了种族灭绝性的大屠杀。

日本和德国从美国的挑战国变成了美国的保护国，后来又成为了美国的支持国，这种转变对欧洲和亚洲的地区主义有着重大影响，有利于稳定20世纪后半期的世界政治局势。(72) 这个历史性演变使德日两国没有像有些人在冷战后所担心的那样成为“冷和平”(73)中的“新超级大
96 国”。(74) 二战的结果和战后的发展史使日本和德国的社会经济实力和军事实力之间出现了巨大差距。尽管它们在军事事务上发挥次要作用，但在经济事务上扮演着关键角色，在环境和援助政策方面它们领导着世界。(75) 两国都通过经济、社会和文化手段把它们的影响力投射到其他社会，有时还不承认自己具有新的权力资源。记者们把20世纪70年代的德国和80年代的日本描述成经济巨人、政治侏儒。70年代中期以来的一些事件对两国都产生了推动作用（德国略早于日本），它们开始寻求在国际政治中发挥更积极的作用。日本倾向于依靠国家手段来实现政治目标，德国则依赖国际手段。但两国都不大可能以技术、经济、社会和文化实力来换取军事实力，或者从贸易国又变回战争国。

战后的转变使日本和德国的某些国内特征出现了惊人的相似。大而言之，两国都是政治保守主义和温和的经济自由主义的结合。(76) 两国都拥护1945年后强加给他们的某些美国目标和价值观。例如，两国和美国一样都很珍视查尔斯·梅尔（Charles Maier）所说的“生产力政

---

(72) Schmidt and Doran 1996. Katada, Maull, and Inoguchi 2004.

(73) Garten 1992.

(74) Bergner 1991.

(75) Katzenstein 1996, 153—190. Schreurs 2002. Kato 2002.

(76) Streeck and Yamamura 2001.

治”。(77) 作为“协调市场经济”(coordinated market economy)(78)的榜样和不同类型的福利资本主义的代表，两国都试图抵制以罗纳德·多尔(Ronald Dore)所说的“金融化”作为经济表现的唯一决定因素。(79) 到20世纪90年代末，在它们针对劳动力和资本市场的新情况进行调整的过程中，最显而易见的问题是“多样性的终结”。2001年美国金融和电信泡沫破灭，此后“多样性终结”的问题似乎就不是那么迫切了。(80) 最终两国的国家和社会重新结成联盟，或隐藏或转变了国家权力。日本把国家实力和市场竞争联系起来；德国将国家权力与半社团主义安排结合在一起。

然而，过于强调德日两国的相似性是错误的。日本式的福利国家和德国式的福利国家有着方方面面的差异。20世纪90年代两国的经济都遭遇了困难，但是产生困难的原因不一样：德国是统一后供应方震荡(supply-side shocks)，日本是过度依赖出口、惯于金融投机的经济崩溃后需求方紧缩(demand-side deflation)。两国经济活动和社会实践的集体目的大不一样，使它们成为不同类型的资本主义的榜样。两国的权力分配不同。比较而言，德国的劳动力在劳资关系中力量更强；而在日本，国 97
家在微观经济计划和技术开发方面发挥的作用更大。(81) 两国的协调机制也存在重大差异。德国和日本在工业关系、教育培训、金融和公司关系等体系方面有着质的区别。(82) 德国的产业协调式(industry-coordinated)市场经济与日本的集团协调式(group-coordinated)市场经济也有着重大差异。

不同类型的民主资本主义有着不同的政治逻辑。无论选择哪一种，国家和社会的联系在德国和日本都是很复杂的。日本的国家处于发展阶段，商业在“创造性的保守主义”体系中发挥着核心作用。(83) 公司(尤其是大公司)处于政治结盟的中心，该结盟使自民党掌权达40年之久，直到1993—1994年才因为金钱政治肆虐而一度被推翻。20世纪90年代的政治变化导致左翼党派势力急剧弱化，自民党因而处于领导地位。二战后的几年里，日本经济经历了一个短期的爆炸式增长，此后日本的

(77) Maier 1978.
(78) Hall and Soskice 2001.
(79) Dore 2000, 2.
(80) Yamamura and Streeck 2003.
(81) Tilton and Boling 2000, 1.
(82) Soskice 1994.
(83) Pempel 1982.

104 劳工运动陷入了相对的政治孤立之中。过去20年里,劳工运动重新组织起来,在某些政策问题上发挥了更大的影响,但是相比德国来说,其影响力还是很弱。(84)

在日本战后的社会和经济变革中,政府和官僚机构是核心行为体。联系日本政治经济各行为体的网络相当紧密。日本传统的金融体系不是以自主的资本市场为基础,而是以操控信贷为基础,因此国家官僚机构对投资流向具有重要影响。政府和金融部门的亲密关系是坏账堆积成山的根源,近年来这已经严重阻碍了经济的发展,常常要采取一些补救措施,并进行重大的社会变革,例如,大体以培育精英为原则的公共教育体系已经渐渐衰弱。

德国政治的特点是权力在各行为体之间的平等分配。相比日本政治而言,德国的劳资之间或两大政党之间没有那么大的差距。德国的商界和劳工界在政治上都很成熟,通过结成中-右同盟或中-左同盟,他们能相对轻松地适应政界的变化。劳资双方的组织力量和制度情况都不稳定,但总是比日本要强。和日本一样,劳资都处于政治经济的紧密网
98 络中,尽管更多地位于关节点上。产业界和银行界的关系仍然很密切,其关系的基础是竞争议价体系,而不是私人资本市场或国家控制的信贷。利益集团、政党和官僚机构之间的紧密联系产生了包含性政治。宪法法院和联邦银行,及其产物欧洲中央银行(ECB)发挥着监督和约束的作用。各党派政客无法处理的棘手的政治问题都交由法官和银行家们解决。

德国统一是一个重要的分水岭,但令人吃惊的不是德国在1990年后发生了重大变化,而是德国几乎没变。西德的核心制度成了德国的制度。本来还有机会进行根本变革,但是很快就放弃了。政策重心都集中在如何快速地把西德的制度扩散到东德去,如何大规模地调动资源实现东德社会经济的现代化。这样做虽然使物质重建得以快速进行,却也导致了一个明显失败,即某些地区的高失业率。在20世纪90年代的大部分时间里,德国经济不很强劲而且也不稳定,一些基本的政治制度,如联邦财政收入分配和劳务市场管理,受到了攻击。统一后的德国对危机症状进行了谨慎处理,这和过去的西德在做法上很相似。

在日本,政策制定围绕着各党派政客和国家官僚机构的互动而展开。政府政策依赖信息、道义劝服、金融激励和政治权威,而不是法律工

(84) Kume 1998.

具。这种倾向使政府和企业之间形成了一种共生关系，基本不重视透明度问题。日本政治是由非正式关系决定的，而不是由正式的制度规则决定的。在德国，政策制定围绕着各党派政客、有权势的利益集团、联邦和国家官僚机构，以及各种半公共机构的关系而展开。这是一种协商型政治，往往以法律为基础。在政治经济发生飞速变化的时期，政治的法律化会导致僵化，德国处理政治事务的方式很难消除这种僵化。

以上是对日本的“生产型民主”和德国的“产业型民主”的扼要描述，说明我们不能一叶障目，以为自由的盎格鲁-美利坚这片树叶就代表了整个资本主义森林。在德国，各种半国营组织一方面使国家能受到集团利益的影响，另一方面又给政府官员提供了深入社会的渠道。法律构建了公共政策制定和实施的规范背景。相比之下，日本的规范背景是由非正式关系定义的。大量正式和非正式的咨询机制使日本形成了一个更适于创建和重建社会一致性的结构。

德国和日本在各自地区中的“定位”也不同。T. V. 保罗（T. V.
Paul）把德国和日本的无核安全政策解释为“二战后这些国家之间形成 99
的安全相互依赖所产生的地区动力”的结果。(85) 获得进攻性武器就会破坏邻国的安全和稳定。就德国而言，地区动力使之得以加入北大西洋公约组织（NATO）和此后一些其他的欧洲安全机构。对日本来说，则意味着与美国的亲密联盟。

在其他一些问题上，德国和日本在地区的定位也不同。在亚洲，日本的小邻国谋求以两种方式来应付对日依赖的局面。直到不久前，这些国家还常常效仿日本的发展型国家制度模式并根据本土条件进行调整。它们还试图扩大自己在日本人、海外华人、美国人和其他人群在过去30年里建立起来的生产网络中的选择范围。这些网络的开放度、灵活性和反应快慢不同。为了与日本的实力相抗衡，亚洲的一些小国在各种网络内部和网络之间小心行事。

欧洲的小国在无数欧洲多边制度中与德国打交道，情形与亚洲有所不同。(86) 从政治上看，它们对德国的经济依赖被抵消了。国与国之间关系的制度化使欧洲政体得以日渐显现。多边制度创造了一个个舞台，欧洲国家之间的双边关系在此展开。上述情况有利于弥补欧洲小国在现有的经济不对称中的弱势。具体的国内制度，如民主社团主义，也有利

---

(85) Paul 1996, 2.
(86) Katzenstein 1985, 2003d.

于它们应付国际经济相互依赖。因此,国际和国内的政治安排抵消了经济和政治依赖,有助于人们消除对德国霸权的恐惧。

法律规则和非正式政治安排在欧洲和亚洲的普及反映了两种不同的政治行为模式。德国及其欧洲伙伴、日本及其亚洲伙伴都认为自己的方式是再正常不过的。德国和日本是非正常国家,军事不完整、经济力量极其强大、政治上软弱,它们的非正常特性塑造了欧洲和亚洲的地区主义。对德国来说,建设欧盟成了一种自然的回应,既是对单方面追求权力的可怕记忆的回应,也是对全球和国际变化对所有欧洲国家提出的挑战的回应。与此形成鲜明对比的是,日本主要是通过非正式的倡议和安排来应对当前的挑战,这些倡议和安排往往涉及到地区和全球市场上的经济交易。德日两国不仅处理时事的方式不同,而且对待过去的方式也不同。在欧洲和亚洲普遍存在着对德国和日本重新成为霸权国的恐惧,这是重要的政治现实。日本对其在20世纪30和40年代进行的军事侵略和对人们实施的暴行保持了极端的沉默。而德国在公开讲话中更友善,更愿意谈过去的事。结果,亚洲对于未来地区霸权的政治焦虑比欧洲更甚。

对德日两国领导人的国际国内判决力度差别很大,这与两国战败和被占领的经历有关。格哈特·莱姆布鲁赫(Gerhard Lehmbruch)认为,1945年后两个政体的不同发展轨迹是由被占领时期不同的政治结盟构成决定的。当时德国不复存在,被分割了。[87] 中央国家官僚机构的权力完全被打破,但是管理型资本主义(managerial capitalism)继续发展。日本的情况则完全不同,国家和皇室继续存在,没有受到破坏。中央官僚机构的权力有一些变化,但并没有被改造,日本家庭资本主义体系受到了破坏从而导致了"自上而下的管理革命"。[88]

日本和德国的国家和国际认同也受到了美国在1945年后在欧洲和亚洲建立的制度的影响。这些制度导致日本和德国的世界观不同,我在别的书里曾经说过日本是"霍布斯式的",而德国是"格劳修斯式的"。[89] 在日本人看来,世界是个充满敌意的地方,要应付各种情况只能靠自己。德国人却认为世界是一个共同体——欧洲、大西洋、全球——德国是这个共同体的一部分。日本政治家在发展基于利益的长远关系时,表现得

---

[87] Lehmbruch 2001.
[88] Aoki 1988, 185.
[89] Katzenstein 1996, 153—154.

既亲善又狡诈。日本认为政治经济不对称是权力和共同体的力量来源。但是它对国家的自我界定非常清晰,从无怀疑。而德国的集体认同更具有国际特征。德国是一个由国家组成的国际共同体的一部分,行为是受到法律规则约束的。正是这个共同体概念帮助德国界定了自己的利益。正如一位著名的克虏伯执行官在1946年对伊萨克·多伊彻(Issac Deutscher)所说的,"现在……一切都取决于我们能否在欧洲范围内找到正确的、伟大的解决方案。只能是在欧洲范围内,先生们,难道不是吗?"[90]

日本和德国在目标上的差异是导致它们在很多问题上采取不同方式的关键原因。这些问题包括对多边或双边原则的承诺;在国际组织中的参与程度;和在国际事务中的活跃度(表现为他们是否愿意牵头提出国际倡议,是否愿意参与集体解决问题)。此外,它们是否愿意把自己认同为由国家组成的西方国际社会和以美国为中心的国际联盟的核心一员,也十分重要。[91]德国和日本在所有这些方面都不同,德国更倾向于国际性,而日本则更倾向于国家性。

对日本来说,国家定位和国际定位是密切联系在一起的。太平洋战争的失败和美军占领为日本提供了新的机遇。首相吉田茂(Shigeru Yoshida)抓住那个时刻构建了一个不同的日本:一个只致力于商业扩张的和平国家。在20世纪50年代,这个身份引起了很大争议,但最终还是被人们接受了,部分是因为左派完全被动员起来强烈反对以30年代的模式重整警察和军队。来自外部世界的压力显现了象征性的天皇和具有主权的人民之间的矛盾,不时引起激烈的辩论,但是没有发生大规模的政治运动。结果,身份变动成了秘密行动,而不是身份倡导者实行的改革。日本试图在不断演变的民族主义框架内满足国际主义的要求。

德国的国际定位与欧洲紧密相连,欧洲能够为很多德国最为珍视的国家目标服务。在当代德国,往往不太可能把德国的"国家"利益从它的"欧洲"利益中清清楚楚地分出来。重要原因之一就是德国已有了半个世纪的欧洲一体化和北约经验。民族主义导致灾难性的失败、经济崩溃和国家分裂;国际主义则迎来和平、繁荣和国家的最终统一。

德国的国际主义是由德国和欧洲的制度培育起来的,这两种制度非常相似。德国"合作式的"联邦主义和半公共制度(parapublic institu-

---

[90] 转引自 Kramer 1991,158。
[91] Gurowitz 1999.

tions)与欧洲的多层次治理体系有很多共同的重要特征。而且,由于涉及到德国权力和影响力的一些原因,中央银行和法院在德国的地位和它们在欧洲的地位也一样。此外,与英法形成鲜明对比的是,德国对北约和欧盟都很投入,不像英国那样偏爱北约,也不像法国那样偏爱欧盟。德国一直在支持两个组织的扩大发展,因为它非常倾向于通过多边渠道同其他国家打交道。换言之,德国并没有躲避为实现一体化而采取的意义深远的行动,而一体化建设的基础是广义的"欧洲"。德国国家认同的国际化在国内引起了激烈辩论,尤其是对公民权的辩论,然而精英们却一致认为国际认同能给德国带来诸多利益。国际认同是以对欧洲一体化的支持力度来衡量的,德国比欧洲其他任何一个国家都更支持欧洲一体化。[92]

因此,近几十年来,德国比日本更能接受国际自由化。这个差异在很大程度上决定了德国在欧洲地区事务中对多边主义而非双边主义进行了大量投入。1945年后美国领导的国际自由化运动对关贸总协定下的关税同盟做出了若干规定。1957年6个西欧国家(包括德国)在美国的大力支持下建立了这样一个关税同盟。而在亚洲并没有产生类似的同盟。在日本看来美国市场很大,而在德国看来欧洲市场很大。地区市场一体化的差异使德国和日本形成了不同类型的"软壳"(soft-shell)政治体系,受到了不同形式的外来政治力量的影响。我将在第六章中阐述这个问题。

一体化的制度化进程使德国深深地嵌于欧洲之中。诸如欧盟的多边组织对德国国家身份的国际化产生了深刻影响。并且,欧洲福利国家还创造出了一种重个人权力的民族主义,与更传统的集体主张的民族主义相比,它对国家身份国际化的弱化作用要小得多。日本与亚洲的相互联系没有这么深刻。亚洲刚刚出现的多边组织是为了加强透明度、减少不稳定性。至少到目前为止,这些组织力量还很弱,不足以有效破坏各种网络结构中的其他集体认同对自身的影响。传统的民族主义仍然有力地控制着各个社会的集体思想。因此,德国和日本的上述区别与欧洲和亚洲地区认同的差异是一致的。

---

[92] European Commission 1996, 4.

第四章

地区经济与安全秩序

地区以不同的制度秩序将全球进程和国际进程结合起来,塑造了差异性很大的不同政治领域。我将以技术和生产网络以及内外安全两个案例来证明这个观点。在这两个案例中,全球元素和国际元素都深深地混杂在一起。但是技术和生产尤其清晰地体现了全球化进程,而内外安全则清楚地反映了国际化进程。

技术打碎了集团、国家和文化,兰登·温纳(Langdon Winner)说,技术"现在掌握着它自己的路线、速度和目标"。① 在20世纪,技术日益被人们看作是实现广泛的社会发展目标的工具,要满足效率和公平的双重目的。现在它大体是一种公共性的活动,在全球范围都可以获得。试图将科学民族化的政府大都没能成功,在技术方面也越来越表现出这样的规律。厄恩斯特-于尔根·霍恩(Ernst-Juergen Horn)写道:"某个国家的技术——这种概念在开放的国际贸易和投资体系中具有内在的局限性。某种特定的技术是在某一个国家首先产生的,但是可以将这种技术在国外注册或出售,或者通过国外的子公司投入生产。这样相关技术迟早会在国际上传播开来。"②此种进程导致了最优技术的全球可利用性。

我们如何测量技术的全球化传播程度呢? 直接外国投资(DFI)的增长是一个常用的不完全指标。在富裕的工业国家,直接外国投资的增长速度在20世纪60年代是国民生产总值(GNP)的2倍,在20世纪80年

---

① Winner 1977,16.
② Horn 1990,67—68.

代是 GNP 的 4 倍。自那以后,增长的速度很可能还要更快。③

国家安全问题则将国际化进程演绎得淋漓尽致。现实主义者认为,主要国家的国家安全利益为国际秩序提供了基础。社会和意识形态变化也许会暂时掩盖住残酷的国际竞争,冷战结束后的那几年可能就属于这种例外时期。然而海湾战争、巴尔干战争、"9·11"袭击,以及美国对阿富汗和伊拉克的战争提醒我们,这才是国际生活的永恒现实。国际制度最大的功能也只不过是弱化无政府状态而已。但在过去的四百多年里,在可预见的未来,国家一直是并且仍然会是国家安全的主要担保者和国际秩序的基本构成单位。

1945 年后的核革命说明了这一点。乍一看,它似乎预示着民族国家的衰落。核武器威力极大,可以灭绝地球上的生命,国家边境变得可穿透,这在历史上是前所未有的。国家的生存,甚至是两个超级大国的生存,都受到了威胁。随着核革命的到来,全球安全需要似乎超越了由国家组成的国际体系的安全逻辑。但是战争技术的变化非但没有引起国际政治的革命,反而还因为各国政府建立了威慑体系而加强了国家权力、建立了稳定的冷战均势。军事技术不得不屈从于国家的安全需要。现实主义者坚持认为,即将诞生的新战争技术也同样会被国际体系逻辑及该逻辑对保证国家安全提出的要求所塑造。

不论好坏,国家仍然是最终的权力储藏库。在"9·11"袭击后的两个月里,美国通过对阿富汗塔利班政府的战争铲平了基地组织在那里的据点,并沉重打击了(尽管没有彻底摧毁)基地组织策划大规模袭击的能力。"9·11"还使布什政府确信,先发制人除掉拥有大规模杀伤性武器的"邪恶国家"已经成了战略必要。2003 年春,美国发动了对伊拉克的战争,这说明美国政策发生了急剧变化,引起了人们对于未来是否会爆发类似战争的忧虑。因此,国家仍然是谋求保护其国际政治和国家事务特权的中心行为体。无论是秩序井然的国家还是混乱的国家(如阿富汗)都为全球规模的有组织犯罪提供了制度基础。④ 的确,国家的存在这一事实本身,必然将犯罪之名加到别人头上。

在这些性质高度不同的政策领域,惊人的地区共性表现出欧洲与亚洲的不同。例如,德国在欧洲的技术政策是根据经济和政治考虑制定

---

③ 在 1986—1988 年间,DFI 的年均额达到 1 234 亿美元;2000 年接近全球投资浪潮的高峰,达到 1.5 万亿美元,2001 年跌至 7 350 亿美元,2002 年又跌至 5 340 亿美元。Howells and Wood 1993, 3—4, 153. *The Economist* 2001a. Williams 2002.

④ Myers 1995.

的。德国制造商力图实现成本最小化。自冷战结束以来,他们一直依赖东欧,把东欧作为德国工业延伸的工作台,就像20世纪70和80年代依赖南欧一样,但是在技术转让问题上却极少关注。对于政府来说,技术转让只有在大欧洲范畴内(而不是在相对狭窄的商业领域里)才构成一个重要的政治问题。德国的内外安全政策也表现出同样的倾向,其安全组织比其他任何一个大国的安全组织都更为国际化。它对和平有着强烈的偏爱,但是却要按要求与欧洲伙伴和美国在大量国际安全组织中共事。尽管处在这样的背景之下,德国偶尔也会因巨大的国内压力而偏离国际性组织,例如,1999年12月单方面早早地承认克罗地亚、在2002—2003年秋冬无条件反对伊拉克战争(即便联合国安理会决议支持,也要反对)。总的来说德国还是具有多边主义偏好,但是它对多边主义的坚持是有特殊关系背景的,尤其表现在与法国和美国的关系方面。

在亚洲,日本的政策反映了一种在市场和国家的约束下实行民族自治的强烈偏好。政府政策的核心目标是维持国家主权,而不是汇集国家主权。东北亚和东南亚较小的国家也有相似表现,例如韩国。日本的政策促进了地区生产网络的建立,这些生产网络以自己的方式把各个领域和各个国家的制造商、转包商和销售商绑在一起,保证日本对核心技术的控制。能推动一个政体实现快速工业化和广泛的经济社会进步的组织制度和实践对日本和其他亚洲国家都具有重要的政治意义。日本的安全政策也反映了其国家定位,即不使用暴力。日本的安全政策都是围绕着与美国的双边安全关系来制定的,半个世纪以来日美双边安全关系一直是日本政策的核心。虽然日本与其他国家和亚洲安全组织的特定双边合作正变得日益重要,但是都还处在萌芽阶段。

亚洲和欧洲的技术和生产网络

亚洲技术秩序的特点是在市场上有着相互竞争的公司网络,市场是按照国家、种族和部门组织起来的。日本网络一般是封闭的、缓慢变化的、渐进式的。在建立地区生产网络的过程中,日本公司大多不愿意与其他国家或公司分享技术。海外华人则提供了另外一种选择。他们的网络一般是商业性的,而不是技术性的。不过,自20世纪80年代末以来,一些华人网络已经开放了门户,合并了美国的一些制造商,形成了更为开放的网络。这些网络可以做出快速、灵活的决策。它们对私人技术的保护少一些,更愿意把技术转让给当地的企业。韩国、美国和欧洲的公司也建立了不同的网络,虽然在广度和深度上不及日本和华人网络,但也有利于促进技术的流动。⑤

在欧洲层面上,具有重大政治意义的问题是正在显现的欧洲政体的生存(这个政体吸引了德国和依赖于它的小国),而不是生产网络的生存(在网络中,技术或者受到控制或者被传播)。当代欧洲政治主要以欧盟成员范围的扩大以及欧盟权限下的事务为中心,而不是以国家对技术和生产的控制权为中心。公司的投资方式在政治上无关痛痒。德国公司倾向于进行直接外国投资,这种方式不会提高南欧、中欧和东欧的技术能力。从欧盟流向薄弱地区的转移支付更为重要。欧洲已经发展出了一个特定的制度逻辑,与把亚洲联系在一起的公司和种族结构有着根本的不同。例如,由于欧洲已经成为开发前商业技术的重要资金来源,所以德国政府减少了对某些关键技术的国家支持。因为制度上的差异,这样一种政策在欧洲说得过去,但在亚洲从政治角度来看却是荒谬的。

亚洲

自明治维新以来,日本就建立起了一个将初、中、高级技术产业混合为一体的产业结构。⑥ 在后起的工业国家中,日本是独具特色的。随着日本成功地进入技术前沿,其产业定位反映在研发和销售的紧密一体化上,在技术进口方面尤其如此。在全承包项目中,日本把进口技术的"技术应用"(know-how)改造成技术程序中的"技术原理"(know-why)。对于后起工业国家,车间就是战场。因为很多技术环节都是实际操作,不可能有完整的具体说明,所以单单从技术工艺上倒推往往不足以破解一项技术方方面面的深层结构,技术原理的目的就是破解这些深层结构。在这个过程中,车间很关键,因为正是在车间里面,人们根据特定的生产过程和目标市场对借来的技术进行改造。

地区化正在引导日本和亚洲进入一个新时代。由于各种原因,包括高劳动成本和环境限制,中小公司正在失去它们曾在日本享有的优越生产条件。外国供应商的重要性与日俱增。关满博(Mitsuhiro Seki)写道:"日本一整套的工业结构……正处于四面包围之中,国家面临的问题是需要与东亚,尤其是中国,建立密切的关系,以便那些推动高科技产业的

---

⑤ Borrus, Ernst, and Haggard 2000, 14—31. Linden 2000, 221.
⑥ 以下部分引自 Katzenstein 2003b。

基本工业技术能够生存下来。我们正在迈入一个亚洲技术网络的时代。"⑦

对外国制造商开放日本市场,不仅仅是美国政治压力高度重视的贸易和投资自由化问题。在新的背景下,"开放"指的是对亚洲制造商基本技术能力与日俱增的依赖,这些制造商起初在严密的生产链中与日本制造商绑在一起,最终却能够独立地与之竞争。日本制造商积极响应政府的激励项目,与美国公司不同的是,他们在采购和销售方面更愿意依赖本地和地区市场。⑧ 日本公司在运营中倾向于加强亚洲市场的网络;而美国和中国公司的运作使亚洲市场的网络保持开放。⑨

这并不是说日本公司免费与他人分享技术,但是越来越多的证据表明,随着经验的丰富和成熟,日本的生产网络正在变得越来越国际化。日本的大公司感觉到了日本对中小企业基本技术的控制正在经历危机,所以改变了80年代晚期的内部研发核心技术的战略。到2000年初,这些公司关注得更多的问题是,如何降低失去多层次供应网络的风险。

在日本公司在国外的运营中,它们对技术的保护是显而易见的。板垣宏(Hiroshi Itagaki)和他的合作者们进行了具体的经验研究,研究显示日本技术转让的障碍在美国比在东亚要低一些。⑩ 这个差异说明日本的自我形象发生了变化,从在一个充满敌意的世界中捍卫自治权的自我依赖的民族经济体,变成了一个深嵌于各种不同的地区生产体系的国家。然而,在东亚,实际的商业操作非但没有促进,反而阻碍了从日本公司到外国制造商的技术转让。以日本为中心的亚洲生产网络的特征不是对称性相互依赖,而是非对称性依赖。

加里·格雷菲(Gary Gereffi)表明,在服装和电子行业,日本和亚洲新兴工业经济体(NIEs)获得了成功,这是与各民族经济不断增长的多样化和一体化密不可分的。地区生产网络是关键。这些网络是范围更广的、制造商或买主驱动的商品链的一部分。格雷菲写道:"日本和东亚新兴工业经济体的出口产业非常成功,创造了地区内部和地区之间等级式的劳动分工。东亚公司已经掌握了将网络运用为战略资产的艺术。"⑪ 日本制造商在制造业驱动的链条中占据强势,尤其是在汽车、电子和计算

---

⑦ Seki 1994, 86, 3.
⑧ Encarnation 1999, 5.
⑨ Dobson 1997a, 17. Dobson 1997b, 243—245. Yue and Dobson 1997, 254—259.
⑩ Itagaki 1997, 367—372.
⑪ Gereffi 1996, 76.

机领域;买方驱动的链条则由美国的购买者主导。亚洲生产网络的开放性部分反映了两种链条同时存在的现实。格雷菲总结道,这些投资和贸易网络位于相互独立的民族生产体系的互动"之上",但是又处于全球经济"之下"。⑫

日本生产网络的地区化加速了亚洲的经济变化。在整个战后时期,尤其是70年代的石油危机之后,"日本的国家安全以东南亚的安全和稳定为前提,东南亚当时是日本石油、橡胶、锡和其他重要自然资源进口的主要来源"。⑬ 为了进入这些国家受到保护的国内市场,日本分公司在当地建立了牢固的关系。在外国的日本分公司生产的产品具有比较丰富的地方内涵,日本公司甚至不惜以产品质量和成本效益为代价支持东道国的一些供货商。⑭ 在初期阶段,日本制造商也会偶尔出口一些中级技术,以保证在国外能够组装成功。⑮

1985年日元急剧升值,随后国内成本也急剧攀升,这使得日本制造商向海外转移,从而加速了亚洲经济体的某些部分与日本公司结构事实上的地区整合。到1992年,日本已在海外开设了9 000多家分公司,其中很多在东亚,形成了新的劳动分工格局,生产基地在不同的国家建立起来,公司内贸易跨越了东亚地区各国的边界。⑯ 在这个新体系中,日本制造商通过专门化分工实现了规模经济和高收益能力。⑰

针对日本发展政策的地区化,亚洲新兴的工业国家正在寻求替代战略,并且取得了不同程度的成功。⑱ 从某种程度上来说,日本公司本身就为东南亚的制造商提供了减少技术依赖的机会。⑲ 例如,日本的主要公司并不与当地公司建立商务联系,而是或是强硬或是温和地迫使它们的零件供应商实现业务地区化。但是并非所有的零件供应商都能做得到或者愿意这么做,于是,有些供应商便与当地公司建立了技术联系,把技术卖给当地公司以获取一定的收入。1993年,日本对亚洲的技术出口比

---

⑫ Gereffi 1996, 108—109.
⑬ Hatch and Yamamura 1996, 118.
⑭ Ernst 1997, 213.
⑮ Seki 1994, 99.
⑯ Ernst and O'Connor 1989, 42.
⑰ 在1983到1987年间,日本在亚洲的利润比在美国高3倍,比在欧洲高1倍。这种利润差距在90年代早期进一步扩大。1993年,在亚洲的利润率达4%,而在美国利润为0,在欧洲亏损为1%。*The Economist* 1995, 21—22. 利润是以日本制造商海外分公司反复出现的利润销售比来界定的。
⑱ Taylor 1995, 16.
⑲ Hatch and Yamamura 1996, 169—170, 177.

对美国的技术出口高出40%。[20]

20世纪90年代日本生产网络的进一步地区化要求公司和政府对其政策进行调整。公司生产和创新能力的提高,加上亚洲电子产品和服务市场的发展,推动了日本制造商的战略调整。日本公司不得不把早先通过在日本国内组织供应商网络而实现的生机勃勃的技术能力,转让给在国外经营的制造商,尤其是中国的制造商,中国是基础技术的主要供应者。[21]

但是日本的制造体系在其本身所导致的技术转让方面具有明显的局限性。自20世纪80年代以来,日本的大公司一般不大愿意转让它们的高端技术。[22] 政府和公司往往都要采取特别行动反对于己不利的技术转让,不仅仅反对转让技术强项、反对转让日本制造商期望以此谋取最大利润的技术(这是可以理解的),而且也反对转让将来预计会成为弱势领域的技术。例如,在90年代早期,通产省(MITI)为了保卫"国家技术安全"就宣布了一项计划,以帮助处在危机四伏的铸造和冶炼行业中的国内供应商。该项目表现了一种"国家基础技术遭受重创正在大出血"的紧迫感。[23]

由于事关日本技术基地的强势地位,所以通产省在更名为经济产业省(METI)之后,它的职责断然转向整个地区。的确,如果经济产业省想要支持日本公司在海外的运营,它几乎就没有什么选择,只能支持亚洲的产业网络。20世纪90年代中期,它制定了一项新计划,对柬埔寨、老挝和缅甸的工业化进程给予援助,很快这个项目就涵盖了整个东南亚。该项目总部设在曼谷,资金和人员全部由经济产业省提供,支持在东亚建立更牢固的产业链接和自由投资政策。[24] 广义上,经济产业省的使命还得包括,比如,通过促进来自亚洲的进口,实现作为一个整体的"亚洲区域经济的复苏和扩张"。[25] 经济产业省在努力加强日本的中小企业和东盟企业的联系。它还计划建立一个由东南亚的当地公司所拥有的重点技术数据库,它将把数据发布给计划在该地区投资的日本公司,尤其

---

[20] Hatch and Yamamura 1996, 9, 163. Hatch 2000, 280.
[21] Seki 1994, 3, 30—31, 99, 128, 130—132, 154—156.
[22] Seki 1994, 17, 20—21, 23, 27. 亦参见 Dobson 1997b, 246。Yue and Dobson 1997, 258.
[23] Seki 1994, 31.
[24] Hatch 2000, 239.
[25] Kohno 2003, 103—104.

是小公司。[26]

日本在 1985 年后迅速的重新定位,以及成本和质量控制的需要,有助于解释为什么日本公司仍然坚持把当地分公司整合到地区运营中去的中央集中模式,有助于解释为什么日本公司不情愿转让技术。[27] 这就是我们可以称之为日本中心的市场等级制的核心,在这个体制中,亚洲的供应商从属于作为最终产品组装商的日本公司以实现产品出口,而且它们必须依赖高附加值的日本零部件和设备。尤其是在电子和汽车行业,亚洲已经被整合成了一个日本公司的生产网络,以此日本公司可以追求全球经营战略。

日本公司创造了技术依赖,而亚洲生产商从与这些日本公司的联系中获得了重大利益,因为他们能够进入到网络之中,虽然失去了自治,但是网络允诺了市场和利润。操纵的绳索也可以发挥联系的作用:技术运用上的限制被抵消了,因为他们获得了相应渠道,可以通达日本制造商的客户、供应商和政治盟友。[28]

日本技术从属于一套更大的关系体系,一旦与该体系割裂开来,它的用处就会丧失大半。1997 年亚洲金融危机后,体系优势非常明显。日本公司利用较低的劳动成本部分地抵消掉了较高的材料投入成本,从而推迟了失业,在忠诚的员工中创造了友善的氛围。[29] 的确,经营管理成本的理性化使得某些行业的就业有所增加。但总的来看,理性节约的数额不及因工厂产能利用率低和资金流受限所造成的成本。为免于负债,公司分解了它们在东亚的运营,开始创造较为开放、灵活和分散的网络。

近年来,技术在这个控制体系中的作用变得越来越重要,但是该体系的基本逻辑有着更深的历史根源。小泽辉智(Terutomo Ozawa)在对 20 世纪 60 和 70 年代的日本对外投资进行分析的时候,注意到日本对外投资显得特别不成熟,主要体现在公司规模和技术复杂性方面:传统产业(如纺织业)的小公司引领着日本在亚洲的扩张。[30] 对外投资变成了占统治地位的政治联盟把日本式的基本制度安排向外延伸的一种方式。技术不但没有帮助日本的邻邦走上自主发展的道路,反而维持了日本的领先地位。

[26] Kohno 2003, 104—105.
[27] Hatch 2000, 236—244.
[28] Hatch 2000, 132—133, 356.
[29] Tachiki 2001, 5—13.
[30] Ozawa 1979, 25—30, 76, 82, 199—200.

日本公司使新建立的亚洲生产联盟服务于它们的全球战略,以削弱美国国会的保护主义势力。日本政府采取了大量的贸易、援助、投资和文化政策,支持生产网络的地区化。通过地区化,日本得以将非均衡贸易关系延伸开来,扩大到太平洋两岸所有的主要贸易伙伴。与 20 世纪 60 和 70 年代一样,日本正在把自己的国内安排外化到亚洲。但是,这一次是日本企业界采取的防御性行动。㉛

在东北亚和东南亚的部分地区,有一种技术秩序发生了演变,它反映了日本制度化的政治和公司运作。如果认为这种变化的主要原因是日本国内主要部门和公司有意采取的战略行动,那就错了。㉜ 相反,地区化是国内行为的延伸。日本的体系是一种国家和公司政策相互照应的体系,日本人一直将这种该体系视为十分正常的事情,面对世界市场的新情况,这一体系正在进行调整。这就解释了为什么日本的亚洲政策还继续将国际公共财政(如援助、官方出口信贷、出口和投资担保)同私人资本和金融流(如直接外国投资、贸易、银行贷款)紧密联系在一起。㉝ 简言之,日本的制度化运作对亚洲地区技术秩序的塑造发挥了重要作用。

这并不是说日本决定了亚洲的技术秩序,当然针对以日本为中心的制造同盟还有一些替代选择。但是亚洲企业的所有制和生产结构大体上都是由关系网络定义的。例如,韩国的大企业就是为数不多的几个家族所有的。它们实行中央集中管理,纵向整合,分割了韩国经济。与东南亚的公司相比,它们在获取日本生产商的技术方面要更为成功。由于韩国政治的变化和 1997 年亚洲金融危机,这些大企业在 90 年代处于日益混乱的状态。但是华人公司的情况却有所不同。它们的资本来自家族成员和非公开的合作伙伴,由少数几个人控制。生产在中小企业的网络中进行,这些企业合作生产零部件和制成品,同时又不丧失各自的独立性。有时候,这些网络会把中国公司和美国公司的技术联系到一起。这样一些网络聚集在位于台湾、香港和新加坡的生产商周围,还在不断扩大,这说明替代日本生产结构的非日本结构正在兴起。最后,中国的兴起使得中国大陆公司对东南亚的日本中心生产网络构成了严峻竞争,并在技术转让方面大大改善了它们面临的议价形势。

㉛ Hatch 2000.
㉜ Hatch and Yamamura 1996, 22, 115—116.
㉝ Kato 2002, 81—82, 105—124, 147—148.

亚洲各政府也力争通过采取一些国家政策来减少依赖性。例如,韩国几十年以来一直通过它的大公司努力培育国家技术项目。它模仿日本,期望减少对日本的技术依赖。不过,在20世纪80年代中期,韩国的消费品工业要从日本进口关键的零部件以便生产出口,例如盒式录像机、微波炉、传真机、个人电脑和打印机。在整个90年代,韩国的半导体业严重依赖日本进口。[34] 相比之下,中国台湾、泰国和马来西亚依据当地情况和华人华侨经营的经济网络的情况来采取对策,因而避免了对日本生产商的过度依赖。

技术民族主义对当代中国来说还没有失去意义。上海国际问题研究所的丁幸豪说:"日本总是要搞雁型模式,以日本为头雁。我们没有忘记历史,我们不会在日本的阵型中去飞。"[35]中国目前还没有能力决定亚洲正在形成的技术秩序,但是随着中国经济和政治重要性的上升,它很可能在不久的将来在某些市场上获得这个能力。当这个时刻到来的时候,中国只会加强日本处理技术问题的方式,而不会改变这种方式。中国的目标是在固有的等级制国际劳动分工中实现民族的自主发展。强大的国家政府和省级政府采取一以贯之的政治战略,促进技术发展,这自然是加强中国竞争力的方式。

中国会采取这种方式,但海外华人却不会这么做。香港是一个中枢,东南亚经济围绕着它而运转,对于在世界经济中运作的公司来说香港也是一个中枢。迈克尔·伯勒斯(Michael Borrus)认为,20世纪90年代早期美国电子行业之所以发生令人吃惊的转变,"在很大程度上是得益于位于大中华圈、新加坡和韩国的以亚洲为基地的生产商在技术精密度和竞争力方面的日益提高"。[36] 美国公司在精密零部件和关键技术方面越来越依赖日本,因而失去了竞争力,因此,美国公司决定在基础技术方面对华人网络中的公司更加开放。它们逐渐把自己在亚洲的生产网络从简单的装配分厂变成了能够同日本人进行有力竞争的生产企业。[37] 这个政策是美国对于过度依赖日本供应商的情况所采取的回应,同时也是朝着(由于美国公司的决策)力量更加壮大、正在蓬勃兴起的华人生产网络迈出的一步。

发展之所以如此迅速,是得益于一种共生现象,即既有美国公司战

---

[34] Enos and Park 1987, 228—230. Smith 1997, 748—749. Smith 1997, 748—749.
[35] Hatch 2000, 354.
[36] Borrus 1997, 141.
[37] Borrus 1997, 145—146.

略,又有政府的扶植政策和亚洲当地的投资。硬盘驱动业就是一个很好的例子。[38] 正是因为类似希捷(Seagate)的小公司实行了全球化运作,它们才得以生存下来,并且将美国生产商先推进到新加坡后遍布到整个东南亚。美国的大公司接着跟进;然后才是日本公司。日本公司从来没有对美国在该行业的主导地位真正构成挑战。硬盘驱动业的双重架构仍然很明显,研发在硅谷,生产在新加坡或新加坡周边。

与韩国和中国台湾一样,新加坡也实行了一套获取高级技术的战略。政府的目标不单单是接受进口的技术,而是要建立一套体系,能够快速进行本地化改造、普及和改进。尽管在第一层级的亚洲政治经济体中各成员的具体构成情况不太一样,但是所有政府都依赖获取技术战略,力争在原先没有优势的行业加速建立竞争优势。在第二层级的经济体中,如马来西亚、泰国、印尼和菲律宾,成功的概率则明显要低一些。

亚洲出现了迅速发展的新兴工业化国家和其他投资渠道,这就为避免对日本的过度依赖提供了一条出路。例如,泰国和马来西亚就根据当地海外华人经济网络的情况做出了有针对性的回应。位于第一层级的台湾公司在控制关键技术方面已经很有经验。现在它们自己管理着一个很大的本土供应基地,该基地把技术传播到"成千上万家中小设计公司、零部件厂、次装配厂和装配厂",这些公司和厂家已经成为了本地生产网络和供应基地的一部分。[39] 因此技术专门化既帮助了美国公司,也帮助了亚洲当地的生产商,减少了他们对日本生产商的依赖。在未来几十年里,该行业的领袖很可能会从日本和美国公司变成亚洲当地的生产商,尤其是位于中华圈的企业。

对这一观点并不是没有争议。沃尔特·哈奇和野口悠纪雄认为,所有关于大中华圈的言论,所有声称一个替代性的制造和金融网络正在由中国或在中国周边建立起来的观点,都不过是"毫无根据的闲谈"。在他们看来,华人网络不过是一系列特别的交易。由于采用新技术的能力不足,即便是台湾商人"也感到不得不张开双臂"拥抱日本跨国公司。[40] 华人网络培育的是寻租(rent-seeking),而日本网络培育的则是富有活力的高效技术。在他们看来,亚洲地区主义的架构呈严格的等级式,日本位于顶端。日本控制着援助和技术的流动,给其他国家和地区的生产商提

---

[38] McKendrick, Doner, and Haggard 2000.
[39] Borrus 1997, 152.
[40] Hatch and Yamamura 1996, 96.

供资本和中间投入(intermediate input)。韩国和中国台湾尽管在快速缩小与日本的发展差距,但它们只是在低技术产品领域实现了专业化,在关键技术上仍然要依赖日本。

20世纪90年代台湾曾在亚洲生产网络中疾速上升,这一事例削弱了上述的怀疑主义观点。在台湾个人电脑和芯片业的工业革命中政府政策和公司投资相结合,在不到20年的时间里,台湾从一个低薪经济体变成了第三大信息技术生产地。这个转变的实现既不是通过政府领导的行业攻势,也不是靠市场力量不受约束地发挥作用。相反,政府是从硅谷和新竹—台北地区之间的合作中获取了一些经济优势并对此加以利用。这些联系成为可能,首先是因为成千上万的台湾工程师从美国回来,尤其是在90年代。这些海外华人掌握了高级技术,还具有强烈的民族和职业认同。台湾人和其他一些海外华人不仅构成了硅谷最大的外来工程师群体,也是迄今为止最大的外来执行总裁群体。同其他亚洲国家的企业家相比,他们当中的很多人在硅谷建立分公司时更加得心应手。[41] 80年代初台湾地区政府建立了处于萌芽期的风险资本市场,以帮助建立自己的高科技产业,当时,在硅谷的台湾人和海外华人立刻成为了争取的目标。以同等投资金额计,在风险资本市场的投资所产出的专利数是研发投资的3到5倍。[42] 结果就建立了各种网络,把台湾公司和工程师联系了起来,也把在硅谷和在新竹—台北地区经营的美国公司联系了起来。2002年的一份对在硅谷工作的华人和印度工程师及总裁的调查显示,当时的情况是"人才流通"(brain circulation)而非"人才流失"(brain drain)。[43]

自90年代中期以来,大中华金融和制造网络的兴起就对日本公司的战略产生了影响。因为日本生产商不太愿意把他们的技术传给亚洲的供应商,所以公司战略是否会迅速转向,愿意从独立的亚洲供应基地获得资源,对此迈克尔·伯勒斯还表示怀疑。[44] 而另外一方面,迪特尔·厄恩斯特(Dieter Ernst)却看到,日本公司加速开放其电子生产网络,扩大了地区生产的地理覆盖范围,加深了本地的参与程度。在他看来,日本公司对开发和利用亚洲资源和技术能力有着浓厚的兴趣。[45] 他写道,

---

[41] Saxenian and Hsu 2001.
[42] Saxenian and Li 2002, 18.
[43] Richtel 2002, C6.
[44] Borrus 1997, 149, 153—154.
[45] Ernst 1997, 210—211, 218—236.

90年代,"日本高级零部件供应商的分公司只得越来越依赖国内的亚洲转包商,大多是通过各种合同和非股权性的安排,例如,委托生产和合同制造"。㊻ 这一发展,如果发生在大规模层次上,就意味着历史性的转变。当然,变化并不会在瞬间完成。在整个90年代,大多数关键零部件仍然来自日本或者在该地区进行生产的日本公司,厄恩斯特和伯勒斯在这一点上是一致的。㊼ 变化发生得如此缓慢,原因之一就是在地区生产网络的组织形式发生深远变革的时代,日本商业模式日益弱化。㊽

竞争性的网络使亚洲的政治经济体交织在一起创造了一个结构性倾向,即开放性。日本在亚洲的直接外国投资被部门和国家用来协调日本经济的结构转型。更为重要的是,亚洲(包括日本在亚洲的分公司)对美国市场的依赖,支持着亚洲地区主义不断保持开放性。日本在富裕的美国和欧洲市场的参与程度并没有减弱。海外华人的金融和制造网络在直接外国投资和出口方面,自80年代以来就一直处于领先地位。对全球市场开放是亚洲地区主义最有可能成就的一条道路。

究竟亚洲是应该保持有控制的地区技术秩序,还是应该演变出新的、更加开放的模式,在很大程度上取决于以下两种与日本相关的观点哪一个更接近真实。其一,如果日本不再强大,其他亚洲国家,如中国,会取代它的位置。其二,由美国或欧洲生产商主导的高科技产业可以在全球等级体系中进一步锚定亚洲——1995年,日本技术进口的71%仍然来自美国,而它只有29%的技术出口是到美国。㊾ 因此地区生产联盟可以在地理范围上扩大,而不必同时加强民族自治。即使日本失去了它现有的地位,但是牢固塑造起来的亚洲技术秩序的特点很可能还会长期存在。

亚洲各政府和公司领袖都在谋求促进国民经济发展、提高公司竞争力,因此在这种情况下,保持或获得对技术的控制是至关重要的。最近,威廉·凯勒(William Keller)和理查德·塞缪尔斯(Richard Samuels)做了一项研究,他们得出的结论是:"尽管亚洲经济体面临着较大的趋同压力,要求它们的规范更为开放和自由,但是它们(在1997年后)对改革和技术创新却保留着独特的方式,"他们采取了特有的解决办法,既避免

㊻ Ernst 1997, 223.
㊼ Ernst 1997, 223. Borrus 1997, 153—154.
㊽ Ernst 2004.
㊾ Makihara 1998, 560.

了技术民族主义,又避免了技术全球主义。[50] 所有东道国都对外国投资和技术转让所能够带来的经济增长和出口业绩的提高表示欢迎。但是很多国家还存在矛盾心理。新的经济联系倾向于变成公司内部事务或者成为复杂多变的公司间关系的一部分,对于自主发展和技术升级可能有利,也可能不利。处于工业化进程中的亚洲新兴经济体利用了外国生产商之间的国际竞争所提供的机遇,避免对日本的过度依赖。位于东亚的公司在不同的生产网络中内外运作,这表现出亚洲地区主义的政治逻辑。

欧洲

在技术问题上,"欧洲化"指的是多维度的密集议价体系,它并不是完全由一个国家或欧洲行为体主导的。产业技术政策的欧洲维度,有着与现有的民族国家模式截然不同的政治特点。有时候,欧洲委员会直接对产业部门进行塑造,欧洲的电信政策就是如此。还有一些时候,欧洲化发挥着重要的间接影响。例如,移动通讯全球体系(GSM)欧洲标准的制定从一开始就是随着业界的积极合作在欧洲这个维度上进行的。公司之间在欧洲范围内的灵活协调替代了国家邮政和电信垄断部门的等级制政策协调。

如此直接和间接的联系在对研发的财政支持方面表现得十分明显。20世纪80年代早期,德国商界对基础研究的资助急剧减少,欧洲的政策制定者试图扭转这一趋势,他们对有望实现商业应用的基础研究给予了支持。欧洲委员会对国家项目进行了补充,但是它对于能否刺激出适于销售的产品过于乐观了。[51] 就绝对数额来说,欧盟出了不少钱,这些钱主要用于大公司和德国主要的技术研究中心。但是,在1987到1991年间,欧共体的资助不到联邦政府研究资助总额的2%,不到德国研发开支总额的0.5%。[52] 所以欧盟的研发政策没能扭转德国和欧洲在高科技产品,尤其是电子产品领域的落后局面,也就毫不奇怪了。[53]

技术政策的地区范围延伸到了具体的欧盟项目之外。例如,在70年代,德国有意识地稳定了那些刚刚从法西斯阴影中摆脱出来、毫无经验的南欧民主国家,其时距离德国本身的类似转型已有一代人的时间。

---

[50] Keller and Samuels 2003, 227.
[51] Grande and Häusler 1994, 501.
[52] Reger and Kuhlmann 1995, 164.
[53] Van Tulder and Junne 1988, 125—155, 209—252. Roobeek 1990, 133—137.

积极支持欧共体南扩是政策的一部分。德国在提供政治和经济支持方面发挥了领导作用,从而为冷战结束后的东欧确定了一个重要的先例。

德国和欧盟的技术政策常常目标不一致。欧盟拥有大型信息技术项目,因此它支持欧洲业界同美国和日本的竞争。同时,德国联邦研究部是欧洲亚微米硅联合体项目(Joint European Submicron Silicon Initiative)和德美产业合作计划的参与者,所以它为西门子和IBM的芯片开发支付了补贴。德国个别的一些州,比如北莱茵—威斯特伐利亚州,支持日本芯片生产商在德国的投资计划。因此,横向(在德国)和纵向(在欧洲)的协调问题都对制定有效的技术政策制造了障碍。随着技术政策的进一步欧洲化,问题可能会越来越多。欧洲各国之间的经济和技术差距很大,所以欧盟不可能成就经济上的最优政策组合。例如,德国的研发经费高达希腊和土耳其的200倍,欧洲三国(德国、法国和英国)的研发经费占欧洲总体研发经费的75%。[54] 在技术问题上,德国深嵌于欧洲的政策网络之中。政策夹在两种矛盾的推力中:一方面,德国政府无法单靠自己的力量实现目标;而另一方面,违背了德国政府的愿望,在欧洲层面则几乎什么事情也难以做成。

德国企业界的发展也推动了矛盾政策的形成。例如,在20世纪60和70年代,在电子行业,联邦政府不得不只同西门子和其他几个德国公司打交道。自那时起,产品开发的费用不断攀升,德国生产商的竞争力渐渐落后,导致全球范围的战略联盟,政府和企业的联系也渐渐松散。谋求加强本国生产商竞争力的国家项目出现了"漏洞",国家政府努力在生产商中引进竞争,但却因为西门子、IBM和东芝之间越来越多的合作,收效大打折扣。

在欧洲生产体系向外延伸的过程中,公司的投资政策至关重要。直到20世纪70年代早期,欧洲生产商做出到国外投资的决定,主要有两个原因,一是东道国的投资激励政策,二是在高速增长并受到保护的市场条件下生产的大好前景。劳伦斯·弗兰科(Lawrence Franko)写道:"欧洲大陆的公司仍然有着在相对自给自足时代养成的行为习惯,管理结构只能应付关税保护下的工厂,不足以实施全球战略,所以这类公司无法进行大量的国际性开发利用资源的活动。"[55]除了寥寥几个值得注意的例外,欧洲生产商没有参与美国和日本公司在60年代晚期发起的海

---

[54] Grande and Häusler 1994, 507.
[55] Franko 1976, 127.

外生产运动。

20世纪70年代早期固定汇率体系崩溃,随后德国马克升值,德国生产商不得不增加了他们的直接外国投资。成本因素变得更加重要,于是德国公司开始在以出口为导向的南欧建立分公司。[56] 德国公司一般喜欢投资于能增加东道国国外加工贸易的产业,尤其是服装和纺织业。[57] 除了几个例外,最主要在汽车行业,德国的生产商无论是在70年代的南欧,还是在冷战结束后的东欧,都没有谋求建立跨国的一体化生产综合体。

20世纪70年代晚期,西班牙和葡萄牙摆脱了集权统治,经济仍处在管制中,结构变化和增长的情况相当于处于工业化进程中的亚洲的新兴经济体。它们当时有大量的国有企业,制造业和不发达的服务业也受到强有力的保护。[58] 其政治战略主要是针对欧洲政治,而不是国家的技术发展。它们试图快速加入欧共体,以较长的过渡期解决农业低效和产业薄弱的问题,并从布鲁塞尔获得大量的转移支付。对于这两个国家来说,通过欧洲一体化实现经济增长和政治的合法性,比技术自主更为重要。

这些逐渐实现自由化的经济体欢迎外国投资。西班牙国内市场的增长驱动了它的工业化发展。在1960至1974年间,西班牙接受了20亿美元的投资,主要集中于汽车、化学品和塑料制品、食品、电动机械和电子产品,这些产业部门加起来共占到了西班牙工业总利润的60%以上,占技术支付的80%。投资的大多数都来自美国和瑞士(美国公司的欧洲总部所在地),10%来自德国。1972年,西班牙最强的154个公司中,有60个公司与美国跨国公司有联系,14个与德国的跨国公司有联系。[59] 到1980年,情况已经发生了很大改变。德国变成了投资产品的最大供应国,占西班牙从欧共体总进口的1/4到1/2。欧洲的直接投资大体上比美国投资增长速度要快;法国和德国成为在西班牙最大的欧洲投资国。

尽管在1976到1990年间,西班牙的技术依赖状况并没有多少改善,

---

[56] Franko 1976, 127—128.
[57] Fröbel, Heinrichs, and Kreye 1977, 33—36, 84—85, 91—97, 116—126, 290—291; and 1986, 56—58.
[58] Eichengreen and Kohl 1997.
[59] Baklanoff 1978, 43—44, 52—53. Muñoz, Roldán, and Serrano 1979, 166—169. Vaitsos 1982, 144—145.

但它是欧盟研发项目的净捐助者。[60] 在整个20世纪80年代,欧洲直接外国投资的流入量急剧增加,1975年只占GDP的0.4%,到1990年就占到了GDP的2.5%,投资转向了金融服务业。在80年代后期,西班牙技术支付和收益的不平衡十分严重,甚至比西—德关系和西—美关系的不平衡还要严重。[61] 到1992年,西班牙85%的外国投资都来自于欧共体成员国。尽管外国投资几乎都是在当地市场的增长激励下形成的,是进口替代性的,但是外国公司在出口方面却占据着核心地位,尤其是在汽车和化学品工业。葡萄牙也经历了类似的发展:外国直接投资在60年代急剧增加,从不到总资本构成的1%上升到1970年的27%;1973年外国投资达到了1.1亿美元。在葡萄牙1974年革命的前三年里,德国是它最大的外国投资者,占总投资的26%。[62]

到20世纪90年代中期,在西班牙、葡萄牙和希腊为欧洲市场从事生产的德国公司变得更加强盛。原因之一是部分地实施了私有化,一些主要的公有公司被卖给了外国跨国公司,如西班牙的西亚特(SEAT)卖给了大众公司。[63] 葡萄牙和东南亚国家一样,因为薪资水平低,主要出口劳动密集型产品(纺织品、皮革、服装、食品和饮料,以及电子产品)。希腊的出口产品除农产品外,主要是传统制品。

在纺织和几个其他部门,德国公司投资于外向型加工业,能够从低成本的生产商处获利。随后的贸易增长对20世纪70年代地中海经济体的技术基础并没有产生一点积极影响。[64] 随着1980年代德国对外投资的增长,技术外溢只对起点较高的地中海经济体具有重大影响,尤其是在资本密集产业。70和80年代,德国的化学品和药品公司在西班牙大量投资。到90年代早期,西班牙在这些高成本部门的产业政策已渐渐变得依靠外国公司了。

在过去20年里,西班牙发展政策的结果是复杂的,葡萄牙的经历与之相似。它们的成绩是德国投资战略的结果,而德国投资战略是根据成本因素和国内市场增长制定的,不是为了加强地中海经济体的技术实力。地中海国家没有成为服务欧洲市场、获取外国技术的出口平台。更确切地说,它们是外向型加工厂的所在地,偶尔在某些精选行业也有资

---

⑥⓪ Vaitsos 1982, 147—148. Herrera 1992, 221, 224—225. Wortmann 1991, 4.
⑥① Herrera 1992, 242.
⑥② Baklanoff 1978, 136—138. Simões 1992.
⑥③ Holman 1996, 158—159.
⑥④ Fröbel, Heinrichs, and Kreye 1977, 308—309. Dongea et al. 1982, 79, 82—83, 113.

 本密集型投资。无论对德国还是对南欧国家来说,技术转让都不是一个突出的政策目标,

在欧洲精英们的眼里,在改善基础设施以保证经济持续增长方面,来自布鲁塞尔的一揽子援助项目比技术转让更为重要。加入欧共体之后就能获得地区发展基金和聚合基金(Regional and Cohesion Funds)转移支付重新分配的资金,这有助于加速经济增长和发展。因为有了德国的援助,才使得这些转移支付成为可能。在整个20世纪80和90年代,
120 德国是毫无争议的欧盟资助国,1995年的净捐款额达到约120亿欧洲货币单位,大约相当于西班牙、希腊和葡萄牙这三个最大的净受捐国从欧盟预算中接受的捐助款的总和。(65) 在1994到1999年间,欧盟总共从它的结构基金中划拨了1 380亿欧洲货币单位,从聚合基金中划拨了145亿欧洲货币单位,用于消除地区不平等。三个地中海国家接受了总划拨额的一半以上。(66) 结果,在80和90年代三个地中海国家实现了快速转型,欧洲的公平和同质性不断加强。西班牙和葡萄牙与欧洲其他国家的生产力和收入差距大大缩小。

虽然德国在1945年后的东欧贸易和技术政策中也走了明确的政治路线,但是欧盟2004年东扩后的最终结果与之相比会有所不同。统一后的德国根本缺乏必要的财力。在1989年以前,商业关系是由西德的国家统一政策驱动的。在冷战期间,德国同苏联集团东欧成员国的贸易谈判属于高级外交事务。广泛的政治利益,包括德国少数民族的命运,比公司利益更为重要。在70年代早期,欧共体在实施共同商业政策的时候,开始介入德国的国家特权。自1989年以来,欧盟在更广泛利益(即东欧的政治经济稳定)的指引下,以对自由贸易原则的坚定承诺,牺牲了单纯的德国政策,加强了国际商务外交。

如同德国在20世纪70和80年代同南欧的关系一样,德国自1990年以来同东欧的关系同样也体现了明显的政治重于技术、欧洲重于德国的思想。尽管东欧面临的发展差距比70年代南欧的差距更大,但是东欧发现自己也处于相似的从属地位。例如,用巴里·艾肯格林(Barry Eichengreen)的话说,无论是在人均收入方面,还是就农业在总产出中的相对份额而言,"凝聚力问题都比向南欧扩张时更严峻,但不是无法解

---

(65) *The Economist* 1997a, 51.

(66) White 1997.

决”。(67)

贸易数据显示了戏剧性的从东到西的重新定位。到1996年,德国已经成为了东欧最大的贸易伙伴,占该地区与经合组织成员国贸易的1/3,是德国出口的1/10,比德国和美国的贸易额还要高。在贸易的戏剧性扩张中,技术只发挥了很小的作用。在低劳动成本比技术更为重要的行业,东欧的出口从总出口量的24%增长到了32%。同时,尽管相对专业 121
化的供货公司货物有所改进,并且在整个出口中科技产品的份额已提高到20%,但是东欧经济体在资本产品和技术投入方面仍然非常弱。(68)

20世纪80和90年代,面对急剧增长的国内成本,德国生产商积极利用了东部欧洲的新机遇。例如,到1995年,德国排名前500的公司在中欧四国雇佣了20多万工人。(69) 虽然德国的大批直接外国投资仍然流向富裕的经合组织成员国,但对其他地方的投资所占的份额在增加——尽管许多德国公司在东欧的投资很小,比欧盟的平均数低很多。德国生产商的中欧雇员几乎占其在非经合组织国家中外国雇员的一半。在欧盟从中欧进口的离岸加工产品中,德国的进口约占2/3。(70) 通过转包实现的一体化正在一大批德国公司和东欧公司之间产生新的联系,从无技术转让的产业内部劳动分工,到有技术转让的部门间互补性合作。(71)

然而,迄今为止,德国的直接外国投资似乎对东欧经济体的技术发展没有发挥什么影响。德国公司往往出于政治原因保持低调,并且对它的分公司管得不太紧。在很多行业部门,德国和东欧之间贸易的迅速扩张归功于非股权活动,尤其是转包和离岸加工。虽然1989到1995年间德国生产商在中欧投资了73亿德国马克,但很多都是小项目,而且距离从前的铁幕很近。沿着德国的东部边境,一种特色边境经济已经兴起,宛如美国墨西哥边境出口加工区的欧洲版。是否能获得训练有素又便宜的劳动力是德国对外投资的主要决定因素。因为东部制造商的零部件生产费用很低,到最终装配地的运输费用也很便宜,所以他们很容易被整合进西部的供应链条。自1989年以来,欧洲并没有出现亚洲式的生产网络。

---

(67) Eichengreen 1997, 342.

(68) Guerrieri 1998, 140—142. Schmidt and Naujoks 1993, 13.

(69) Dörrenbächer, Scheike, and Wortmann 1996, 4—5.

(70) Lemoine 1998, 166.

(71) Zysman and Schwartz 1998, 416—420. Lemoine 1998, 167.

对于德国的中小型公司来说,地理接近特别重要,因为它们试图从附近的低薪地区谋利,但是又没有足够的资源去建立地区生产网络。这些公司自身几乎没有什么可以转让的技术。它们一般依靠中欧的转包商把工作台延伸出去,以最低的成本完成零部件生产。并且,外向型加工业的投资选址是在欧盟优惠关税配额激励政策下进行的,例如,在服装、纺织品和鞋类生产方面都有一些优惠。东欧的生产商现在已经超过亚洲国家,成为了外向型加工业偏爱的投资地。从1988年到20世纪90年代中期,很多东欧国家的外向型加工业占总出口的份额都从10%—20%提高到40%—60%。[72] 与高科技部门相比,低科技部门的增长情况更是如此。例如,在电子行业,东欧的劳动力技术水平低,生产不出能达到出口标准的电子产品。[73] 欧洲经济的增长为各网络的广泛扩张创造了潜力,网络的扩张就可能会推动技术的流动,但是在冷战后这些网络几乎无一例外地都没有发展起来。

自20世纪90年代中期以来,东欧和德国之间贸易和投资的特点发生了转变,这在匈牙利、在汽车产业中都有明显表现。随着东欧薪资水平的提高,"延伸的工作台"式的生产所带来的利润越来越低。海外加工业日趋衰落。低工资不再是出口业绩的主要决定因素。随着成本优势进一步向东挪移,位于匈牙利和斯洛文尼亚的海外加工贸易变得比保加利亚和罗马尼亚的少。领先的一些产业(汽车和运输设备、食品、化学品、机械)对转包安排的依赖性逐渐降低。它们已经从大量的直接外国投资中受益,这些投资一方面是为了供应国内市场,另一方面也是为了提高在西方市场的竞争力。

匈牙利就处在这个浪潮的风口浪尖上。匈牙利公司与德国办了6 000多家合资企业。[74] 因为外国公司一般不会放弃技术,除非它们能够控制技术的使用,所以这样的合资企业通常都不会带来技术所有权的转让。另一方面,直接外国投资推动着匈牙利的技术基础实现了很大程度的现代化。但是,外国大公司倾向于实施飞地战略:这个模式令人回想起亚洲的日本,匈牙利的通用汽车、福特和奥迪工厂,它们倾向于进口零部件或者吸引西方的供应商在匈牙利建车间。跨国汽车制造商利用这些网络给西欧的工会、零部件供应商和政府施加压力,使之采取更加灵

---

[72] Zysman and Schwartz 1998, 416—417. Pellegrin 2000, 7.
[73] Zysman, Doherty, and Schwartz 1996, 43.
[74] Miller and Templeman 1997.

活的政策,并同意保持较低的工资。(75) 例如,斯柯达(Skoda)的欧卡塔维亚(Oktavia)就是一款在西欧市场颇具竞争力的车型。斯柯达的生产能力大约达到西欧水平的90%并且还在不断上升;劳动力成本只有西班牙大众工厂劳动成本的25%;而且只有30%的欧卡塔维亚零部件是在捷克共和国购买的。(76) 在这里马扎尔铃木(Magyar Suzuki)公司也只得值得一提:它必须符合欧盟的本地零部件份额比例要求(local content requirements)进行生产,所以铃木帮助本地供应商获得了必要的执照和技术,以便与之开展合作。

直接外国投资与合资和海外加工一样,对技术转变所发挥的资源作 123
用是有限的。匈牙利和汽车工业是否能最终修正这一结论,现在做出判断还为时过早。但是,大体而言,德国公司在建立跨区域生产网络方面行动是迟缓的。出口继续快速增加,欧洲生产商已经开始在他们要控制的子公司大量投资。合同制造和由竞争性供应商组成的开放网络还姗姗未到,甚至可能永远建立不起来。(77) 技术的迅速转让仍然不可能;欧洲经验看起来与亚洲经验有着很大的差异。(78)

20世纪90年代,德国与东欧在贸易和投资关系上的不对称现象比30年代减弱了。德国减少了针对小经济体的贸易;贸易的集中性和面对贸易关系破裂的脆弱性减弱了;对小经济体来说,贸易的商品结构改善了;在直接外国投资领域,除捷克共和国以外,对于德国撤资的脆弱性也减弱了。这种经历与西欧小国1945年后的经历类似。各种国际和跨国关系的制度化在一定程度上抵消了经济依赖。在政治上,德国现在已经通过无数的欧洲多边机制与小国建立了联系。与国际经济依赖相适应的具体国内安排,例如民主社团主义,也起到了有益的作用。国际和国内的政治机制都发挥了作用,以抵消依赖性,也有利于消除人们对德国霸权的恐惧。因此,与欧盟和北约的东扩相比,技术依赖在政治上几乎就是无足轻重的事情了。

德国和东欧关系的演进发展并不是围绕着建立以技术为中心的地区生产网络而进行的。对德国公司来说,更重要的是获得灵活安排生产的新机遇,这也是国际竞争力所要求的。东欧的公司要求建立一系列广泛和动态的新联系,只是在外围涉及技术升级。自冷战结束以来,德国

---

(75) Ruigrock and Van Tulder 1995, 130.

(76) *The Economist* 1997b, 6—7.

(77) Zysman, Doherty, and Schwartz 1996, 44—47.

(78) Zysman, Doherty, and Schwartz 1996, 42.

政府谋求进一步将中东欧整合到北约和欧盟中。它实际上根本没有关注技术转让和正在兴起的欧洲生产网络。德国的核心利益是扩大联盟，而不是建立生产网络。因为扩大意味着稳定德国的东部边疆，并且把稳定的成本分摊到它的盟友身上。之所以要扩大，并不是因为要提高自主国家能力，而是要进行改革，以实现欧盟和北约明确规定的资本主义、民主和人权规范。重要的不是技术转让，而是制度转让。

对技术和生产网络的讨论体现了欧洲和亚洲的鲜明差异。欧洲政策制定的动因是更广泛的政治考虑，而这些考虑在亚洲全然没有。在欧洲，国家自治不如欧洲政治重要，后者的范围更广。在亚洲，技术政策继续反映出在市场的约束和机遇中对国家自治的强烈偏好。国家主权是政府政策的核心目标。地区生产网络跨部门、跨国境地把生产商、转包商和经销商联系起来，但却没有考虑建立欧洲式政体的可能性。

欧洲和亚洲的内外安全

欧洲的安全秩序正在经历根本性的转变。巨大的政治动乱使得内外安全之间的界限几乎都不存在了。这个转变的标志就是中东欧和巴尔干地区的国家建设和民族建设都利用了欧盟和北约的安全力量。北约成员国在回应2001年"9·11"基地组织袭击时迅速援引北约条约第五条的集体自卫条款，这也体现出了国内国外安全界限的模糊。[79] 相对于欧洲的制度变动，亚洲安全秩序的标志是惊人的稳定性和延续性。亚洲在理论和实践上都遵守国家主权原则。在内部安全问题上，国家法律的各个执行机构会在特殊的基础上，以它们自己选择的方式进行合作。在国家安全问题上，国家仍然主要依靠双边防卫条约。欧洲安全秩序的典型特征是主权统合和影响深远的多边安排，这些亚洲都不具备。

欧洲

欧洲地区安全制度的变化包括：北约扩大并与前苏联集团成员正在建立合作性安全安排；欧盟正在制定共同外交和安全政策；欧洲安全与合作组织（OSCE）确立了新的干涉性规范和高度明确的职责范围。在欧洲安全秩序中，上述机制都没有取代国家成为中心行为体，但是这些机制说明各国政府愿意参与这样的实验，它们影响深远、倾向于削弱传统

---

[79] Lansford 2002, 60—83. Tuschhoff 2002, 2003.

上内外安全之间的明显区别。欧洲各国政府在20世纪90年代避开了邦联和联邦性的地区组织,创造了一套新的多边安全安排,从实质上改造了欧洲国家权力的性质。

北约包含了两种不同的原则,两者时有冲突。多国政治合作的前提是存在主权成员国。一体化的军事运作能够削弱主权。(80) 1949年4月公约签订的时候,北约不过是一个为防止苏联进一步扩张而建立起来的防卫联盟。1950年朝鲜战争爆发后,北约实现了从设计规划组织到实际操作组织的自我转变。行政部门拥有国际组织的一体化结构。通过共享的基础设施,包括雷达、机场、管道和一体化的通讯体系,行动能力得到了加强。

不久以后,北约就不再只是个军事联盟了。自20世纪50年代中期以来,北约的政治元素变得更加重要,这部分是因为德国的刺激。在所有涉及到联盟及其成员国的实质性事务中,合作与磋商的规范发生了演变。因此在1989—1991年的剧烈变化之后整修北约就成了其成员国的自然反应。冷战结束至今,北约仍然是欧洲最重要的安全机制。1990年6月6日发布的《北大西洋联盟转型伦敦宣言》(the London Declaration of a Transformed North Atlantic Alliance)对组织变革进行了设想,其中很多设想后来都被采纳,该宣言确认了欧洲安全合作会议(CSCE)明确倡导的规范变化。欧洲安全合作会议是一个地区安全组织,成立于1975年,目的是为了监控和鼓励成员国对《赫尔辛基协定》的遵守情况。宣言也改变了北约军事战略的核心——前进防卫(forward defense)和核武器依赖。"9·11"袭击对北约的安全合作提出了新的议题;美国外交政策在布什政府下的单边主义转向,以及伊拉克战争,使跨大西洋关系出现了裂痕,这将影响到未来北约的正常运作。

北约在承担新的政治任务的时候,模糊了各种角色之间的区别。和冷战时期不同,它不再只是一个提供集体防卫的多边联盟。北约还是一个安全风险管理机制,它通过提供范围广、透明度高和可预测的谈判和论坛、通过制定抑制核扩散和大规模杀伤性武器的政策对安全风险进行管理。北约是一个安全共同体,成员有着共同的价值规范,相互之间笃信它们的任何变革都会采取和平的方式。作为一个联盟,北约曾定位于防范苏联威胁、保卫西欧和美国。作为一个安全共同体,它曾帮助实现欧洲安全困境最小化。作为一个风险管理机制,事实证明,在应对新风

(80) Schwarz 1982, 8—11, 57—63. Fox and Fox 1967, 13—34.

险和威胁方面，它是国家战略的有益补充。

北约成为引导东欧和独联体转型进程的最重要机制，并非历史的巧
126 合。(81) 北约一直都有着双重使命，一个对外，一个对内，包括成员国和未来成员国。从成立以来北约就特别强调，它是一个价值观共同体，包括西方的、基督教的、自由的、民主的和资本主义的价值观。1955 年德国加入北约，1982 年西班牙加入北约，这证明地缘战略并不足以获得成员资格；同样重要的是，德国和西班牙政府对自由民主的价值规范做出了可靠的承诺。（这条规则有一个重要的例外：1952 年希腊和土耳其加入北约，地缘战略和军事考虑压倒了对自由的承诺。）在冷战期间，北约的对内使命服从于对外使命。然而，在冷战结束后北约对自身进行彻底改造时却行使了它的对内使命，帮助东欧的新民主国家实现转型，并且将它们社会化到新型的民事—军事关系中成了北约最重要的任务。科索沃军事行动之后，北约非常重视对东南欧国家的塑造，这表明它的政治使命变得日益重要。

在 20 世纪 90 年代早期，北约是否会生存下去还很不明朗。至于如何在新欧洲将北约的军事使命和政治使命结合起来，更是一个大大的未知数。第一项改革是在 1991 年成立了北大西洋合作理事会（North Atlantic Cooperation Council），在当时这是一个重要的象征性姿态，标志着军事集团的结束和新欧洲安全结构的产生。接着就是 1994 年提出的“和平伙伴计划”（Partnership for Peace），这主要是由约翰·沙利卡什维利（John Shalikashvili）将军发展起来的，他先是欧洲的最高联盟司令，后任美国参谋长联席会议主席。和平伙伴计划允诺建立专业军事联系，五角大楼认为，这种军事联系必须先于任何有意义的北约扩张。和平伙伴计划没有进一步定义“内”与“外”的区别，因此也就没有对欧洲安全秩序做出定论。每一个接受了和平伙伴总原则的国家都能够加入进来，并根据自己的意愿决定参与的程度。最后，在弗拉基米尔·普京（Vladimir Putin）总统对“9·11”袭击后的布什政府表示了坚定支持后，2002 年春天成立了新的俄罗斯—北约委员会。该委员会的议程上包括了反恐、弹道导弹防御、危机管理和维和、武器扩散、搜救合作和紧急预案制定，以及领空管理等议题。俄罗斯远没有达到北约成员资格，也不能否决北约的决定，但是在新委员会里，俄罗斯和北约成员国具有同等的发言权。

1999 年和 2004 年北约在中欧（波兰、匈牙利和捷克共和国）和东欧

(81) Gheciu forthcoming.

(保加利亚、爱沙尼亚、立陶宛、拉脱维亚、罗马尼亚、斯洛伐克和斯洛文尼亚)的扩张引发了很多严肃的问题,涉及到未来北约与乌克兰的联系以及进一步加强与俄罗斯的联系等事宜。20世纪90年代北约政策的总体变化反映了这一组织潜在的规范发生了实质性转变,即国家的国内特征——民主治理、人权、自由市场经济——成为了欧洲安全秩序不可分割的一部分。在扩大的进程中,北约实现了自身的转变,从一个军事同盟变成了一种泛欧安全秩序,最终该秩序或者从事实上或者从法理上将会包含俄罗斯。它还会按特别自愿联盟来处理军事参与问题,就像2003年的伊拉克战争那样。这种安全秩序是否适合安全管理,是否能推动联合行动、促进危机反应中的相互信任,是否会像西欧一样成为一个安全共同体(在西欧,坚持和平变革的信念已经得以制度化),现在下结论还为时过早。

除了扩大,随着科索沃战争的打响,北约还面临着另外一个考验。这场战争说明美国仍然深深地陷于欧洲事务之中,说明俄罗斯和中国对于在世界范围内普及新的欧洲安全秩序怀有很深的担忧。最重要的是,北约作为一个军事联盟对重大人道主义危机事件做出了反应。北约从波斯尼亚获得的经验教训对科索沃战争发挥了最重大的影响,认为必须遏制南斯拉夫总统米洛舍维奇(Slobodan Milosevic)的政治野心,如有必要,就采取强大的军事行动,而不是冗长的外交谈判。在北约内部对于基本目标达成了高度一致,即通过军事手段反对米洛舍维奇。即便是联盟中疑虑重重的成员,如希腊和意大利,也表示同意,因为它们都被一连串报告说服了,这些报告证明科索沃在1998—1999年间发生了重大的人道主义危机。它们的反应建立在对北约的理解之上,即北约是一个支持自由民主的国家组成的共同体。人们认为北约的风险并不在计划缜密的入侵中,而来自于东欧政治动荡的不利后果。协调一致,而不是传统的大国对抗,构成了主要西方大国和俄罗斯组建的"接触小组"的基础,它相当于19世纪的"欧洲协调"。随着欧洲左派在大多数西欧国家的掌权,美国和北约的干预获得了强大的政治支持,即便干预"超出了地区范围",也缺乏联合国安理会的明确同意。由于米洛舍维奇决心抵抗,北约不久就面临着严峻的挑战并实施了78天激烈的空中打击,理由是这一行动关系到北约的存亡。当战争结束的时候,部署地面部队已经成为迫在眉睫的事情。

因为联合国安理会1244号决议对国际组织赋予了特殊的权力,所以北约在1999年6月初之后的科索沃重建中发挥了核心作用。北约承诺不仅要对这个威胁实施地缘战略遏制,还要重建南斯拉夫部分领土上的社会和政治制度。2000—2001年冬天,米洛舍维奇政权倒台,塞尔维亚政府决定将米洛舍维奇移交给海牙的国际法庭,这有助于稳定东南欧的政治事务,同时北约也开始与新组建的贝尔格莱德政府合作,考虑重建塞尔维亚和科索沃之间的关系。

"9·11"袭击、阿富汗和伊拉克战争更加明显地重塑了北约的安全环境。在2003年伊拉克战争的问题上,联盟出现了深刻的裂痕。甚至那些原先不顾国内的强烈反对、决定加入美国领导的联军的北约成员,如西班牙、波兰、挪威和荷兰,在2004年底也决定降低承诺的力度或者完全撤军。北约因此只做出了有限的承诺,只承担了为伊拉克培训安全人员并提供设备的任务。联盟在伊拉克战争上的分裂对北约将会产生怎样的长期后果,现在判断还为时过早。

在对战争的激烈争议中,人们常常忘记了一个事实,自2003年8月以来,北约一直在阿富汗进行"超地域"(out of area)行动,以满足美国的长期要求。2001年10月北约把一小支海军送到东地中海去支持美国对塔利班政权的战争。2002年伊拉克战争逼近,反对者(如德国、加拿大和土耳其)和不太情愿的支持者(如荷兰和所有北约成员),都同意接管对阿富汗维和行动的指挥。事实上,所有26个北约成员都做出了贡献,在2003年10月阿富汗选举时执行任务的9 000名维和官兵中95%来自北约。他们驻扎在喀布尔附近和省会城市,大多数在阿富汗的北部。就像密集的情报共享和紧密的警事合作一样,这个"超地域"的部署行动反映了人们关注之外的、在新安全环境下的联盟合作和制度改造。

如果北约是正在变化的欧洲安全秩序的第一根支柱,那么欧盟就是第二根支柱。欧盟最近的历史表明,内外安全的分界线是很容易被打破的。在1954年的欧洲防卫共同体和20世纪60年代早期的两个福歇计划(Fouchet plans)失败后,欧洲的安全一体化任务就留给了北约、西欧联盟(WEU),以及最终的欧洲安全合作会议(CSCE)和欧洲安全与合作组织(OSCE)。只是到了80年代中期欧共体才开始制定共同外交和安全政策。在巴尔干战争和"9·11"导致的一系列事件之后,朝着这个方向的行动大大加速了。

欧共体成员经历了十多年的欧洲政策合作(EPC)之后,在20世纪80年代加强了外交政策磋商和联合行动。1987年制定了《单一欧洲法案》,其中第二部分,也是常常被忽略的部分,正式将欧洲合作政策制度化了。欧洲合作政策条约的第30条清除了法律障碍,为欧洲共同体在

安全事务上推进一体化创造了政治空间，同时也丝毫没有伤害到北约、西欧联盟和欧洲安全与合作组织支持下的更紧密合作。(82)

冷战结束和德国统一加速了共同外交和安全政策（CFSP）的制度化，这成为1991年《马斯特里赫特条约》的第二根支柱，它不同于“第一根支柱”中规定的欧共体决策规则。成员国政府之间的联系更加集中在布鲁塞尔，表决和预算规则的程序发生了变化，各国也明确表达了联合制定更加一致的共同外交和安全政策的意愿。这样一来，跨政府的网络得到了进一步加强，越来越紧密地将欧盟成员国的外交机构联系在一起。(83) 制度化行动增加了政府间的摩擦，因为各国政府担心，根据共同外交和安全政策所做出的决定会比根据欧洲政策合作做出的决定更具有法律约束力。当欧共体（第一根支柱）与共同外交和安全政策（第二根支柱）的决策规则发生冲突的时候，第二根支柱的决策规则一般都会占支配地位。1997年7月通过的《阿姆斯特丹条约》强调要努力使更加协调一致的政策行为制度化；2003年2月又批准了《尼斯条约》。这两个条约是否解决了上述矛盾现象，现在还不得而知。

科索沃战争激励了欧盟集体安全身份的建立。正如北约扩大和欧洲安全与合作组织明确反映出来的规范变化一样，安全政策的欧洲化说明，欧洲在安全问题上表现出极大的政治热情，这是欧洲特有的。西欧联盟1992年在波恩召开了彼得斯堡（Petersberg）会议，使其在欧洲范围内的权限达到历史最高，通过了涉及人道主义活动、维和行动，以及军事和民事危机管理，以及战斗部队部署等事宜的指导方针。在1997年的《阿姆斯特丹条约》中，欧盟要求获得比西欧联盟更强的能力。巴尔干战争，尤其是科索沃战争，最终向欧洲各国政府证明，它们缺乏必要的军事能力来维持欧洲边境上的安全。美国迅速接管了战争的主导权，提供了2/3的飞机，飞机出动架次也达到总架次的2/3。美国国会在政治辩论中公开提出批评，说欧洲没有能力保障欧洲秩序，并对科索沃战争是否符合美国利益提出了质疑。

英国并不是欧洲化的中心，但是在科索沃战争之前，托尼·布莱尔首相为欧洲安全合作重新确定了议程。英国政府对政策进行了实质性的改动，并发起了与法国的联合行动计划。1998年12月签订的圣马罗协议（St. Malo agreement）宣布，欧盟需要获得军事行动能力。在1999
年7月的科隆峰会上，欧盟同意接手西欧联盟的危机管理任务，并将其 130

(82) Kirchner 1989, 2—4. Ifestos 1987, 56—58.
(83) Smith 1996, 40.

目标定义为建立共同的欧洲安全和防务政策(ESDP)。欧盟在布鲁塞尔成立了一个新委员会,即政治安全委员会,来协调日常事务,根据它的法文名一般称之为COPS(Comité Politique de Securité)。欧盟还成立了一个新的欧盟军事委员会,由各国的参谋长或他们的代表组成;一个新的欧盟军事参谋机构,部分人员来自西欧联盟。最后,欧盟让前北约秘书长索拉纳(Javier Solana)出任其共同外交和安全政策的新一任高级代表。五个西欧联盟的原观察员国,奥地利、丹麦、芬兰、爱尔兰和瑞典,在欧盟新成立的安全组织中获得了正式成员资格。

科隆峰会还积极支持了参加欧洲军团(Eurocorps)的国家,使这支最初由法国和德国组建的军队成为更精锐的军事力量。到1999年11月,欧洲军团已经变成了欧洲快速反应部队,在2000年上半年接管对科索沃的北约部队的指挥权。更重要的是,在1999年12月的赫尔辛基会议上,欧盟承诺在2003年前建立一支6万人的部队,能在60天内迅速动员起来,完全由欧盟成员国组成,装备达到一年的部署能力。这是一个雄心勃勃但是代价昂贵的承诺,尽管欧盟并没有按照自己确定的期限兑现这个承诺,但还在努力。

第二次伊拉克战争所导致的跨大西洋冲突将会在多大程度上影响欧盟主要成员国出资建立这支军队的意愿,现在仍不很明朗。所有欧盟成员的防务开支加起来也只不过是美国的一半多一点。军事规划人员预测,由于效率低下、机构重复,在危机时刻,欧盟能部署的兵力只能达到美国的1/10。在具体的军事需求方面,一些关键要素完全没有,如打击敌人的空中防御能力。北约的资源对于欧洲安全合作的具体运作具有根本性的重大意义。除了所有的军事硬件外,北约还有12 000名训练有素的参谋,而欧盟只有100名。复制北约的计划就会太昂贵了。因此,欧盟不太可能在近期内直接与北约竞争,其结果就是北约会持续下去,但失去了冷战期间的明确任务。特别是布什政府,已经对北约失去了兴趣,原因是"9·11"后美国面临新的挑战、布什政府表现出明显的单边主义转向、还有美国政策受到了许多欧洲盟国的强烈反对,这在伊拉克问题上尤为明显。由于缺少共同的地缘战略威胁,欧洲政府会感到对北约需求的降低,但还会接受它,把它作为一个有用的机制,来稳定中欧和东欧的新成员。

欧洲不会与北约竞争,而是更有可能成为北约的补充,走一条加强民间力量的道路,这正是德国自1945年以来在世界政治中的立场。这并不意味着欧洲会全然拒绝支持有限的军事行动,2003年欧洲在刚果就采取了这样的行动；也不意味着欧洲放弃了已经表示的提高军事行动规划能力的意愿。但是，在大多数情况下，它在安全问题上更为宽泛的政治路线获得了成功。欧盟通过自身的扩大，稳定了以东和以南的大量政权。欧盟在世界范围内支付的经济援助是美国的 4 倍，而且在援助时更多地采用了多边主义的方式。在世界范围内，欧洲参加联合国维和行动的官兵是美国的 10 倍。(84) 美国也许能赢得战争，但是只有在欧洲和其他维和者的帮助下才能赢得随后的和平。欧洲坚持在安全问题上采取多边主义，这在全世界民主国家的民众之中获得了强大的支持。的确，2002 年 2 月，就在美国打击伊拉克之前，如若联合国安理会通过了第二项决议，那就可能会改变大多数国家（包括美国）20% 的公众的态度，使他们支持伊拉克战争。该决议未获通过，伊拉克战争受到大多数人的反对，这说明美国选择的单边主义道路不具备合法性。(85)

欧洲安全与合作组织，连同北约和欧盟一道，是欧洲迅速变化的安全秩序的第三根支柱。尽管欧洲安全与合作组织缺乏北约的军事能力和欧盟的政治势头，但却清楚地显示了规范的变化，这对另外两个机制的运作产生了影响。欧洲安全与合作组织是从 1966 年苏联的一项外交提议中产生的，随后它被扩大，并将美国和加拿大吸收成为正式成员。但是，后来是德国帮助界定了欧洲安全与合作会议的政治内涵，并在 1975 年赫尔辛基峰会上获得批准。

欧洲安全与合作会议的全体一致规则意味着没有任何一方能很容易地强迫其他方改变决定。在一系列后续的评估会议中它渐渐发展起来：1977—1978 年在贝尔格莱德没有产生任何实质性的结果；1980—1983 年在马德里为最终在信任建设措施方面达成的 1986 年斯德哥尔摩协议扫清了障碍；1986—1989 在维也纳扩大了对人权和少数民族权力的承诺，确立了每年一度的评审机制。无数专家会议对 1975 年的赫尔辛基法典（它是对各个维度的欧洲安全秩序的法规化）进行了监控，有时也会做出了一些修改。因为赫尔辛基法典包含了一致同意的原则，欧洲安全与合作会议内部也表现出欧洲在基本规范方面的巨大鸿沟，这道鸿沟自 20 世纪 40 年代后期以来就使欧洲处于分裂状态。东西双方因为合

---

(84) Moravcsik 2002.

(85) 在 38 个国家里，平均有 53% 的人说无论在任何情况下都反对这场战争；30% 的人声称如果战争获得了联合国的许可，他们就支持；8% 的人支持美国及其盟国的单边主义行动。在美国，相应的数字分别是 21%、34% 和 33%。见盖洛普国际（2003 年 2 月），www. gallup-international. com（2004 年 11 月 1 日）。

法性观念的冲突而长期分裂,双方只在一个基本事实上意见一致,那就是,在核时代武力威胁的政策造成了极高的风险,这是无法接受的。

尽管1975年赫尔辛基峰会的最终法案给苏联留下了一个选择,可以使用武力维持它对东欧的控制,但是该法案也明文规定了一些原则,比如尊重人权和基本人身自由,实施货物、人员和观念的自由交换等。这些规定导致了出人意料的结果。西方以人权为借口,施加了巨大的外交压力,将这些规定与其他的东—西方谈判联系起来,使东部的持不同政见者拥有了一个有力的工具,从内部对苏维埃帝国实行了长期打击,并最终获得成功。赫尔辛基进程在苏联集团内部具有深刻的腐蚀作用。[86] 最终,苏维埃帝国的军事力量没能阻挡"新思维",也没能阻挡戈尔巴乔夫(Mikhail Gorbachev)和叶利钦(Boris Yeltsin)统治下苏联政策的重新定位。[87]

1989年后欧洲的绝大多数国家完全接受了民主规范和人权原则,在此基础上,欧洲安全与合作会议在1990年代将对这些规范的承诺制度化,从而实践自由民主的价值观,并且只采用和平方式来谋求变革。格雷戈里·弗林(Gregory Flynn)和亨利·法雷尔(Henry Farrell)认为,欧洲安全与合作会议在20世纪90年代早期为自己创建的干预机制"在实际操作上价值不大,但在规范意义上是革命性的。……它为自己建立了一套制度,以便能够以次国家层面干预的形式积极参与冲突预防活动。"[88] 任何一个国家要在布鲁塞尔(北约和欧盟的总部所在地)得到一席,就必须符合欧洲安全与合作会议明确提出的政治和规范标准。

自1993年以来,欧洲安全与合作会议已经连续在10个国家对种族和少数族群冲突进行了调停,建立了13个长期使团。这一干预模式最重要的例外就是南斯拉夫,1993年南斯拉夫政府拒绝给欧洲安全与合作会议的调停人员发放签证,同年中止了欧安会使团在南斯拉夫北部(伏伊伏丁那,Vojvodina)和南部(科索沃,Kosovo)的活动。因此南斯拉夫背弃了以民主治理和法治原则解决少数族群和人权问题的集体承诺。这个决定后来成为科索沃战争的核心问题。遵守人权原则,而不是不干涉原则,成为了欧洲安全秩序的重要基石。过去,国家主权和不干涉原则拥有至高无上的地位,但是现在欧洲国家的合法性是有条件的。这个条

---

[86] Thomas 2001.
[87] Herrman 1995.
[88] Flynn and Farrell 1999, 514, 523.

件就是对以民主手段合法行使对内权威的集体认可。因此,东欧的民主革命也导致了欧洲安全秩序的规范基础的革命。

1995年欧安会被重新命名为欧洲安全与合作组织,这个安全机制也对自身进行了调整以适应在国际军控背景下欧洲安全环境的变化。在1999年11月的伊斯坦布尔峰会上,欧安组织通过了《欧洲安全宪章》,调整了1990年的常规武器限制以适应环境的变化,在武器的数量和集结地上以"国家"限制取代了"集团"限制。北约还向俄罗斯保证,不会在新成员国的领土上驻扎大量军队,并且还要将北约武器系统的数量减少11 000(这是俄罗斯提出的一个关键条件)。其他措施方面也增加了透明度,使得在特定的地理区域内集结军队和武器变得更加困难。尽管《宪章》还远远不够完善,但它是欧安组织在自我调整方面取得的一个重大成就,使之适应了欧洲安全局势在20世纪90年代出现的剧烈变化。

内部安全的欧洲化是一个具有重大政治意义的进程,但却往往被忽略,正是这一进程开始从根本上改变了国家对警察和法庭的控制。二战后西欧各国情报组织之间的密切合作所产生的副产品之一是在警事领域初步建立的协调行动,在刑事调查方面尤其如此。1959年欧洲各国政府签署了一个国际司法援助条约,因之扩大了这个基础体系。自那以后,欧洲警事合作的纪录和刑事调查的国际化就变得"变化迭出"。[89] 自20世纪70年代中期以来情况就更是如此,当时各国政府开始创建新的地区安排以加强警事合作。

正式和非正式的合作机构数量激增,有些是在现有机制基础上发展起来的。例如,为了帮助控制国际毒品交易,蓬皮杜(Georges Pompidou)总统在1971年提出了一个倡议,该倡议对说服国际刑警组织在圣克劳德总部任命联络官发挥了作用;国际刑警组织中大多数是法国警官,联络官负责对西欧各部分的警察活动进行更紧密的协调。[90] 欧洲各国政府和警官还制定了其他合作安排。针对左翼激进分子大量的公开行动,最重要的回应措施就是成立特莱维(TREVI——恐怖主义、激进主义、极端主义和国际暴力),它是政府间欧洲政治合作(EPC)的一个重要组成部分。[91] 特莱维是欧共体成员国内务和司法部长的一个常设会议,但不是欧共体的一部分,也许是因为各国政府想要回避议会的监督。部长们往

---

[89] Fijnaut 1991, 105.
[90] Bigo 1996.
[91] Anderson et al. 1995, 53—56. Benyon et al. 1993, 152—164. Busch 1995, 306—319.

往在同一天会面,既参加特莱维的会,也参加欧共体内务部长委员会的会议。

特莱维实际上是1975年应英—德倡议而成立的,当时英国爱尔兰共和军的爆炸行动和德国的恐怖袭击都处于高潮期。特莱维及其各工作组不仅使高层能够定期接触,而且还在实际警务工作中建立了制度化的合作。[92] 特莱维下的欧洲警事合作的制度化超过了在此之前的所有努力:特莱维研究小组的工作不事张扬,给各国政府具主权意义的政策领域——内部安全和司法——添加了一个重要的国际维度。特莱维原本将其研究小组的活动范围限定于就可能的袭击和嫌疑分子的活动交换情报,但是到1985年工作范围已经扩大,包括了对打击国际犯罪的技术分析。随着欧洲边界控制的逐步取消,在各国领土范围内进行其他警事行动就成了长期需要。根据这一需要,特莱维于1990年6月建立了特莱维综合行动项目(TREVI Comprehensive Action Program)。

这成了特莱维的最后一个主要行动。在1980年代后期,公众对欧洲安全主要威胁的认知开始从恐怖主义转向移民。移民和边境控制是1985和1990年《申根协定》的中心内容,除英国、丹麦和爱尔兰以外的所有欧盟成员国都签署了这份协定。[93]《申根协定》涉及的议题范围很广,都是敏感问题,包括撤除欧洲内部的各国边境控制岗哨、建立共同的对外边境控制站;协调对跨境追捕(罪犯)的管理;在处理避难、非法移民和难民地位的问题上制定共同政策;采取联合行动打击毒品走私和恐怖主义。《申根协定》分两个层面:一方面部长委员会每年召开两次会议;另外一方面中央谈判小组(Central Negotiation Group)负责大部分的实际工作。[94] 它取得的最重大成绩就是建立了申根信息系统,这是一个综合数据库,拥有100万条个人纪录。[95] 20世纪90年代,欧洲理事会将刑事司法和移民问题联系起来,在内部安全方面建立了一个新的政策领域。在1991年通过的《马斯特里赫特条约》的第K1条款中,成员国将司法和国内事务领域的合作界定为关乎"共同利益"的事务,并且是欧洲联盟的基本构成要素。

在内部安全问题上,欧洲中央调查局(Central European Investigation Bureau,亦称欧洲刑警组织,Europol)是复杂的《马斯特里赫特条约》中最

---

[92] Katzenstein 1990, 23—27, 52—53. Sobieck 1994, 62—66.
[93] Bigo 1996, 112—145, 196—208. Busch 1995, 319—332.
[94] Benyon et al. 1994, 57—58.
[95] Anderson et al. 1995, 56—63.

为重要的一项规定。这个机制的前身可以追溯到在国际刑警组织内部成立的欧洲地区大会,它是在20世纪80年代迫于德国的政治压力而建立起来的。(96) 欧洲刑警组织在初期阶段的定位是信息交流,只是到了后来,成员国才给了它有限的行政权,《马斯特里赫特条约》也没有提出什么大胆的提议。然而,欧洲刑警组织的历史表明,安全事务的欧洲化大
大地推动了各国政府走向集体认同。欧洲刑警组织位于海牙,1993年随 135
着欧洲刑警组织毒品部的成立开始运作,1995年7月签署了全面的欧洲刑警组织公约(Europol convention)。

西里尔·菲乙瑙(Cyrille Fijnaut)写道,尽管在内部安全事务上面临无数的政治限制和障碍,"体制上的一些症结原则上已被消除","西欧的警事合作会越来越成为欧共体的事务"。(97) 然而,除了金融方面可疑的"欧洲诈骗"(Euro-fraud)问题外,欧洲内部安全地区化的口号和现实仍然处于脱节状态。欧洲刑警组织在其第一阶段(即信息交流阶段)根本不具备行政权,依据《马斯特里赫特条约》第五章的规定,加强警事合作并没有损害欧洲刑警组织的政府间性。一边是欧洲刑警组织的中央局,一边是国家联络局,这种安排标志着未来欧洲警事合作中会产生重大冲突。不过,欧洲刑警组织在1999年获得批准之后,能力得到了加强,尤其是在打击有组织犯罪方面,最终可能会在反恐斗争中发挥更大的作用。

1997年6月的欧洲理事会就改变欧盟的制度框架达成了政治协定,1997年10月2日《阿姆斯特丹条约》正式签署,欧盟成员国朝着加速内部安全政策欧洲化的方向又迈进了一步。在《阿姆斯特丹条约》中,欧洲各国政府决定将自由迁移、避难和移民问题归入共同体的第一根支柱中;将第三根支柱中对警事和司法合作的规定锚定在欧洲议会;让欧洲法庭发挥更大的作用。在《申根协定》之下,结构和实践经过不断演变整合到了一起,通过签订一份特殊议定书的方式,形成了《欧盟条约》(the Treaty of European Union)。这份议定书是复杂的,尤其是因为涉及到英国和爱尔兰的一些"选择加入"问题。(98) 即便如此,欧洲化的方向仍然是确定无疑的。1999年10月在芬兰的坦佩雷(Tampere)召开的欧盟峰会重点探讨了内部安全领域的重大问题:避难和移民政策、打击跨国犯罪,

(96) Anderson 1989, 118, 169—171. Anderson et al. 1995, 49—53. Busch 1995, 275—285.

(97) Fijnaut 1993, 55.

(98) 根据这些决定,国家可以只接受并实施那些适合本国政策的措施,并且不废除国家边防控制。

以及建立欧洲司法区的建议。现在欧盟全心全意致力于建设一个"自由、安全和公正的地区",一个在政治意义上足以与80年代后期提出的单一市场倡议相匹敌的法制空间。

亚洲

在内部安全问题上,欧洲具有深远意义的制度机制和欧洲所经历的深刻制度变化,亚洲都不具备。[99] 亚洲各国政府都认为恐怖主义、非法移民、毒品走私和武装暴乱是日益突出的重大安全威胁。[100] 但是,与欧洲形成鲜明对比的是,亚洲政府对这些问题在地区层面的政治解决大多保持冷漠。国家警事活动中一些无意产生的后果是通过跨国联系按特殊情况特殊处理的办法解决的,这些跨国联系是各国警察部队之间的双边联系。能提得出来的地区倡议规模都不大,例如日本警事厅(National Police Agency,简称 NPA)正在组织的一些项目。处理刑事司法的地区组织都非常小,而且政治重要性不高。[101] 无论是东亚还是东南亚在内部安全问题上都没有产生特有的地区制度。[102]

以非法移民偷渡为例,日本警官不得不对这个问题给予越来越高的重视。1990年逮捕的非法入境者人数接近于0,而到2000年就增加到6 828。根据警察部门的估计,这还不到非法入境总人数的1/4(当然在一个人口总数为1.4亿的国家里这还是个很小的数目)。另外还有27.1万外国人违反签证法,逾期滞留在日本。[103] 日本警事厅对中国非法入境者的反应迟缓:只是从1998年开始才加强了与中国警方的双边联系。造成这种状况的原因之一是日本警事厅的安全局传统上以极度谨慎的态度对待与中国警方的合作。但是,到1996年安全局的反对减弱了,自1997年5月以来日本警事厅开始谋求强化副局长一级的合作关系。另外一个例子是恐怖主义。1995年后9个日本赤军(Japan Red Army,简称 JRA)成员的被捕标志着日本赤军的急剧衰落,但是日本并没有因此而不再将恐怖主义视为威胁。在1990年代,日本不得不对付国内外恐怖分

---

[99] 这一部分改编自 Katzenstein and Okawara 2001/02, 2004, Okawara and Katzenstein 2001,以及 Friman, Katzenstein, Leheny, and Okawara forthcoming.

[100] Friman 1996. Dupont 2001.

[101] Katzenstein 1996, 68—71, 81—82.

[102] Donnelly 1986, 628.

[103] 我在本章中所引用的访谈内容都是在东京(1999年1月和2000年1月)和北京(1998年6月和2000年6月)获得的。我向受访者承诺不公开他们的姓名。访谈引用格式均为:访谈号-年份,地点,访谈日期。访谈10-99,东京,1999年1月13日。

子精心策划的行动(1995年奥姆真理教在东京地铁站实施的沙林毒气袭击,1996年对日本驻利马大使馆的袭击)。与此同时,日本的反恐政策并没有出现急剧变化。在20世纪90年代,关注点从日本赤军转移到了朝鲜。"9·11"以来,日本警事厅也开始关注伊斯兰原教旨主义集团,尽管还没有可靠的证据表明基地组织和日本或东北亚有什么联系。对"9·11"的反应是要加强日本在亚洲的安全作用。2001年10月29日在参议院通过的反恐提案只不过是——用戴维·莱恩尼(David Leheny)的话说——"帮助美国在这个具体问题上采取行动的提案"。[104] 法律几乎没有为日本政府或民众做好准备来应对最终可能出现的美国反恐战争蔓延到东南亚或朝鲜半岛的情况。

日本的反恐政策以延续性和谨慎为特点,并不采取激烈的回应方式。自1993年以来,日本警事厅组织召开了一些小型研讨会,每次会议有3—5个国家参加,每个国家2—3名警官。这些研讨会为反恐措施提供了技术支持。[105] 自1995年以来,日本警事厅每年主办一次研讨会,为期两周,研究反恐措施,参会国达10—25个,大多是亚太国家,每国1—2名中高级警官。与在其他安全问题上的政策一样,日本警事厅谋求通过加强与外国专业警务人员的双边联系和系统的信息交流来增进信任。与欧洲形成鲜明对比的是,除了国际刑警组织亚洲局以外,亚洲没有协调各国政策的地区机制。

在缺乏地区支持的情况下,日本警察试图在国外系统地收集情报。在日本遍布世界各地的大使馆中,驻有100多名警官,他们与当地的警察部队开展合作。作为对日本驻利马大使馆遇袭事件的回应,日本于1998年春成立了恐怖反应小分队,这支部队在未来日本国民受到威胁的危机时刻就会出动。他们在国外受训,并同其他国家的警察部队交流信息。他们补充了首都和地方突击队展开的行动,这些突击队成立于1996年,大约有200名队员。自1997年以来,这些部队的行动就由日本警事厅集中协调。[106]

日本的反恐政策表明地区制度在亚洲发挥的作用微不足道。国际刑警组织也是如此,在1996到2000年期间,日本警事厅国际事务部前部长兼元俊德(Toshinori Kanemoto)担任该组织的领导。在反恐方面,国际

---

[104] Leheny 2001—2002, 24.
[105] 访谈07-99,东京,1999年1月13日。
[106] 访谈07-99,东京,1999年1月13日。《读卖日报》,1997年8月13日。《日本时报》,1997年8月30日。

刑警组织的主要功能就是张贴国际逮捕令。在有组织犯罪的问题上,国际刑警组织没有为警察提供有用的信息。在贩毒问题上,它提供的信息最多也就是警官们从其他渠道获得的信息的翻版。在非法移民问题上,国际刑警组织基本不插手。[107]

这并非是要否定近年来亚洲内部安全事务方面已经显现的多边主义萌芽。自1989年以来,日本警事厅每年举办一次关于有组织犯罪的会议,会期为3天。该会议由日本的外国援助项目出资,目的是要加强警事合作、促进信息交流。面对自1945年以来的第3次滥用兴奋剂的浪潮,日本于1999年冬天在东京召开了亚洲毒品执法大会,讨论非法买卖中枢神经兴奋剂脱氧黄麻碱的问题。在那次会议上,联合国毒品控制和犯罪预防办公室主任对日本政府提出了批评,指责它对多边行动投入太少。1999年5月5个东南亚国家和中国召开会议正式通过了国际反贩毒警事战略,日本警事厅作为观察员出席了这次会议。2000年1月日本警事厅组织了一次会议,与会者包括37个国家的官员,他们就如何加强警事合作、遏制毒品蔓延进行了讨论。[108] 日本警事厅每年参加国际会议的高级官员人数从20世纪70年代的2—3名增加到90年代的10名。[109]

由于恐怖主义直接威胁到国家的合法性,所以各国领导人就此召开了高层政治会议。日本支持建立地区制度,作为对其双边主义的补充。例如,1997年6月日本警事厅发挥了作用,帮助建立了日本和东盟反恐网络。这个组织加强了国家级警察机构之间的合作关系,提高了信息收集的效率,协调了对恐怖行动的调查。为落实桥本龙太郎首相1997年1月在访问东南亚时提出的倡议,日本警事厅和外务省在1997年10月联合主办了日本—东盟反恐大会,来自东盟9国的高级官员参加了此次会议。[110] 1998年10月日本警事厅和外务省又联合主办了亚太—拉美联合反恐大会。这次大会是旨在以秘鲁人质危机事件的成果为基础,加强在反恐措施方面的国际合作。[111]

这些都是试探性的举措。与欧洲相比,亚太地区在内部安全问题上缺乏多边地区制度的状况仍然令人吃惊。最近的一份跨国犯罪清单列

---

[107] 访谈06-99和10-99,东京,1999年1月13日。
[108] 《朝日晚报》,2000年1月28日。
[109] 访谈07-99,东京,1999年1月13日。
[110] 访谈07-99,东京,1999年1月13日。
[111] Okawara and Katzenstein 2001。

出了处理这些问题的几个全球制度，但是除了亚太安全合作委员会的亚太跨国犯罪工作组外，就只有一个地区组织，即东盟毒品部(ASEAN Ministry on Drugs)。(112) 内部安全事务仍然牢牢地掌握在国家警察部队的手中，他们一般以双边或者特定的方式进行交往。

由于历史原因，地区安全制度也具有非典型性。(113) 很多亚洲国家都是到了20世纪50年代欧洲帝国崩溃后才获得主权，它们下定决心要充分运用刚刚获得的主权。而且，中国革命的遗产，以及朝鲜和越南战争，也使得建立任何地区范围的安全秩序更加困难。最后，朝鲜持续至今的分裂状态和中国困难的台海局势说明冷战的某些遗留问题仍然具有影响力。

亚洲的地区安全秩序在很大程度上仍然建立在大国均势、追随强国和威胁的逻辑之上，是由美国、中国、俄国和本地区一些较小国家的政治 139
和军事精英塑造而成的。这个一般性结论的主要例外就是日本。蕴含于日本政体、民事-军事关系和国内政策中的社会和法律规范显示出了与均势政治观念的决裂。(114) 然而即便是日本在20世纪90年代也出现了日益增长的“不情愿的现实主义”症状。(115) 日本不能正视其军国主义的历史，使得亚洲的政治疑虑加深，日本非典型性的国家安全政治对于塑造亚洲的地区安全秩序所产生的影响也就微乎其微。

这与中国形成了鲜明的对比。20世纪90年代当美日安全关系出现变化时，中国的领导层是怀着十分复杂的心情来看待这些变化的。1997年9月通过的新防卫指针扩大了日本在地区安全事务中应发挥的作用，对于日本角色的升级中国迅速进行了谴责。北京认为这些变化增强了日本内在的侵略性，尤其是当台湾海峡两岸爆发冲突时日本会采取什么立场很不明朗。同时，很多中国领导人充分认识到了美日同盟的稳定作用。(116) 1995年以前，中国的政策精英们担心美日摩擦会导致日本单方面的重新军事化。1995年以后，美日关系得到巩固，他们还是一样担心，担心在美国的保护下最终可能会出现一个奉行军国主义和扩张主义的日本。因此，所有均势思维内在的不确定性不仅对中国政府是个问题，而

(112) Shinn 1998, 170—171.

(113) Press-Barnathan 2003.

(114) Katzenstein 1996, 99—152.

(115) Green 2001.

(116) Christensen 1999, 58—62. 访谈01-98,04-98和03-00,04-00,北京,1998年6月15、16日,2000年6月13日。

且对于美国和其他亚洲政府来说也是一个问题。

东南亚的后殖民国家是主权的强烈维护者。在这些国家成立的早期,很多政权的合法性都面临着来自共产党游击队、少数民族和分离主义或民族统一主义运动的严重威胁。因此它们强烈坚持不干涉一国内部事务的规范。这条规范被包含在东盟成员国于1976年签署的《和平友好条约》中,与欧洲形成鲜明对比的是,这条规范在后来无数的场合中一再被重新确认。亚洲政权的异质性使得东盟或东盟地区论坛(ARF)都不可能成为亚洲唯一的地区安全组织,因此也不可能将民主治理作为对制度成员资格的关键要求。相反,东盟认为软式独裁主义富有优点并予以提倡,对非民主政体予以通融。它抵制了针对缅甸军事政权的国际压力,赞成建设性接触,这与欧洲建立民主国家安全共同体的观念是不一样的。欧洲安全与合作组织在欧洲常常被视为软弱无效,可是对于很多亚洲国家政府来说,如果这样的制度模式运作起来,干涉性和限制性就太大了。与拉美、非洲和中东欧的国家不同,亚洲国家将人权和选举监督委员会视为对其内部事务的干涉,因而不能接受。

然而,东盟是亚洲唯一的地区制度,它吸引了强有力的政治支持。东盟成立于1967年,当时东南亚新独立国家的内部安全受到严重威胁。邝元芳(Yuen Foong Khong)写道:"东盟的主要目的"是要通过创建"'国家的迅速恢复能力'和东盟内部的团结和友谊"使其成员国免遭南韩和南越的命运(韩国和越南缺乏的正是迅速恢复能力)。[117] 东盟发展出一种特殊的方式来进行冲突管理,这就是"东盟方式"。东盟与欧洲形成了鲜明对比,它避免法律协定,反而珍视非正式性、磋商和协商一致的风格,这种风格模糊了官方(一轨)和半官方(二轨)对话的区别。亚太地区的其他多边制度,如亚太经合组织,随后也仿效了这种风格来处理多重轨道上的政治事务。

澳大利亚和加拿大提出在亚洲建立一个类似于欧洲安全与合作组织的制度,但是这个倡议没能获得成功。亚洲各国政府接受了日本的提议,该提议它们曾在1991年拒绝过。1994年东盟地区论坛明确认可了不干涉原则。东盟地区论坛是亚洲唯一的多边安全制度,它的制度化程度很低,所以21个成员国都被称为"参与者"(participants),以避免给人造成永久性制度的印象。东盟地区论坛没有秘书处。尽管在闭会期间东盟地区论坛有一系列的工作组,集中研究信任建设措施和预防性外交

---

[117] Khong 1997, 295.

问题,但是它每年只召开一次大会,会期仅一天。此外,还有一些其他的次地区安全制度、二轨会议和特别小组。但是各国对这些多边倡议的政治投入即便在最好的情况下也是有戒心的,它们仍然喜欢传统的自助、双边安全安排和以美国为中心的同盟体系相结合的方式。

各国之所以对东盟地区论坛感兴趣有几个原因。东盟地区论坛以均势和追随强国为规范,有助于减少昂贵的军备竞赛的风险,军备竞赛有可能使地区脱离高速发展的轨道。苏联解体、美国可能部分地脱离接触,这使得各国在政治上感到不安,日本会成为地区主导的假定也同样令它们感到不安。因而,在20世纪90年代早期,东盟地区论坛减少了不确定性,符合成员国的利益。并且,就中国在本地区的目标(例如,南中国海)而言,东盟地区论坛成员国也有重要利益。中国周边的很多小国因此指望东盟地区论坛和更近期的一些多边倡议成为有用的机制,通过政治接触影响中国的目标。新加坡的李光耀(Lee Kuan Yew)说:"如果你让中国待在外面发挥负面作用,代价就会很高。为什么不请中国上船呢?"[118]

东盟地区论坛机制化程度不足部分是因为中国政府的抵制。无论自1993年以来发生了什么渐进性的变化,这些变化大多都是由于中国逐步接受了某些东盟方式才得以发生的。中国政府非常重视自己的国际声望,相信自己在地区制度(如东盟地区论坛)中的表现会对国际声望产生一定影响。[119] 一些中国官员越来越相信多边战略有利于促进中国利益。保罗·埃文斯写道:"有中国特色的多边主义显然是以国家为中心的,忠于传统的主权和不干涉原则,致力于反对非国家行为体可能发起的挑战,维护国家利益。"[120] "9·11"以来美国政策的重点是绝对安全和单边主义,奇怪的是中国的角色却颠倒了过来,开始倡导合作安全和中国式的多边主义。但是,中国对多边安全的立场仍然带有很强的单边主义色彩。[121] 比如,中国仍然反对在地区制度中对有争议的领土或政治问题进行讨论,如南沙群岛问题。[122]

中国是东盟地区论坛中最强大的成员,但东盟地区论坛不仅仅只是

---

[118] 转引自 Johnston 1999, 295。

[119] 访谈03-98,05-98,06-98,08-98,03-00,北京,1998年6月15、19、21日,2000年6月13日。

[120] Evans 2005, 213。

[121] 访谈02-00,03-00,08-00,11-00,东京,2000年1月11、13日。

[122] 访谈03-98,北京,1998年6月15日;02-00,01-00,北京,2000年6月13日。

中国可利用的平台,也不仅仅是平衡各种威胁的手段。大多数亚洲国家政府对于它们可能面临什么威胁都不清楚,也不把东盟地区论坛看作是平衡内部大国(中国)或制度外大国(美国)的一个组织。东盟地区论坛的发展演变反而是由较小的国家来推动的,包括加拿大和澳大利亚,它们坚定地致力于加强亚太地区制度,而不是仅仅依赖针对大国或威胁的平衡战略。

但是,就像亚太经合组织和东盟一样,东盟地区论坛的作用也不能高估。它并没有着手处理朝鲜半岛和台湾海峡的严重冲突。而且国内政治中长期的种族冲突也不在它的议事范畴之内,尽管这些冲突很容易对亚洲的安全秩序产生深刻的影响。其他正式的政府组织,如亚太经合组织、东盟+3和最近的上海合作组织,也是这样。所有这些组织都旨在推动磋商,起初被称为东盟方式(the ASEAN way),继而又被称作亚太方式(the Asia-Pacific way)。尽管与北约、欧盟,甚至是欧洲安全与合作组织比起来,东盟地区论坛力量较弱,但是在亚洲,它是唯一一个在地区层面"平息因均势政治而产生的冲突的机制"。[122]

地区层面的制度化主要是以非正式的形式进行的,不同的论坛大量涌现,包括大范围的各种一轨(官对官)、二轨(半官方思想库)和三轨(私营机构)安排。如何计算各种不同轨道的数量,是一个不太能达成一致意见的问题。而且这些不同轨道的分界线很模糊,因为政府官员常常以私人身份参加二轨会议,使这些会议的"非官方"性质有所减弱。会上讨论也受到优先政策和会前准备的信息的限制。因为并没有逐字逐句地将会议记录下来,所以任何一个参与讨论的人都不承担直接责任。根据保罗·埃文斯的统计,在1994—2002年间,共召开了约600次关于安全事务的二轨会议。[124]

亚太地区的政治可谓散漫复杂,其制度化的形式各不相同,目的也不同。[125] 例如,二轨对话可以为高级官员提供一个方便的场所,在相对非正式的环境下进行会谈。自1993年以来,日本已经同中国、俄罗斯、韩国和美国在"东北亚合作对话"机制中进行了合作,共同主持防卫信息交流(Defense Information Sharing)的研究项目。[126] 自1994年以来,一个日本研究机构已联合其美国和俄罗斯的同行主办了关于北太平洋安全的

---

[122] Khong 1997, 296.
[124] Evans 2005, 204 n. 8.
[125] Katzenstein and Okawara 2004.
[126] Fukushima 1999b, 35.

三边论坛,参会者也是高级政府官员。并且,自 1998 年以来,日本还同中国和美国开展了半官方的三边安全会谈。

在亚太安全问题上,也许最重要的二轨对话是亚太安全合作委员会(Council for Security Cooperation in the Asia Pacific,简称 CSCAP)的对话。⑫ 亚太安全合作委员会创立于 1993 年,1994 年召开了首次会议,其成员国组成几乎与东盟地区论坛一样。亚太安全合作委员会可能是探讨太平洋安全问题的最常设性的非官方论坛。它下设 5 个工作组,模仿太平洋经济合作委员会(Pacific Economic Cooperation Council,简称 PECC)的形式开展对话,太平洋经济合作委员会自 1980 年以来就在组织产业界人士、官员(以私人身份参加)和经济学家的三方对话。⑬ 这两个机制都有国家委员会和国际工作组。除东盟成员国外,澳大利亚、加拿大、日本、韩国、美国和中国等国家也加入了亚太安全合作委员会。

二轨活动为各国政府提供了各种非正式的场合,可以交流信息,并对不断变化的安全形势进行分析。⑭ 二轨活动也帮助塑造了各国国内的舆论风向,而安全事务正是在这种舆论环境中来处理的。二轨活动可以帮国家决策人阐明新观点;经过一段时间之后,还可以以直接或间接的方式实现精英的社会化,使他们接受不同的规范和身份;还可以建立精英的跨国联盟,使他们在相应的国内舞台上保持相当的影响力。简言之,二轨活动已经成为了亚太安全事务中的一个重要方面。未来的三轨会议可能会进一步丰富亚洲安全政治的多样性和分散性。

美国和中国一样,对亚太地区安全制度给予的支持非常有限。在 1980 年代末和冷战结束之前,美国对亚太地区的多边安排采取了支持政策,并以此作为对其已缔结的双边安全条约的补充,且多边服从于双边。美国对东盟地区论坛的日益宽容和兴趣表明其政策发生了变化。例如,与美国的欧洲政策形成惊人对比的是,自 1986 年以来,太平洋司令部总司令(the Commander-in-Chief, Pacific Command,简称 CINCPAC)定期邀请约 15 个国家的军事和民事官员召开"东亚安全研讨会"。目的是提高地区的放心程度和相互了解度。1994 年,美国在火奴鲁鲁(檀香山)建立了亚太安全研究中心,该中心提供各种短期的中级课程,主要是为职业军事人员授课。美国主办的"太平洋空军参谋长会议"(Pacific Air

---

⑫ 访谈 04-00,东京,2000 年 1 月 12 日。Simon 1998, 207—209. Stone 1997, 21—25.
⑬ Fukushima 1999a, 131, 154—155.
⑭ 访谈 03-00,东京,2000 年 1 月 11 日;03-98,北京,1998 年 6 月 15 日;06-00,北京,2000 年 6 月 14 日。

Force Chief of Staff Conference)每隔一年召开一次。2000年秋,日本在东京和美国共同主办了"太平洋军队管理研讨会",参会的有来自30—40个国家的官员。自1980年代中期以来,以美国军方为中心的萌芽状的多边主义,对于整个亚太地区的武装部队来说已经具有了重要意义。[130]

日本自卫队在这样的地区会议中扮演的是边缘化的角色。在东盟地区论坛的会议中,日本的军方代表是在日本防卫厅供职的民事官员;自卫队的成员仅参加休会期间的工作组,讨论技术问题。[131] 例如,日本防卫厅参与最多的工作组是处理灾害救援问题的;而其他亚洲国家参与该工作组的都是建设部官员。

日本自卫队在亚洲地区安全中的次要作用在东帝汶的维和行动中表现得非常清楚。日本的政策是以一个前提假定为基础的,即东帝汶和科索沃尽管处在特定的地区,但却提出了更具普遍意义的国际安全问题,要求国际社会而不是地区采取行动。只是到了1999年11月中旬,即8月30日东帝汶全民公决两个半月之后,内阁才决定派遣日方援助人员。根据日本1992年通过的《国际和平合作法》(International Peace Cooperation Law),在未宣布停火的情况下,政府不得派遣维和或者人道主义援助使团到东帝汶去。在联合国难民事务高级专员的支持下,空军自卫队组成了一个150人的团队,其主力分队于1999年11月下旬带着救援物资离开日本,前往救助集中在西帝汶难民营中的东帝汶难民。据一位高级官员透露,在此之前东帝汶要求"由一个人种相似的亚洲国家……而不是澳大利亚部队"来运送援助物资。[132] 澳大利亚在此事上大张旗鼓的积极态势引起了亚太很多地方的反对,但是日本采取了不事声张的外交行动,并对由东盟成员国组成的干预部队提供了1亿美元的资助,从而使之免遭国际社会的批评。也许这一点实际上帮助日本加强了其在东南亚的政治地位,尽管它不能直接参与联合国的维和行动。日本承担了整个行动95%的费用,另外葡萄牙捐了500万美金,瑞典提供了50万美金。[133]

总之,亚洲的地区安全制度无论在内部安全事务还是外部安全事务上都没有严重侵犯不干涉主权国家事务的原则。同时,亚洲的地区主义

---

[130] 访谈10-00,东京,2000年1月14日。
[131] 访谈10-00,东京,2000年1月14日。
[132] Maeda 1999.
[133] 欧洲国家政府在此事上所表现出的狭隘和小气,与日本对科索沃维和行动2400万美元的资助形成了鲜明对比。访谈03-00,东京,2000年1月11日。

已经发展出不同的"轨道",成为了流散型政治(discursive politics)的舞台,它可以减少不确定性,使信息得到交流。随着时间的流逝,这些轨道也许会影响各国的某些基本偏好。

亚洲和欧洲的地区秩序

德国和日本都采取积极的政策,谋求加强国际竞争力。但它们在技术和生产上的主要方式却有所不同,加藤浩三(Kozo Kato)将这种不同描述为日本是信息丰富的政治制度体系,德国是准社团主义政体。[134] 就日本而言,技术和生产是降低国家国际脆弱性的工具。因此,日本政府支持核心技术,收集外国竞争者在技术和生产上的进步信息,试图通过无数长期项目推动其政治目标的实现。相比之下,经济安全并不是德国的政策目标。但是,跟上其他工业领先的国家是很明确的目标。德国特别要谋求维持其传统的"第二强"地位,尤其是在大量公共政策上。德国的政策目标并不是要为技术创新创造条件,而是要深化欧洲层面的政治制度和政治纲领。

在信息技术领域,日本和德国的区别显而易见。[135]"先进的信息社会"是日本政策的组织概念,这是一个模糊的结构,可以推动大量各种各样的经济和社会项目。日本政府对特定工业部门的技术进步给予明确支持,希望加强整个产业的国际竞争力。在德国,政策更具体地集中于公司,试图让信息技术快速高效地整合到制造业和服务业的生产过程中。但是德国政策也是高科技欧洲政体建设的一部分,后者的政治性更强。日本制度为技术发展做了特别调整,它们紧密跟踪技术前沿,自由进口先进技术,大幅度改进技术,并谋求在细心监控的条件下将这些技术进行二次引进,引进到亚洲。与之相反,当代德国没有相应的国内制度,无法根据自己的主张来塑造地区技术的发展轨迹。它选择将自己嵌入到地区制度中,以实现更广泛的政治目的。

这些国家层面上的区别是因为不同的地区环境造成的。亚洲和欧洲的生产网络给人的印象是地区差异重大。欧洲生产网络是平等的而不是等级式的;网络加强了社会的同质性而非异质性。欧洲地区主义是正式的地区主义。其正式性反映在地区层面运作的集体政治制度上,包

---

[134] Kato 2002.
[135] Organization for Economic Co-operation and Development 1991, 8, 92, 98—99.

括一个共同法院、一个每年颁布成百上千条约束性法规的委员会、一个议会、一个共同的中央银行和共同货币，并且不久以后还会有一支集体军事力量，该力量将具有执行维和及强制维和任务的有限能力。亚洲地区主义是非正式的地区主义。尽管亚洲有诸如东盟和亚洲开发银行之类的制度，但是其地区主义是在市场机制的主导下运作的。亚洲市场上特有的是民族网络，这些网络既相互竞争又互为补充，例如，日本和韩国的公司网络和中国的家族公司。自 20 世纪 70 年代以来非正式网络就在创建新的地区联系，改变着亚洲贸易和投资的格局。

国家和地区政治安排上的差异创造了不同的适应变化的政治能力。在产业界这一级或者在特定的技术方面，日本应变能力比德国强。这并不是毫无依据的断言。事实上，在过去的半个世纪里，日本的生产结构改变了好几次，但是德国却大体未变。在日本，这段时间里领先的产业部门常常更替。但在德国，机械和机械工具、电器设备、化学制品和汽车在整个 20 世纪下半叶一直是主导产业。日本的公司联系主要是以集团为基础，这与德国以产业为基础的模式形成了对比。以集团为基础的联系使得新技术可以迅速跨越产业边界扩散开来，推动了某一产业的产品对另一产业开发的新技术的吸收。在地区层面，情形恰恰相反。德国参与国际合作的政治能力超过了日本，德国在大量欧洲技术项目中的积极参与就可以证明这一点。

欧洲和亚洲安全秩序的种种差异也很明显，并且与经济问题上的差异是相类似的。在过去的几十年里，北约既是一个保护西欧免遭苏联进攻威胁的军事联盟，也是一个安全共同体，它根植于深刻的共同价值规范和共同身份。北约和前苏联阵营的合作安全安排，以及北约的扩大，对欧洲国家在整个 20 世纪 90 年代的安全议程进行了重新定义。在国家安全问题上，欧洲合作加强了，首先是在西欧联盟的支持下，随后又有了欧盟的共同外交和安全政策。自 1999 年以来，欧盟就朝着建立自主的集体防卫能力的方向发展。最后，欧洲安全与合作组织自 1975 年成立以来发生了重大变化，尤其是在 90 年代初期，当时在建立全新的欧洲安全规范基础方面它的责任最为重大。与之形成鲜明对比的是，在东北亚和东南亚，"国家安全政策"的含义正是它的字面意义。均势政治和双边防卫安排就是规范。东盟地区论坛是唯一一个重大的制度创新，在数量日益增加的地区论坛中尤显突出，这些论坛都是要分享信息、降低不确定性、建立信任，从而在更长远的意义上影响国家目标。

在内部安全问题上也有相似的差异。20世纪90年代的《马斯特里赫特条约》和《阿姆斯特丹条约》在法律条文上考虑了自20世纪70年代早期以来不断演变的欧洲政策实践中的地区化。在欧洲,内外安全的界限越来越模糊。自20世纪70年代中期以来,反恐成了欧洲合作协议的中心内容,"9·11"袭击更使那些协议成为了国家安全的核心。欧洲制度的明显演变导致了政治优先项从外部安全到内部安全的转移,导致了这两个政策领域在很大程度上的融合。

然而,在东亚,内外安全的界限在20世纪80和90年代变得更为清晰,而不是更模糊。与60和70年代相比,国家安全问题现在处于首要位置——也就是说,只要诸如1997年那样的经济危机不会导致大范围的国内剧变,国家安全就是首要问题。与欧洲形成对比的是,移民和难民、毒品、恐怖主义和有组织犯罪在亚洲都被看作是重要但互不关联的公共政策问题。在欧洲,这些问题都被定义为内部安全的新领域,解决这些问题要求地区层面的政策和制度创新,但亚洲却不这么认为。亚洲各国警察部队之间的合作仍然采取个别问题个别处理的方式,日本警事厅主办各种年会推动着这种合作。因此,在亚洲地区安全秩序的演变中没有重大的制度变化。

欧洲和亚洲安全秩序的上述差异部分是因为政治策略造成的,一些重要的国家,这里指的是德国和日本,通过这些政治策略向地区成功或不成功地延伸其影响。两国都谋求以不同的方式弥补其国际层面的弱势。德国官员认为只有在制度和法律规范的环境下、只有当这些制度和法律规范形成一张无缝之网抵御对国家安全的所有内外挑战时,才有可能实现合法统治。并且,德国的法律主义(legalism)是与其国家身份中的国际主义特点紧密联系在一起的。多边政策和国际政策具有很大的政治吸引力,享有极大的合法性。日本遵守的是不同的规范,采取的行动路线也不同。它更重视的是社会规范,而不是法律规范,更珍惜非正式联系,而不是正式联系。其他亚洲国家也是如此。因为它们已经巩固了曾经虚弱的国内共识(如20世纪50和60年代的日本)、巩固了曾经飘摇的政权(如20世纪50年代的韩国和20世纪60和70年代的东南亚),所以亚洲国家对于其安全政策的地区化一直非常矛盾。中国就显示了这种矛盾心态,它正在努力要将在社会主义建设中耽误的几十年补回来。

因此,欧洲和亚洲在技术和安全问题上表现出不同的制度特征。欧洲正在经历根本性的制度变革,正在采取影响深远的行动重新定义国家权力,并表现出多边主义的偏好;亚洲的特点是进行边际调整、坚持国家主权、偏好双边主义。在不同的政策领域,欧亚两洲表现出来的差异却是惊人的相似,这说明了两个地区之间存在着普遍深刻的制度差异。*

---

* 在本章中,作者将东盟地区论坛(ASEAN Regional Forum,简称 ARF)误为亚洲地区论坛(Asian Regional Forum),译者已更正。——译者

第五章

多孔化地区与文化

全球化和国际化的互动造就了多孔的地区。对这些互动进程可以有多种不同的阐释,就好像我们在描述新技术时采用不同的术语一样,如万维网或互联网。万维网抓住了全球化带来的革命性变化。冷战意味着分裂;网络则意味着联系。在冷战期间,领导人要掌控世界事务,就在白宫和克里姆林宫之间架设了一条电话热线。而在万维网上,我们都在线上,但是谁也不掌控谁。万维网创造了新的社会和经济效益,但是也带来了新的风险和脆弱性。技术本身是中性的,它赋予个人从善或从恶的能力。万维网并不授权给政府,它授权给个人,比如发动反地雷运动的和平活动家和袭击美国的恐怖分子。

相比而言,我们在提到互联网的时候,想到的是国际化。马丁·道奇(Martin Dodge)说:"认为互联网把人从地理中解放出来了,这是很荒诞的想法。"[①]国际化是由各国政府的行为塑造的。其实互联网是美国为了国家安全而特意创造出来的。1962年,兰德公司提交了一份机密报告,建议建立一个分组交换网络(a packet-switching network),以保护美国军队免于遭受核打击。这个提议从未获得实施。几年后,国防部的研究人员提出了类似的建议,以解决美国军队中的计算和通讯问题。为了加强国家安全,互联网得到了迅速发展。现在,为了控制跨国界信息流动,各国政府都在试图使互联网(internet)变成内联网(intranet)。美国政府正出资在美国建设一个计算机网络,该网络配有免受入侵的服务

---

① *The Economist* 2001b, 18.

器,从而防止互联网用户受到审查。②

1995年美国通过了《通讯准则法》(Communications Decency Act),但第二年即被最高法院推翻。美国一般依靠行业自律,互联网行业正在改进过滤机制,使那些要保护孩子的家长能获得更好的过滤器。民主政府也在国际层面上采取行动。例如,19个国家的警察部队于2001年12月开展协调行动,打击互联网上的恋童癖者。③ 由于服务器技术越来越着眼于地理定位,所以要让国家放弃行使国家权力是幼稚的,就像堂吉诃德对风车开战、奥维尔反抗思想控制一样。即使难以成功,国家还会继续对信息革命进行塑造,本来信息革命就是在国家的帮助下诞生的。随着互联网的到来,"距离渐渐消失;但是地理似乎还实实在在地存在着"。④

无论是在国际层面还是全球层面,文化都表现出地区差异。日本和德国的文化外交,欧洲和亚洲的流行文化市场都指向同一个结论:当代地区主义的多孔性是由国际和全球两个进程,以及美国帝权和这两个地区的各种联系共同造就的。

日本和德国的文化外交

文化外交反映的是国际世界的逻辑,而不是全球世界的逻辑。各国政府认为在国家组成的国际社会中表现自己的文化成就是自己的特权。对日本和德国的比较研究支持了这个观点,并且反映出两国国家身份中国际元素和民族元素在强度上的重大差别。尽管存在这样显著的差别,但是日本和德国都积极支持文化交流、支持在国与国之间建立联系,进而也就通过文化外交支持了多孔化的地区主义。

日本

就在20年前,经济和技术还看似为日本铺平了道路,使之最终不可避免地要回归成为"正常的"大国。褊狭的岛国文化是这条平坦大道上唯一可预见的障碍,因为它威胁到日本国际吸引力的进一步扩张。例如,约瑟夫·奈(Joseph Nye)认为日本看似一个"一维的经济强国",但对其他国家来说日本几乎没有政治相关性。⑤ 乌尔夫·汉纳兹(Ulf Han-

---

② Lee 2001.
③ Hoge 2001.
④ The Economist 2001b, 20.
⑤ Nye 1990, 166.

nerz)也认为,日本"在有组织的国际交往框架中展示自己的文化,是为了显示其不可削弱的独特性,而不是为了传播文化"。⑥ 持这种观点的不仅仅是美国人和欧洲人。中国顶尖的电影导演之一谢晋,以及很多中国评论人都认为,与中国和西方文化明显不同的是,日本缺乏在国际事务中维持领导地位所必需的宗教和哲学传统。⑦ 在日本也有人支持这一观点。例如,五十岚昭男(Akio Igarashi)就写道:"日本化缺乏一种独特的'思想'。"⑧如此看来,日本文化只能是褊狭、无生气和被动的。

也有证据表明情况不是这么简单。在战后大部分岁月里的外务省和自20世纪70年代以来的日本国际交流基金会(Japan Foundation)在文化外交问题上是两个最重要的机构。外务省和日本政府对日本在这个风云变幻的世界上的地位持有一种民族观,更甚于日本国际交流基金会。这种民族观要求它们对外解释日本的独特性,因为外国人根本领会不到。在60年代,这种解释的需要是由一种因为日本"落后"而产生的自卑感所驱动的;在80年代,驱动力却变成了因日本超常的经济增长而引发的优越感。自那以后,当日本和其他工业国家一样被一些同样的问题所困扰时(人口、金融和其他),与之平等的感觉便日益上升。

日本的文化外交置身于它的总体文化政策中。战后的日本文化政策经历了两个转折点,在这两个转折关头,国际影响力显示出越来越大的重要性。一个转折点出现在20世纪60年代末和70年代初,另一个出现在90年代早期和中期。出现这两次的政策变化都是因为政府有意识地要重塑其国际形象。在政府推动日本朝着更加国际化的方向发展时,文化外交就变成了一个工具,文化被视为国际上真正的一等大国的特性,因而受到颂扬。为了这个目标,政府决定首先对文化给予更积极的支持,然后突出艺术在日本国际事务中的地位。这两项政策改革强化了日本对外开放的缓慢进程。

20世纪60年代末以后,当选官员越来越意识到文化是一项很受欢迎的选区事务,因此提高了文化的优先度。1968年之所以成立文化厅(the Agency for Cultural Affairs),也是受到联合国教科文组织(UNESCO)国际大讨论和美国模式——国家艺术基金会(the National Endowment for

---

⑥ Hannerz 1989, 68.
⑦ Deng 1997, 386—387.
⑧ Igarashi 1997, 12.

the Arts)的影响。⑨ 在文部科学省*的支持下,文化事务署负责处理国家定义的"日本文化"事务,通常指"高层次的"古典文化。⑩

尽管有几个中央政府办公室都在参与日本的文化外交,但是县政府和地方政府参与的程度越来越深。权力在地域上从东京向各地方的分散有助于各县建构自己的国际联系。1975年神奈川县(Kanagawa Prefecture)第一个设立了国际交流办公室。20年以后,所有47个县政府都设立了这样的办公室,意在与临近的中国、俄罗斯和东南亚开展文化交流。各县政府还出资出人在每个县府和8个大都会地区建立了半官方的国际交流协会。1988年,自治省(Ministry of Home Affairs)创建了自治体国际化协会(the Council of Local Authorities for International Relations)。后来越来越多的市镇厅也竞相模仿这些县的政策。

日本政府1972年建立日本国际交流基金会是要力图实现政策机器的现代化,这个政策机器已经日益定位于"出口官方文化"。⑪ 仅这一事实就将日本国际交流基金会置于与国内的领头机构——文化厅——相竞争的地位。行政上,日本国际交流基金会处于外务省文化局的监管之下。外务省任命基金会的高层官员,而且基金会行政部门的领导都从外务省借调。另外,外务省对基金会一些关键的人事任免还有否决权。⑫ 日本国际交流基金会组织了大量项目,开展民间交流、语言培训和日本研究、艺术和表演艺术、印刷媒体,以及电影和电视的活动。

日本国际交流基金会的建立是为了消除人们对日本外交政策和日本在海外的公司行为的误解,并抵消一种潜在的害怕陷入孤立的恐惧——这仍然是日本外交中常见的主题。平野健一郎(Kenichiro Hirano)说:"这个时期,日本处理文化交流的方式有某种程度的外冲性……即便是那些主张通过文化交流增进相互理解的人也几乎没有考虑到日本有必要去试着理解其他国家人民的文化。"⑬在规范日本国际交流基金

---

⑨ Zemans 1999, 24.

* the Ministry of Education, Culture, Sports, Science and Technology,此处作者英文原文简化为the Ministry of Education。——译者

⑩ McVeigh 1998, 133, 144—146. 我在本章中引用的关于文化问题的访谈都是在访问东京(1997年10月、1999年1月、2000年1月和2001年3月)和柏林(2001年5月)的时候完成的,我对受访者承诺隐去他们的名字。引用的格式为:访谈号-年份,地点,访谈日期。访谈05-99,东京,1999年1月7日,并03-01,2001年3月15日。

⑪ Havens 1987, 346. 访谈08-00,东京,2000年1月7日。

⑫ 访谈03-97,东京,1997年10月6日。访谈01-01,东京,2001年3月13日。

⑬ Hirano 1988, 158.

会运作的法规中,第一条就禁止基金会"向日本公众介绍外国文化"。⑭

基金会与商界的联系是密切的;日本国际交流基金会的会长参加日本经济团体联合会(经团联)的每月例会,与其领导人会面。日本经团联(Keidanren)是日本首要的商业协会。⑮ 商界期望通过文化外交来抵消外国对日本企业的批评。商界和政府在文化外交上的根本目标是一致的,即在国外为日本公司创造支持性的环境。但是日本国际交流基金会是政府资助的(50亿日元),日本经济团体联合会只是象征性地给一点(600万日元)。除了捐款收入外,基金会每年还有拨款,尤其是政府海外发展预算的拨款。但是基金会的活动并不是太多。在20世纪90年代,其对外文化事务预算经费只有德国歌德学院(the German Goethe Institute)和德意志学术交流中心(the German Academic Exchange Service)或者英国文化委员会(the British Council)费用的1/3。

日本国际交流基金会的运作有一些严重障碍。海外语言教学对于日本的文化外交非常重要。在1988—1998年间,学习日语的外国人人数急剧增加,从73万增加到210万(其中3/4的人居住在亚太地区);到2003年,人数增加到230万。但是,与德语相比,这就是个小数目了,学习德语的外国人人数达1 500—2 000万,其中大多是欧洲人。⑯ 作为一门吸引力有限的地区性语言,日语就像一根虚弱的芦苇,以此建设旨在出口日本文化的文化外交就太弱了。此外,与美国政府致力于传播美国生活方式或者法国政府力图扶持法国文化事业形成鲜明对比的是,直到20世纪70年代后期日本的文化外交都只不过是一种工具而已,目的是抑制世界市场上对日本强势出口的不满情绪。

广义的"文化合作"包含经济发展,这是日本文化外交的决定性特征。日本国际交流基金会成立于1972年,当时外相福田赳夫(Takeo Fukuda)坚持不要把"文化"两个字包含到该组织的名字中。基金会的工作是解决经济发展中面临的根本障碍,无论障碍根源是文化的、教育的或者技术性的。对文化的宽泛定义使得日本国际交流基金会的资金来源发生了戏剧性的变化。自1982年起,政府砍掉了对基金会的直接拨款,改为主要通过日本发展援助预算为基金会出资。到1987年,日本国

---

⑭ Hirano 1997,94.
⑮ 访谈 03-97,东京,1997年10月6日;06-01,东京,2001年3月19日。
⑯ University of Tokyo Study Group 1997,37.《看日本》2000年7月,第25页。Drifter 1996,147.

际交流基金会30%的运营费用都来自支持经济发展的项目的补贴。[17] 在整个20世纪80年代,日本文化外交的背后都有着强烈的经济动机,因此无怪乎在文化事务上日本与东南亚的关系仍然是等级式的而非平等的。

1977年,当时已任日本首相的福田赳夫强调说,文化是通过非等级式的交流促进和平的工具,具有重大意义。他是第一个这么说的人。大平正芳(Masayoshi Ohira)首相(1978—1980)甚至阐明了一个更加广阔的远景:日本要向其伙伴表明自己。但是,他坚持认为,日本也要向别人学习。从长远来看,国际经济合作只有在一个双向交流的体系中才能成功。竹下登(Noboru Takeshita)首相1988年提出了一项全球倡议(Global Initiative),其中包括三个支柱,支柱之一就是扩大文化交流、涵盖各种形式的"文化合作"。自那时起,几乎每一个日本首相都启动过一个主要的文化项目:细川护熙(Morihiro Hosokawa)的"建设亚太地区未来的交流"项目(Exchange That Will Build the Future of the Asia-Pacific Region)(1994)、村山富市(Tomiichi Murayama)的"和平、友谊和交流的倡议"(Peace, Friendship and Exchange Initiative)(1995),以及桥本龙太郎(Ryutaro Hashimoto)的"多国文化使命"(Multinational Cultural Mission)(1997)。当然,有很多倡议都只不过是外交辞令而已。但是它们表明日本的文化倡议有了新的重心,即发展与其他国家的平衡关系。日本首相在参议院发表的演讲记录了政策的渐进性演变,以及在20世纪80和90年代文化主题与日俱增的重要性。[18]

随着日本国际地位的提高和对国际组织经济资助的加大,日本在国际舞台上施展了一套地位政治(status politics)。联合国教科文组织(UNESCO)就是一个很好的例子。自20世纪50年代起日本与联合国教科文组织的关系就具有了特殊意义。它是1945年后"新"日本加入的第一个国际组织,象征着日本朝向一个民主与热爱和平的国家的根本转变(直到今天,联合国教科文组织在日本民众中仍然享有强大的支持)。[19] 外务省的文化外交经费中约有2/3是通过日本国际交流基金会捐给联合国教科文组织的,该组织总预算的1/4都来源于日本。1999年10月,在一片购买和操纵选票的指责声中,日本驻巴黎大使松浦晃一郎

---

[17] Kawamura, Okabe, and Makita 2000, 20.
[18] Hirano 1988, 154—161. Wong 1991, 316—317.
[19] 访谈04-01、06-01,东京,2001年3月15、19日。

(Koichiro Matsuura)当选为联合国教科文组织总干事,成为担当此项职务的第一位亚洲人。他的竞选得到了很多亚洲国家和穷国的支持。据一位联合国教科文组织的高级官员透露,"日本发动了全面的外交攻势。例如,它提醒每一个人,日本是撒哈拉以南非洲最大的捐助国——现在它捐出的钱该有些回报了。"[20]

在20世纪90年代,日本的文化外交在地区路线上也发生了演变。出于对亚洲地区主义日益凸现的重要性的普遍认识,日本国际交流基金会在1989年提出了一项倡议,建立了东盟文化中心,1995年又更名为日本国际交流基金会亚洲中心。该中心是第一个由公众资助、负责将外国文化介绍到日本的组织。[21] 它出资开展亚洲的学术交流,以及一些促使日本人更好地了解亚洲的项目。1998年委员会会议明确表示其目标是造就地区文化合作,该委员会的最终报告所建议的行动方案与日本的传统方式很不一致:"日本应该将自己完全地、毫无疑虑地放在亚洲,并与亚洲其他国家平等相处"。[22] 在90年代,文化交流的条件变得越来越对等。通过亚洲中心的工作,日本政府开始将自己看作是亚太地区不可分割的一部分,在整个20世纪里这是第一次有这样的认识。

避免过窄地关注东亚和东南亚是日本文化外交的中心考虑。1991年成立的日本国际交流基金会全球伙伴关系中心,就资金来源和资金投入的水平而言,都意味着很大的财政投入。它的成立使得基金会资金总额中流向北美活动的部分从1989年的10%增加到了1992年的30%,到1995年这一比例又跌至19%。[23] 由于美日贸易摩擦不断升级,已经到了很危险的程度,成立这个中心也是为了全面加强美日合作。[24] 根据重新定义的日本国际交流基金会的工作使命,该中心资助了一些学术和大众交流项目,以及一个研究基金项目。它对高级文化不太感兴趣,更专注于合作解决问题。因此全球伙伴关系中心的优先任务从日本文化出口转到了全球问题解决能力上。该组织英文名是全球伙伴关系中心,日文名实际上是日美中心。日本政府官员认为,重新定义的文化外交的恰当背景是国际化,而非全球化。[25]

---

[20] Henley 1999.
[21] Hirano 1997, 89, 95. 访谈04-99、06-99,东京,1999年1月6、7日。
[22] University of Tokyo Study Group 1998, 45.
[23] University of Tokyo Study Group 1997, 42.
[24] Zemans 1999, 57.
[25] 访谈01-01,东京,2001年3月13日。访谈04-99、06-99,东京,1999年1月6、7日。

在日本的文化外交中，政府不是唯一的行为体。社团慈善事业体现了商界对文化外交的深入参与。对外经济摩擦使得致力于国际交流合作的基金会越来越多。20世纪60年代成立了10个这样的基金会，70年代又成立了33个，80年代新成立了115个，1990—1992年间又有28个。㉖ 首要出口市场——美国——是日本慈善基金会最重要的驻外地点，尤其是在80年代。例如，松下国际财团(the Matsushita Foundation)(1984)、日立财团(the Hitachi Foundation)(1985)、丰田美国(Toyota USA)(1985)、Ise文化基金(Ise Cultural Foundation)(1986)、美国速霸基金(Subaru of America Foundation)(1984)和中道基金(the Nakamichi Foundation)(1982)。设在美国的日本基金会在美国的慈善捐款总数1986年是3 000万美元，1991年就达到5亿美元，这一数字超过了美国公司1990年在全世界投入的1亿美元的善款额。㉗ 数字的飙升反映出日本企业界领袖越来越认识到，慈善捐助是在美国做生意的基本成本。这些财团和基金会的捐款额是位于日本国内的公司的平均捐款额的4—5倍。㉘ 1990年6月日本的税法作了修改，使得海外捐赠可以获得减免税(国内捐赠则不行)。藤原修(Osamu Fujiwara)写道："一般说来，在美国的日本公司比在日本国内的公司对社会责任更加敏感。"㉙

而且自20世纪90年代以来，越来越多的市民群体参与到项目制定和文化外交中，替代了政府资助。这些组织的领导往往就是前政府官员。因为这些组织的数量太大，所以很难精确地评估非政府组织的重要性。根据90年代早期的估计，日本非政府组织的总数超过了5 000个，自那以后这个数字又出现了急剧增长。㉚ 很多这样的组织主要集中做两件事，首先是了解外国文化，其次是组织交流和积极开展合作。对外国文化的了解在80年代曾经停顿下来，90年代又迅速增进，更好地了解外国文化成为了日本外交的一部分。日本外交的文化因素毫无疑义地从属于经济考虑达几十年之久，到80年代才获得了比较独立的地位。㉛

明治维新之后，日本着手执行"文化使命"，以确保其作为一个主权国家在西方主导的国际秩序中的地位，并同时在东亚和东南亚占据了主

㉖ Menju and Aoki 1995, 145. 遗憾的是关于90年代的情况没有现成的数据。
㉗ Katzenstein and Tsujinaka 1995, 98.
㉘ Fujiwara 1992, 10, 15—16.
㉙ Fujiwara 1992, 16.
㉚ 访谈01-01,06-01,东京,2001年3月13、19日。
㉛ Hirano 1988, 159.

导地位。自 1945 年以来，政府一直采取克制的态度，没有宣扬日本种族优越论或日本价值观。相反，文化外交在一开始是要实现双重目的的，即对外国人解释日本文化和价值观的特性，并为在海外的日本企业创造一个更为稳定的经济环境。但是，渐渐地，几十年来支撑日本文化外交的目标变了。文化外交的国际和地区因素变得更为重要，这体现在新行为体和新项目中。负责文化外交的那些人现在承认，文化不是商业的侍女，他们也不太情愿地承认日本在教授别人的同时，也必须向别人学习。

德国

在大屠杀之后，对于人们对纳粹德国的恐惧，德国政府的反应与日本完全不同。它不是像日本一样回避文化这个概念，而是使文化成为德国在由国家组成的团体中进行重建的最重要、最吸引人的中心环节。查尔斯·梅尔写道："如果文化是一种世俗魅力，那么国家就是使之神圣化的制度渠道。"㉜ 在德国，文化这个概念有两种不同的含义。就在 20 世纪 50 年代，很多德国人还将文化和文明区别开来，前者指对高层次艺术、科学和道德的内在欣赏，而后者是指相当礼貌的行为的外在表现。文明是可以传输的，文化却不行。㉝ 自 50 年代以来，在德国外交的推动下，文化这个概念又产生了第二个国际化的定义，大约可以翻译为"世界人文主义"(cosmopolitan humanism, *Bildung*)。

据说约瑟夫·戈培尔(Josef Goebbels)曾经开玩笑说，一听到"文化"这个词，德国政客们就会伸手，不是去拿枪，而是去拿钱包。文化是一个大产业。20 世纪 80 年代晚期有了第一份全面分析德国文化产业的经济重要性的报告，该报告在结论中说文化产业雇佣了 68 万人，每年创造的价值达 400 亿德国马克，其中核心文化产业创造的价值大约占总数的一半。文化产业比航空和办公设备业要大得多。文化行业的总量就增值而言相当于能源，就就业而言相当于农业以及服装和纺织品，就投资而言相当于机械行业。㉞ 在 90 年代后期，公司慈善事业——9 500 个基金会，总资产超过 500 亿德国马克，年支出约 8.3 亿马克——只占到公共部门每年对各种文化事业投入的 160 亿马克中的 5%。㉟ 德国对文化事务进行公共补贴的慷慨体制支持了文化外交中的提案，德国政府以这些提

㉜ Maier 2002, 19.
㉝ Herf 1984, 224—227.
㉞ Bundesministerium des Innern 1990, 9—10.
㉟ König 1999, 30.

案使国家在1945年以后得以恢复常态。

1949年以后,德国的文化外交树立的是一种"正常"(normality)的形象——这与法国的做法正相反,法国试图树立"伟大民族"(national greatness)的形象。㊱ 德国人一直将文化意义上的国家和政治意义上的国家明确地区别开来。德国1949年以后的分裂是一个政治行为,德国文化延续下来,成为最终统一的基础,也是冷战期间两方为"真正"代表德国和德国文化而开战的战场。这其中显然没有因为国家利益而明确采用文化宣传手段。相反,在20世纪50年代,文化外交被看做是间接支持了德国出口。在"德国制造"成为德国这个贸易国的荣誉徽章的时代,"学德语"和"买德国货"被看作是密切关联的两件事情。那些年德国的文化外交经历了重大变化,50和60年代颂扬经济产品和语言教学,70和80年代颂扬对话和合作,1990年统一以后则是两种元素的混合。㊲ 一度认为要在"自我表象"和"对话"之间进行选择;但是在90年代"作为自我表象的对话"(dialog as self-representation)越来越成为理所当然的选择。㊳

在战后的头二十年里,德国的文化目标是要以歌德和席勒取代人们对奥斯威辛和布痕瓦尔德的记忆;20世纪50年代采取的措施是恢复对外文化联系和语言教学,60年代是加强德国在整个第三世界的文化存在。在这些工作中,德国依靠的是文化外交的传统手段,在海外创办德语学校,培育学术交流。70年代在维利·勃兰特(Willy Brandt)总理的领导下,社会民主党—自由民主党(SPD-FDP)联盟政府采取了新的纲领,扩大了文化外交概念的内涵,纳入了流行文化和将外国文化引入德国的内容。外交部的文化外交机器针对这些新目标进行了适应性调整,文化外交成了德国"积极和平政策"(active peace policy)不可分割的一部分。1977年,政府明确增加了文化外交的欧洲维度,认为政策"必须帮助实现欧洲在文化维度上的政治一体化。"㊴1980年改革的十年结束了,当时召开了一个重大会议,来自42个国家的代表出席了会议,这使得德国的文化外交明确地承担起了国际使命。

尽管这些变化都是以实现德国在20世纪70年代的合法化为目的,

㊱ Znined-Brand 1997, 12.
㊲ Markovits and Reich with Carolyn Höfig 1997, 189—193. Znined-Brand 1997, 35—38, 43—45, 54—61, 72—75.
㊳ Herrmann 1994, 75. Werz 1992, 254.
㊴ Znined-Brand 1997, 57.

但社会民主党领导的政府还坚持要在海外的自我表象中采取它所认为的均衡模式。在国内政治极度混乱的时候——大范围的示威、恐怖袭击和对公务员岗位申请人的政治审查——政府想要影响德国在海外的自我表象。在70年代，一些文化项目引起了政治争议，著名作者如君特·格拉斯（Günther Grass）和海因里希·伯尔（Heinrich Böll）控告波恩非法干预艺术自由。在80年代，这样的争议断断续续地持续着，当时执政的是赫尔穆特·科尔（Helmut Kohl）总理领导的保守政府。政府倾向于支持在海外教授德语，而不是像70年代那样开展内容更加丰富的文化外交，但是实际政策对两种方式都给予了支持。

冷战的结束，以及在德国重新燃起的对东欧的兴趣，巩固了80年代开始的对语言和文化的再平衡。对作为商贸语言的德语需求量很大，对传统德国文化的需求也释放出来，强化了这种再定位。但是，政策仍然是支持多边方式，只要有可能就坚持与无数的海外伙伴组织合作。人们认为支持德国文化和语言的政策并不能取代英语和美国流行文化的吸引力，而只是一种补充。90年代，统一的德国重新清晰地阐释了它在欧洲和世界上的角色，此时德国文化外交的不同部分走到了一起。

德国统一使一些文化差距更加突出，这些差距继续将东部和西部分离开来。西德政治体系中的很多左派和右派被一种潜在的反美主义联合起来，他们将东德看作是德国文化的真正继承人，没有受到西方商业主义和堕落文化的污染。相比之下，东德艺术家和知识分子总体支持统一。⑩ 但是市场经济的到来，使东德文化摆脱了其政治之锚。联邦政府对东德文化产业的崩溃十分担忧，因此一次性补贴了9亿马克，足以帮助东德文化机构生存下来，但是要按照他们过去的水平来运作就不够了。政府政策继续强调国外的语言教学，尤其是在东欧的语言教学。外事办公室大量借用了东德的项目和做法，然而却没有依赖东德的工作人员。其结果是加强了德国的文化影响力。⑪ 统一之后，德国时时面临自我身份模糊性的问题，这个问题也反映在德国的文化外交中。

在文化和文化外交的问题上，简单化地谈一个德国是不恰当的。在德国的联邦体系中，文化事务是各州的特权，而不是中央政府的特权。在联邦层面，文化政策是由各部制定的，包括外交部、内务部、财政部、教育科学部、妇女家庭事务部，以及经济合作和发展部。地区和地方政府，

---

⑩ Lepenies 1999b.
⑪ 访谈 02-01、04-01，柏林，2001 年 5 月 23、25 日。

以及大量的独立组织在各种不同的公共机构的指导下贯彻执行政策。1998年,新设立的文化事务国务部长(State Minister for Cultural Affairs)一职,在美国会被叫做"文化沙皇"(culture czar),是一个没有任何实质权力基础但又在联邦政府非常引人注目的职位。地方分权也许是文化外交的明显特征,但是联邦政府发挥着重要的作用。对德国建立伊始的民主制度,国际上普遍持怀疑主义态度,在这种情况下,1952年外交部成立了文化事务司,将文化作为德国外交除经济和政治以外的"第三根支柱",意在改善国际环境。外交部的文化司有10个处,100名雇员,只负责直接监管政府在海外经办的学校。

所有其他事务,德国政府都依赖独立的合同商,他们接受外交部的间接监管。[42] 德国使馆有文化专员,他们与其他大量开展德国文化外交活动的半公共机构进行密切合作。这些机构包括歌德学院(the Goethe Institute)、德意志学术交流中心(the German Academic Exchange Service)、德意志研究委员会(the German Research Council)、亚历山大·冯·洪堡基金会(the Alexander von Humboldt Foundation)、国际交流中心(Inter Nationes)、对外关系研究院(the Institute for Foreign Relations)和德国之声(the Deutsche Welle)——这是一个包括电台、电视和网上节目的项目。这些半公共机构给了外交部信心,坚持文化外交不是政府或党派政治的侍女。

1969年拉尔夫·达伦多夫(Ralf Dahrendorf)担任社会民主党和自由民主党联盟政府首任负责文化事务的国务秘书,他发表了一篇演讲,在演讲中他呼吁"将重点从国家外交政策转移到社会外交政策上来"。[43] 事实上,政府的文化外交和德国所谓的"社会外交"差距并不大,"社会外交"就是各种社会组织的外交政策。要全面计算活跃在这个政策领域的组织是很困难的。除了约12个联邦层面的部、16个州、几十个地区和成百上千个城市和社区外,也许有多达200个公共、半公共和私营组织在参与德国的文化外交。对德国在拉美和苏联的文化外交的案例研究表明,参与的机构范围很广,并且在不同的地区和政策领域之间也表现出多变性。[44] 例如,在发展中世界里,政策主要集中于技术、职业培训和提供信息。因为经济合作部提供的资金在它与合作组织的预算中占了很

---

[42] Mitchell 1986, 75—77. Werz 1992, 249—250.

[43] Werz 1992, 254.

[44] Scherfenberg 1984. Lippert 1996.

大一部分,所以与外交部相比,它的运作要集中得多。它对技术变化的问题也更敏感,包括电子媒体。相比之下,外交部才刚刚开始认识到新媒体对文化外交的重要性。㊺

歌德学院也许是联邦政府所依赖的最重要的半公共机构。它成立于1951年,随后的50年里总部一直设在慕尼黑,2001年与国际交流中心(过去曾是政府主要的公共关系组织)合并后总部搬到了波恩。歌德学院有计划地开展活动,主要目的是在具有不同传统的各种平等文化之间进行调解。但是德国统一和东欧国家的"回归"欧洲促使它在1997年制定了新的纲领。歌德学院开始重新将活动重心放到它的核心竞争力——语言、文化和艺术上,部分也是由于预算的原因,它进行了局部转移,重新强调精英文化。

在20世纪90年代早期,歌德学院大约有3 000名雇员,在73个国家经营着161个学院,每年主办14 000场活动。㊻它支持文化外交的多边主义,支持对话模式,不仅"出口"德国语言和文化,也"进口"外国文化。歌德学院大约将预算的1/5花在德国境内的活动上,包括对外国工人开设语言课程。截至90年代中期,25个语言培训中心有9个都设在德国。

在20世纪80年代中期和90年代后期,歌德学院和联邦政府的文化外交在政治自主和政府干预的适当平衡问题,以及项目内容和资金投入的优先项问题上产生了政治争议。这些偶尔发生的争吵从来没有质疑过这样一个前提,即德国的文化外交应当服务于政治目的,而不是经济目的,而且应当由公共和私营部门合作进行。用歌德学院董事会秘书长约阿希姆—菲利克斯·莱昂哈德(Joachim-Felix Leonhard)的话来说,就是"对外文化关系始于国内"。树立"良好的海外形象"不再是德国文化外交的主要驱动力。㊼ 在2000年的一篇重要演讲中,外交部长乔西卡·费舍尔(Joschka Fischer)重新强调了德国文化外交的中心作用,称之为"旨在预防冲突和维护和平的外交政策中不可分割的组成部分"。㊽ 文化外交不再是"第三根支柱",而变成了德国外交和安全政策不可分割的一部分。

㊺ 访谈02-01,柏林,2001年5月23日。
㊻ 访谈02-01,柏林,2001年5月23日。
㊼ Sittner and Steinfeld 2001. 访谈02-01,04-01,柏林,2001年5月23、25日。
㊽ Auswärtiges Amt 2000, 6.

国家对世界的开放

在人们对世界政治进步日益持开放态度的环境下,一个重要表现是民族方式的差异,而不是全球融合。到了 20 世纪 80 年代,日本的文化外交主要是为经济服务。它仍然深深根植于特定的民族观,几十年来一直试图指导别人去欣赏日本的独特性。然而,自 70 年代后期以来,出现了实实在在的变化的迹象,转向更加开放的政策态势。这一转变一方面体现在县和社区、非政府组织和公司慈善业发挥的作用越来越大,另一方面体现在政策重点的扩展,从联合国和联合国教科文组织到美国和东南亚。日本的文化外交体现了它的民族性定位以及亚太地区重要性的逐步提升。像日本一样,德国的文化外交反映的是国际化的进程。从德意志联邦共和国成立之时起,文化外交就是实现回归国际社会的重要工具。德国的国家权力受到极大的限制,德国不再独自行事,而是和国内外伙伴合作,这逐步成为一个根深蒂固的习惯。与日本相比,给人留下深刻印象的是,德国的文化外交具有更明确的国际目的和背景。但是两个案例都指向一个中心结论:国际化创造了面向世界保持开放的民族方式。

亚洲和欧洲的流行文化

文化全球化也使得亚洲和欧洲保持开放。日本的大众文化业是一个高盈利产业,其产品在亚洲市场销量很好。与日本政府传统的岛国方式形成对比的是,日本富有活力的资本主义建立了具有高度竞争力的流行文化业,从日本的动漫,到日本式的娱乐(卡拉 OK),再到日本弹子机(pachinko)和时尚,都是如此。日本还是美国文化产品和产业活动的过滤器,是亚洲地区文化商品化的最成功范例。它以市场为导向,正在整个东亚地区的城市里开创一种集体消费文化。[49] 与之形成鲜明对比的是,德国和欧洲的流行文化产业缺乏活力,因之也就无法延伸到地区和国际市场,也无法与美国产品竞争。相反,欧洲更是一个政治组织,试图通过政治手段阻止美国对欧洲文化市场的主导,可是并不太成功。

---

[49] Shiraishi forthcoming.

日本流行文化在地区的传播

日本公司出口大众文化的能力比日本国家出口精英文化的能力更强。"形象联盟"(image alliances)将不同媒体的产品联系起来,生产出在地区市场上极具竞争力的创新产品。日本的流行文化在艺术上富有创意,在经济上生气勃勃,正在产生广泛的吸引力,尤其是在亚太市场。日本具有成功进口从篮球运动到圣诞节活动一系列文化产品的长期传统,这样一来,日本就有了比较优势,从西方获取文化技术然后将文化产品根据地方需求改造之后再卖到海外市场,尤其是东南亚。[50] 在这些市场上,日本产品完全被理解接受下来。[51]

自20世纪90年代早期以来,日本的大众文化就以惊人的速度在整个亚太地区传播。1990—2002年间,日本流行文化产业在海外获得的特许使用费(foreign royalties)就增长了300%,达到125亿美元。[52] 岩渊功一(Koichi Iwabuchi)认为,当代日本出现的新亚洲主义,就是"通过流行文化和城市消费与亚洲其他国家建构文化相似性"的产物。日本的文化产业"更多地涉及到如何去掉文化产品的'日本味',使它们在亚洲能够被接受,而不是直接出口日本的文化产品"。[53] 简言之,通过转化西方的休闲产品和城市消费主义的生活方式,日本的文化产业正在日本和亚洲的其他地方及亚洲以外的地方之间创造一种新的相同感(sameness)。生活在快速发展的"中产大众"(middle-mass)社会中,年轻一代正在改变着日本大都市的生活方式,并在较短时间内波及到整个东亚地区的主要城区。吸引城市中产大众的既不是传统民间艺术也不是西方的高雅文化。这批人处在一个尚未定型的开放文化空间之中,已有的文化活动或产品已经满足不了他们的需求。[54] 日本制造商已经做好准备去满足这种新需求。日本的印刷和电子产品是在高度竞争的国内市场上发展起来的,既体现了想像力又代表着高质量,同时还反映了规模经济和跨媒体的搭卖行为,产生了大量副产品,并且有着强有力的配送和营销渠道,创造着丰厚的利润。弗雷德里克·肖特认为,日本流行文化的成功"从根本上看具有更普遍的象征意义——也许象征着战后各工业国人民之间的'思想

---

[50] Iwabuchi 1998, 165—166, and 2002.
[51] Shiraishi 1997, 234—235.
[52] Faiola 2003.
[53] Iwabuchi 1994, 227—228.
[54] Honda 1994, 76. Iwabuchi 1994, 239.

 融合’，他们都生活在相似的（但稳步缩小的）物质世界里，这个世界由汽车、计算机、大楼和其他人造物品和系统构成。”(55)

从星空卫视（Star TV）和传真机到个人电脑、移动电话和个人寻呼机，亚太地区的年轻用户对通讯革命非常欢迎，而通讯革命又极大地推动了大众文化的传播。结果所反映出来的日本形象和价值观与半个世纪前完全不同，当时非常典型的是有限的个人自由、普遍的自我牺牲精神、绝对服从权威的人际关系和对种种个性张扬的压制。日本的文化产品清晰地表现了当代日本中产大众的价值观和追求——追求浪漫和性的自由、个人和他们生活工作所处的组织之间的紧张关系，以及居住在城市的人们对人与自然共处的渴望。自20世纪90年代中期以来，日本的大众文化产品和生活方式就变成了席卷整个东亚地区的时尚前沿，成了好莱坞的补充或替代。

以流行音乐为例。日本流行音乐的影响在香港明星张学友等的歌声中非常明显。千叶美加（Chiba Mika）就是一位专为东亚市场打造的日本明星，她在日本几乎不为人知，但是在台湾、东南亚和中国却成为大获成功的案例之一。她的事业是针对外国市场策划的，从一个侧面反映了日本文化产品的普遍吸引力。(56) 日本音乐产业谋求“概念”出口，制造亚洲明星已成为其地区化战略的重心，索尼称之为“亚洲主业”（Asia Ma-
163 jor）。(57) 在全东南亚进行的试听是公司为努力打开地区音乐市场所采取的联合行动之一。但这还不是全部。当地的积极推动和顾客的快速反应使日本流行文化得以广泛传播。摇滚明星借用日本的流行金曲生产面向亚洲市场的流行音乐，利用香港传到全亚洲。新的过渡性风格如华语流行音乐（Mandopop）已经出现，并且受到巨大的亚洲市场、美国的亚洲移民大群体，以及迅猛发展的互联网的推动。地区流行文化正在兴起，这是动态的地区进程的结果。

日本漫画或日式漫画（manga）表现了另一种类型的过渡：文化产品进口和出口之间的密切关系。日本的文化产业是一根传送带，传送着来源于美国的文化潮流。通过对美国产品的吸收和细微改动，日本艺术家创造了一种亚洲消费者更容易理解的大众文化。适应性调整可以创造出全新的艺术：例如，手塚治虫（Osamu Tezuka）就受到了华特·迪斯尼

(55) Schodt 1996, 339.

(56) 新索音乐娱乐（Sony Music Entertainment）正在采用同样的策略将哥伦比亚的摇滚明星夏奇拉（Shakira）介绍到美国市场，她在拉美的唱片销量已超过800万张。Orwall 2001.

(57) Iwabuchi 1994, 237, and 1998, 170—173.

(Walt Disney)和美国卡通的极大影响。但是他延伸了故事线索,并将电影技术引入他所绘制的形象中,为日式漫画的革命做出了贡献。结果就产生了一个图像化的包括 300 多本书的故事。(58)

手塚治虫的图像化叙事天才推动了日本一个生气勃勃的大产业的建立,这个产业日益与亚太地区的出口市场联系起来。日本对美国文化产品的过滤抵消了一些国家特色(无论是美国特色或是日本特色),在全地区创造了更强劲的吸引力。日本一家领先的出版商已经开始在东京训练东亚的卡通作者;他们随后会在国外工作,会盗版日本产品,并通过国内市场将日式漫画传播开来。随着知识产权在亚太地区得到越来越有力地保护,日式漫画日益上升的吸引力为日本公司开辟了广阔的出口市场,这个市场将会变得非常庞大并带来丰厚的回报。这不仅仅是一时的文化狂热,而是真正的文化和商业创新。

日式漫画更像是图像化的小说。形象叙事(visual storytelling)作为一种日本的艺术形式,可以追溯到一千年前。漫画不仅仅是给孩子们看的。诚然,男孩子和小伙子是漫画的目标市场,3/4 的日式漫画都是迎合他们口味的,(59)但是日式漫画的目标消费者却包括了不同的年龄群体、社会经济阶层和性取向的人。日式漫画已经成了日本文化的主要特色。1980—2003 年间,每年出版的日式漫画书和杂志从 10 亿册增长到 22 亿册——售出册数占日本总体印刷出版市场售出册数的 40%,收入占总收入的 25%。(60) 这意味着每个日本人,包括孩子,一年要看 15 本漫画书。日式漫画一般有 400 页,每周一期。按照页数来算,美国漫画的价格是
日式漫画的 7 倍。日本平均每天出版 20 册新漫画,每月出版的新漫画 164
超过 500 册。(61) 在高度竞争的市场上,日式漫画艺术家和出版商常常进行读者问卷调查,以确定读者的需求和兴趣。读者不满意的系列很快就会消失。

每个成功的日式漫画都会经历自己的产品周期。20 世纪 90 年代最热门的漫画之一《美少女战士》(*Sailor Moon*)系列就是一个很好的例子。(62) 在漫画书成功销售 3 个月之后,被制作成了动画片在电视台播放。同时,漫画中出现的新奇的小物件和道具也开始出售。半年后,系列连

---

(58) Shiraishi 1997, 237.

(59) Schodt 1996, 82.

(60) Schilling 2003. 尽管该产业遭遇了 7 年萧条,但是这些数字还是很可观的。

(61) Schodt 1996, 19, 23. Shiraishi 1997, 237, 250. Natsume 2000, 2.

(62) Kondo 1995, 6. 亦见 Shiraishi 1997, 239—240, 253—254, 265, 270.

载图书上市，创造的利润比杂志要高得多。两个月后，从电视动画片中选辑而成的“电影版”漫画开始销售，一年内动画片的录像带也上市了。最后，在学校寒暑假期间，动画版电影发行并在影院上映。片中音乐的演唱会上演；以原漫画为基础创作的电脑游戏产生了；一组原创画非常精美地装辑出版了。在《美少女战士》成功运作、取得惊人业绩的头两年里，有5 000多种新奇产品和20种电脑游戏上市。(63) 1996年，日本动画片中最受欢迎的角色之一龙珠Z(Dragon Ball Z)仅在商品销售中就在全世界赚了29.5亿美元。(64) 白石沙耶认为漫画和动画之间的“形象联盟”是多媒体产品周期的基础，这使得日本大众文化产业独树一帜。(65) “日本动画”是将日式漫画中的角色和故事情节翻译成动画而形成的。

日本动画在地区广为传播。例如，香港漫画书产业的巨大发展就是以盗版日本漫画为基础的。香港漫画与黄玉郎(Tony Wong)这个名字是分不开的，黄玉郎是玉郎(*Jademan*)漫画的创作者。但是到了20世纪90年代早期，由于本地漫画出版商的销售量大增，他们开始要获得执照才能从事日式漫画的合法翻译和营销。到1993年，日本漫画控制了香港市场的50%。盗版日本漫画也是台湾漫画发展的一个重要因素。范万楠(Fang Wennan)经营的东立出版公司(Tong Li Publishing Company)“自命为‘盗版漫画王’”，在15年间出版发行的书目达1 000多个。(66) 大多数走私的漫画都是供给出租商店的，这些店到90年代日本动画电视节目在台湾每天播出后才衰落，当时日本动画电视节目全天播出，不仅动画频道播，其他电视网络也播。此外，台湾和香港是进入中国这个庞大市场的门户，这个市场对日本漫画也表现出了很高的接受度。80年代第
165 一部在中国播出的外国电视动画片就来自日本；日本漫画卖得非常好；漫画角色商品在全国，包括在国营商店里，都很容易买到。(67)

但是日本文化产品并不具有普世的吸引力。在泰国，你会听到人们谈论日本的文化帝国主义，菲律宾抵制日本漫画的吸引力。事实上，菲律宾政府偶尔会对日式漫画和动画下禁令，因为其中含有暴力和色情内容。但是，从韩国的情况来看，菲律宾是一个罕见的例外。几十年来，韩国政府完全禁止进口日本文化产品。但即便是在1998年韩国尝试性地

---

(63) Kondo 1995, 6. Grigsby 1998.
(64) Mullen 1997.
(65) Shiraishi 1997, 235.
(66) Schodt 1996, 306—307.
(67) Shiraishi 1997, 268.

对日本文化产品开放市场和2002年市场完全自由化以前，韩国也已经受到了日本动漫的深刻影响，现在日本动漫控制了韩国70%的市场。(68) 韩国的动画电视台大量依赖日本进口，甚至在市场开放以前，就常常突破外国动画产品须低于30%的限制。1995年韩国进行了政策调整，目的是增加国内的动画制作，但是收效甚微。(69) 然而，近年来，韩国的自信日益增强。1998年，政府启动了第一个5年文化计划，自那时起韩国的文化出口（电影、录像、电视节目）翻了一倍。日本和韩国流行文化的融合正在以飞快的速度进行着，尽管两国之间在历史记忆方面还有一些争议和悬而未决的问题。(70)

白石沙耶总结道："日本流行文化正在变成亚洲流行文化。"(71)经过几十年显著的国内发展，日式漫画和动画产品正转向出口市场，主要是亚太地区，但也面向全球，谋求未来发展和经济利润。口袋怪兽（Pokëmon）使日本公司看到，地区和世界市场可以产生巨大的利润。地区传播是在海外网络的大力协助下完成的，而且借助了年轻人的力量，在亚洲他们利用万维网盗版日式漫画和动画产品，在美国他们利用网络组织发烧友俱乐部。

这个进程不是单向的。日本出版商有意支持台湾的青年艺术家，例如，将他们在台湾出版的旗舰杂志的40%的页面留给本地作品。外国漫画艺术家也逐渐在进入日本市场：日本公司已经开始将越南艺术家带到日本，对他们进行培训，然后再将他们送回到日本在越南的分公司。这与音乐产业的发展是相似的。日本公司与日本歌手签约，对他们进行语言培训，并将他们送到国外去唱外文歌。(72) 日本流行文化的出口创造了有利于混合培养（hybridization）的反潮流（countercurrents）。艺术创造力 166
仍然是大众文化产业的核心。只要有创造力，日本的多国形象联盟就会帮助其流行文化产业进入亚洲市场，新兴城市中产大众的需求显然是永不知满足的，这种需求拉动了这个产业，而且这个产业能够在不同的国情中进行复制。

日本家庭电视剧，而不是西方的肥皂剧；日本的恐怖电影，而不是西方版本的金发碧眼的人物；人们熟悉的可爱的口袋怪兽，而不是米老鼠；

---

(68) Chung 1997, 58—59.
(69) Yu 1999, 38—39, 47—52.
(70) Onishi 2004.
(71) Shiraishi 1997, 236.
(72) 访谈06-99，东京，1999年1月7日，09-00，东京，2000年1月7日。

很容易变成卡拉 OK 版的日本流行歌曲,而不是且歌且舞的美国乐队——所有这些文化产品都在亚洲销售,因为它们与亚洲各国现有的文化艺术剧目能产生更全面的共鸣。[73] 但是这种地区流行文化在亚洲以外也在传播。20 世纪 90 年代后期日本漫画给停滞的德国连环画产业注入了新的活力,日本的儿童漫画系列,如《口袋怪兽》和《龙珠》,成了德国电视台的热播动画片。日本制作的最流行的电影是动画片《千与千寻》,它与另外一部影片共同获得了 2002 年柏林国际电影节的金熊奖。[74] 20 世纪 90 年代是日本的"国民酷总值"(Gross National Cool)时代[75],这说明约瑟夫·奈在 90 年代初提出的日本缺乏"软权力"的观点是错误的。[76] 日本的软权力部分来自日本一百年来对外国影响的翻译和吸收;部分来自于日本睿智完美的营销策略;部分来自于艺术家的杰出创造力。在一个由多孔化地区构成的世界中,流行文化使日本成为了引领生活方式的超级大国,这样的超级大国不一定非要依赖军事或经济强权。

德国的流行文化和美国化

德国和欧洲被淹没在流行文化的海洋中,这些流行文化大多来自美国,欧洲流行文化的政治关注点是进口而不是出口。"美国化"指的是不同的社会阶层、群体和年龄层次的人对美国大众文化的吸收,以及这些群体创造他们自己的次文化(subcultures)的过程。[77] 自第二次世界大战以来,美国无可争议的领导地位使得"美国生活方式"对于德国人和欧洲人来说变得既抢眼又可以实现。美国化既有褒义又有贬义,褒义包括民主、资本主义、富足、现代化、宽容和启蒙,贬义包括非欧洲、劣等文化、肤浅、物质主义和利欲熏心。"自我美国化"(self-Americanization)[78]、"自我殖民化"(self-colonization)[79]和"文化混合"(cultural creolization)[80]等概念强调的都是德国人在选择使用美国大众文化产品方面所发挥的主动性。1958 年 10 月"猫王"埃尔维斯·普莱斯利(Elvis Presley)加入了驻德美军——平头、军人打扮等等——德国报纸的头条就成了"埃尔维斯·普

---

[73] Tadokoro 2000-2001, 24. 访谈 03-01,04-01,东京,2001 年 3 月 15 日。
[74] Rosenbach 2001. Hammerstein 2001. Pilling 2002.
[75] McGray 2002. Leheny forthcoming.
[76] Nye 1990.
[77] Jarausch and Siegrist 1997, 14—16.
[78] Maase 1997, 223—226.
[79] Wagnleitner 1994, 2.
[80] Kroes 1996, 164.

莱斯利正在变成德国人”。(81) 1971 年德国人共购买了 3.41 亿本平装小说(*Groschenhefte*),最流行的故事情节,用一个出版商的话来说,就是德国作家写的“德国式的西部小说”(the German Western)。其实这些作家中有很多人从未到过美国。这是 19 世纪获得巨大成功的作家卡尔·梅(Karl May)在当代的翻版。(82)

美国主导着欧洲的流行文化,最重大的例子就是好莱坞。美国对德国的电影出口从 20 世纪 50 年代才慢慢开始,但是随着 60 年代那一代人的变化而获得了推动。这股潮流也塑造了大众电视市场:到 70 年代中期,在德国公共电视频道上播出的电影几乎有一半都是美国片。欧洲委员会 80 年代中期发布了一份报告,该报告估计未来欧洲电视每年将播出 12.5 万小时的新影片和娱乐节目,但是其中欧洲制作的电影和节目不到 5 千小时。(83) 1987 年,全球电影电视出口的 79% 来自美国。(84) 但是,事情的发展出现了变化。90 年代美国的演播室由于要价太高开始从全球电视市场中退出,本地制作人开始大规模创作电视节目和电影。2001 年,尼尔森(Nielsen)的一份调查报告显示,在 61 个国家里,排名前十位的电视节目有 71% 都是本地制作的。电视黄金时段热播的不再是美国电视节目,外国广播公司制作的节目在高端市场非常具有竞争力。(85) 在低端市场,真人秀节目表明欧洲可能成为未来电视创新的中心。

然而,这些并不代表好莱坞的影响。尽管欧洲的电影产业在某些国家享有补贴,但是整体产业资金不足、主题缺乏创意、技术落后,并且对全球上映网络缺乏有力的控制,而这些正是好莱坞在世界市场上的竞争优势。在随机抽取的 1990 年代的四个年份中,美国电影在所有年份和所有国家市场上的最受欢迎电影中占了一半以上。(86) 1998 年,美国电影的市场份额在意大利和法国最低(约 50%),在英国、比利时和荷兰最高(80%—85%),在包括德国的所有其他欧洲国家居中(65%—75%)。(87) 在德国,影院放映的电影中只有不到 1/5 是德国制作的。国产电影偶尔
可以占到市场的 40%,比如在法国或意大利,但是所有欧洲电影在国外 168

(81) Maase 1997, 219.

(82) Haufler 1997, 405.

(83) Bertlein 1989, 132.

(84) Wagnleitner 1994, 249—251.

(85) Kapner 2003, A8.

(86) Laitin 2002, 68. Bertlein 1989, 131—132.

(87) European Commission 2000a, 516.

市场的竞争力都很弱。尽管新德国(New German)影院偶尔也会掀起国际热潮,但是利用德国税法将柏林—巴伯斯贝格(Berlin-Babelsberg)——该地在20世纪30和40年代是好莱坞最狂热的模仿者——打造成德国和欧洲电影工业重地的努力痛苦地遭遇了失败。[88]

这并不是要否认欧洲的文化创新,欧洲的确出现了无数的文化创新。威廉姆·E.施密特(William E. Schmidt)注意到,在90年代有一些迹象表明美国的流行文化霸权几十年以来头一次受到了欧洲的挑战,在音乐和时尚方面的欧洲意识开始显现。[89]例如,欧洲音乐电视(MTV Europe)就是模仿美国电视频道制作的,但是它播出的音乐和时尚节目美国的年轻人几乎都不了解。90年代的欧洲艺术电影(art films)和德国流派电影(genre films)表现了一种文化融合,这种融合比风格独特的德国电影(指导演创作剧本、制作电影、表演并推广电影的模式)的单纯消失所体现的文化融合程度更为深刻。德国流派电影轻松娱乐,比70年代新德国影院电影的美国版还要更美国化。[90] 在当代欧洲,最具渗透性的唯一文化影响力仍然是美国流行文化,而不是欧洲本土文化。

在流行音乐界有一个例外。欧洲是全球市场的一部分,这个市场被英文歌曲所主导,但是每个欧洲国家的流行音乐都有自己的版本。相比电影业而言,在流行音乐界欧盟有三个主要的公司(英国的百代、荷兰的宝丽金和德国的博德曼),它们总共占据了世界市场40%的销售额。欧洲的流行音乐是由全球潮流塑造的,包括美国的发展,但是它也具有自己独特的地区和民族元素。摇滚乐始创于20世纪50年代,当时它完全是美国式的;但是后来经过改编融入了德国工人阶级文化,这清楚地表明"自我美国化"在起作用。到80年代德国的摇滚乐已经创造出了自己独特的"新德国浪潮"。[91]

地区性的欧洲流行时尚的发展加速了国家边界的模糊,这种流行时尚结合了欧洲电视网的歌曲音乐会和度假胜地伊比沙岛俱乐部的迪斯科音乐。[92] 瑞典迪斯科组合,如ABBA,和意大利的拥有高科技音响效果的"欧洲节拍"(Eurobeat)使英国的录音公司相信,现在是时候了,不仅要为美国市场制作唱片,也要为欧洲市场制作唱片。电子音乐发源于底

---

[88] Pauly 2001.
[89] Schmidt 1993. Laitin 2002, 67—74.
[90] Gemünden 1998, 211—213.
[91] Dirke 1989.
[92] Laitin 2002, 70—74.

特律。20 世纪 90 年代早期,德国的电子音乐运动经历了爆炸式发展,并及时传达了爱、和平和统一的讯息。90 年代末,柏林年度音乐盛事"爱的游行"(the Love Parade)的电子音乐吸引了 130 万乐迷到德国首都来参加这个狂欢。2002 年,"爱的游行"成了国际盛事,在维也纳和利兹都举办了类似的活动。电子音乐演变出了不同的民族风格,比如英国的"丛林"(jungle)和德国的"恍惚"(trance)。

在大多数其他以抒情歌谣为主的流行音乐样式中,欧洲和美国的界限是模糊的。欧洲的说唱歌谣介于纯粹模仿美国和完全独立于美国模式之间。[93] 在欧洲市场,非英文歌曲能在本土以外的市场获得成功的例子是非常罕见的。[94] 英语的普遍深入影响是形成与美国市场相联系的地区流行音乐文化的一个重要渠道。地区市场不是一件紧身衣。德国音乐人 Sach!(原名萨夏·拉普森,Sascha Lappessen)在 1997—1998 年期间有 5 首流行金曲,这些歌曲的曲名涉及 3 种语言,但没有 1 首是德语。[95] 德国约有 1/5 的排行榜金曲是本国制作的,比从欧洲进口的曲目(约 15%)只是略微多一点儿,但是比从美国进口的曲目数量(一般在 40% 左右)要低很多。排行榜金曲中有 1/4 到 1/3 的曲目国别不明,这说明对很多听众来说歌曲"来源"并不怎么重要。[96]

与日本相比,德国的流行文化没能成功地制作和销售产品,也没能在欧洲产生广泛的吸引力。但是德国的媒体巨头已经成为世界市场上最大的公司。有的获得了令人瞩目的成功,如贝塔斯曼(Bertelsmann),也有的彻底破产,如基尔希(Kirch)。这些企业能够联合,是因为它们对迅速增长的媒体市场进行积极投资充满兴趣,但另一方面,它们对所传播的文化信息有什么内涵则完全没有兴趣。

贝塔斯曼 2000 年的财政收入约有 150 亿美元,是世界第三大娱乐公司,仅排在时代华纳和沃尔特·迪斯尼之后。[97] 贝塔斯曼在 20 世纪 90 年代中期与遭遇现金困境的美国在线(AOL)建立了关系(其 5 000 万美元和 2.7 亿美元的两小笔投资估计最终分别获得了约 25 亿美元和 70—80 亿美元的回报),它拒绝了美国在线的合并建议,但又在收购中输给了

---

[93] Androutsopoulos and Scholz 1999,21.
[94] 例如,1999 年 2 月 9 个欧洲国家歌曲排行榜的 10 大金曲或 20 大金曲总计达到 170 首;其中 22 首单曲出现在两个或两个以上国家的榜单上,而 22 首中只有 1 首不是用英文演唱的。
[95] Laitin 2002,72.
[96] Laitin 2002,74.
[97] Barnet and Cavanagh 1994,68—111. Meyer-Larsen 2000,107—121.

时代华纳,不过这一结果最后看来对贝塔斯曼来说是幸运的。时代华纳在百代的收购案中也击败了贝塔斯曼。但是贝塔斯曼在54个国家拥有300家分公司和7.5万名员工,它的财政收入仍然在持续增长。公司在杂志、书籍和音乐领域实力雄厚,2001年它投资90亿美元,将其在欧洲最大的电视广播公司RTL集团中的股份从37%增加到了67%。

全球通讯市场崩溃之时,贝塔斯曼还在国际化和全球化之间举棋不
170 定。在20世纪90年代早期,首席执行官马克·弗月斯纳(Mark Wössner)在一次采访中坚持说:“我们公司是国际性的,不是全球性的。”(98)但是他的继任者,托马斯·米德尔霍夫(Thomas Middelhoff)却致力于全球化。1998年收购兰登书屋(Random House)后,贝塔斯曼又购买了矮脚鸡出版公司(Bantam, Doubleday, and Dell),成为了世界上最大的英文书籍出版商。贝塔斯曼利用互联网和电子贸易,与其最初的基于征订的图书俱乐部的形式有异曲同工之妙。2001年,贝塔斯曼财政收入的2/3来自于德国以外,比美国在线时代华纳20%的比例要高得多。尽管贝塔斯曼在电信业全球衰退中比大多数公司更好地渡过了难关,但是公司的大家长莱恩哈德·摩恩(Reinhard Mohn)还是解雇了首席执行官米德尔霍夫,并放弃了他积极推动的全球化战略。摩恩重新加强了对这个大家庭的控制,使之回到了国际化战略的轨道。

并非所有的德国媒体公司都经营得这么成功。例如,雷欧·基尔希(Leo Kirch)曾控制了德国最大的商业电视网络,并拥有世界上最大的节目和运动赛事数据库,包括世界杯足球锦标赛和一级方程式赛车。1996年基尔希实际上获得了好莱坞所有主要的电影公司未来10年的电影发行权。由于基尔希赌定数字技术对收视习惯会产生革命性的影响,所以投资了约60亿美元,购买好莱坞全部电影和电视节目的收视付费和按次计费权,但是这一注后来证明是下错了。基尔希的高额债务使他别无选择,只能在2002年春季申请破产。2003年基尔希媒体帝国被哈伊姆·萨班(Haim Saban)购买,他是驻在好莱坞的以色列亿万富翁,靠推广日本卡通发的家。

无论成败,德国的媒体巨头都一律只对通过媒体赚钱感兴趣,而无心打造任何信息。德国在全球范围运营的高科技电子媒体与其在次国家层面上经营的印刷媒体都一样。例如,1991年后,一个巴伐利亚的报业链带动了捷克共和国大量地区性媒体的发展。捷克的政客和学者对

---

(98) Barnet and Cavanagh 1994, 79.

这种文化融合和德国对捷克事务可能产生的干涉非常担忧。但是,《巴伐利亚信使报》(*Bayern-Kurier*)只会靠出版地区性报纸赚钱,不大懂得如何输出德国保守的政治观点。(99) 贝塔斯曼“不会在其媒体中公开推广某一政治信条。它的主要目标似乎是业务增长,而不是要当观念领袖。”(100) 莱恩哈德·摩恩,这个使贝塔斯曼在20世纪的后半期成为世界媒体巨头之一的人,对出版、印刷、音乐和互联网都不感兴趣。理查德·J. 巴尼特(Richard J. Barnet)和约翰·卡瓦诺(John Cavanaugh)说:“只要不是不体面的东西,卖什么他都一样高兴。他的激情在于创建成功的公司架构。”(101)

德国在流行文化市场中的位置必须要放到更大的欧洲背景中来考 171
察。有一个非常流行的政治笑话,也是法国人的噩梦,它把欧洲定义为一个人,这个人看的是日本制造的电视机播出的美国肥皂剧。的确,跨越欧洲的最普通的文化联系是由美国流行文化提供的。例如,美国电影在欧洲电视台无孔不入,这被看作是文化全球化的一个案例,在欧洲层面引起了政治反应,但是也没能加强欧洲的特色文化。欧盟采取了有力行动推动音像制品的跨国界流动。1989年出台的“无疆界电视令”(Television without Frontiers Directive)消除了欧盟成员国之间在电视信号传输和接收方面的主要法律障碍,并强制实行了一个颇有争议的进口无限定额计划,以减少广大观众与美国娱乐产品的接触。

美国节目有其内在吸引力:牢固的市场地位;欧洲工人阶级对美国文化产品由来已久的喜好(他们认为美国的文化产品不像欧洲的那么阳春白雪);以及美国市场的内部规模和多样性(不仅能产生规模效应,还容留了进行文化试验的空间)。欧洲委员会吹响了号角,号召欧洲开展文化防御,这一手段是很高明的:抵御“外国文化的掠食”对于各国政府是可以接受的,但是建构欧洲文化的集体身份的可接受度就要低得多。欧洲委员会与欧洲议会结成了政治联盟,与几个重要的成员国达成了同盟,尤其是法国和法国的文化部长雅克·朗(Jack Lang)。欧洲集体流行文化的概念并不存在,二十多年的政策失败已经证明了这一点,但是为了抵御“外部”世界、“保护”欧洲,人们很容易地就被动员了起来。(102)

欧洲政策的第一个具体表现就是MEDIA项目。经过多年痛苦的谈

(99) Jerúbek and Zich 1997, 161—175.
(100) Kleinsteuber and Peters 1991, 195.
(101) Barnet and Cavanagh 1994, 85.
(102) Theiler 1999, 73.

判,这个项目终于在 1986 年启动。它的目标是加强成员国之间电影和电视节目的交流,欧共体会提供一些贷款帮助低预算电影在欧洲发行、帮助小市场(包括地理市场和语言市场)制作人进行联合音像制作,并帮助实施 BABEL(即欧洲语言无障碍广播,Broadcasting Across the Barriers of European Languages)计划,提高翻译和配音技术。在 20 世纪 90 年代早期,为这些活动提供的基金落实到欧盟成员国居民的头上,人均不超过 0.13 个欧洲货币单位。[103] MEDIA 项目希望将欧洲电影在出产国以外放映的比率在现有的 20% 的基础上有所提高。[104] 欧洲化并非意味着通过去民族化改变电影的内容,而是要对欧洲制作人开放新的国家市场。[105]

《马斯特里赫特条约》第一次在文化政策领域对欧盟下了命令(尽管效力较弱)。然而,尽管欧洲委员会于 1995 年 8 月和 1996 年 9 月分别通过了关于卫星信号传输和有线电视的规定,但是 90 年代的发展并没有开启音像政策的新时代。欧盟更多的财政预算被用来资助一系列不断增加的活动——开展大型特别活动、推广文学作品、保护欧洲遗产、促进新文化网络交流和制作发行代表"高雅文化"的电影("high culture" movies)。但是,还存在很多法律限制和资格审查问题,其中包括所有成员国在这个具有政治敏感度的政策领域里都保有否决权。

简言之,建立泛欧洲电视台、制作非民族性的"欧洲节目"等种种努力都以失败而告终。观众们就是不喜欢欧洲节目,而且各国政府既不愿意承担在整个共同体范围内发送信号的任务,也不愿意提供充足的财政支持。只有当委员会学会用经济术语来界定这些问题的时候,各国政府才同意让步。20 世纪 90 年代欧盟试图将生产而不是消费欧洲化。欧洲议会和委员会对多国联合生产进行补贴,希望逐渐减少国家的成分。由于很多成员国不支持,这项政策也失败了。欧盟政策一直缩水到支持国内生产、对音像制品在共同体内的流通进行补贴。就此而言,欧盟的音像政策在大体上更像其文化政策:它促进了产品和信息的"横向"流动,却没有对"纵向"层面的内容产生影响,而后者能够创建一个不同的集体身份。因为欧洲国家在保卫着它们的文化主权时带有一种嫉妒心理——对抗布鲁塞尔的政治倡议比对抗好莱坞的电影时嫉妒心更强——欧洲仍然是"多国家性的",还没有变成"非国家性的"或"欧洲性

---

[103] Theiler 1999, 77.
[104] Bertlein 1989, 130.
[105] Theiler 1999, 77.

的"。

自冷战结束以来,世界政治中的文化冲突更加激烈更加凸现。亚洲(尤其是日本)文化进程的特点,是盈利性的流行文化产业在亚太市场生气勃勃的传播。尽管欧洲和德国本土流行文化产业的特点主要是其在世界市场上的缺位,但是贝塔斯曼等媒体企业在海外还是获得了巨大的成功。今天的日本和德国都不是由其所传达的独特的文化信息来定义的。仅仅在60年前它们还在以排外的文化民族主义对抗富有吸纳和包容精神的西方自由主义,对这样的国家而言,媒体战胜了信息信号是一个令人震惊的变化。在德国,这一结果结束了德国"文化"和西方"文明"之间错误的二元对立。在日本,它为日本面孔的大都会主义(cosmopolitanism)的形成创造了条件。

遥远的世界——20世纪30年代的封闭地区

国家的文化外交和流行文化的全球市场表明了当代地区主义的多孔性。我们在本章中看到,巨大的压力推动着地区走向多孔化。并且,本章案例进一步证明了亚洲地区主义和欧洲地区主义在制度结构上的差异。德国的国际主义分权式(internationalist-decentralized)文化外交与日本的民族主义集中式(nationalist-centralized)文化外交迥然不同。亚洲生机勃勃的市场发展与欧洲以法律和政治手段努力塑造流行文化却遭遇失败的经历也形成了巨大的反差。当代地区主义的动态发展创建了一个地区构成的世界,这些地区的多孔性相似,但是制度结构不同。

简要回顾20世纪30年代的情况,可以看到我们距离早期封闭的地区主义已经非常遥远。当时,日本的身份不是以民族意识而是以民族意愿的语言来表述的,不是在国内进行的"自我"体验,而是强加到国外的"他者"身上。文化外交提供了一个渠道,可以将自恃天然优越的日本价值观投射出去。在20世纪早期,日本自由主义者受到启发,认为日本可以成为一个现代民族国家,将西方和东方整合起来。根据这一观点,日本是一个独特的中介,它与西方国家是平等的,但是与其他亚洲国家相比却要高人一等。

日本民族主义者的观点与此相似但更加极端。他们认为日本天生就比所有其他国家优越。日本的任务是将一个从西方进口文化的社会变成一个向亚洲出口文化的社会。将这两种观点结合起来的是日本独特论,在两次世界大战期间,日本的对外文化关系就是根据这一套自由主义和民族主义的观点来建立的。⁽¹⁰⁶⁾自由主义者通过由文部省牵头的小型学术交流项目推动实现日本的特殊文化使命；外务省则集中处理在中国的文化项目，因为他们认为日本要领头，中国应随其后。

日本的自由主义者将文化作为一个可选项，以替代一战的暴力和文明观中涉及到的物质主义。日本在韩国的殖民统治扩大了其在教育、宗教、历史意识、大众传媒和艺术方面的影响，以军警为代价强化了普通警察的作用。文化外交变成了国家权力的工具，这种国家权力具有强迫性和主动性的特点，旨在防止对日本殖民统治的民族抵抗。日本通过非宗教性的工作，以殖民国家与基督教的传教士展开竞争，这些传教士大多是从美国派出的，他们竞相干预朝鲜人的精神生活。⁽¹⁰⁷⁾

自由主义开辟了道路，法西斯主义就跟进了。在20世纪30年代，日本确认了其"文化使命"，即在西方主导的国际秩序中确保本国的正当地位。武力占领满洲的理由是要以亚洲方式取代西方的做法，显示东方温和的亚洲主义要比西方暴躁的自由主义高出一筹。满洲是实现更广阔的亚洲帝国的实验室，目的是巩固日本在东亚的领导地位。⁽¹⁰⁸⁾国际文化关系协会(the Society for International Cultural Relations, Kokusai Bunka Shinkokai,或KBS)就体现了日本政策的双重目的。国际文化关系协会成立于1934年，它的宗旨是要帮助改善有所损坏的外交关系，尤其是与美国的关系，并且与其他主权国家打交道。它还成为了在中国开展文化外交的重要载体。

在1937年以前，国际文化关系协会表述过它的观点，即日本文化要比其亚洲邻国的文化优越，自由主义者和民族主义者都对此表示认同。到1940年，它就变成坚持将日本特性作为一个宣传工具来美化日本的侵略战争。⁽¹⁰⁹⁾日本的"新国际主义"与西方的维持现状国家所信奉的主义有所不同：它谋求将几个国家团结在一种新的亚洲文化之中。在20世纪30年代后期和1945年之间，日本媒体将战争描述为文化生存。⁽¹¹⁰⁾他们发动战争代表的不仅仅是日本而是10亿亚洲人民。1943年的一次广播曾说道："我们的文化就是将我们的幸福之道教给大东亚共荣圈的每一位成员。……我们在这场战争中的使命就是教授天皇之道。这场

⁽¹⁰⁶⁾ Shibasaki 1999, 32—62, 212—230；1997, 39—40. Takahashi 1998.
⁽¹⁰⁷⁾ Shin 2004, 8.
⁽¹⁰⁸⁾ Iriye 1997, 119—125.
⁽¹⁰⁹⁾ Hirano 1988, 147—148. 访谈 01-01，东京，2001年3月13日。
⁽¹¹⁰⁾ Iriye 1997, 132—134.

战争将把西方的文化观驱逐出去。"⑪

在海外,日本在菲律宾的任务是最重大的。菲律宾多年以来一直受到美国电影和音乐的影响,因此不太容易使菲律宾人民回归到他们"原有的东方方式"上来。⑫ 在国内政治中,日本政府不遗余力地打消人们对西方文化艺术的关注,并加强日本文化独一无二的真实性,封杀诸如歌剧、经典音乐和舞蹈等西化的艺术形式。太平洋战争开始后,日本政府对英美电影、爵士乐和篮球下了禁令。⑬

直到 20 世纪 70 年代早期,日本政府还一直依靠国际文化关系协会,即日本国际交流基金会的前身,来处理其文化外交中的诸多事务。国际文化关系协会在日本的军国主义扩张中完全扮演了同谋的角色,1945 年以后,它为自己在 30 年代后期和 40 年代的极端行为道了歉。⑭ 然而,它依旧毫不动摇地坚持它一直奉行的文化民族主义原则。日本在太平洋战争中惨败后,国际文化关系协会曾努力确保日本文化能够生存下来。对它来说,文化外交是在追求国家目标的过程中可以利用的一种国际性工具。具体说来,国际文化关系协会继续致力于日本文化的出口和能够传播日本和东亚文化的国际文化交流。文化政策和外交的民族主义目标有所调整但并没有被完全取代。从 30 年代到 70 年代,政策的延续性比其断裂性更令人吃惊。

自 20 世纪 80 年代早期以来,日本的当代文化外交发生了重大变化。日本的民族主义情绪仍然很强烈,并且显而易见,但是再也没有施行公共政策去全面封杀外国文化的影响,也没有再进行民族宣传。对于日本来说,就像大多数其他工业国家一样,文化进出口在这样一个世界里进行着,在这个世界里各民族文化都是国际、全球和跨国网络不可分割的一部分。日本与其他国家的文化关系在当代与过去有很大的不同。日本大众文化产业生气勃勃的传播加强了这个重要的转型。尽管日语并不是国际上通行的语言,但是超凡的艺术创造力和精明的公司经营已经使得安妮·阿利森(Anne Allison)所谓的"资本的可爱和亲密关系的商品化"(the cuteness of capital and the commodification of intimacy)成为日本强大文化力的特征。⑮

---

⑪ McMurry and Lee 1947, 90.
⑫ McMurry and Lee 1947, 107—108.
⑬ Shillony 1981, 144—145.
⑭ Shibasaki 1999, 189—211.
⑮ Allison 2002, 4.

在德国，1945 年的突变要比日本激烈得多。德国文化外交的历史可以追溯到 19 世纪晚期，它以一种政治传统为基础，即将文化奉为德国身份的组成部分。起初，德国的文化外交主要是支持德国在海外的学校。⑯在皇帝统治的末期，在一份供政府官僚机构内部使用的备忘录中，特奥巴登·冯·贝特曼—霍尔维格（Theobald von Bethmann-Hollweg）首相充分肯定了积极的文化外交在服务政治方面的潜力。同时，他又公开反对政府将其影响延伸到这一政策领域，他认为这是不明智的。⑰这种模糊是德意志帝国总体政治战略的特点，它在军事和商业扩张之间摇摆不定。经历了 1905—1906 和 1911 年的外交惨败之后，一个自由帝国主义团体努力通过积极的文化攻势加强德国的国际地位，而不是采取冒险的军事行动来夺取世界霸权。为此，在 1912—1914 年间，成立了约 50 个"外事协会"（foreign associations）。这些协会的中心任务就是从私人赞助商处集资以加强德国在海外的文化扩张。⑱因此帝国主义和文化外交就成了共生关系。

一战后，德国政府将文化外交制度化为外事办公室工作的一部分，以及魏玛共和国外交政策不可分割的一部分。德国的政治精英丧失了传统的军事治国工具，因而倾向于开发新的文化工具。纳粹德国以魏玛共和国的创新制度为基础，1933 年以后为了达到政治宣传的目的，戏剧性地改变了文化外交的工具，尤其是加强了与居住在国外的德国人的联系。⑲德国的协会和文化俱乐部常常是德国扩张主义目标的坚强支持者。约瑟夫·戈培尔非常崇拜好莱坞，他认为对美战争也是一场文化战争；戈培尔说，与美国相比，英国和法国作为欧洲的大国能够制作出真正的文化产品，尽管那些文化产品可能会有些瑕疵。法西斯主义的艺术吸引力远远超越了纳粹德国的边境，最著名的体现就是纳粹党在纽伦堡（Nuremberg）的集会和莱妮·里芬斯塔尔（Leni Riefenstahl）的电影。党卫军的"查理曼"武装掷弹兵师（the SS division "Charlemagne"）是在战争的最后日子里保卫希特勒首相府的最后几批军队之一，士兵们都是法国人和讲法语的志愿者，当然他们是被反共情绪煽动起来的，对亚洲人的布尔什维克主义大为光火，但是他们也受到了法国右派根深蒂固的反美

---

⑯ McMurry and Lee 1947, 39—47. Düwell 1981, 1976.
⑰ Kloosterhuis 1981, 10—13.
⑱ Kloosterhuis 1981, 16.
⑲ McMurry and Lee 1947, 63—77.

主义的驱动。[12]

20世纪30和40年代,日本和德国的文化政治表明亚洲和欧洲的地区主义在总体上越来越封闭。[121] 共荣圈的政治经济学和意识形态是日本地区帝国历史经历的顶点。对台湾、朝鲜和满洲的占领激励着日本政府建立新的工业、劳动力和原材料组合,并在基础设施、通讯、交通和水力发电项目上进行投资。这个在地理上连接起来的帝国为30年代的工业化浪潮打下了基础。将东南亚的边缘地带和台湾、朝鲜和满洲并到一起就能获得迫切需要的石油、橡胶和大米等原材料,支撑起一个自给自足的、有能力发动全面战争的地区帝国。

日本企图将这个帝国梦想变成现实,但是却时运不济。30年代军国主义上台时,东条英机(Hideke Tojo)依靠的是即时的幸运。因为中国顽强的民族抵抗,日本对满洲的占领失败了。共荣圈和"亚洲人的亚洲"的思想是为了应付日本在中国和东南亚搞得一塌糊涂的局面而建构的概念。尽管日本对满洲进行了抚慰,但是它在南京的傀儡政权从未享有过合法性。日本的恐怖政策也没能使中国放弃抵抗。日本在东南亚的统治不像在中国那么残忍。它让缅甸和菲律宾获得了名义上的独立,对印度尼西亚也承诺要给予完全独立的地位。日本在1945年投降,所以这个进程被打断。但是,无论日本最初享有多大程度的合法性,后来都因为猖獗的腐败、强征兵役、对妇女的性奴役以及掠夺大米和原材料而丧失殆尽。日本在20世纪30年代实施的集团地区主义是失败的,与当代亚洲以多孔性为特点的地区主义毫无共同之处。

德国在20世纪30年代谋求"生存空间"(living space)的行为,更是以失败而告终。纳粹为在欧洲建立新秩序提出了"种族纯净"论(racial purity),进一步强化了谋求"生存空间"的企图。狂妄自大的希特勒要改变欧洲的政治疆界。纳粹德国要实现激进的目标,取代它认为既劣等又不可靠的自由帝国。德国进行种族清洗的目的是要统治欧洲,即便这种政策必然伴随着对所有政敌、"社会异己"(social deviants)和犹太人的监禁、奴役和最终的大屠杀也在所不惜。无限制的侵略战略配合着这个革命性的目标。为争夺欧洲大陆的首要地位,希特勒发动了对法国和苏联的战争。当时他希望能得到英国和美国的默许。这个希望完全构筑在对当时仍处于萌芽阶段的美国帝权的目的和实力的根本误解之上。

---

[12] Lepenies 1999a, 8.
[121] 改写自 Katzenstein and Shiraishi 1997b, 373—378。

希特勒的意识形态理想要保持内在的逻辑性,就得根据各地的不同情况做出相应调整。在东欧,新秩序意味着毁灭性的殖民过程:种族清洗;大规模的移民;完全占领;建立种族隔离政权;通过与警察部队、纳粹党和法院的紧密合作实行恐怖统治;以及最终的大屠杀。在西欧,新秩序建立的统治基础少了一些杀戮。纳粹热衷于这样一个观念,即德国位于自给自足的欧洲的中央,对外奉行保护主义,对内实行严格的等级制。20世纪30年代,当德国建设一个封闭的、排除对外贸易和对外货币交易的地区时,其卡特尔化的产业、缺乏竞争力的农业和排外主义的文化政策纷纷凸现出重要性。在20世纪40年代,纳粹根据战时情况对这个封闭的地区进行了调整,建立了信用和国际收支(balance of payments)安排,将德国与北欧和西欧联系了起来。

除了德国和日本政策背后的特定利益和意识形态以外,在战争期间,欧洲和亚洲实行保护主义的条件也已经成熟。技术变革创造出了大规模生产的产业,其规模经济对于欧洲和亚洲的合作是大有裨益的。20世纪30年代的保护主义是对美国的回应,美国当时在开发和利用大规模生产的新技术方面拥有产业霸权。只有获得了保护,欧洲和亚洲的生产商才有机会同美国生产商在世界市场上竞争。

以上概述了20世纪30年代的情况,强调了目前和当时的差异。现在谈论集团地区主义就完全弄错了方向。多孔化的地区主义是当前世界政治的特点。而在那个时候日本和德国是受到了建立地区帝国的迷惑,意图在地区实行直接统治。20世纪30年代被独裁、军国主义和种族主义封杀的道路,在1945年后又因盟军的胜利而重新开启,那就是由与美国帝权相联系的贸易国实行非正式的主导,并在一个多孔化地区构成的世界中实现自由主义的目标。

第六章
地区与帝权之间的联系

对亚洲和欧洲的比较凸显了两个地区在制度秩序上的差异。分析欧洲、亚洲和美国帝权之间的关系,主要是考虑地区和美国帝权的纵向联系。① 这两个地区经历的外来影响不同,并且它们在美国帝权体系内所受到的影响也不一样。尽管欧洲和亚洲的次地区主义是在一个较小的地域、在国家境内或跨国界的范围内运作,但是却忠实地反映了制度秩序上的地区差异。正如地区核心国家既塑造了地区环境,也被地区环境所塑造,美国帝权和多孔化地区之间也是相互塑造的关系。不可否认,美国影响着地区,这一点在第二章中以20世纪40年代后期为例已经阐明;但在实际运作之中,地区也影响着美国,其影响作用同样重要。在双向的美国作用中,适应是相互的,是在互动中进行的。

与中心之间的联系——美国帝权中的德国和日本

地区和美国帝权之间一个至关重要的联系是通过地区核心国家建立的。在欧洲和亚洲,美国制定的政策使德国和日本获得了自由,这就为建立这些联系创造了条件。② 尽管德国和日本有着这样那样的相似性,但是德国的发展路线更加国际化,而日本则更加民族化。在德国,外来影响让人感受到的是欧洲化;而在日本,外来影响让人们感受到的却是双边压力。并且各国试图影响美国的方式不同,德国是通过"社会外

---

① 对合并比较方法的讨论见 McMichael 1990,1992,2000a。
② Montgomery 1957。

交政策",而日本则是通过市场、金钱和中间人。

1945年的无条件投降把德日都推入了新兴的美国帝权体系中。日本和德国的国家安全在很大程度上依赖于美国的保护伞,这把保护伞在东亚和西欧发挥作用已达半个世纪之久。德日两国都没有能力、也不愿意为自己的国家安全承担完全的责任。两国都依赖美国的核保护伞及其常规武装力量。美国的政策帮助建立并维持了自由的世界经济,德日两国都从中获得了巨大的收益。自由商业交换原则,而不是国家的自己自足,逐渐被人们接受,成了国际经济最适当的组织方式。德日两国都变成了美国的支持国,在保持国际经济开放的过程中发展了重大利益。简言之,在冷战期间,德国和日本扮演的角色都是和平的非军事大国和繁荣的贸易国,对于两极国际体系和自由国际经济的反应是相似的。

德日两个受保护国适应美国权力的方式是相似的,这似乎为战后的最初岁月里所出现的情况提供了合理的解释。因为缺乏国家核威慑,从传统的权力政治角度来看,德国和日本是可悲的、"不完整的"。而且,甚至在统一之后,德国强大的军队仍然完全整合在北约之中,这种军事安排使德国政府对自己的武装部队不具备国家控制权。日本的和平主义姿态及其长期以来致力于将防卫开支限制在国民生产总值1%以下的情况,使其军事武装不能完全保证国家安全。

指令性经济在20世纪30和40年代失败,接着又经历了战时毁灭和战败,所以此后在德国和日本建立以市场为基础的经济就成了美国政府高于一切的目标。但是,德日两国都保留了一些保护性的措施作为缓冲以防止过度的市场竞争。德国在产品市场方面一贯坚持自由方式,但是在劳动力市场上却建立了引以为荣的所谓"社会市场经济"制度。在日本,产品市场的竞争比在大多数其他工业国家的竞争更加激烈;20世纪60和70年代盛行的企业工会主义进一步深化了彭泊尔和恒川惠市(Keiichi Tsunekawa)所说的"无劳动力社团主义"。③ 因此,日本和德国与盎格鲁—美国政体有着重要的区别。④ 在不同的经济部门,两国都要依赖一些非市场的协调机制。

这些模式帮助日本和德国塑造了它们独特的政治,以及亚洲和欧洲各具特色的制度结构。将2005年与1945年进行历史比较会误导我们,因为这样的比较忽略了中间几十年社会和政治互动的作用。例如,在冷

---

③ Pempel and Tsunekawa 1979.
④ Hall and Soskice 2001. Albert 1993. Katzenstein 1978.

战末期，有些作者写到德国和日本时，认为它们是正在兴起的超级大国，令人想起20世纪50年代的美国和苏联，仿佛国际政治又回到了20世纪30年代。⑤ 忽视美国帝权的作用，忽视地区和国家政治的演变，就会导致分析上的漏洞。即使历史学家也不是完全免疫于这种非历史的方法。例如，在冷战末期，阿瑟·施莱辛格（Arthur Schlesinger）就说，日本正在建设大东亚共荣圈，而德国要在欧洲大陆称霸，这是它们在半个世纪前曾经为之战斗的目标。⑥ 根据牛顿的隐喻，行为体要努力实现周期性均衡，该均衡不受国内变化的影响，也不受本地区内和美国帝权内互动的影响，但是这个隐喻无助于我们理解作为地区国家的德国和日本。德国和日本在地区的追求经历了不同的机遇和限制。欧洲的多边主义使德国获得了在美国帝权体系内一些政治上的轻松，抵消了其处于冷战断裂带的地理劣势。而日本呢，虽然与美国强大的双边安全安排使它几乎没有喘息的空间，但是实际情况并没有那么坏，因为日本的领土完整和国家安全并不面临直接的地缘政治威胁。

对日实施双边压力，对德进行多边式欧洲化

当外部世界与日本发生碰撞时，日本政界人士和官员都感觉到这是外来压力（gaiatsu），而外部世界就掌控在美国手中。相比之下，作用于现代德国的超国家影响力却更多地来自布鲁塞尔，而不是华盛顿。

就日本而言，外部压力大都来自华盛顿。为了能更好地进入日本市场，美国的各种力量倾向于直接对日本政府机构及其附属的政治社会利益施压。⑦ 外国力量加入了国内政策联盟，在这些联盟中"民族主义者"和"国际主义者"试图找到彼此都能接受、同时毫无耐心的美国人也能接受的妥协方案，而美国人坚持要改变做生意的传统方式。1955年以来开始进行自愿出口限制协议的谈判，20世纪80年代后期为了将日本经济向外国生产商开放，设计了结构障碍方案（Structural Impediment Initiatives）的谈判，这两个例子表现了一种重复性的政治进程，其发展是可预知的。日本持久稳定的出口盈余和审慎的防卫政策不断刺激着外来压力，使之越来越强大。

在日本的决策中，这种压力已经制度化了。在日本的美国游说集团

---

⑤ Bergner 1991. Garten 1992.
⑥ Schlesinger 1989.
⑦ 以下几页中对日本的讨论引自 Katzenstein and Tsujinaka 1995。亦见 Schoppa 1997, 1999。

有一个突出的特点,就是受到美国公共部门的支持,美国驻日使馆、美国27个州的代表处和美国军队都支持各美国公司的活动。尽管大量游说都是以间接的方式、通过"老友网络"(old-boy network)和有影响的中间人进行的,但从根本上看,该体系是由美国政府对政策网络所施加的政治压力所驱动的,这个政策网络联系着日本政府、国家机构和商务团体。美国公司一方面试图按照日本规则玩东京的政治游戏,另一方面也依靠压力战术。因为正是沉重的压力,尤其是美国政府施加的沉重政治压力,才能使外压体系得以运转。

外压体系克服了日本政治体系固有的保守主义。日本保守主义的特点是从下到上意见一致的决策模式,在这种模式里,自我校正非常困难,所以 naiatsu 或内部压力在日本政治体系中是罕见的。约翰·道尔(John Dower)说,外压或"小型暴力"常常是政府或公司找来"施压于官僚机构的。或者,在某些环境下,政府部门本身也会寻求外压以便证明自己正确,同时也证明固执的政治家或其他竞争部门是不正确的。无论是什么事情,有一点是很明显的:复杂的政治舞蹈开场了。"⑧外来压力变成了各种政治力量变化多端的政治联盟不可分割的一部分,导致了过去40年来日本市场的对外开放,尤其支持了主张变革的国内联盟。冷战的结束和日本经济的衰落以两种截然不同的方式改变了日本政治舞蹈的性质。首先,日本对于美国的贸易要求不再那么恭顺,因为随着中国经济的崛起,对美国压力政治的需要和美国压力政治的成功率都下降了。其次,在国际化和全球化的影响下,日本建立了一套"可渗透的绝缘"体系,按照个别情况个别处理的方式,对日益增长的开放性在速度和作用上进行管理。⑨

相比之下,德国经历的跨国影响,尤其是欧洲和北大西洋的影响,不那么具有强制性,但却更为深入。20世纪60年代后期,德国的一位亲历战后德国及其发展的政治学家,造了"跨国关系"(transnational relations)这个术语。⑩ 联邦共和国的政治经历使之成为了一个自然的分析类别。随着1945年5月的无条件投降,作为一个国家的德国不复存在。它被分割、被占领了。它参与了各种创新性的制度安排,这些制度主要是为了防止德意志权力的复活。

---

⑧ Dower 1998, 26.
⑨ Schaede and Grimes 2003, 4.
⑩ Kaiser 1971.

例如，在20世纪40年代后期和50年代早期，欧洲国家就把它们和德国的煤炭和钢铁工业置于欧洲煤钢共同体的监督之下。这等于将联邦德国可能建立的军工综合体国际化。几年后，欧洲原子能共同体（Euratom）为核工业找到了同样的出路。这些制度充分说明欧洲创造性地解决了传统的德国问题。回过头去看，这些制度对德国经济发展潜力的直接作用是有限的；对德国经济发展产生更加重要作用的是关税同盟，是最终发展成为欧洲联盟的欧洲经济共同体。一个多层次的欧洲政体逐渐成长起来，对德国政治产生了深刻的塑造作用。

欧洲化影响到了越来越多的政策问题，影响到了德国的政治特色，而且这种影响日益扩大。有时这个进程是公开的，并且引起了政治辩论。德国对前德意志民主共和国境内经营不善的公司给予补贴，对欧盟预算作了重大财政贡献，这些都是20世纪90年代的例子。但这不是欧洲化的核心。欧洲理事会、欧洲委员会和欧洲议会共同对成千上万的事务发挥着影响，大多数都是小事，触及到德国经济和社会生活的各个方面。外部压力并不是进程的驱动力，因为德国大体上是欧洲化的积极支持者。当德国在某些问题上延缓执行欧洲的指示、规章和决定时，德国的某些政治派别和一些因某个具体决定而利益受损的团体就会说德国正在向外部压力低头。但是，德国的自我定位是：德国是一个欧洲国家。这种认识使人们不会相信德国向外部压力低头的说法。

欧洲化的重要性在两个核心制度——司法和银行业——的微妙政治关系里表现得最为明显。自20世纪60年代以来，欧洲法院的原则一直得到认可，即欧洲法律高于各国法律。创新性的法律程序保证个人能够在特定的问题上诉诸法院，还保证了国家法院和欧洲法院不会背道而驰。德国的权力机构宪法法院虽然不太情愿，但还是从总体上承认了欧洲法院和欧洲法律的首要地位，承认它们高于宪法法院和德国法律。

德国联邦银行的欧洲化就是一个例子。自1979年以来，欧洲的货币政策实际上是由德国强大的联邦银行操纵的。该银行的声望超过了德国所有其他机构，或许只有宪法法院除外。但是，德国政府接受了（事实上是欢迎）欧洲货币一体化。欧洲化将联邦银行降级为欧洲中央银行的地区支行。从政策来看，欧洲中央银行是模仿联邦银行建立起来的，但是它既代表着德国的胜利，也一分不少地代表着法国的胜利。自60年代以来，历届德国政府一直在支持货币一体化，将其视为渐进的政治统一的顶点，以保证各国经济政策的协调。法国历届政府虽然努力推动货币一体化但却不主张政治统一。德国统一和欧洲货币联盟组成部分

地区构成的世界

之一的"稳定协议"(stability pact)成为两个政治议题,最终使德国与法国的相互妥协成为可能。德国公众舆论对放弃德国马克深表担忧,德国马克可能是这个国家在经济上感到骄傲的最主要原因,但是在德国政治广阔的中央地带,放弃货币主权却得到了选民的强大支持。在90年代,除了在巴伐利亚州以外,竞选时即便是小心谨慎地走反欧洲主义路线也很可能失败。

整个冷战期间,德国通过参与北约事务输出跨政府影响。50年代,德国的重新武装备受争议,但是仅仅通过让北约来掌管西德的武装部队就将公众的敌对情绪和欧洲邻国的疑虑一扫而空,使他们转而对此表示欢迎。用北约第一任秘书长伊斯梅勋爵(Lord Ismay)的话来说,"拉住"美国人、"堵住"俄国人、"压住"德国人是北约的三大目标。结果,事情的发展出人意料。作为历史上第一个在和平时期常设的防卫部队联盟,北约没有"压住"德国,而是"拉住"了德国。在所有实际的军事政策层面,包括在核目标上,德国的国防官员都成了工作伙伴并且最终还被要求在西方联盟中担当领导。德国军方和欧洲及美国工作伙伴在专业领域的接触,使得一些联系随着时间的推移逐渐建立起来,这些联系将欧洲和北大西洋地区转变成为安全共同体。在70和80年代很多德国人讨厌北约,认为它的行动和基地危害了环境。尤其是在80年代早期,有一部分德国人(虽然是少数,但是不可忽视)反对北约,认为它是危险的不稳定因素。但是因为德国是北约不可分割的一部分,公众并没有将北约的影响看作是外来压力。90年代,德国对北约东扩、轰炸塞尔维亚和在波斯尼亚、科索沃和阿富汗开展维和行动都给予了积极支持。

日本和德国通向美国的渠道

日本和德国一方面是外在压力的压迫对象,但另一方面它们也谋求在自己的国境线之外发挥国际影响。日本主要通过市场、金钱和中间人来运作。在美国帝权中,日本试图通过低调游说和培育友好的公众舆论来发挥影响。而德国依靠的是其社会外交政策。德国最重要的机构一般都会在其他国家发展伙伴组织,并建立它们自己的外交关系。因此德国政治将外交事务中的一些重要角色交由德国一些主要的私营和半官方机制来扮演。它们在海外发挥影响的方式各不相同,也从不同的渠道去迎合美国吸纳外部影响的方式。

自第一批移民到达以后,美国的发展就是在与欧洲主要强国的地缘政治和经济对立中进行的。奴隶制和大陆扩张受到外部势力的深刻影响。⑪ 无论是墨美冲突还是土著印第安人与白人定居者的冲突都不是民族国家和民族经济建立过程中的"国内"事务——相反,这两个事件都卷入了无数帝国。白人定居者在边疆毫无管制的扩张是在欧洲资本和劳动力流入的背景下发生的,在这些资本和劳动力的推动下,新大陆丰富的自然资源有了国家市场。

美国最近的历史继续表现出了美国和世界的这种紧密关系。之所以要将美国建设成一个强大的、安全的国家,就是因为二战和冷战对美国构成了军事威胁。大笔军费预算和有权有势的国防部对国会、对美国地区经济的特色、对高等教育的结构和好莱坞电影的题材等方方面面都产生了深刻的影响。外贸也将美国与世界经济紧密地联系在一起,在美国政治的演化过程中,各部门和各地区在经济竞争力上的差异也产生了深刻影响。与19世纪、20世纪20年代晚期和20世纪30年代早期不同,自二战以来,美国总体上都是支持自由贸易的,国会里的保护主义势力没能建立起行之有效的联盟。自20世纪70年代以来,这种对自由贸易的一致认同受到了损害,在贸易政策上的冲突已经深入到了两个主要政党的内部。美国和世界的联系在其他很多领域也显而易见,远远超越了安全和经济事务,影响到诸如人权、妇女权益和环境等各种问题。

美国政体的开放性和分权性有助于美国帝权的各个部分分别与世界建立联系。这样的联系能打消一些同盟国的疑虑,使它们不会对美国的权力优势感到紧张。开放性意味着可以很容易地获得美国政策的信息,分权性意味着有可能参与华盛顿的政治交易。在美国这个政体内部,在政策形成和政策实施过程中都有着协商和解决冲突等行为。因此跨政府政治和跨国政治是在结构上呈多孔性的美国帝权体系中不可分割的部分。

英国传统上能对华盛顿施加很大的影响。在战后早期,英国的影响力在大量的涉欧事务中显而易见,包括对德国的占领、东地中海危机和1947年的经济危机。总的来说,英国有效地利用了华盛顿的政治游戏,使英国自身在去殖民地时代能保留与英联邦国家的诸多联系。加拿大由于坚持自己与美国的"特殊关系",也在20世纪50和60年代对美国政策发挥了比其应有能力大得多的影响力。⑫ 根据托马斯·里斯-卡彭(Thomas Risse-Kappen)的记载,北约同盟国都参与了华盛顿的政策进程

---

⑪ Katznelson 2002. Bolton 1933.
⑫ Bow 2003.

以推进它们各自的利益,有时还相当成功。⑬ 对美国政治的参与无疑使美国帝权体系中更容易产生讨价还价行为并可以达成妥协。

不同的国家参与美国国内政治的方式不同。同英国和加拿大的直接参与不同,日本的参与要扭捏得多,日本官员走的是间接途径。⑭ 日本在美国的游说团大多是私营性的,以企业、商业联盟和日本对外贸易组织为核心组织。日本的游说团在20世纪90年代早期曾经很受关注,相关研究强调了日本游说团的规模、涉及面的广度和有效性。⑮ 艾拉·沃尔夫(Ira Wolf)是一位学识渊博的知名说客,他认为,可能除了以色列以外,"日本在美国的游说团基本上就是最大、最有效力的外国势力,对立法、政策制订和公众的态度都有影响"。⑯

日本游说团的发展非常稳定。它始于1951年,当时只有一个说客,1957年日本在华盛顿的说客已和其他美国的保护国(如西德和以色列)一样多。1962年日本的游说经费跃居首位,并且从此就再没有下来过。多年来日本游说一直都比较低调,而且在立法方面鲜有成功。日本说客很少为私营企业或政府游说,而是收集信息,既为日本人也为美国人提供建议。他们不对政治行动委员会给与大量捐赠,而是在"老友"身上投资,就是那些身居要职的官员,这些人当中有相当一部分曾在美国政府供职,与关键的决策人不仅能说上话而且还很有分量。这种游说战略与日本国内政治中非常普遍的投资建立关系网络的做法是一致的。

到20世纪90年代早期,日本游说团在一些不太引人注目的活动上已经花了大把的钱。例如,日本在美国的15个领事馆定期雇佣当地的公关公司为它们提供建议,研究如何创造更有利于实现日本政治目标的公共舆论环境。⑰ 而且,据《商业周刊》估计,20世纪80年代晚期,日本公司每年在美国的公关经费达4 500万美元,公司慈善事业投入达1.4亿美元,科学研究资助达3 000万美元。⑱ 苏珊娜·亚历山大(Suzanne Alexander)在报告中指出,日本对慈善事业的投入在1986年是3 000万美元,1990年增加到3亿美元,1991年进一步增加到5亿美元。⑲ 学术

---

⑬ Risse-Kappen 1995.
⑭ Katzenstein and Tsujinaka 1995.
⑮ Choate 1990. Morse 1989.
⑯ Wolf,引自 Pempel 1991,43。
⑰ Lee 1988,142.
⑱ Farnsworth 1989, F6. Pat Choate 1990,xviii 的估计比这个数据还要高出30%。
⑲ Alexander 1991.

研究尤其容易受到日本资助的影响。在80年代后期,美国大学和研究所进行的美日关系研究项目有80%据说都接受了日本企业、基金会或政府机构的资助。⑳

帕特·乔特(Pat Choate)曾在1992年的美国总统大选中担当罗斯·佩罗(Ross Perot)的竞选伙伴,在此之前他写过一本书,书中说:"日本在美国政治体系中的渗透程度之深已经威胁到了该体系的诚信。在日本,人们把这种金钱政治叫做'结构腐败'(structural corruption)。因此,这就意味着站在日本立场说话的人所参与的那些决策,其最终结果对日本具有结构性的偏袒。"㉑这种说法有些言过其实。但是注重形象塑造、注重建立良好的公众舆论环境仍然是日本与美国跨国关系中的独特之处。

德国则以一种完全不同的方式来寻求参与美国政治的途径。战后的德国并没有绝对的主权,也就是说德国的主权地位是受到限制的,状况是沃尔夫兰姆·汉里德(Wolfram Hanrieder)所谓的"被渗透的政治体系"。㉒ 1945年以后,跨国关系先行于外交关系并为外交关系准备条件,在危机时刻,这些关系可能比美国的安全保障更加重要。通畅的跨国联系阻碍但并没有阻止分离性的政府政策。㉓ 例如,紧密的德美商业和劳动关系对法国总统戴高乐(Charles de Gaulle)的分离性政策所产生的限制作用是"相当有限"的。德国与美国以及美国帝权体系中其他伙伴具有复杂的跨国联系,这种关系散落在很多点上,既在华盛顿,也在帝权的各个治理机构之中。

德国参与美国和其他伙伴国家国内政治的方式是独特的,与日本非正式的金钱政治大不相同。日本的金钱政治逻辑与市场动机相差无几。在社会外交政策体系中,德国所有的重要机构都要建立自己的对外关系,包括德国金属行业工会(IG Metall),它是世界上最大的工业联合会;雇主和企业协会;科学组织和文化基金会;公共资助的研究院;各种意识形态派别的思想库;德国教会等。所有这些对外关系使得大量正式的、制度化的联系得以建立。德国的党派基金会建立于1949年以后,附属于各主要政党,目的是帮助实现德国的民主化,它们是体系的政治细胞核。随着时间的流逝和基金的增加,这些基金会在世界各地都开设了办

---

⑳ Farnsworth 1989, F6.
㉑ Choate 1990, xx.
㉒ Hanrieder 1967.
㉓ Link 1977, 4, 11; 1978, 117—118.

公室,并在很多普通项目中雇用了持相同政见的同盟。德国在美国的机构以高雅文化为主要业务,这些机构的名单多达近50页。[24] 与日本同行不同,这些机构囊括的事务范围很广,并且曝光度很高,它们谋求在其他国家与伙伴组织打交道,喜欢多边运作而不是双边运作。

以上的简要讨论说明了德国和日本的体系差异。德国面临着欧洲化这一无所不在的进程,而日本在亚洲组织中的参与却几乎没有留下一点痕迹。关于美国给日本造成的外在压力有大量的学术辩论,但是关于美德关系概要的著作却没有一章涉及这方面的内容。[25] 除了马克思主义的文章以外(这类文章以新帝国主义论来解释两者的关系),相关文献都集中于相互依赖和跨国关系,而不是美国对德国的外来压力或者德国在美国的不引人注意的影响。总而言之,德国和日本是美国帝权的支持国,它们在欧洲、亚洲和美国之间进行调停。但是它们在美国帝权之中的运作方式却迥然不同。

与周边的联系——欧洲和亚洲的次地区主义

多孔化的地区与各种更小的地理区域建立纵向联系。亚洲和欧洲在制度上各具特色,差异很大,这一点在次地区政治中也表现得很明显。

政治地理学家指出了这两种地区主义之间的联系。艾伦·斯科特(Allen Scott)认为,随着"超国家"(supra-state)和"次国家"(infra-state)地区主义以新的方式进行互动,空间有了新的意义。[26] 按洲划分的世界各大地区都与较小的次国家地区群相联系,这些各色各样的小地区是经济增长和社会变化的引擎。它们都以一个大都市为核心组建起来。硅谷(Silicon Valley)和128号公路(Route 128)是美国最突出的例子,亚洲和一些欧元区的"新经济区"(new economic zones)也是如此。地区反映了"自上而下"、"自下而上"和"由内而外"的各种进程。[27] 次国家地区提供了不同规模的多层次安排,既进行了限制又提供了机遇。20世纪90年代的"新"地区主义反映了"自下而上"的自发的经济和社会进程,而

---

[24] Weidenfeld 1996.
[25] Knapp 1975.
[26] Scott 1998, 1—4, 10—11, 68—73, 138—140. Fawcett and Hurrell 1995,2,对于微型地区的经济一体化安排和包括东亚、欧洲和南北美洲在内的宏观经济集团的关系也做出了同样的判断。亦见 Storper 1997。
[27] Hettne 1999a; 1999b 7. Hurrell 1995, 38—39. Grugel and Hout 1999, 9.

不是20世纪50和60年代旧地区主义那种"自上而下"的规划的进程。㉘
欧洲和亚洲的制度区别是显著的。欧洲创建的开发区将两种概念结合起来,一是通过政治规划形成的欧元区,二是通常由欧盟及其成员国资助的高科技活动。在亚洲,开发区是政策的产物:或是在中央政府的默许下创办的,或是中央政府直接创办的。政策意图是充分调动当地的积极性,建立特别制造区,让市场自由地发挥最大作用。

亚洲

亚洲的次地区主义有两种不同的形式:经济区和增长三角。经济区提供财政激励措施和良好的基础设施,使企业运作简单化并增加盈利。增长三角是毗邻国家通过非正式或正式的协议建立起来的,以便汇集互补优势,例如新加坡—廖内群岛(Riau Islands)—柔佛(Johore)增长三角就结合了印度尼西亚的劳工和原材料、马来西亚的生产设施和新加坡的物流支持。亚洲的次地区主义创建了投资走廊,将太平洋西岸沿线的高增长经济体链接起来。日本在东亚投资的带有生产设施的公司大部分都在这一带。次地区主义为经济发展提供了一个工具,使之免受政治和法律的束缚。詹姆斯·米特尔曼(James Mittelman)写道:"这种次地区主义更具有自发性,它是自下而上、自内而外发展起来的。"㉙次地区是跨越亚洲各国边界全面铺开的生产链的基本组成部分,是纵横交错于亚太地区的家庭和民族(ethnonationalist)网络的重要补充。

亚洲次地区主义与全亚洲的城市资本主义体系的兴起是联系在一起的。在亚洲的城市资本主义经济体系中,中心城市不到12个,但却集中了90%的国际金融、运输、制造业贸易和信息网络。㉚ 这些中心外溢到毗邻的地区:香港到珠江三角洲、新加坡到附近的印尼群岛、台湾制造业跨越海峡到了福建、日本资本进入吉隆坡和曼谷周边地区。为了提高经济竞争力,跨界经济交易比国家主权更重要。开发特区变成了缓冲器,缓和了大都市(metropole)和内地之间的激烈冲突。㉛ 这并不是近期城市化过程中才出现的事情。在好几个地方,这些自然经济区已经存在了好几十年(如果还不能说几个世纪的话)。无论因何缘由,"自然经济区"(natural economic territories, NETs)的重要性正在与日俱增,这是亚

㉘ Hettne 1999b, 7.
㉙ Mittelman 1998, 29.
㉚ Shiraishi forthcoming.
㉛ Rohlen 1995, 2, 13—15.

洲地区主义的本质特点之一。自然经济区受私人投资驱动、由共同文化习俗推动形成,并在政府政策的支持下扫除障碍。自然经济区由几个很小的次地区群拼接而成的,跨越几个国家的领土。

亚洲的次地区主义不仅仅意味着几个小地区的拼合,更重要的是它意味着区域的接触。㉜ 在近几十年里,各国政府试图扩大这些接触区域,因此它们并没有循规蹈矩地去达成正式的、费时的多边协议:"自然经济区使各国能按自己的经济增长模式和发展道路前进,没有必要就包罗万象的地区目标问题达成一致。"㉝次地区主义在政府政策的引导下发展,政府的政策有时造就、有时回应来自基层的经济压力,而政府实施这些政策是为了实现自身的经济和政治利益。用迈克尔·伯勒斯的话来说,就是我们看到在亚洲"一种具有内在逻辑的次地区贸易和投资模式正在兴起,它位于整个地区的总体框架之下,但是却又高于国与国之间的互动,它是在生产领域内类似该地区著名的'投资走廊'的事物"。㉞

东北亚的次地区发展具有相似的潜力,例如,沿黄海圈的九州(Kyushu)、韩国西海岸和中国的北部海岸线。在20世纪90年代早期,东北亚曾有一个同盟,它既支持地方主义又支持世界主义,结合了中国的劳动力和创业精神、俄罗斯的原材料和土地,以及日本的资本和技术。在俄罗斯、朝鲜和中国交界处的图们江地区,一个新的枢纽就要建成。当时,各参与方难以从中央政府获得更多的财政转账收入,而冷战的结束、中国和俄罗斯市场重要性的上升和国际交流的日益便捷又推动着它们纷纷寻求次地区合作。但是这一进程因为各地区缺乏互补的经济和政治利益而受阻。经济关系仍以双边为主,悬而未决的安全问题使得政府合作依然障碍重重。㉟ 例如,雄心勃勃的图们江计划几乎无果而终。

同时,一种非官方的地区主义却如雨后春笋一般发展起来。1988年中国政府决定将对跨境贸易的监督权下放到各省,于是中国东北和俄罗斯远东地区之间的新兴贸易激增。中国的黑龙江省拥有3 000多公里的边境,当然不会反对加强与俄罗斯三个最大的东亚城市——海参崴(Vladivostok)、哈巴罗夫斯克(Khabarovsk)和布拉戈维申斯克(Blagoveshchensk)——的跨境贸易。同时,大连的开发区于1984年开放。1988年整个辽东半岛被指定为出口加工区。对此表示支持的人认

㉜ Liu 2000, 21.
㉝ Jordan and Khanna 1995, 435.
㉞ Borrus 1994, 5.
㉟ Rozman 2004.

为,进一步投资也许可以纠正南部沿海和华北之间严重的发展失衡问题。吉林省仍然坚持认为应将图们江建成中国第二个增长点,从而推动吉林省会成为地区铁路枢纽。同样,黑龙江也努力使自己的省会哈尔滨市成为连接俄罗斯远东地区的交通要道。㊱

这种微型地区主义(microregionalism)与日本并没有联系,不过,日本对于发展环日本海的次国家地区主义(subnational regionalism)颇感兴趣。20世纪90年代,来自"日本后门"地区(backdoor Japan)的一些县结成了联盟,其中包括石川县(Ishikawa)、新潟县(Niigata)和北海道(Hokkaido)。它们游说东京政府,争取获得更大程度的权力下放。但姐妹城市计划、学术会议和地方政治活动都缺乏足够的支持,无法克服日本泡沫经济崩溃和1997年亚洲金融危机所造成的困难。日本海从来没有成为过亚洲次地区主义的新轴心。

东南亚次地区合作所得到的政府支持要多得多。例如,连接印尼、马来西亚和新加坡的增长三角就是该地区最早的次地区合作。如果说这个三角的发展进程是市场驱动的,则有点误导,因为,按香农·史密斯(Shannon Smith)的话说,"政府常常进行干涉,以形成比较优势和竞争优势,培育市场力量……其实[它]不过是为双边合作提供了一个实用的环境而已。"㊲印度尼西亚和马来西亚还与泰国在原有贸易联系的基础上建立了一个增长三角,政府希望加强这些联系。连接泰国北部、中国云南、缅甸北部和老挝的"黄金四角"也是如此。㊳ 新的市场机遇对非法贸易尤其具有吸引力。例如,连接缅甸、泰国和老挝的"金三角"就是世界上第二大鸦片产地。非法贸易一般是由毒枭或者腐败的政府官员或军官组织经营的。㊴

中国的经济开发区与不同的次地区相连:北部开发区毗邻日本和韩国、南部开发区靠近印度尼西亚、马来西亚和新加坡;而且最为重要的是,中部开发区的边上是香港、上海和台湾。以此为中心,亚洲的各地区向外辐射,形成了以香港为中心的一套同心圆:大香港(香港、澳门和广

㊱ 俄罗斯对中国的崛起怀有深深的疑虑,一方面是对中国经济复苏所表现出的强大活力感到害怕,另一方面是对两国边界地区的人口不平衡非常担心。中俄边境绵延2 500多英里,两侧分别居住着1亿中国人和800万俄罗斯人。这种害怕和担心因为俄罗斯边境地区的主要经济行为体竞争力不足而被进一步加剧。它们是效率低下、陈旧衰落、腐败的国有企业,常常为军队服务,并与一些小型的或有组织的犯罪有牵连。

㊲ Smith 1997, 382.

㊳ Jordan and Khanna 1995, 450—460.

㊴ Dupont 1999.

州);大华南(大香港加上台湾和中国东南沿海直到上海);大南洋(大华南加上新加坡和东南亚其他地方的海外华人);以及大中华(大南洋,中华人民共和国和世界范围的海外华人)。㊵ 无论其具体形式如何,中国经济特区对于亚太次地区的强劲增长无疑是具有相当重要的意义的。

特区的建立既有政治原因也有经济原因。中国政府在靠近香港和台湾海峡的地方建立经济特区不仅仅是要将它们作为经济增长和发展的引擎,而且还要为推动中国最终的统一服务。㊶ 从这些经济特区开始,跨地区的中国经济稳定扩展,逐渐涵盖了中国海岸线上长长的区域。例如,中央政府在深圳就放松了很多控制,允许这里的发展在 20 世纪 80 和 90 年代越来越接近香港。㊷ 长江盆地和上海在 20 世纪 90 年代的增长超越了中国东南部,为了平衡,中央政府在 2004 年允许 9 个位于珠江三角洲地区的省份结成联盟,从香港向东北方向辐射。㊸

经济特区是与海外华人网络加强联系的重要地区。在开发的早期,深圳的物质和法律基础设施都很薄弱,并且政治和官僚气也很浓:

> 在这样一个地方经营,不仅要有很深的文化造诣和很强的语言能力,而且还要有关系网,关系网代替了其他地方由法治、产权保护体系和中立的行政机构所提供的担保。海外华人网络能成功地将生产体系拓展到中国,正是因为它们能够提供不同形式的社会和物质资本,在这个地方建立稳定的关系网络。㊹

亚洲的次地区主义在很短的时间内为亚洲区内贸易和投资的快速增长做出了贡献,这种增长已经开始渐渐减弱亚洲制造商对美国市场的严重依赖。在未来更长的时期内,政府政策是继续支持沿海地区还是将开发重点转到内地,将会对中国经济特区和亚洲地区主义的发展产生深刻的影响。经济、文化和政治生活走突出沿海的地中海模式还是强调大陆的中国中心模式,这一选择将具有根本性的意义。

欧洲

欧洲的次地区主义涉及到一些政治单位的行动,如加泰罗尼亚(Cat-

㊵ Harding 1993, 666—667.
㊶ Harding 1993, 666—672. Weidenbaum and Hughes 1996, 85—89.
㊷ Rohlen 1995, 16.
㊸ Bradsher 2004.
㊹ Berger and Lester 1997, 132.

alonia)、罗纳—阿尔卑斯大区(Rhône-Alpes)或德国各州,它们就在中央政府的下一级进行运作。在很多国家,次地区主义是一支很重要的政治力量,因为欧洲的领土政治仍然具有显著的重要性。欧洲一体化使得这种重要性更加明显。欧洲的次地区主义与亚洲不同,主要不是通过非官方的跨境市场交易形成的,而是与欧盟单一市场的建立紧密相关。市场一体化分布产生了有害后果,需要采取补偿性的政治行动。这主要有两个原因:第一,欧盟按制度要求进行运作,努力实现各成员国经济的融合而不是分化。第二,相对贫穷的国家要求在深化市场的同时应将大量的欧盟资源向欧洲贫困地区转移。

共同体的地区政策可以追溯到 1972 年英国和爱尔兰的加入。在英国,只有英格兰东南部达到了共同体的人均收入水平;所有其他地区都在平均线以下,在有些地方甚至比平均线低 20%。在共同体的初期计划中,爱尔兰全境都被算作发展地区。1973 年设立了地区发展基金,共同体地区政策开始逐渐成形。即便是在德国这样富庶的国家,新的地区管理机制也侵蚀了各州(*Länder*)的政治势力范围。政治反对非常强烈。在 1997 年《阿姆斯特丹条约》的谈判中,德国各州迫使赫尔穆特·科尔总理投否决票,反对欧盟在环境、社会和文化事务等属于各州直接管辖的政策领域中拥有更大的权限。德国各州还坚持要在负责直接处理这些政策领域问题的欧盟决策单位中拥有直接代表权。与亚洲非正式的市场进程相比,欧洲地区主义是通过正式的政治制度来运作的,其中涉及最高层艰苦的政治讨价还价。

但是,在远离布鲁塞尔政治的地方,欧洲的地区主义也是一支经济政治力量。苏格兰、巴斯克山区(the Basque country)、加泰罗尼亚、弗兰德斯(Flanders)、布列塔尼(Brittany)和朱拉山区(the Jura)的自治运动几十年以来一直吸引着人们的注意。这些运动都是以复兴当地语言和文化为思想基础的。比如,在法国,自从 1997 年具有社会主义色彩的政府接管政权后,布里多尼(Breton)、欧西坦(Occitan)、巴斯克、科西嘉(Corsican)和阿尔萨斯(Alsatian)的地方语言已经重新兴盛起来;在苏格兰和威尔士的学校里学习盖尔语(Gaelic)的人越来越多,在意大利北部,富拉语(Friulian)也越来越受欢迎;荷兰电台用弗里斯语(Frisian)和林堡语(Limburgs)广播,芬兰电台用萨弥语(Sammi)广播;在西班牙北部人们又开始说巴斯克语,在加泰罗尼亚,加泰罗尼亚语比西班牙语更为盛行。

大约有10%的欧洲人说着与他们本国的官方语言不同的地区语言。[45]

一些地区精英和欧洲委员会的成员在20世纪80年代曾经以为,"地区构成的欧洲"可能会分解各国政府的权力,因为自上自下都有压力,但是结果证明他们错了。[46] 各种不同的欧元区和跨界地区联系已经建立发展起来——有些在共同体范围之外,比如位于朱拉山区、黑山林(the Black Forest)和孚日省(the Vosges)之间的地区;有些位于共同体之内,如连接法国、卢森堡和德国边境的萨尔—洛林—卢森堡(Sar-Lor-Lux)地区。其他地区组织还包括阿尔卑斯—亚得里亚(Alps-Adria)、日内瓦湖委员会(the Lake Geneva Council)、莱茵河上游合作组织(Upper Rhine Cooperation)和沿海地区大会(the Conference of Coastal Region)。随着共同体有了一些地区功能,领土政治正在渐渐适应这种密集的联系网络。但是我们不能因为这个网络就误将欧元区这个概念当作转型的政治现实。欧洲的发展并没有产生一个地区构成的欧洲,而是产生了一个和地区并存的欧洲。[47]

自20世纪90年代早期以来,欧盟就有了自己的地区委员会(Committee of Regions)。[48] 部长会议和欧洲议会在处理涉及到地区和地方事务的时候必须向这个委员会咨询。但是,由于地区委员会只有建议权,它的影响很有限。到1999年,次国家政府(subnational governments)已在布鲁塞尔设立了160多个办事处。德国和西班牙的一些地区在这方面做得特别好。这些办事处并没有在欧洲政治中扮演正式的角色,但是它们却是在欧盟条约之下甚至之外运作的"多层治理的次政府政治世界"中的一部分。[49] 欧洲比较强大的一些地区并没有在新的欧盟宪法中为地区争取到更重要的角色。但是一些地区还是制定了同部长委员会的定期磋商机制。特别有意思的是所谓的"欧洲集团的四大发动机"(Four Motors for European Group)。四个强大自信的地区——巴登—符滕堡(Baden-Württemberg)、伦巴第(Lombardia)、加泰罗尼亚、罗纳—阿尔卑斯——常常积极合作,将它们的欧洲观注入国家政治体系之中,而且在重要的问题上还采取它们自己的欧洲政策。渠道的多样化说明,欧盟是作为一个多层次治理体系在运作,大大超越了传统的国家之间的讨价

---

[45] Simons 1999.
[46] Newhouse 1997.
[47] Kohler-Koch 1998, 232. Anderson 1990.
[48] Hooghe and Marks 2001, 81—118.
[49] Marks, Haesly, and Mbaye 2002, 1, 14—15.

还价。

欧洲的地区还在欧盟预算中发挥着决定性作用。20世纪80年代希腊、葡萄牙和西班牙被批准加入,同时,共同市场也得以建立,这促使欧盟采取措施应对市场一体化所造成的地区间不平等加剧的问题。至少在70和80年代,有充分的证据说明地区间差异是持续存在的,如果将较贫穷的地中海国家计算在内,情况更是如此。[50] 欧盟每一项重要的制度创新总是伴随着扩充地区发展基金的政治协议,一般通过政府之间艰难的讨价还价可以得到保证,这些政府需要一些东西拿回去给国内的选民们看。

欧盟东扩又引来了新的"诉权人"。在欧盟的总预算中,结构基金的比例从1975年的不到5%增加到1987年的9%、2002年的30%,到2006年预计将会增长到已经扩大了的欧盟的39%。2002年,欧盟将310亿欧元分给了新加入的地区;预计2000—2006年欧盟的这一开销以实际价值计算将达到2 130亿欧元,相当于欧盟GDP的0.2%。[51] 增强一体化是要付出代价的,代价就是共同农业政策,因为欧盟认为共同农业政策太浪费而且不利于加强地区一体化。在基金的总体分配中,各国政府是主导行为体;但是,在具体项目的执行中,委员会和地区发挥了重要作用。地区基金的分配越来越集中在贫困地区。结构基金的70%都用在GDP不到欧盟平均水平75%的地区。这些地区的人口占欧盟总人口的22%。[52]

我们不应该夸大亚洲和欧洲次地区主义的差异。亚洲的次地区主义主要是由市场驱动的,但是欧洲的次地区主义则有着政治基础。次地区主义将拥有不同政治体系以及不同贸易和投资法的国家联系在了一起。最富裕的经济体和最贫穷的经济体收入差异太大,以至于贸易流向的变化会产生巨大的反响。地理距离和薄弱的基础设施使得超国家的、全地区的一体化计划交易成本太高,政治结构和利益又有天壤之别。在这种情况下,要达成正式的经济一体化计划,谈判将会非常困难。次地区主义具有可操作性,对于亚太地区是一个很有吸引力的解决方案。[53] 同时,欧洲的政治方式是欧洲模式的地区生产网络的一大特色。特定工业区的生产者团体相互联系,处在密集的生产网络之中,这些网络对灵

---

[50] Dehesa and Krugman 1992, 11—41.
[51] Allen 2000, 244. Hooghe and Marks 2001, 84—85.
[52] Hooghe and Marks 2001, 83—85, 93—118.
[53] Tang and Thant 1994, 7—8.

活的、高质量的生产起到了支持作用。㊼ 地理分布集中的小规模生产企业建立了制度,能提高集体学习的能力并建立相互之间的信任。一般它们在设计和生产方面都很积极,有时在融资和营销上也很积极。与亚太地区相比,这些欧洲生产网络是平等的而不是等级制的,有利于加强社会的同质性而不是异质性。㊽ 欧洲生产网络往往是自发形成的,而不是谋求建立跨境投资走廊的政府政策的结果。

但是,欧洲次地区主义政治一般都是正式的,并有政治力量的推动,目的是改进市场一体化造成的不平等状况。亚洲的次地区主义进程是市场驱动的,非正式的,它依附于经济激励机制,目的是要通过参与世界经济实现国家增长的最大化,实践证明这种方式具有经济效力和政治吸引力。

农业——说明问题的案例

两种次地区主义的特性差异在与土地联系最紧密的经济部门反映了出来。农产品的生产、分配和营销在欧洲和亚洲一直都是至关重要的。共同农业政策(CAP)为德国和法国在经济上讨价还价提供了基础,工业产品不受限制地进入欧洲市场符合德国的利益,而筹集金融资源实现法国农业的现代化是法国的利益所在。共同农业政策是欧共体自其创立以来的一个政治里程碑。西德的农业缺乏竞争力,它成了欧洲沉重的经济负担。欧洲的农业保护主义变得非常强势,价格远远高出了世界市场价格。就在 1992 年改革以前,农业补贴还占欧盟总预算的 60%,相当于农业在共同体 GDP 中所占份额的 25 倍。农业补贴将食品价格抬高了 7%,将非农产品价格抬高了约 3.5%。㊾

复杂的假定价格(shadow prices)体系和大量的补贴使得共同农业政策成为巨大的累赘。共同农业政策的目标是要保证即使是小农场主的生活也能达到与更富有的大社会的生活相当的水平。到 20 世纪 70 年代,享有补贴的国内产品大量剩余,对世界市场发起了出口冲击,直接与美国产品竞争。在 90 年代,有三大发展降低了共同农业政策的重要性,即共同体层面半心半意的改革、农业政策的重新国家化,以及对欧盟主要贸易伙伴(主要是美国)不情愿的让步。这些变化累积起来,使欧洲的

㊼ Piore and Sabel 1984. Locke 1995. Herrigel 1996.
㊽ Zysman, Doherty, and Schwartz 1996, 29—33.
㊾ Keeler 1996, 127.

农业无法继续朝着不受预算约束和政治控制的方向发展。加之部分选民的支持率急速下降,为了赢得选票,只能付出高昂的代价。当然,这种代价不是反映在市场上,而是表现在政治领域:在国家层面,各党派为了争取临界票(marginal votes)展开竞争;在共同体层面,成员国捍卫各自的国家利益。所以,在欧洲农业的政治经济学中,政治显得特别突出。

亚洲的农业提供了一个极具启发意义的对照。和韩国一样,日本的食品体系也分成两个部分。传统的、受到大力保护和补贴的稻米经济逐渐受到侵蚀,稻米经济受到选举制度的支持,而选举制度是自民党权力的支柱。一股自由化浪潮越来越成为稻米经济的补充,自由化首先是美国领导的全球食品机制引发的,随后跨国公司组织的生产综合体又发挥了补充或替代作用。这些生产综合体在整个亚太地区传播开来,使日本成为世界上对食品进口依赖最严重的经济体。日本的人口和饮食构成发生了变化,消费者和生产者结成联盟,支持更廉价、利润更高的食品进口,国际谈判意欲进一步开放日本经济,在这些压力之下,日本的国家稻米机制逐渐土崩瓦解。[57]

食品供应的国际化——例如,在饲料谷物、牲畜和面粉加工产品的供应方面——依赖两个支柱。第一个支柱是美国领导下的剩余食品机制。对剩余食品的特许和商业性销售,尤其是饲料谷物和小麦,压低了食品价格,有助于改变饮食习惯,加速了从农村到城市的迁移,保持了工业行业较低的薪资水平,从而支持了日本和韩国在世界市场上以出口为主导的发展模式。尽管这个体制的黄金时间已经过去了,但某些主要成分仍然保留下来。直到1989年,日本和韩国还是美国农产品的两个最大进口国。[58] 但是日本稻米经济的政治和制度重要性已经走上了缓慢但不可逆转的衰退之路。

第二个支柱是以亚太为中心的食品供应地区机制,它是由日本、澳大利亚、东南亚、中国和美国农业企业的海外投资构成的。[59] 尤其是东南亚,它在全地区进行劳动分工,满足东亚的食品供应要求,在农产品出口方面已开始与美国展开竞争。例如,在菲律宾55%的农业用地用于生产出口到日本市场的粮食作物。在泰国,1961—1989年间红树林减少了一半,原因之一是为面向日本市场持续扩张的虾养殖业提供燃料,而这种

---

[57] Hall forthcoming.
[58] McMichael and Kim 1994, 33.
[59] McMichael 2000b.

扩张在生态上不具备可持续性。德里克·霍尔曾就虾的生产做过具体分析,他指出某些食品贸易的地区化发展常常在很短的时期内就对生产地造成影响,对环境造成了灾难性的破坏。[60] 巨大的生态压力使澳大利亚的牛肉产业实现了从散养到集中圈养的转变,同时澳大利亚也成为了日本主要的供应商。为了实现规模经济,日本还将动物蛋白综合生产和部分食品加工业外包给邻近的饲料供应区。

日本面向全球的食品进口越来越成为地区食品机制的补充。日本的需求支撑着"新兴农业国"的兴起,如泰国和印尼的玉米、巴西的大豆、南非、中国、阿根廷和澳大利亚的谷物。农业企业在全球和地区的进出口正在取代双边交易,而后者涉及到政府对剩余粮食的处理。食品进口受到一些长期因素的激励,其中包括日本农业的高成本、日元的升值、东京的税收政策和对日本食品进口进一步自由化的期待。

欧洲的次地区主义政治试图减弱更加深入的市场一体化所造成的不平等状态,甚至不惜以削弱欧洲的多孔性为代价。在亚太地区,次地区主义正在建立出口平台,在地区内部和地区与世界之间建立新的连接,其代价是加剧了各国之间和国家内部的不平等。在欧洲,每年对成百上千亿美元的重新分配是通过制度化的权力共享体系完成的。由各国政府决定基金的总体分配,将国家权力与欧洲委员会的权力汇集起来使用。地区、地方和一系列非国家行为体都参与具体项目的实施。相反,亚洲的次地区主义依赖国家发展战略,这些战略的目的是从国家之间的互补性中获益,这就无需进行复杂的政治谈判。亚洲和欧洲的地区主义都为次地区活动提供了充足的经济和政治空间,但从如何利用这种空间的方式上,可以看出欧亚两个地区之间存在的典型差异。

双向的美国化

地区核心国家在地区内部建立的纵向联系,以及地区和次地区之间的联系,显示了普遍深入的相互适应和互动的进程。将多孔化地区和美国帝权联系起来的纵向联系也反映了同样的进程。

《韦氏国际辞典》追溯了"美国化"这个词随着时间的流逝而发生的意义变化。在第五版(1936)中,"美国化"是指"在习俗、言语等方面与美国人相似;发展美国的方法或特性或与之相一致"。第八版(1973)将

---

[60] Hall 2002.

"美国化"定义为"用英语对外国人(移民)进行的美国历史、政府和文化的教育"。这些都是单向的美国化：美国改变着国内国外的他者。但是这种世界观是有局限性的，只描述了互动进程的一半。我们还得要认识到反向的那一半进程，即美国国内和国外的他者也改变着美国。

双向的美国化涉及到广泛的社会和政治实践行为，既包括美国产品、价值观和实践行为通过市场和非正式的社会网络的自发传播，也包括公司、其他正式组织和美国政府明确的经济和政治战略。它还是一个习惯用语，人们会围绕这个术语进行辩论，讨论美国关切和不关切的问题。乔纳森·蔡特林(Jonathan Zeitlin)将不同类型的互动作了区分：一端是来自美国的最佳实践行为的简单扩散；另一端是相互依赖的各元素在当地的成功组合，这些元素既吸收了美国的影响，同时也融合了当地社会的自我理解。[61] 双向的美国化具有深刻的互动性。[62] 本书以欧洲的德国、日本与亚洲为案例，追溯了互动的地区进程，在不同的制度背景下，我们发现地区大国和地区环境之间进行着不间断的互动。美国帝权也是如此。美国塑造了一个地区构成的世界，而这个世界反过来又重新塑造了美国。

美国化在流行文化、技术和国家安全的问题上是双行道，第四章和第五章对这三个经验领域进行了分析。在流行文化方面，美国化远离常规政治，与当地环境交配融合。特定的样式、时尚和新奇的艺术表达形式通过挪用、改编和变形进行传播，而后又被交流或者再次出售。这个进程一般都绕过了政府，有时也不经过正式市场。广而言之，技术也是民族文化的一部分，尽管当技术涉及到政府认为关乎国家安全利益的问题时，也能成为一个深刻的政治问题。但是，技术往往被在全球市场上运作的强大公司所利用。技术的流动与普及传播和挪用相结合，产生了共同进化。最后，在内外安全的问题上，美国化处于国家的管制之下，既促生模仿行为也会产生反作用力。

流行文化——交配融合

从购物广场[63]到学术和艺术潮流[64]，美国化在艺术领域里表现得非常突出。哪一种美国文化出口产品获得成功，哪一种失败，失败和成功的

---

[61] Zeitlin 2000, 16—17.
[62] Nolan 1994, 5, 12. Gemünden 1998, 17.
[63] Kroes 1996.
[64] Pells 1997.

条件是什么,海外的个人和团体在他们自己的文化环境下如何解释新的表达形式——对这些问题的回答反映了美国化特有的等级和平等元素混合在一起的复杂情况。欧洲的先锋派和当代美国流行文化深深地混杂在一起,既相互赞美又相互批评。是美国,而不是法国、意大利或德国,爱上了炸薯条、比萨、法兰克福香肠和汉堡包,并成功地将这些产品推广到了全世界。

美国化有时被看作是对本土文化的削弱。⑥⑤ 这是一种失之偏颇的奇怪观点。如果说欧洲有共同的文化,那么这个文化不是学习美国的⑥⑥就是反对美国的⑥⑦。在流行文化领域,美国化常常丰富强化而不是削弱了地方文化。例如,从加勒比海进口的音乐帮助美国创建了一种新的艺术形式,即说唱,说唱传到法国后为那里的非洲移民提供了一种新的前所未有的形式,他们以法文写作歌唱,使之成为了法国文化的一部分,丰富了法国文化。

电影业是文化美国化非常重要的中心组成部分。为了盈利,好莱坞在美国制作的是可以在全球出售的产品。国际营销的成功和民族的多样性和多元文化主义是美国自我形象的重要组成部分。⑥⑧ 毫无疑问,好莱坞是美国的,但是外国人却拥有大量的所有权。20 世纪 90 年代早期,好莱坞 7 大电影公司中只有 3 个——迪斯尼、派拉蒙和华纳兄弟——是由美国公司控制的。鲁珀特·默多克(Rupert Murdoch)的新闻集团拥有二十世纪福克斯;索尼掌管着哥伦比亚电影公司;松下电器产业公司接管了环球影片公司;意大利金融家詹卡洛·帕雷塔(Giancarlo Parretti)买下了米高梅/联美电影公司。美国的唱片业大体也为外国人所有。大多数美国唱片公司都被外国公司接管:索尼拥有哥伦比亚和史诗,松下拥有 MCA 和格芬,科艺百代拥有国会唱片公司,贝塔斯曼拥有芒刺和RCA,宝丽金拥有水星、PLG 和 A&M。

在全球娱乐业的美国中心,所有权并不等于控制权,索尼和松下都是在历经艰难后了解到了这一点。这些公司在 20 世纪 80 年代占领了消费品行业,以纵向整合为目标,从硬件到软件,在全球范围锁住了它们的竞争优势。在适应好莱坞的过程中它们经历了巨大的困难。所有权的民族性对好莱坞的电影构思和制作影响微乎其微。好莱坞很多最著

---

⑥⑤ Ermarth 1997, 318.
⑥⑥ Riding 2004.
⑥⑦ Markovits 2004.
⑥⑧ Cowen 2002, 95.

名的导演和演员都不是美国人,很多关于美国的好莱坞影片不是美国人制作的。⑩ 詹姆斯·维尼拉(James Verniere)写道:"你最喜欢的经典美国电影很有可能是某个来自其他地方的人导演的。"⑩ 就所有权和艺术天分而言,好莱坞既位于美国,也属于世界。

在这个开放的体系中,文化进口——比如来自日本和亚洲的进口——举足轻重。小仓和夫(Kazuo Ogura)认为,"亚洲复兴"是一项有意识的政治计划,它的基础是想像中的亚洲价值观的再次流行。⑪ 尽管具有政治意义,但是这一复兴的文化影响可能还不及自发式的文化传播,比如中国的跨国文化流动创建了现代性的新形式。亚洲是强劲的文化生产的源泉。例如,日本漫画的影响正在美国流行文化的各个方面显示出来:好莱坞电影、音乐电视,尤其是儿童电视卡通,往往是重新包装过的日本动画,其根源都是日式漫画。到 2001 年,动画节目占领了华纳兄弟、福克斯和卡通网络每天下午和周六上午卡通时段的一大半。⑫ 日本动画对美国观众的吸引力越来越大,而且还因为佐藤健治(Kenji Sato)所说的日本的"种族漂白"(ethnic bleaching)而加强,"种族漂白"是日本社会,尤其是 1945 年以来,弥漫的一种自我形象否定。⑬ 日式漫画中人物面孔的西方化加强了其在西方市场上的竞争力。⑭

好莱坞从美国连环画中再也找不到人物、情节和台词,于是开始转向日式漫画。以迪斯尼公司获得巨大成功的《狮子王》为例,它与手塚治虫 1966 年出品的著名电视系列片《丛林之王》(Jungle Emperor),在美国播出时名为《白狮子金巴》(Kimba the White Lion),极其相似以至于说它是艺术剽窃也不无道理。⑮ 迪斯尼旗下的艺术电影公司米拉麦克斯(Miramax)为宫崎骏(Hayao Miyazaki)的《幽灵公主》配了音,此举大受欢迎。《幽灵公主》是日本从过去一直到近年来票房收入最高的一部电影。随着电影制作成本的不断提高,即使没有日本的艺术独创性,似乎动画

---

⑩ 波兰的罗曼·波兰斯基(Roman Polanksi)(《中国城》)、捷克斯洛伐克的米洛斯·福尔曼(Milos Forman)(《飞越疯人院》、《性书大亨》)、台湾的李安(Ang Lee)(《卧虎藏龙》、《与魔鬼共骑》)、英格兰的萨姆·门德斯(Sam Mendes)(《美国美人》),以及德国的罗兰德·埃默里赫(Roland Emmerich)(《独立日》)和沃夫冈·彼特森(Wolfgang Petersen)(《空军一号》)都证明杰出的外国电影制作人的加入对于好莱坞的成功产生了重大影响。
⑩ Verniere 1999.
⑪ Ogura 1993, 40.
⑫ Burress 1997. Rutenberg 2001.
⑬ Sato 1997.
⑭ Schodt 1996, 62.
⑮ Kuwahara 1997. Hughes and Clements 1997.

片也能抢到自然和真人题材影片的收入和利润,并安全地立足于市场。⑦

日本在全球文化市场上的存在令人敬畏,但这并非意味着美国的流行文化会被日本化。毕竟索尼和松下没能在它们主导的消费电子业和作为内容来源的好莱坞之间建立起强有力的联系。现在,尽人皆知美国人忽视地理,能在地图上找到英国、法国、南非和日本的美国人还不到美国总人口的一半。美国人的外语能力在20世纪急剧下滑。⑦ 但事实仍然是,美国的沿海地带更加都市化,在距离沿海成千上万英里的美国心脏地带,年轻人在星期六上午都收看儿童节目,他们根本没有意识到自己一小时又一小时所接受的商业和艺术才智影响来自一个日本产业。儿童电视中的显著现象也许会在更大的范围内成为发展趋势。当模拟技术到数字技术的转变完全实现时,电影制作的成本就会降低,好莱坞对特效的垄断就会渐渐丧失。从日本到印度,最终也许到欧洲,很可能会出现国家和地区的新的生长点。

技术——共同进化

技术是文化的一个方面,它与科学和经济有着紧密的联系。二战后的美国毫无争议地占据了全球的技术领先地位。研究表明,在20世纪70和80年代国际上约有2/3的无实体专利技术都来自美国,位居第二的英国远远落在后面。⑦ 顶尖的美国研究型大学吸引着外国学生和青年学者在那里渡过他们早期的学术生涯,很多人选择留在美国。美国公司很善于将科学发现转化为实际技术,而技术能相对较快地转化为适于销售的产品。在这个科学—技术—产品三步走的进程中其他社会可能只在这一步或那一步做得比较好,只有美国是在所有三个方面都很强。在技术问题上,美国化通过市场得到拓展,弹性很大。美国技术逐步而又巧妙地潜入世界各地的市场,被各地吸收,甚至那些持反对意见的人也接受了它。因此美国的技术改变着各个社会、削弱其基础并对其进行重组。⑦

这种观点被人们普遍认可,但它只不过是对现实的初步估算,实际

---

⑦ Lyman 2000.
⑦ Paarlberg 1995, 48—49.
⑦ Ernst and O'Connor 1989, 29. 这个估计是根据国家技术的国际收支做出的,这是个不完全数据指标,只涵盖了国际技术流动的一部分,包括专利的出售、专利使用权转让协议、技术条款和技术援助。
⑦ 关于美国制造和金融企业的作用,可分别参见 Servan-Schreiber 1968 和 Dore 2000。

第六章　地区与帝权之间的联系

情况更复杂更有意思。1945年后产生了各种各样关于技术美国化的研究，乔纳森·蔡特林对这些研究进行了总结。他认为对于美国技术和实践行为的大规模模仿是很少见的，一般的做法是，将零星的借用和有选择的改造结合起来进行再创造。[80] 美国化更主要的在于当地行为体的学习能力，而不在于美国标准化技术的传播。的确，蔡特林将美国化的概念换成了美国参与，"美国参与"具有多重丰富的涵义。[81] 研究技术的其他学者也得出了相似的结论。[82] 他们认为，21世纪初，在物理学和其他一些长期由美国科学家主导的领域，潮流开始发生逆转并不奇怪，外国在基础科学方面的进步现在常常可以与美国相匹敌或者超过美国。"分析人士称，欧洲和亚洲的成就虽然在美国还没有引起注意，但是它们正处于上升期。"[83]

既然技术美国化是一条双行道，那么诸如"美国制造"和"美国技术"之类的概念就迅速过时了。[84] 外国生产商已经改造了某些美国领先的产业。到20世纪90年代早期时，日本在几十项重要的技术上已经成为了世界领袖，进一步深入到了仅在几十年前还由美国公司稳定领导的领域。的确，"日本化"这个概念在理论上和"美国化"一样开放。它原本是指日本公司提高生产率的特殊能力，起先是在制成品出口方面，如汽车、汽车零部件和电子产品。在汽车业，"日本化"特指"薄利生产"，同时注重高生产力、高灵活性和高质量。外国直接投资鼓励了对"日本模式"的采用，尤其是在20世纪80年代中期以后。但是，和美国模式一样，日本模式也不是统一的，对于不同的地方它意味着不同的事情。欢迎日本模式的动机各不相同。英国政府试图鼓励引进新的产业关系模式。日本公司争相在美国开办工厂，因为保护主义可能使美国对外开放的市场可能不复存在。日本政府喜欢外国直接投资，认为这是使用大量贸易盈余的有效做法。

即使在汽车行业，日本化现在的表现也不一样。[85] 在20世纪80年代，日本化成了一个术语，描述从旧的生产范式到新的生产范式的转移，但是这个进程的范围并没有精确的界限。托尼·埃尔加(Tony Elger)和

---

[80] Zeitlin 2000.
[81] Zeitlin 2000, 5.
[82] Bjarnar and Kipping 1998, 6, 12. Djelic 1998, 2—3, 274—275.
[83] Broad 2004, A19.
[84] Pollak 1992, 48.
[85] Elger and Smith 1994b, 37—38.

克里斯·史密斯（Chris Smith）总结道："日本化这个概念现在意味着一个仍需研究的、没有确定意义的术语，而不是对日本生产技术传播范围和特征的确凿定义。"⑧日本化成为了一个仍无定论的传播、效法和采纳特定生产模式的过程。它既不是对原模式的模仿，也不是对现有地方模式的复制。它是一种原型和地方复制品的结合。之所以出现这种结合，是由多种因素导致的：有刻意的组织设计、也有共同认识和规范逐渐发生变化这一过程的作用，还受到不同利益集团政治冲突的影响。在被人们彻底研究过的美国汽车制造模式中创造出新的东西，这就是日本化。⑧

美国化和日本化是非常强劲的进程，它们加速了民用创新技术的传播。同样，在涉及国防的生产中，尖端军事技术也不再是完全在国内进行开发。自20世纪70年代以来，现代武器的复杂性和精密性不断增强，要求从外国供应商处获取资源，这就改变了美国军工综合体喜好自给自足的特点。在1986—1990年间，有官方许可的生产及共同生产或共同开发项目的总数比1971—1975年间增长了50%，比1961—1965年间增长了200%。⑧

但就美国而言，自20世纪70年代中期以来，促进技术双向流动的措施处于次要地位，更重要的是零部件生产、低层次生产以及军民两栖产业生产的横向交流。⑧例如，在信息产业，这是所谓军事革命的核心，39%的公司间联盟是在美国生产商与欧洲及日本公司之间建立的。生产的国际转包和由美国跨国公司的海外分公司所进行的生产也急剧增加——这使美国国防部在整个1980年代感到十分担忧。经验研究表明，1988年所有采购的13%在转包层次上涉及到外国公司；Verdin通讯系统是最精密的电子武器系统，40%的二级采购分配给设在26个国家的163个外国分包商。⑨ 这些国际公司联盟的效率收益是可观的，而且对于政策制订者来说，这样做也不亏。没有采取这种做法的国家则因为技术与世隔绝而付出了高昂的代价，20世纪80年代的苏联在国防领域的情况就是一个例子。

---

⑧ Elger and Smith 1994a, 7.
⑧ Boyer et al. 1998. Freyssenet et al. 1998. Westney 1999, 385, 402—403.
⑧ Brooks 2005, 82.
⑧ Brooks 2005, 83, 85—87.
⑨ Brooks 2005, 90—91.

安全——模仿和反作用力

在安全问题上,美国化的政治能见度最高。因为美国发动的"反恐战争"还处于初期阶段,所以我在这里主要分析"反毒品战争"。贪得无厌的毒贩将毒品非法运往美国市场,产生了毁灭性的后果,吸毒成瘾的人越来越多,公共健康受到损害,而且还造成了许多人被监禁的悲剧。美国的反毒品战争打了几十年,大体上看是失败的。由于美国对欧洲既劝说又威胁,欧洲的也采取了某些行动,如1971年建立蓬皮杜集团。后来到80年代,里根政府施加了更大的的压力,于是,欧洲重新进行了调整,将警察部队重点用来对付国际贩毒。[91] 在日本方面,美国化是通过双边压力实现的。美国对毒品的担忧上升之时恰逢两国贸易摩擦激烈期,所以1985年以后,尽管日本本身基本上没有受到海洛因和可卡因的困扰,但日本政府只能支持美国的倡议。

反毒品战争的美国化既是直接的也是间接的。美国在捍卫包括国际协定在内的国际法律规范方面一直发挥着带头作用,它还率先在国外安排代理人,在全世界帮助制定执法的方法。麻醉品管制局(DEA)的海外队伍十分庞大。20世纪80年代后期,它在43个国家设立了60个永久代表处,还在另外的27个国家设立了临时办公室。[92] 反毒品的国际战争——无论是在所在国警察部队的积极配合或默许下,或是在他们全然不知情的情况下——保证了美国在政治动荡国家里(尤其是在拉丁美洲)的存在;并且对于地区打击犯罪的行动产生了普遍深入的影响。[93] 美国化还采取了间接的方式。在反毒品的执行政策方面,麻醉品管制模式得以推广,美国在很多国家播出的电视节目尤其发挥了重要作用。20世纪80年代末,大多数欧洲警察部队都追随了美国的做法,建立了缉毒特警部队,模仿美国式的程序,通过法院和立法机构支持这些特警部队的行动。[94]

双向的美国化容许各种不同的回应,而这种不同往往是实质性的。例如,美国将毒品视为对国家安全的威胁,将提供毒品定为刑事犯罪,靠军队来处理毒品问题,对制毒者和贩毒者进行镇压,而且喜欢采取单边方式。与之相反,德国将毒品视为对国家内部安全的威胁,在解决这一

- [91] Friman 1997, 2.
- [92] Nadelmann 1993. Anderson 1989, 160—165.
- [93] Anderson et al. 1995, 119, 130.
- [94] Nadelmann 1995, 272.

问题时没有动用军队,对于制毒国主要采取经济发展替代战略,并且更喜欢多边方式。⑮ 类似的对比还出现在移民政策上。美国将移民问题框定为国家安全问题,几乎将全部精力都投入到了边境控制中。而德国的政策采取了针对性不是那么强的做法,结合经济援助和劳动力市场的问题一并解决。⑯ 在美国和德国的反恐政策上也可以看出同样的差异。⑰ 在国家常常面临不明确的风险而不是明确威胁的新时代,反毒品战争表明了政策方式上的一贯分歧。在制造和出口战略上,在各种不同的政策行为上,美国对其他国家产生了重大影响,同时,其他国家也对美国发挥着重大影响。

在军事安全问题上,美国化指的是美国军队在全世界树立的标准。2002 年,美国为 133 个国家的约 10 万名现役军人,大多数是军官,提供了军训和培训。⑱ 按常规的财政方法来计算,美国军队比紧随其后的数十个国家部队的总和还要庞大、设备也要更加精良。美国是世界的兵工厂,在军事研究和开发方面处于领先地位;在过去的半个世纪里,美国是世界市场上最大的武器出口国。美国的军事基地覆盖全球。美国军队的财政支持、技术水平、训练和职业化水平都是无可超越的。其组织模式被广为仿效——冷战后中东欧国家的军队不得不重建,那时美国模式就是典范,美国军队协助了改革进程。最重要的是,近年来美军在海湾战争、波斯尼亚、科索沃、阿富汗和伊拉克成功展开了一系列军事行动,显示了其战斗能力,给人留下了深刻的印象。

但是,就像文化和技术一样,国家安全的美国化也是一条双行道。美国军队无可匹敌,但正因为如此美国也为自己树了敌。查默斯·约翰逊(Chalmers Johnson)用"后坐力"(blowback)来形容美国政策所产生的意想不到的后果。⑲ "9·11"袭击说明世界可以重新造就美国。对于美国人来说,9 月 11 日又是一个"耻辱日"。犹如晴天霹雳一般,敌人对美国发动了突然袭击,甚至比人们所联想到的珍珠港袭击还更具毁灭性。在半个多世纪里,拥有大量精密武器系统的美国将安全政策的目标定位为防止再次发生突然袭击。曼哈顿下城区碎砖破瓦堆积如山,五角大楼焦土楼损,这就是反作用力的象征,象征着美国刀枪不入这一梦幻的破

---

⑮ Friesendorf 2002, 167—168, 185.
⑯ Scheller 2002, 65—96.
⑰ Katzenstein 2003c.
⑱ Johnson 2004, 132.
⑲ Johnson 2000, 8.

灭。但是，根据公开报道的沙特情报部门的消息，自1979年以来，有多达2.5万名年轻的沙特人在海外接受了军训或者有相关经历，他们当中的大多数人意图发动一场伊斯兰圣战。⁽¹⁰⁰⁾ 政府让这些年轻的激进分子不受限制地离开，他们当中就有人被招募参加了阿富汗、车臣、科索沃和波斯尼亚的战争。从这些参战的人当中又产生了恐怖分子，他们受到招募、接受培训，轰炸了沙特阿拉伯、肯尼亚、坦桑尼亚和也门的美国目标，杀害了千百名美国人和其他国家的人。"9·11"使美国的安全意识更加强烈、更趋保守。现在很多人都认为先发制人的战争是合法的自卫形式。正因为如此，美国的单边主义和独断专行的外交政策得到了广泛的公众支持。国家安全和对"9·11"的反应生动地说明了一个真理：美国帝权能够塑造一个由地区构成的世界，流行文化和技术的案例也说明了这一点。但是这个世界同样具有反动的能力，对美国常常钦佩和怨恨相交织，有时还会喧嚣暴怒。所以说，这个世界也以自己的反动力重新造就着美国。

1941年，在德国和日本占领最黑暗的日子里，亨利·卢斯（Henry Luce）承认了"美国世纪"的国际主义。他颂扬美国观念、美国理想和美国产品所具有的实力，这倒是先见之明。卢斯认为，真正的远见卓识是摆脱地理疆界的限制，将美国实力投射出去。对于卢斯来说，像"亲爱的老城但泽"之类试图唤起人们情感的说法只不过是"遥远的城市回荡的无聊之声"，"民主自由"之类的呼吁只不过是刺耳的"华丽词藻"，以此作为参战的理由都是差强人意。国际主义将把美国的利益等同于"自己置身其中的世界的利益"，这种国际主义才是美国参战的动力。⁽¹⁰¹⁾ 在同年发行的电影《公民凯恩》中，奥森·韦尔斯（Orson Welles）再现了卢斯的观点并对此进行了批判。因为美国帝权的实施不仅仅是通过国家的军事力量和强制力量，而且还通过商业和文化的力量。所以，韦尔斯后来写道："如果卢斯对于美国世纪的预测变成现实……那么德国争夺世界霸权的行为就只能算是业余选手的把戏了。"⁽¹⁰²⁾

⁽¹⁰⁰⁾ Jehl 2001.
⁽¹⁰¹⁾ Luce 1941, 20—24.
⁽¹⁰²⁾ 转引自 Kaplan 2002, 168。

第七章

地区世界中的美国帝权

当代的世界是由地区组成的世界,它不是呈自由流动状态,而是嵌于美国帝权体系之中。当美国政府看到重要的安全和经济利益遭遇风险时,美国就支持建立地区大国,就如同它支持过德国和日本一样。但是,美国并不是在世界上任何其他地区都这样做。地区可以和平富足,也可以战争频发、贫困不堪。地区可以变大,欧洲就是随着冷战后欧盟的东扩而变大的;地区也可以缩小,亚太地区的亚太经合组织在1997年亚洲金融危机后就缩小了。对国际和全球进程,地区可以相对封闭,如20世纪30年代;或者相对开放,如20世纪90年代。不同的地区对美国权力和目标的重要性也是不同的。

我认为,美国帝权是由领土和非领土两个维度的权力交集定义的,与国际化和全球化理论所强调的某些现实情况并行发展。全球化和国际化相结合共同建设有利于形成多孔性的条件;亚洲和欧洲的地区主义有着不同的特点。世界上其他地方的情况又如何呢?南北美洲对美国帝权的双重作用保持开放,但是没有地区支持性国家。美国只是偶尔参与南亚和非洲事务。这些地区没有大力支持美国的核心国家。在中东,以色列和沙特阿拉伯是美国的亲密盟友,美国在中东的战略利益并没有复制出欧洲或亚洲式的多孔化地区主义。中东的领土冲突压倒了所有其他问题。以色列在美国国内政治中的中心地位或者沙特阿拉伯与美国在文化价值观和制度上的差距,都无助于解决中东棘手的领土冲突问题。

美国帝权

　　美国帝权的塑造进程始于美国革命,直到 20 世纪中叶才完全成熟。1945 年,美国的军费开支相当于紧随其后的 5 个大国军费开支总和的 3 倍,美国的国内生产总值比 5 国总和约高出 50%。50 年以后,苏联解体时,美国的国防预算比紧随其后的 9 个大国的国防预算总和还要多,美国的国内生产总值达到其后 5 个大国总和的 70%。①

　　数据可能会误导人。例如,数据表明在第二次世界大战末期,苏联的经济生产大约相当于美国经济生产的 1/4。② 但是苏联在二战中牺牲了 2 000 万人,而美国的伤亡人数"只"有 40 万,因此苏联的国力可能比生产数据所显示的要弱得多。半个世纪以后,日本的国内生产总值大约达到了美国的 60%;但是整个 20 世纪 90 年代日本的金融危机使得日本在实际上比数据所表现的要弱得多。而且,数据没有告诉我们一个国家的外交政策取向。例如,19 世纪前半叶,美国在经济上相对落后,政策上则是"过度扩张";19 世纪后半叶,美国经济已经超过了英国和德国,但却"扩张不足"。③ 1950—1970 年间,西欧和东亚国家遭受战争摧残的经济得以重建,因此美国对欧洲和亚洲的经济领先地位有所下降。自那时起,就物质实力而言,美国相对经济实力的变化很小。相反,对于美国实力在 20 世纪 70 和 80 年代是否下降、自 90 年代早期以来是否上升,人们的观点发生过变化。

　　大多数美国人相信,根据美国的历史和特性,美国不可能成为帝国,更不可能搞帝国主义。统治一个帝国不是美国的事,只有一小部分强硬的现实主义者才会这么认为。美国关心的是做生意,是捍卫自由。④ 帝国是旧世界的概念,不是新世界的概念。1914 年以前,有两种帝国:老牌的大陆帝国和新兴的海上帝国。⑤ 俄罗斯、奥匈帝国、土耳其和中国在毗邻土地上的扩张不同于英国、法国、荷兰、西班牙、葡萄牙,以及后来的德国、日本和美国的殖民地扩张。第一类扩张中,国家就是帝国;而在第二类扩张中,国家拥有帝国。第一类国家的内部危机和第二类国家之间的冲突导致了从 1914 年到 1945 年的"三十年战争",导致了 1947—1989

---

① Ikenberry 2001, 279—280.
② Lundestad 1990, 40.
③ Zakaria 1998.
④ Ferguson 2004.
⑤ Maier 2002, 28—29.

年的两极体系和美国与苏联对全球霸权的争夺,并进而导致了 1991 年苏联解体之后一个以美国帝权为特征的世界。但是,大多数美国人对这个词从心底里还是感到不舒服。

数据和对美国的常识性认识都无助于我们去了解在由地区构成的世界中美国权力的性质。⑥ 美国的权力包括领土和非领土两个维度。例如,以军事基地的形式对领土的直接控制是美国帝权的一个重要特征。冷战和反恐战争为美国在几十个国家设立军事基地提供了需求和机会。同时,美国还大力主张降低壁垒,推动货物、资本和服务的跨国界流动。在 20 世纪的整个后半期,美国的既定利益就是保证自己通向其他社会和经济的渠道不受阻碍,这是非领土权力的源泉。美国帝权是领土和非领土权力的结合。

美国帝权的领土基础是很清楚的。第一个美利坚帝国是"长期以来以定居占地式的殖民主义抢着将陆上领土并入美国"而形成的。⑦ 美国的扩张持续长达一个多世纪,对土著人发动了残酷的战争。1803 年的路易斯安那购买将美国的版图扩大了一倍,不久以后,在 1810 年和 1813 年美国又分别占领了两块面积不太大的土地,佛罗里达也割让给美国。在经历了一代人之后,詹姆斯·波尔克(James Polk)总统完成了大陆扩张的使命。1845 年占领得克萨斯,随后波尔克就立刻安排了 1846 年的俄勒冈购买。然后,他以一个站不住脚的借口向墨西哥发动了战争,墨西哥此前曾拒绝了美国购买加利福尼亚的要求。1848 年墨美战争结束,美国获胜,占领了加利福尼亚和整个西南部,再次将领土面积扩大了一倍。波尔克只当过一任总统,他是一个以军事力量实现自己政治目标的现实主义者,是美国的俾斯麦。但是在华盛顿的广场上却没有一座纪念碑来纪念他的成就。波尔克从美国的集体意识中被抹去了,他的总统经历表明了美国人对领土征服怀有一种深刻的矛盾心理。

内战后领土扩张的步伐放慢,法里德·扎卡里亚(Fareed Zakaria)认为,那是因为美国国家中央制度很虚弱,无法提供与美国的扩张性民族主义相适应的实力。⑧ 1898—1917 年间,美国最后还是屈从于建立欧洲式帝国的诱惑,从 1898 年打响美西战争并占领菲律宾,到获得中美洲和加勒比海的一系列殖民地,美国在 20 年里参与了对全世界范围殖民地

---

⑥ 最近出版了大量有关这一问题的著述,对这些书的评论参见 Ikenberry 2004 和 Dueck 2004。

⑦ Kramer 2002, 1316。

⑧ Zakaria 1998。

的抢夺。按欧洲标准,美帝国是弱小的。但是却足以激起马克·吐温(Mark Twain)和反帝国主义同盟人士的愤怒,他们认为美国在世界政治中的例外者角色被殖民征服玷污了。

美国普世性的民族主义是一种非常强大的力量,使马克·吐温的道义和愤怒强劲有力,使波尔克身后了无名望。如果波尔克是任何一个欧洲国家的首脑,肯定会名垂史册。将美国帝权仅仅看作是领土维度的权力是错误的,而且还是一个重大错误。美国的价值观和制度反映在美国独特的自我形象、特有的生活方式和美国例外论的信仰之中——这些都是美国帝权发展和持久的重要原因。新世界的开放、平等和民主与旧世界的封闭、阶级制和独裁形成了鲜明对比。成为美国人是个人选择,而不是国家法令或集体意愿。将美国和世界联系在一起的是一个理想的观念。但是崇高的理想和尘世的现实之间还存在较大的差距,而且这一差距将长期存在,尤其是在种族和阶级问题交错的地方。尽管开放社会的观念将美国团结在一起,但是种族等次和阶级不平等又将美国分化开来。美国的外交政策就在这两极之间周期性地摇摆。

对乔治·华盛顿(George Washington)来说,正如他在《告别演说》中提到的,美国的使命是"给人类树立一个崇高的新榜样,即正义和仁爱备受尊重并永远引导着人民"。⑨ 托马斯·杰斐逊(Thomas Jefferson)1809年从公共职位退休时借助"自由帝国"的概念,说美国是"世界上孤独的共和国,是唯一一座人权的丰碑,……只有在美国才存有自由和自治的圣火,如果地球上的其他地区愿意接受美国的仁慈和影响,圣火将从这里出发点燃地球上的其他地区。"⑩

在海湾战争开始前、在对"9·11"袭击做出回应时,老布什和小布什分别发表了演讲,演讲内容非常相似。美国正在战斗,这场战斗从属于一项更伟大的事业,此时此地为了全世界,美国人必须要紧紧盯住并消除那些对道德和人性的威胁。伊拉克轰炸开始几天后,老布什对国会发表了《国情咨文》,他坚持认为,

> 我们正在进行一场伟大的战斗。……我们是美国人:我们从属于一个更大的整体。两个世纪以来,我们为了自由付出了艰苦的劳动。……现在面临威胁的……是一个伟大的理念:各国人民为了共

---

⑨ Washington 1896, 23.
⑩ Tucker and Hendrickson 1990, 7.

同的事业走到一起去实现人类的普遍愿望,即和平与安全、自由与法治。……两个世纪以来,美国作为自由和民主的光辉典范,一直致力于为全世界人民服务。⑪

十年后,他的儿子发表《2002年国情咨文》的时候,语气何其相似:

> 美国要捍卫自由和正义,要领导世界,因为自由和正义对于全世界的人们来说都是永恒不变的真理。这些愿望不属于某一个民族,而是属于所有的人。我们并不想将我们的文化强加于人。但是美国将永远坚定地高扬保障人类尊严的愿望:法治、限制国家权力、尊重妇女、保护私有财产、坚持言论自由、公平正义和宗教宽容,这些愿望是神圣不可侵犯的。……现在我们将怀着坚定的目标迎难而上。我们已经知道了自由的代价。我们已经显示了自由的力量。在这场伟大的战斗中,美国同胞们,我们会看到自由将取得胜利。⑫

因此,从第1位到第43位总统,美国一直就是新的耶路撒冷,"山巅之城"。

美国在世界的特殊使命感是美国《宪法》的一部分,也帮助造就了人民主权,通过民主政治同时实现在民主共和国观念下的团结和权力的分立。在宪法的设计中,《独立宣言》和《联邦党人文集》(Federalist Papers)清晰地阐明了两个核心原则:权力在"民",这是权力的最根本来源;权力在政府各部门和市民社会各组成部分的竞争中不停地移动。大众主权可能会产生不同的结果,有两种结果尤为可能:内向的民主自制(democratic self-control)和外向的扩张性。普世共和的思想是无限制扩张倾向的核心,目的是开启世界民主国家的和平与繁荣的时代。⑬ 在19世纪上半叶,美国的开放边疆为这样的扩张性倾向提供了出路。杰斐逊对这个概念作了最好的表述,他认为扩张是"稳定、安全和繁荣的自由帝国不可分割的伴生物。"⑭在一封写给他的继任者和邻居詹姆斯·麦迪逊的信中,杰斐逊表示支持获取或征服古巴和加拿大的极端措施。扩大的美国将会成为"这样一个自由帝国……在设计上,我们的宪法比过去的任何一部宪法都更适合广阔的帝国和自治。"⑮

---

⑪ 转引自 Schweigler 1991, 6—7。
⑫ http://www.gpo.gov/congress/sou/sou02.html.
⑬ Hardt and Negri 2000, 166—167.
⑭ Tucker and Hendrickson 1990, 162.
⑮ Brodie 1975, 563.

在20世纪初,各种进步运动展开了竞争,美国帝权的领土和非领土两个维度的冲突尤其明显。⑯ 两种观点都同意要通过反托拉斯法限制美国托拉斯极大的权力,都同意制定宽泛的政治法规来规范资本主义经济。但是对于美国应该或者可能会立足于一个怎样的世界,双方的冲突非常激烈。特迪·罗斯福(Teddy Roosevelt)支持帝国主义,认为这是在美国边疆逐渐定型情势下的扩张之道。伍德罗·威尔逊支持和平的国际主义思想,主张坚决废除欧洲国家在世界政治中的做法。威尔逊的法治乌托邦主义是美国宪法原则的延伸,并直接冲撞了已经确立起来的欧洲国家行为模式。老罗斯福的平民帝国主义(populist imperialism)充满了文明和种族的色彩,与欧洲强权的帝国主义理念十分相似。

美国外交政策的领土和非领土要求之间的张力在1945年以后也呈现出十分重要的影响。1941年的《大西洋宪章》通过了一项强有力的反殖民地政治计划,美国试图执行这个计划,1946年给予菲律宾独立地位。在随后的几年里,美国发生了声势浩大的反共运动,这常常使美国政府在反殖民地事业中产生动摇,有时导致了灾难性的后果,比如在印度尼西亚。而且,1945年以后,美国帝权获得了领土基地,形成了对苏联和中华人民共和国的包围圈。在整个冷战期间,美军在欧洲和亚洲部署了几十万部队。2001年9月,驻在欧洲的美国军事和文职人员及其家属共有28万人,在东亚和太平洋地区有15万人,在世界其他地区还有4.5万人。⑰ 2004年8月16日布什总统宣布对海外驻军进行重新部署,在未来10年要将6—7万军队和10万文职人员及家属调回国内,其中大多数从欧洲调回。

在整个冷战期间,美国外交政策的领土和非领土要求之间的张力从未消除过。冷战初期的核革命和冷战结束后的恐怖袭击威胁使得美国由于优越的地理位置而免受攻击的可能性逐渐降低。冷战结束后美国开始减少海外驻军,在欧洲尤其如此。2001年"9·11"袭击后,美国发动了反恐战争,美国开始重新派驻军队。新基地在中东和中亚大量建立起来,这些基地可以作为美国空军和特种部队准备的集结地。

虽然领土权力仍然具有相当的重要性,但是我们不能因此而忽略美国帝权的非领土基础所发挥的核心作用。亨利·诺(Henry Nau)认为,

---

⑯ Hunt 1987, 126—135. Trubowitz 1998, 31—95.
⑰ Johnson 2004, 156—160.

随着民主的传播,美国民主例外主义逐渐减弱。[18] 正如同 1815 年后,俄国、普鲁士和奥地利的世袭贵族被相对和平的欧洲协调绑在一起一样,现在北美、西欧和东亚的民主国家分享着很多基本价值观,所以它们之间相互开战已经成为不可想像的事。不同形式的民主和不同类型的资本主义之间都存在着重大的政治差异,但是这些差异不如推动民主政治的活生生的现实更重要。美国和欧盟之间的"香蕉战争"也许会挑起外交紧张,甚至商业冲突。但是没有几个评论家会用战争的比喻来给他们的电视谈话节目和报纸专栏增加佐料,因为他们不会认为这是现实。在主要的民主工业国之间的关系中,战争不再是外交政策的工具。美国和很多欧洲国家在 2003 年伊拉克战争问题上的深刻分歧说明了这一点。也许美国比较趋于使用武力,欧洲比较趋于采取和平手段[19],但是无论美国还是欧洲,都不会为可能爆发的战争进行准备,因为美欧战争现在看来已经是不可思议的事情。

非领土规则根植于相似的价值观和制度中,相比大英帝国,这对于美国帝权更具有核心意义。[20] 日本和德国无条件投降后,确实曾经在很短的一段时间内处于美国和盟军的直接占领和统治之下。但是,与英国发达的正式帝国制度相比,美国帝权的特征是对外国领土没有正式控制。英国对帝国制度的投资极小,但是美国却建立了太多这样的制度,包括世界贸易组织、国际货币基金组织和世界银行。[21] 约翰·伊肯伯里(John Ikenberry)甚至将这些制度称为美国"宪政秩序"在国际层面的基础架构。[22] 通过这些制度,世界政治中最重要的民主资本主义国家"应邀"加入了美国帝权。[23] 自由主义价值观和帝国统治融合在一起,雷蒙·阿隆(Raymond Aron)非常恰当地称之为"帝制共和国"(the imperial republic)。[24]

美国帝权的动态特征及其独特性体现在非领土权力上。塞缪尔·亨廷顿(Samuel Huntington)早就说过,美国帝权是围绕着经济和社会功能组织起来的,而不是通过占领领土而建立的。[25] 它的动力来自于跨国

---

[18] Nau 2002.
[19] Kagan 2003.
[20] Ferguson 2002.
[21] Lundestad 1990, 38.
[22] Ikenberry 2001.
[23] Lundestad 1986, 1999.
[24] Aron 1974.
[25] Huntington 1973, 342—343.

组织的传播,这些跨国组织都是从美国的各种政府和非政府组织演变而来的。进入外国社会的渠道和与外国政府达成的协议同样重要。与其说美国扩张的基础是对外国人民和资源的控制,还不如说是对美国人员和资源的部署。美国扩张一般不谋求获得外国领土和控制权,而是要渗透到外国社会,并获得在那里自由活动的能力(新马克思主义的新殖民主义理论对这一点的强调非常正确)。这种形式的扩张是美国式扩张的精髓,呈流散状和多元化。美国扩张的机制是强迫、竞争和效法的结合。亨廷顿总结说:"美国怀着满腔热忱,有可能成为扩张主义者,但绝不可能变成殖民主义者。"㉖

领土和非领土权力的平衡是通过国内政治联盟和制度的相互影响来实现的。例如,弗雷德里克·杰克逊·特纳(Frederick Jackson Turner)认为开放的边疆和社会群体之间的冲突是美国政治的两个支点。前者是美国帝权非领土权力的核心,而后者是领土权力的核心。按照特纳的说法,美国的各种社会群体是欧洲民族国家"祛除了本质中的毒性"后留下的"阴影"。㉗ 在美洲大陆,世界经济的发展使得不同社会群体之间呈现出不平衡增长和发展。美国的特点是在"宏观地区"层面将经济利益放在首位。但是,自美国内战以来,倒是在社区和城市等"微观地区"层面出现了不同种族、民族、宗教和文化群体冲突的倾向。㉘

在美国历史的关键时刻,经济利益总是显而易见。伴随着19世纪90年代支持帝国主义和反对帝国主义的人就海外扩张进行的辩论,以工业为重的东北部战胜了依赖农业的南方,西部摇摆不定。美国政策突然发生了转变,从内向型变成了外向型,美国要致力于开放拉丁美洲和亚洲的新市场并传播它的自由主义意识形态。接踵而至的是殖民占领和建设现代化海军,美国还利用关税作为讨价还价的工具。20世纪30年代城市化的东北和南方结成联盟,将以农业为主的西部的民族主义者排除在外。新经济政策骤然与过去的政策决裂,加强了政府在经济事务和国际事务中的作用。20世纪80年代东北部成了"生锈的地带"(rustbelt),输给了位于南方和西部的蒸蒸日上的"阳光地带"(Sun Belt)结成的新联盟。里根政府启动了一项更为自信的外交政策,就是实现武装部队的现代化,使美国在海外的存在更为显著,同时还要减少对国内经济

㉖ Huntington 1973, 345.
㉗ 转引自 Trubowitz 1998, 13。
㉘ Trubowitz 1998, 13.

的管制,鼓励对新技术领域的投资。这几项调整措施的出台代表了新政治联盟的胜利,这个联盟联合了美国三大地区中的两个,但是却以另外一个地区的失败为代价。19世纪90年代,东北部和西部结盟;20世纪30年代东北部和南方结盟;到了20世纪80年代,则是南方和西部结盟。㉙

社会群体政治虽然重要,但却不是塑造美国帝权扩张主义倾向的惟一进程。不同的经济㉚、金融㉛或工业㉜部门虽然不断变化结盟,但是它们遵循的政治逻辑却是相似的。联盟对于国际和国内发展所产生的影响如何回应,是由经济利益决定的。发展对于商业、银行业和工业的不同部门所产生的冲击是不一样的。有一种不同的观点认为,主要的决定因素是联盟形成的政治进程,它比经济利益更重要。㉝ 根据这个观点,联盟是围绕着其他问题形成的,它将经济上对立的力量拉进政治联盟中,就好像俾斯麦1879年的钢铁黑麦联姻一样(marriage of Iron and Rye)。简言之,国内政治斗争中并没有什么独特的东西激发了美国帝权的扩张性。

联盟政治与美国民主制度互动——大多数时候是直接与联邦主义和党派政治互动,与政府三权分立机制的直接互动较少。民主的批评者认为,民主制度与一个世界大国的要求不匹配,这个大国需要列出自己的战略优先项,要超越选民对世界的洞察力,因为选民往往对遥远国家的政治不了解,也没有明智的长远考虑。根据他们的看法,民主制度受到大众激情和政治冷漠的驱使,对于美国帝权所面临的外国挑战要么反应过激,要么重视不足。

民主外交政策的捍卫者并不这么看。他们认为,要通过立法监督、官僚部署和选民压力来加强行政长官的地位和外交政策的实施。对为了实现外交政策目标而调动资源的许可权强化了美国民主政府的地位,国内民主政治的透明度保证了政府承诺的可信度。争取公众对外交政策的支持是一个复杂而且代价很高的过程,尤其是在一个有很多否决点和监督人的民主政体中。外国政府很快就了解到,一旦外交政策经民主方式到了某一个点上,就会卡住。进而,美国民主具有独特的优势,比如

㉙ Trubowitz 1998, xiv.
㉚ Frieden 1988. Shafer 1994.
㉛ Ferguson 1984.
㉜ Kurth 1979.
㉝ Gourevitch 1977, 1986.

与英国相比,美国式民主可以将权力集中在总统的手中——保证外交政策的实施,不受短期压力和民主政治激情的影响。[34]

最后,领土和非领土权力的平衡也是由它们各自所反映的政策目标和政治联盟与认同决定的。政策目标可分为多种类型:现实主义与理想主义、权力与自由、实用主义与信念原则等等。联盟和认同也有多种类型:汉密尔顿的商业现实主义、威尔逊的道德国际主义、杰斐逊的机会和平主义和杰克逊的强权乡土主义。[35] 这些联盟和不同的认同所喜好的战略也不一样,比如单边主义与多边主义、孤立主义与国际主义等。[36]

这些倾向通常会将政党区别开来,但也并非总是如此。例如,冷战后,在两党内部和两党之间都存在重大的外交政策分歧,用诺曼·波德霍雷茨(Norman Podhoretz)的话来说,就是在共和党和民主党成员之间建立了跨党派的"奇怪盟友"。[37] 当美国的核心价值观受到威胁的时候,新保守主义者敦促对其他国家进行干预,与维护人权和主张干涉的自由主义者结成了联盟。传统保守派坚持不干涉原则,获得了仍然在反思越战教训的左派的支持。与20世纪30年代早期和50年代中期之间形成的政治联盟相比,90年代因为出现了一些流动性的小派别,所以能够进行重新组合形成更持久的联盟格局。反恐战争、预防性战争原则和财政赤字激增下的减税政策——这是布什政府在"9·11"袭击后出台的一揽子政策——是否转移了美国政治的中心,并对美国政治的各派别进行重组结成了更耐久但却是极化的模式,都还有待观察。

欧洲和亚洲的多孔化地区

除了美国帝权的领土和非领土影响,塑造地区的力量还包括在特定的地区环境下的有特色的政治实践。技术和生产很好地表现了全球化进程,而内外安全则说明了国际化进程。但是这两个案例明显的表现出,全球化和国际化两方面的元素都是交融混合在一起的。两种进程中的互动并没有显示出谁为主导,而是共同作用造就了一个地区构成的世界。

技术并不仅仅只是代表全球化进程。在历史上,国家对新的交通和

---

[34] Waltz 1967.
[35] Mead 2001. Nau 2002, 43—85.
[36] Lake 1999, 293—298.
[37] Podhoretz 1999.

通讯技术长期不进行管制是很罕见的。一旦技术转化为商业用途,最大最强的公司一般就会寻求国家的帮助。可强制实施的版权和受到管制的市场就成为了规则。同样,大小国家都试图将那些它们认为关系到重大国家利益的技术创新保留在自己的疆界范围内。中国谨慎地保护着自己制造丝绸的秘密,瑞典守护着手表的制造技术。即便在他们的政策被证实无效后(在中国这个过程历经了几个世纪之久,在瑞典也就是几十年的时间),人们依然认为这些政策是合法的。㊳

自19世纪初以来,英国和美国先后成功地利用自己的技术力量在国际上占据了主导地位。通过模仿和创新,日本和德国也试图担当亚洲和欧洲的主导,但没有成功。技术直接关系到军事实力和经济竞争力,具有重要作用。所以不能将技术不予管制地放任到全球市场上去。

几乎没有哪个多国公司能在全球自由活动,真正具有跨国性。在今天所谓的全球化经济中,大约有2/3到3/4的公司财产、工作机会和销售仍然还是留在国内市场。㊴ 因此世界上最大的公司仍然将研发集中在国内市场也就不是什么巧合了。㊵ 例如,美国公司的海外研发经费1977年仅占研发总经费的7%,而到了20世纪90年代中期只增加到了略高于10%;德国和日本的多国公司在这方面还要低很多。㊶ 而且,技术反映了国家和社会内部以及二者之间特定的制度关系,因为国家经验和专长的制度障碍,技术转让不可避免地要放缓。技术是一种特定的知识、技能或方法,它改进了货物和服务的生产和分配。它的具体表现形式不同,包括机械、个体认知、组织和制度结构以及行为模式。

国家安全问题并不仅仅反映国际进程。政府和非政府行为体都必须应对日益增多的全球性问题,这些问题对过去联系国家的传统安排逻辑提出了挑战。全球化将个人、团体和国家通过多种渠道联系在一起,绕过了传统政府外交并超越了传统的军事事务。在个人和全球层面,全球进程都深刻地影响着人们普遍理解的人和社会的不安全感。新的安全议程包括恐怖主义、非法移民、国际难民、毒品贩卖、核走私、全球层面的有组织犯罪、传染病的传播和环境恶化。这些问题正在产生新的安全

㊳ Nelson 1990, 15.
㊴ Borrus 1997, 143. Dörrenbächer 1999, 32—34. Hirst and Thompson 1996, 18—98.
㊵ Doremus et al. 1998, 89, 107, 109, 114.
㊶ 相比之下,外国公司在美国扩展研发活动的速度要快一些,从1977年占公司研发预算的4.8%提高到1988年的11.2%。参见Howells and Wood 1993,22—23。Pollak 1992, 48. Pauly and Reich 1997, 13—15.

威胁,并且创造了一种超越甚至彻底颠覆国家主权的新型全球政治。全球恐怖网络策划并实施了对世贸中心和五角大楼的"9·11"袭击,这说明全球化对于安全问题具有十分重要的意义。

安全面临威胁,而且,安全威胁不再局限于国家。全球化制造了新的不安全因素。新型的网络大战能够对最强大国家国防部的高科技战略发动攻击。全球计算机病毒可以在几小时内摧毁全世界数百万台计算机中的程序和数据,造成上千亿美元的损失,其破坏力相当于古巴导弹危机。菲律宾的两个研究生在2000年制造的"蠕虫"病毒早就说明,相互联系的世界具有全球脆弱性。全球化赋予了人们权力,这既是好事也是坏事。安全可以得到加强(例如,通过动员政治选民来禁止地雷),也可能被削弱(因为促进了遍布各地的恐怖分子网络的通讯)。全球化还助长了非法毒品交易,其年均交易额达到近5 000亿美元,只比世界总贸易额低10%——超过了20世纪90年代后期的国际石油贸易额,接近洗钱的金额,而洗钱金额估计占全球GDP的2%。㊷

技术和地区生产以及内外安全的政治与国际化和全球化进程深深地交织在一起:"有国界的全球化"是一个十分恰当的表达。㊸ 但是正如我在第四章和第五章中所论述的那样,地区化在欧洲和亚洲表现出不同的秩序。德国在欧洲,日本与亚洲——这个简洁的陈述抓住了制度上的差异。在不同的问题上,亚洲和欧洲呈现出独特的、清晰可辨的不同的地区政策和政治模式。

欧洲地区主义以国家讨价还价和法律规范为中心,亚洲地区主义以市场交易和民族资本主义为中心。这一结论与其他分析人士的观点是一致的,他们指出世界各地区之间在制度上存在着持久稳定的差异。彼得·霍尔(Peter Hall)写道:"看看世界上的地区贸易机制,你会发现制度建设的程度很不一样。"㊹迈尔斯·卡勒(Miles Kahler)也有同感,他说:"对于任何一种断定经济相互依赖和制度力量之间具有强烈相关关系的观点来说,太平洋地区,无论是否包括美国和加拿大,或者仅限于东亚,都代表着一种深刻的异常现象。"㊺地区制度和政治实践是具有独特性的。

在经济和安全事务中,欧洲的地区主义与亚洲相比透明度更高,更

㊷ McFarlane 1999,175—176.
㊸ Borrus and Zysman 1997.
㊹ Hall 1997,3.
㊺ Kahler 1995,107—108.

具有干预性。例如，欧盟在经济问题方面的立法历史，"欧盟现行法"的一部分，在亚洲就没有相似的体系。即使是在经历了1997年亚洲金融危机引发的大规模混乱后，东盟同意建立的金融监管机制与欧洲的相应机制相比，透明度和干预性都要差很多。安全事务方面也是如此。例如，在20世纪90年代早期，欧洲对人权的政治理解发生了变化，这些观念变化被引入了欧洲安全与合作组织，为干预性的权力保护和选举监督奠定了观念和政治基础。相反，亚洲地区主义尊重不干涉原则，坚持对国家主权的传统理解。在亚洲，不尊重人权和民主程序并不构成减少接触的理由，东盟和缅甸的案例就说明了这一点。同时，亚洲资本主义的民族组织使国内和地区市场上的交易更容易受到不稳定的甚至有时是爆炸性的身份政治的影响。

因此，就制度而言，亚洲和欧洲的地区主义有着重大区别。杰弗里·弗兰克尔(Jeffrey Frankel)和迈尔斯·卡勒认为亚洲是"软性"地区主义，以民族身份资本主义在市场上的运作为中心，而欧洲是"硬性"地区主义，以政治和法律定义的安排为基础。[46] 在冷战期间，詹姆斯·库尔思(James Kurth)看到大西洋联盟和太平洋盆地代表了国际关系的两种不同范式，它们一方面分别是国际自由主义和国际重商主义，另一方面则分别代表了延伸威慑和有限威慑。[47]

我们如何才能解释亚洲和欧洲之间的这些差异呢？国家权力、政权类型和国家结构的差异塑造了欧洲和亚洲地区主义的不同制度形式和实践。[48] 欧洲地区主义形成的条件是德国和欧洲其他主要大国的相对平等；政治体制相似的国家之间的关系；以及所有欧盟成员国里运作良好的国家官僚机构。相比之下，在亚洲，日本远远超出其邻国，中国也越来越是如此；亚洲有大量政治体制不同的国家；很多亚洲国家官僚政治能力不足，无法对具有干预性质的地区一体化做出可靠承诺。因此，亚洲地区主义通过民族性公司或公司集团构成的市场网络而产生，创造了富有活力、高增长和繁荣的地区经济。相反，欧洲地区主义是通过国家之间"大量协商会议"来演变的，这些国家正在将欧洲政体转变成一个多层次治理体系。

---

[46] Frankel and Kahler 1993, 4.

[47] Kurth 1989. 亦见 Boyer 2003。Duffield 2003。Grieco 1999。Mjøset and Nordhaug 1999。Beeson and Jayasuriya 1998。Kahler 1995。Higgott 1995。

[48] 以下几页的论述引自 Katzenstein 1997a。

这两个地区权力不平衡的程度都令人吃惊。[49] 1990年,德国的GDP大约达到了欧共体GDP的1/4;日本的GDP是"东亚经济论坛"(East Asian Economic Caucus)国家的4倍。[50] 在过去的20年里,德国在欧共体中的GDP份额从27%下降到了25%,而日本却从57%增长到了73%。在德国因为统一付出了10年的经济成本,而日本经历了10年的经济停滞后,到2000年,德国略有下降,到了24%,而日本正好降到了70%以下。进而,经济平等性在欧洲比在亚洲要强得多。在1970和1990两个年份,欧共体中富国的人均GDP收入是穷国的4倍。在东亚经济论坛国家中,富国人均GDP是穷国的30倍。其他数据指标也显示出欧洲同质性和亚洲异质性之间的对比。[51]

政权类型对于不同地区主义的塑造也发挥着重要作用。欧洲由各种民主国家组成。无论是多数主义、总统制、首相制、君主制、社团主义、联盟制还是过渡性政府,都坚持了民主的基本概念:定期选举、言论和新闻自由,以及由独立司法体系所保障的公民自由。而且,欧洲国家几十年以来一直坚持只有民主国家才能成为其地区制度的成员国,希腊军人在1967年发动武装政变后就了解到了这一点。冷战后,随着欧洲的扩大,欧洲国家对此信念更加坚定。相反,亚洲政体"从共产主义到儒教,从君主立宪到军事独裁,从个人统治到科层治理,从民选政府到一党专政",呈现出各种不同的政权类型。[52] 在1975和1986年间,相继加入东亚经济论坛和亚太经合组织的亚洲国家并没有在民主化方面取得实质性的进步——这与西班牙、葡萄牙和希腊,以及欧共体20世纪80年代南向扩张后的情况形成了鲜明对比。在20世纪90年代,所有谋求加入欧盟的中东欧国家在民主实践方面都取得了重大进步。

---

[49] Katzenstein and Shiraishi 1997b, 365—366.

[50] 对于日本和中国GDP的估算有很大差异,主要取决于计算方法是按购买力平价还是市场价格计算。至于哪一种汇率计算模式更恰当,并没有简单的答案。购买力平价更好地显示了总体消费的比较水平;市场汇率则更多地表现出国际经济的力量,这是本书地区主义分析中的首要考虑。以购买力平价计算,2000年以1990年美元计中国的GDP(43 300亿美元)超过了日本(26 690亿美元),比例是100∶63。使用市场价格计算,整个情况就正好颠倒过来,日本的GDP(46 670亿美元)远远超过了中国(10 800亿美元),比例为100∶27。就人均而言,无论按哪种计算方法,日本都远远超过了中国,按购买力平价计算,日本人均GDP是中国的6倍,按市场价格计算,日本人均GDP是中国的40倍。参见McNicoll 2005, 57—58。

[51] 艾伦·赛厄洛夫(Alan Siaroff)对大量不同经济层面的情况作了评述——包括总人口、人均GDP、GDP总和、外国投资额、拥有的多国公司的情况、对外资总和或总外债,以及研发经费——说明亚洲具有非对称性依赖的特点,而欧洲则呈现出对称性依赖。Siaroff 1994, 14—15。亦见Feng and Genna 2003。

[52] Carnegie Endowment Study Group 1994, 14.

自20世纪80年代中期以来,韩国和菲律宾的发展,以及1997年以来印尼的情况,大体上都表现出它们在朝着民主政治制度化的方向前进。但是,在越南、朝鲜和缅甸的国家政治中还没有出现这样的进展。

政权类型的相似性推动欧洲形成了政治—法律地区主义,而政权类型的差异性推动了促成了亚洲以民族和市场为基础的地区主义。法德和解最终使这一伙伴关系成为欧洲化的引擎。但是在过去20年里,并没有出现类似的政治进展来拉近日本和中国的距离。如果有什么变化的话,那就是中国的复兴和日本经济的蹒跚使得两国之间纷乱复杂的关系变得更加复杂了。日本也没能与其他的东亚邻国实现更深层次的和解。

最后,欧洲和亚洲地区主义的差异是国家结构的不同特点造成的。有一些类型的国家比其他类型的国家更适于处理公共法律和政治制度问题,二者正好是地区主义偏爱的载体。我将这些国家称为"韦伯式国家"(Weberian states);它们展现出高度理性化的科层和法律统治形式。尽管欧洲国家之间存在一些重大差异,但是除了一个真正的例外,其他都属于同样的韦伯式国家,这就使得以法律和制度为核心建设地区政治成为可能。

在2004年欧盟扩大以前,只有希腊条件很差,不能全面参与。希腊被欧盟吸收主要也是因为意识形态的原因。因为人们普遍认为希腊是欧洲文化和文明的摇篮,所以1974年军人政权一垮台,希腊就不能再被排除在外。社会结构和国家结构之间的互动塑造了19和20世纪的现代希腊,但仍然保留了几个世纪以来奥斯曼帝国统治的浓重痕迹。瓦西里基·乔治亚多(Vassiliki Georgiadou)写道:"在现代希腊成立之时,希腊立宪与西欧的自由—资产阶级宪法秩序毫无关系。……尽管国家和政府有正式的宪法为依据,但是政治机制要将罗马法律原则和无异议的财产权制度化,仍然面临巨大的困难。"[53]传统地区和地方政治掮客——地方官僚、牧师和军官——创建了一个表面上也许看起来像西欧但是其内核保留了奥斯曼帝国独裁和腐败体制中一些重要元素的国家。希腊公务员系统和公共经济过于庞大、缺乏地区政府体系(这个问题最近才得以解决)、缺乏可靠的数据,而且国家官僚机构具有制度局限性,这些政治特色使得现代希腊这个国家与典型的韦伯式国家迥然不同。

进而,在所有这些层面上,希腊与其他南欧国家之间都存在着质的

---

[53] Georgiandou 1991, 4—5,英文是作者翻译的。

差异。在欧洲一体化的推动下,西班牙和葡萄牙进行了影响深远的转型。如果说希腊没有任何转变,可能有些过分。希腊也在改变,并逐渐朝着欧洲要求的形象发展。但是变化是缓慢的,而且对希腊及其欧洲伙伴来说都是痛苦的。如果所有成员国都按希腊方式运作,那么欧盟式的制度实践是难以想像的。欧洲在承认土耳其的欧盟正式成员资格时表现出了犹豫,其根本原因不仅仅是土耳其政府的人权记录、欧洲对大规模劳工移民的反对以及对伊斯兰原教旨主义的恐惧,而且还包括欧盟成员国在希腊问题上的亲身经历,而希腊是奥斯曼帝国的远房表亲。 222

亚洲地区主义是由亚洲国家的特色塑造的。例如,东南亚国家是英国、荷兰、法国、西班牙和美国殖民主义的继承人。社会势力深深地渗透在这些后殖民国家之中,因此形成了复杂的网络结构。福井春宏(Haruhiro Fukui)写到,东南亚国家的非正式政治是“法治”,也是“人治”。(54) 而且,这些国家继承了“通过法律实行统治”(the rule by law)的殖民地传统,而不是“法治”(the rule of law)的欧洲传统。东亚和东南亚国家是依法建立起来的,但是国家和社会的关系不但要按正式的法律要求来管理,而且还要依据非正式的社会规范来管理。正如娜塔莎·汉密尔顿—哈特(Natasha Hamilton-Hart)所认为的那样,国与国之间在能力上的巨大差异(比如,新加坡和印度尼西亚)对于亚洲地区合作的制度化构成了重大障碍。(55) 例如,在资本项目问题上,新加坡具有充分的治理能力,因此对于地区金融合作的依赖相比印度尼西亚和其他东南亚伙伴国就要弱得多。如此看来,新加坡这个韦伯式的国家在东南亚就像是非韦伯式的国家希腊在欧洲一样,也是一个例外。

为什么西欧和东亚自1945年以来出现了这种差异?战争和战争威胁是亚洲的地方病:(56)中国内战、朝鲜战争、越南战争、马来西亚成立时的军事对抗、越南对柬埔寨的占领、一系列地方游击战和威胁要将朝鲜半岛和台湾海峡变热的冷战。强势的国家机器以两种不同的方式对成功的出口型部门的兴起进行了控制。

首先,战争和对战争的准备极大地促进了中央政府机构的发展。东亚国家建立了强大的结构,与商业有着紧密联系,能够通过并完全实施

(54) Fukui 2000, 3.

(55) Hamilton-Hart 2002, 175—180.

(56) Stubbs 1999, 2005. Zhu 2000, 2002.

必要的改革,将进口替代经济转为出口引领增长的经济。亚洲政治要求调动所有可能的资源,加强国家的强制性权力和民事权力。国家合法性的基础是业绩而不是代表性。东亚国家在现代国家结构的历史基础、出口引领增长的时机,以及与美国帝权的各种联系等方面存在着重大差异,但总体结果却是非常的相似。

其次,战争和战争威胁使大多数东亚国家能非常容易地获得资本。为了国家安全利益,政府改善了公路、铁路、港口和机场——这些对于提高经济业绩也是非常关键的。朝鲜和越南战争期间的美国援助和采购订单对于这些国家走上高速增长的道路具有至关重要的作用。最后,越南战争对于亚洲产品出口市场的创建具有关键性意义。由于美国采取了在国外与共产主义开战、在国内与贫穷开战的自我膨胀政策,20世纪60年代美国市场对于来自亚洲的廉价消费品变得胃口大到无法满足的地步,而且自那以后胃口也再没掉下来。在1965—1972年间,日本对美国的出口年均增长21%。[57] 东北亚和东南亚贸易方向的调整也一样具有戏剧性。战争和战争威胁对于强大的发展型国家发挥了至关重要的作用,使它们能够在东亚富有活力的经济体中引领潮流。

东亚的总体情况放到日本这个具体个体上也是一样。为什么当代日本在创造政治理论的时候,坚持要在国家理论中创造一些新词,试图超越强/弱和公/私的两分法,这也许是原因之一。强大的官僚机构统治是日本政体的重要组成部分,这个政体将国家和社会以复杂的方式联系在一起,自民党对日本政治的长期控制使官僚统治具备了合法性。那些从欧洲经验中提取的现成概念很难描述国家和社会之间的这些关系。而且,没有证据表明强大的发展型国家和普遍深入的非正式政治的强有力结合在日本或者亚洲正在消失。相反,非正式政治很可能在金钱政治中存活下来,就像它曾经在高压政治中生存下来一样,生存方式是进行适应性调整。[58] 因此日本专家强调日本国家的网络特征以及在建构政治一致时的互惠要求,这种政治一致将政治效力与经济效率的复合体结合了起来。尽管在某些方面是自动发生的,但是日本国家还是既嵌于市民社会中,又被其所渗透。它既可以变得强大,也可以变得虚弱。[59] 这个国家培养自己的人才去驾驭市场的发展,而不是凌驾于市场发展之上。

---

[57] Stubbs 1999, 348.
[58] Dittmer 2000, 306.
[59] Rohlen 1989.

网络结构模糊了日本国内公与私的界限,而且这个结构被复制并外化到了亚洲。一个网络国家通过市场网络创造了地区一体化,这并不令人吃惊。沃尔特·哈奇和野口悠纪雄写道:"日本商业和政治精英在很大程度上是轻而易举地走上了权位。换句话说,他们掌握了亚洲网络化的艺术。"⑩联合国亚洲和远东经济委员会执行秘书宇农(U Nyun)的说法也许没有这么通俗,他造了一个词"亚洲方式"(Asian Way),用来描述佛教、儒教和伊斯兰教的学说结合为一体的状况。迈克尔·哈斯(Michael Haas)认为亚洲方式已经成了外交规范,它的三个核心特征是非正式讨论、协商一致决策和实用的渐进主义。⑪亚洲方式并不坚持特定的亚洲价值观的独特性,而是代表亚洲规范基础中使亚洲政治与众不同的那一部分。⑫欧洲方式是将排他性的国家主权汇集在国际体制之中,目的是促进地区一体化。这种做法有着一个前提,即国家对武力的垄断是国家权力和政治的标志性特征。这个前提来自欧洲的历史经验和欧洲国家结构的具体特征。亚洲有着不同的结构,所以亚洲国家对地区法律制度一体化进程支持度比欧洲要低,受到这种进程的影响也比欧洲要小。

亚洲和欧洲自生的行为特征不同;这些差异在国家权力、政权类型和国家结构方面可以得到解释。亚洲和欧洲的制度实践行为在美国帝权体系中与国际和全球进程产生互动。我在第二章中已经论述过,在20世纪中叶,美国政策有意识地将德国和日本变成了美国的保护国,并在最后发展成熟为美国的支持国。美国支持了欧洲的多边主义和亚洲的双边主义,从而为不同的地区秩序奠定了基础。在20世纪美国国力衰落的岁月里,全球化和国际化加强了这两个地区的多孔性。但是,对于亚洲和欧洲之外的其他地区来说,是否也有相似的进程将它们与美国帝权联系在一起呢?

南北美洲

拉丁美洲和加拿大⑬接近美国帝权的中心,相比其他地区更是暴露

---

⑩ Hatch and Yamamura 1996,131.
⑪ Haas 1989,4—10.
⑫ Dupont 1996.
⑬ 我要感谢布赖恩·鲍和凯文·斯特罗姆普弗,他们为我的研究做了非常出色的辅助工作,包括起草一些备忘录,这些备忘录在我充实观点的时候对我帮助很大。

在美国的领土和非领土权力之下。⑭ 尽管墨西哥和古巴的情况恰好相反，但是南北美洲是世界上唯一没有经历后殖民地、战后或革命决裂的地区。在美国称雄世界以前，美国的私有经济利益主导着美洲，而且这些利益大体都支持已经功成名就的精英。美国偏好自由的地区市场，但与之紧密联系在一起的是美国的主导权和美国对劳动力的自由流动以及敏感经济部门的地区进口不加掩饰的抵制。还有，南北美洲既没有一个德国也没有一个日本，没有一到两个地区核心国家担当稳定的美国支持者。与亚洲和欧洲相比，这种结构导致了一种特定的地区主义，它与美国帝权互动的基础是非正式统治、保护关系、强制外交和军事干涉。

在过去的两个世纪里，美国集中精力保卫西半球不受外来干涉。在最近的几十年里，美国深深地卷入了1973年9月11日爆发的推翻智利萨尔瓦多·阿连德（Salvador Allende）政府的运动，20世纪80年代大力支持中美洲的右翼独裁统治，这些都符合传统帝国的行为模式。近期以来，中美洲成了记者罗伯特·卡普兰（Robert Kaplan）倡导的美国全球"秘密霸权"的榜样，中央情报局特工和别动队在那里的行动超出了国会的政治控制。⑮ 但是，对于距离佛罗里达海岸几英里之外的共产主义古巴的勉强容忍说明了这个霸权具有某些局限性。也许有人会认为，美洲应该发展欧洲模式的地区主义。可事实并非如此。美国压倒性的存在使所有其他国家相形见绌，所以不会出现支持美国目标和权力并位于地区政治事务核心的国家。而且，美国政府对于是否应该支持更加全面的制度化地区主义犹豫不决，因为其他国家可以利用制度化地区主义对美国加以防范。

自19世纪初以来，美洲已经紧紧地和"西半球思想"（Western Hemisphere Idea）绑在了一起。⑯ 这一思想的核心是独特的主权规范，该规范有两个定性特征：不干涉原则属于国际政治世界，代议制政府原则（以及随之而来的更宽泛的人权）属于全球政治世界。20世纪90年代美洲国家接受了具有干涉性质的选举监督，这说明当时美洲的国家主权渐渐涵

---

⑭ 因为我的目的不同，所以在这里我偏离了地区和国别研究专家们的概念，他们倾向于将这些问题放在——拉美、墨西哥或加拿大——"对美关系"的大题目下来进行研究。这本书的地区焦点也包括了中美洲和加勒比地区，这两个地区在我对美国帝权性质的描述中非常重要。本书论述的是近期以来全地区的政治经济潮流，这是系列双边关系研究不容易把握的。

⑮ Kaplan 2003.

⑯ Whitaker 1954, 1.

盖了非常明确的全球层面的因素，这种思想在美洲比在亚洲甚至欧洲更甚。阿图罗·桑塔—克鲁兹（Arturo Santa-Cruz）写道："人权和代议制政府"已经成为了"判断主权国家的主张是否有效的根本标准。"⑥因此西半球思想可以被看作是美国帝权非领土性的具体表达。

这并非是要否认一个明显事实，即美国通过军事干涉和贸易与投资运用权力，对美洲的变革产生了重要影响。詹姆斯·库尔思（James Kurth）非常简洁地说明了这个问题，从美国这方面来看，"任何美洲间安全体系的根本目的与其说是美洲间安全还不如说是防范欧洲。"⑥自从美利坚共和国成立以来，使美国和美洲避免卷入欧洲的战争和纠葛就是美国的核心利益。美洲间体系提供了一个有效的障碍，可以阻挡欧洲大陆上占主导地位的大陆强国：20世纪初的德意志帝国、20世纪30和40年代的纳粹德国，以及冷战期间的苏联。到1990年，美国已经成为了南北美洲最具支配权的贸易国和投资国；拉丁美洲也理所当然地希望欧洲担当自然的平衡者，对抗傲慢专横的美国。特别是西班牙，它已经成了拉美政权反对派的避难地，以平衡拉美对美国的过度依赖。美洲间体系从来就不是以利益一致为基础的，利益一致也许还有助于地区政治制度的发展。相反，该体系是建立在拉美和美国讨价还价的基础之上的，这些讨价还价行为实现了美国和拉美各自的重大核心利益，同时双方也放弃了各自的边缘利益。⑥

在美洲方式中，具有两面性的美国帝权常常屈从于它的领土冲动。国际约束极其微弱。19世纪初，门罗主义将欧洲国家排除在外，不让它们对拉美进行直接的领土控制。20世纪初，罗斯福发展了门罗主义，使先发制人的干涉具有了合法性，使欧洲国家不能通过金融手段对拉美进行间接控制。1904年特迪·罗斯福宣布：如果一个国家"在社会和政治事务中"缺乏"合理的效力和应有的尊严"，不能保持政治秩序，不能履行国际责任，美国就有理由进行军事干涉。⑦ 到1990年，正是美国，而不是欧洲，成为了拉美国家最大的威胁。1898年爆发了美西战争，随后美国占领波多黎各和古巴。从那以后，美国帝权显示出了它的领土野心。这一模式经过对海地（1915—1934）、多米尼加共和国（1916—1924）和尼加拉瓜（1912—1933）的占领，对墨西哥革命和墨西哥北部的干涉，通过建

---

⑥ Santa-Cruz 2003, 26.
⑥ Kurth 1990, 9.
⑥ Kurth 1990, 24.
⑦ Roseperry 1989, 99.

立巴拿马(1903),以及修建和管理巴拿马运河得到加强。对于美洲来说,随着美国走上了欧洲领土帝国的老路,美国世纪开始了,它几乎忘记了新游戏是奉行非领土性的西半球思想的。

20世纪,美国在南北美洲的权力和目的依赖于两个支柱。一是领土性/国际性的支柱,二是非领土性/全球性的支柱。第一届罗斯福政府提出的原则代表的是领土性/国际性的支柱;第二届罗斯福政府的友好睦邻政策则代表了非领土性/全球性支柱。二者都是美国帝权在整个20世纪里在美洲所表现出来的特征。30年代的墨西哥、50年代的危地马拉、60年代的古巴和80年代的尼加拉瓜体现了领土性/国际性支柱;30年代的友好睦邻政策、60年代的进步同盟和进入21世纪时的自由贸易区则代表了非领土性/全球性支柱。有些时候,这两大支柱会汇合成一种美国化的力量,这种力量并不仅仅来自美国——相反,它跨越国界将政府和商业精英与反对派运动联系了起来。[71] 起初是对外贸易和飞地经济,后来是国内市场和民族主义、军国主义或大众政权,它们都成为美国在其国界以南发挥影响力的工具。农业社区、少数民族和没有实现愿望的群体在感受到美国影响的时候,往往觉得这是威胁生命的约束力,而与此同时,新兴的城市中产阶级和工人从与美国深层次的经济联系中发达起来,认为美国影响是受欢迎的机遇。

20世纪80和90年代新自由主义的华盛顿共识对美洲国家政府提出了挑战,尤其是对那些努力挣扎避免经济彻底崩溃和社会边缘化的弱小国家的政府。随着美洲采用不同的方式进行地区主义和地区化的试验,一道深深的鸿沟出现了,将新经济地区主义和新安全威胁撕裂开来。[72] 新经济地区主义出现在美洲的中心:北美自由贸易协定、南方共同市场和倡议中的美洲自由贸易区(FTAA)。新安全威胁——恐怖主义、毒品、移民和环境恶化——集中在边缘地带,在中美洲、加勒比地区和经济萧条的安第斯国家。

美洲的四次峰会分别于1994、1998、2001和2004年举行,这些会议加强了各国对共同政治和经济原则的承诺,推动了南锥体(the Southern Cone)历史上对立的国家之间开展的军事信任建设,促进了中美洲和加勒比地区的集体维和行动。同时,一些传统安全冲突还在继续,例如1996年爆发的厄瓜多尔和秘鲁之间的边境战争。其他安全威胁也呈上

---

[71] Roseperry 1989, 80—121.

[72] Johnson 2001.

升之势，比如跨国毒品和武器走私、恐怖主义、腐败和游击队叛乱。军事暴力和刑事暴力之间细微的分界线变模糊了。"犯罪国际"（Crimintern）取代了"共产国际"（Comintern），这就要求执法部门之间开展的合作不能低于军事合作的水平。[73] 在拉美缺少一个稳定的支持国：没有这样一个国家支持美国权力在拉美实现其核心目标。正因为如此，美国或是采取不干预立场，或是实施单边主义，国家政策在这两者之间大幅度摇摆，没有形成连贯统一的安全战略。

在美国以北也有美洲地区主义。加拿大人过去常常以自己不具备的特质来定义自己。用西摩·马丁·利普塞特（Seymour Martin Lipset）的话说，"加拿大人是世界上最老派的、最具有延续性的非美国人。"[74] 随着时间的推移，加拿大变成了欧洲式的福利国家，也是严重的种族分裂的国家。加拿大国家身份的各种标志说明它与美国之间存在重大差别，这些标志包括与英国非革命性的决裂、更强大的劳工运动、更慷慨的福利国家、官方对法—英双重文化主义的信奉、对多元文化主义更大的开放度、暴力更少，并且监狱更小。在对彼此的了解和兴趣方面，也存在着明显的一边倒现象。《与美国人谈谈》是加拿大制作的收视率最高的电视喜剧节目，它播出的是对美国人的采访，目的是要突出美国人对加拿大的一无所知。加拿大人对于美国流行文化的传播对加拿大文化的影响忧心忡忡，部分是因为说英语的加拿大人和说法语的加拿大人之间有着深刻的裂痕，使加拿大的国家身份成了问题。魁北克人希望获得更大程度的自治，所以对北美经济一体化表现出特别的热情，因为一体化减少了魁北克对加拿大其他地方的依赖。法语保护了魁北克人，使他们免受文化同化的威胁，因此和以英语为母语的加拿大人相比，他们对美国就没有那么多好感了。这种差距在 2003 年伊拉克战争问题上明显扩大了。

20 世纪 70 年代对国会权力的维护削弱了原来就贸易政策进行非正式协商的优势，而在此之前加拿大对北美自由贸易区几乎没有兴趣。最终，签订加拿大—美国自由贸易协定似乎成了阻止美国不断上升的保护主义的手段，也成为对随意求助于美国"贸易赔偿"法的行为予以制度限制的唯一办法。[75] 加拿大对美国的出口在 20 世纪 90 年代翻了一番。加

---

[73] Farer 1999, xv—xvi.
[74] Lipset 1990, 53.
[75] Bow 2003, 238. Gruber 2000.

拿大出口产品的82%流向美国,而进口产品的71%来自美国。就像在汽车业一样,大部分贸易是行业内和公司内贸易。美加贸易伙伴关系呈现高度的不对称性。双边贸易仅占美国GDP的2.5%,却占了加拿大GDP的35%。[76]

对于基本未加保护的5 000多英里长的美加边界来说,安全关系是非同寻常的。卡尔·多伊奇(Karl Deutsch)很久以前就注意到,美加边境1819年的非军事化象征着建立了一个经和平演变而产生的多元安全共同体。[77]今天,在425处官方过境点上,只有334名边检人员在边境上维持治安,而美国—墨西哥边境上则分布了9 000多人。[78]尽管对墨西哥边境实行了更严格的控制措施,但是也没能阻止几十万的非法移民过境,急剧增加人手也封不住美加边界。"9·11"袭击后,边境控制问题对于加拿大的经济福祉和美国的安全极其重要。两国目前正在边境上执行2001年12月制定的39点智能边境(Smart Border)计划。同时,由于加拿大采取的政策,墨西哥提出的在边境安全问题上建立三方磋商机制的计划也偏离了既定的方向。

19世纪40年代美国在西进运动中征服并占领了近一半的墨西哥领土。从此以后,墨西哥总是以怀疑的眼光来打量这位北方巨人。墨西哥建立的国家干涉博物馆(National Museum of Intervention)就是这种怀疑的体现。和加拿大不同,从传统上看,墨西哥在华盛顿缺乏非正式渠道或合作及争议解决的制度化框架。1982年的金融危机和随后的经济政治自由化带来了重大的变革:墨西哥加入关贸总协定、墨西哥合法和非法移民问题在美国政治中占有越来越突出的政治地位、北美自由贸易区成立、跨境经济日益整合等等。今天约有2 100万美国公民是墨西哥裔,其中700到800万是在墨西哥出生的。[79]他们是流向墨西哥的汇款和投资的重要来源,是美国政治中越来越重要的政治选民群体,也是连接美国和墨西哥的跨国共同体中至关重要的组成部分。

自从1982年墨西哥爆发了第一次债务危机后,墨西哥的财富与美国的联系变得日益密切,最后达到顶点,形成了1994年的《北美自由贸易协定》。墨西哥改变了其进口替代的传统政策,转向由贸易引领发展的战略。1990到2000年间,美西贸易从580亿美元增长到2 470亿美

---

[76] Fagan 2003, 36.
[77] Deutsch 1957, 34.
[78] Andreas 2003, 8.
[79] Tulchin and Selee 2003, 5.

元,翻了两番多。⑧ 直接外国投资增长了6倍,从25亿美元增长到146亿美元。⑧ 但是,尽管出现了这些变化,墨西哥的工作机会自1994年以来就仅限于加工出口工厂和边境经济。即便在这些部门,1994到2000年间创造的70万个工作机会中,几乎有一半在当时就因为企业的减员增效而化为乌有;墨西哥的工资水平停滞不前,2002年降到了1993年的水平之下;墨西哥大小企业之间、贫富之间和南北之间的不平等状况加剧。⑧ 北美自由贸易区也推动实现了政治自由化,打破了单一政党主导的模式。

对美依赖的日益加深使墨西哥越来越愿意参与多边地区制度,以此为工具平衡美国的影响。墨西哥和美国之间的头等安全议题就是非法移民和毒品的跨境流动。日益增长的经济贸易和移民导致边境警察力量的急剧增加。尤其是"9·11"袭击以来,美国和墨西哥采取了"经济无边境和边境设路障"的政策来处理相互之间的关系。⑧

加拿大和墨西哥离美国太近,对美国的依赖太深,因此无法充当美国的支持国和地区大国。北美自由贸易区重塑了北美洲,但在加拿大和墨西哥都备受争议。不过,因为1981—1982年的国际震荡使治理精英经历了深刻的合法性危机,所以加拿大于1985年、墨西哥于1990年分别改变了它们长期以来非常反感的、与美国开展自由贸易的立场。⑧ 北美自由贸易区之所以获得了创建的动力是因为加拿大与美国的关系出现了问题,而不是因为涵盖内容更广泛的政治考虑。同时也说明美国希望看到一个社会经济稳定的墨西哥,并渐渐疏通渠道获取墨西哥石油储备,所以,这并不代表墨西哥有塑造西半球政治的企图。我这么说并非是要否认北美自由贸易区的重大影响。20世纪90年代,来自墨西哥的低成本进口取代了美国市场的很多亚洲供应商。海外资源和跨境生产具有深远影响,有助于北美行业内贸易的重新组织。美国与其邻国的关系当然至关重要,但是这种关系使这两个国家无法既要代表总体地区利益,又要支持美国的价值观和利益。

巴西和阿根廷距离美国更远一些,也在暗中反对美国在美洲的意图,与加拿大和墨西哥比起来有过之而无不及。南方共同市场就是这种

---

⑧ United States Census Bureau 2004.
⑧ World Bank 2004.
⑧ Pastor and Wise 2003. Weiner 2003.
⑧ Andreas 2003,14.
⑧ Golob 2003.

反美态度的体现。这是一种由南锥体国家支持的政治防御型的地区主义,目的是要稳定它们之间的政治关系、保护自己,并防范美国的新自由主义议程。南美共同体的计划有助于它们的防御。即使美国投入大量精力来实现西半球的地区主义计划——首先是以北美自由贸易协定的形式,智利、玻利维亚、欧盟和加拿大签署的经济合作协议也表明南方共同市场已经成功地建立起来了。

北美自由贸易协定和南方共同市场的经济模式是在美洲自由贸易区框架下的西半球一体化过程中两个相互竞争的模型。美国的目标是谋求在这两个模型之间达成妥协,但是没有一个国家或者国家组织对此表示支持,二者如何在一种以市场自由化和国内经济改革为目标的安排中协调共处还有待观察。北美自由贸易协定创造了一个自由贸易区,南方共同市场则代表了一种位于这种自贸区和共同市场之间的新模式。北美自由贸易协定是一种更为全面和具体的协定,但是南方共同市场是一个简单的、不断演变的协定,有着野心勃勃的目标。北美自由贸易协定遵守法律化进程,如在市场准入和争端解决问题上,但是南方共同市场坚持一种对干涉和规避行为更加开放的政治进程。南方共同市场接受非正式权衡交易,对协调政策的政治动力保持开放。总之,"北美自由贸易协定代表了以法律动力为基础的最具契约性的方式,而南方共同市场则代表着以政治动力为基础的参与型模式。"⑥因此美洲的地区主义是欧洲和亚洲地区主义元素的混合。

美国和巴西分别是上述两种模式的主要支持者,最终的美洲自由贸易区如果出现的话,必须要以某种方式整合两个方面的元素。由于缺少支持国,而且在华盛顿两党就如何与美洲打交道无法达成一致意见,所以美国的政策摇摆不定。北美自由贸易区通过与智利和其他几个国家签订特别双边协定逐渐扩大,与多边谈判要建立的有可能变得庞大笨拙的美洲自由贸易区进行竞争。由于拥有多样化的贸易和投资联系,巴西传统上喜欢多边方式而非地区方式,并且与美国主导的西半球安排相比,巴西强烈偏向类似南方共同市场的次地区安排。⑥

但是即便制定政策的基础是不同的方式,国际和全球进程仍然推动着美洲的多孔化地区主义向前发展。甚至在 1998 年就全地区的自由贸易协定开始严肃的谈判之前,拉美国家就大幅度削减了关税。在 1985

---

⑥ Bernier and Roy 1999, 87.
⑥ Soares de Lima 1999, 136.

到 1997 年间,关税平均从 40% 下降到了 11%,其中最大降幅是从 80%多降到 40%。大多数国家将关税减半。这样的削减将拉美国家税率表中的"水分"挤出了不少;关税和非关税障碍中还留存有大量的"硬肌肉"。⑧⑦ 但是,西半球的大多数贸易仍然集中在几对主要的双边关系中,例如墨西哥和美国,巴西和阿根廷。⑧⑧ 智利的政策是谋求占优势的自贸协定,1996 年与南方共同市场的协定和 2000 年与美国的协定表明在西半球美洲自由贸易区中可能出现激烈的竞争。美国要推动市场开放和自由化,巴西却要对此进行抵制。采取渐次发展政策的政府(如巴西和阿根廷)或者更激进的政府(如委内瑞拉),如果遵守华盛顿共识,就会付出巨大的政治代价。20 世纪 90 年代各国就多孔化地区主义的利益达成了西半球共识,这一共识存留下来,但依然十分脆弱。⑧⑨

中美洲也反映了美国帝权的双重烙印。詹姆斯·马奥尼(James Mahoney)写道:在 20 世纪 80 年代的大多数时间里,"美国直接或间接地与敢死队、准军事单位和反革命组织联系在一起,他们监督实施对本地区数千平民的镇压和杀戮"。⑨⓪ 随着苏联的解体和冷战的结束,那些残酷的冲突结束了。但是造成冲突的深层次社会和经济问题依然存在。贫穷、不平等、失业、缺少耕地、移民和环境恶化问题并没有得到改善。边境冲突和在移民问题上的争议继续在萨尔瓦多和洪都拉斯、尼加拉瓜和哥斯达尼加之间郁积。"9·11"以来,暴力犯罪和违法行为蔓延开来,使人们面临更大的威胁。由于军队从社会撤离,而政府又没能加强警察和司法部门的力量,所以绑架、毒品走私、谋杀和抢劫犯罪增加了。北美自由贸易协定大大限制了尼加拉瓜、萨尔瓦多、哥斯达黎加、洪都拉斯和危地马拉,以及获得新生的中美洲共同市场成员国的选择权。自由贸易协定应该以互惠为基础,但是考虑到关税水平的巨大差异,这样做会严重削弱中美洲共同市场。该地区政府能力有限,即便在优惠条件下加入了不断增长的市场,政府能力在短时间内也难以得到提高。

以上描述只反映了中美洲的部分现实,另外一部分是政策所创造的经济开放性。加勒比共同体和共同市场(the Caribbean Community and Common Market)以及《安第斯条约》(the Andean Pact)是两个"少边"

---

⑧⑦ Hufbauer, Schott and Kotschwar 1999, 69.
⑧⑧ Devlin, Estevadeordal, and Garay 2000, 157.
⑧⑨ Grugel 1996, 158—159, 162—163. Weiner 2003.
⑨⓪ Mahoney 2001, 259.

(minilateral)经济合作计划,在20世纪90年代拉美兴起了30多个这样的合作计划。[91] 次地区安排在数量上预示着强劲的发展,这是那些必须要和大经济集团讨价还价的小国所具有的资源。次地区安排是一个信号,表示这些国家为了提高跨国生产的效率愿意遵守国际经济协议,从而避免自己被美洲和世界经济中的大经济集团排除在外的景况。例如,《安第斯条约》几乎不能满足其成员国的经济利益,但是它加强了有意与其他国家组织谈判的成员国的力量。不合作的风险仍然存在。哥伦比亚、委内瑞拉和厄瓜多尔大多只在《安第斯条约》组织内开展贸易,而秘鲁和玻利维亚的贸易活动则主要是在条约组织之外。[92] 加勒比共同体和共同市场享有通向富饶的美国市场的零关税通道,但是由于北约自由贸易协定给予墨西哥相似待遇,所以这一优势也被抵消掉了。其实,墨西哥正在将贸易和投资从加勒比地区转移出去。随着美国领导下的经济重组运动取消了非互惠的优惠政策,加勒比地区几乎已经没有选择,只能继续充当海外金融服务港、旅游港和毒品交易港,几乎不可能阻挡向外移民的潮流。

美国主导着南北美洲,因此南北美洲没有可以帮助美国推进其目标和权力的地区核心国家。欧洲和亚洲被分割成不同的次地区,南北美洲也是如此。特定的国家之间,例如美国和巴西,政见和利益不同,并且致力于加深市场一体化和自由化的政府与在大街上抗议反对这种做法的人之间也存在政见和利益的分歧。由于美国的强权,北美自由贸易区也许比南方共同市场更接近于演变中的美洲自由贸易区。人们普遍认为,美洲自由贸易区是技术统治的缩写词,代表的就是霸权,美国制定规则,在区内获取国际贸易自由化的利益,在区外加强自身的地位。

19世纪早期,在美国建国(1781—1789)和美国内战(1861—1864)之间,美国政治中出现了"费城体系",它不同于欧洲协调体系,也不同于亚洲衰退的华夷秩序。[93] 今天,美洲正在衍生的地区秩序也不同于当今欧洲或亚洲的秩序。美洲正在兴起的自由市场地区主义尽管在深度上不及欧洲,但却是以规则为基础的。北美自由贸易区的自由贸易委员会不是欧洲的部长委员会,争端解决专家小组也不能与欧洲法院相提并

---

[91] Smith 2001, 47. Devlin, Estevadeordal, and Garay 2000, 159.
[92] Grugel 1996, 153—155.
[93] Deudney 1995.

论。美洲现在是自由贸易区,这与欧洲的单一市场(劳动力自由流动、共同对外关税、共同货币和近10万页纸的干预性法规和指令构成的法律秩序)相比还差得很远。但是,与亚洲相比,美洲的自由市场地区主义对中小国家自治权的干预更加严重,因为这些国家在美国压倒性的强权下无处藏身。这些国家没有可以依靠的地区强国。巴西和其他核心国家没有担当起类似于德国和日本的地区领导角色,相反它们在对美国犹豫不决的支持和沉默的反对之间摇摆不定。自由市场地区主义没有留下任何空间,所以无法进行欧盟式的重新分配,也无法像亚洲地区大国那样间或发挥一些仁慈的监护作用。相反,因为政治行为体直接暴露于美国帝权之下,所以它们必须成功地应对随之产生的非正式规则、保护关系、高压外交和军事干预。

南亚、非洲和中东——论点的延伸

本书的观点怎样才能运用于世界上的其他地区?全球化和国际化以及它们造就的地区多孔性影响了世界上所有的地区。然而,联系地区和其他政治实体的纵向关系不同,不同地区秩序的基本制度形式也不同。调味品越多样,食物味道越好。同样,多种多样的制度形式为持续的政治冲突和合作创新提供了原材料。各种不同的、尚在演变中的制度为我们提供了大量可采纳的行动计划,使学习和适应成为可能,这对于世界秩序的长期演变是具有重大意义的。

但在短时期内,制度多样性与支持美国权力和目的的地区核心国家相比,后者更为重要。这些国家是连接地区和美国帝权的关键。亚洲和欧洲是世界上最重要的两个地区,位于这两个地区的支持国对目前的世界秩序发挥了稳定作用。支持国在美洲的缺失是该地区演变的结果,但这个缺失并不会产生世界性的后果。在半个多世纪里,美国帝权既是世界强国,也是它所在的地区的强国。其他地区,亦即南亚、非洲和中东,都有反对国、保护国或仆从国作为其核心。但是它们没有地区支持国。随着地区中心在美国帝权中的变化(如表一的统计指标所示),世界秩序的结果就会有所不同。

表一 美国帝权中的地区

	美国在海外的现役人员[1] (年均)			美国原油进口[2] (千桶)		
	1959—1961	1979—1981	1999—2001	1960	1980	2000
欧洲[a]	375 656	326 335	115 239	—	116 208	219 769
东亚	203 681	120 758	97 074	26 720	137 551	54 002
南亚[b]	855	1 417[c]	695[c]	—	—	—
中东/北非[d]	23 160	6 235	15 323	114 626	954 951	1 390 785
撒哈拉以南非洲	1 328	223	268	—	337 639	498 460
拉丁美洲	27 581	14 214	8 674	188 880	306 811	1 139 981

	美国贸易(百万美元)[3]					
	出口	进口	出口	进口	出口	进口
	1962		1980		2000	
欧洲[a]	7 405	4 544	71 038	50 455	183 009	257 511
东亚	3 105	2 320	41 412	57 215	193 238	442 930
南亚[b]	974	347	2 708	1 603	4 614	18 328
中东/北非[d]	1 302	432	15 884	36 453	28 486	46 978
撒哈拉以南非洲	358	439	5 461	19 333	5 874	23 614
拉丁美洲	3 675	3 968	38 745	38 915	167 525	210 769

	美国对外援助 (百万美元)[4] (年均)			美国国务卿出访[5] (访问次数,占访问总数的百分比)		
	1958—1962	1978—1982	1997—2001	1957—1965	1977—1985	1997—2004
欧洲[a]	499.0	319.8	1 672.4	70(60%)	106(41%)	190(44%)
东亚	730.1	354.9	465.1	16(14%)	28(11%)	52(12%)
南亚[b]	778.5	583.1	372.1	4(3%)	3(1%)	18(4%)
中东/北非[d]	595.1	1 958.1	2 138.3	8(7%)	71(21%)	96(22%)
撒哈拉以南非洲	124.4	698.2	1 999.0	0(0%)	6(2%)	30(7%)
拉丁美洲	347.5	556.6	1 172.0	12(10%)	39(15%)	44(10%)

来源:
1. 根据美国国防部"人事数据"计算,www.web1.whs.osd.mil。不包括南亚、中东/北非和撒哈拉以南非洲的海上军事人员。
2. 美国石油研究院,《石油基础数据手册》(Basic Petroleum Data Book, vol. 24, no. 1, Washington, D. C., 2004)。
3. 根据国际货币基金组织的《贸易数据指南》(Direction of Trade Statistics)计算,Washington, D. C.,各期。
4. 根据美国援助(USAID)的数据计算,"U. S. Overseas Loans and Grants, Obligations, and Loan Authorizations," qesdb.cdie.org/gbk/index.html。
5. 根据美国国务院数据计算,www.state.gov/r/pa/ho/trvl。

注:
a. 包括东欧和苏联/独联体。
b. 包括阿富汗。
c. 包括迪戈加西亚岛。
d. 包括土耳其。

随着冷战的结束,大批美军从欧洲和亚洲撤离,在中东及其周边的美国驻军也有所减少。美国从中东的石油进口在 1960 到 1980 年间激增。亚洲取代欧洲成为了美国第一大贸易伙伴,拉丁美洲作为美国第二大贸易伙伴迅速缩小了它和欧洲的差距。美国在亚洲投入的对外援助减少,在世界其他地方(包括东欧)增多,在非洲和拉美的增长非常迅速。美国国务卿的出访显示,随着时间的推移,美国外交的关注点逐渐从欧洲转到了中东,但同时稳稳地把握着世界上其他地区。

这些数据非常有用,说明了不同的地区对美国的重要性在发生变化。在 20 世纪后半期,印度和南亚在美国外交政策中大体处于边缘地位。它们缺乏至关重要的原材料,而且与欧洲和亚洲形成鲜明对比的是,它们在整个冷战期间不具备地缘政治重要性。1955 年签署的《巴格达公约》(the Baghdad Pact)和美国对 1979 年苏联入侵阿富汗的反应导致了"9·11"之前美国对巴基斯坦外交政策的两次重大倾斜,因而加剧了该地区的分裂。几十年以来美国一直将自己的利益集中于限制苏联的影响、支持经济发展以及限制核扩散和导弹技术的传播。在冷战期间,美国外交被具体事件所左右,没有宏大的战略。苏联入侵阿富汗以后,美国以经济和军事援助的形式给了巴基斯坦几十亿、上百亿美元,以便将美军的补给输送给穆斯林游击队。美国的支持也许使得巴基斯坦在克什米尔问题上立场更加强硬,因而该地区的两个主要国家未能尽释前嫌。"9·11"袭击后,美国采取了同样的政策,但这一次没有导致美印关系的恶化。

和南亚一样,非洲在美国外交政策中的优先度一直比较低——也许 20 世纪 70 和 80 年代的反种族隔离运动除外。这并非是要否认尼日利亚石油的潜在重要性或者非洲角和南非的战略重要性。但是,就经济援助、贸易、军队部署和美国各位国务卿的出访情况来看,非洲在美国战略和经济利益中仍然排在几乎是末位的位置。在冷战的头几十年,美国的注意力完全集中在欧洲和亚洲。⑭ 后来,美国采取了有限武器转让、技术援助和经济援助等先发制人的政策,防止发生政治动乱使非洲处于苏联的影响之下,就像 1958 年的塞拉利昂、1960 年的刚果和 1975 年的安哥拉那样。1993 年在联合国支持下,美国对索马里采取了干涉行动,但是注定运气不佳,造成了索马里暂时脱离国际社会的情况。但是,1997 年

---

⑭ Marte 1994, 49—106, 141—144.

美国在创建非洲危机反应活动中走到了最前面,该活动为非洲部队提供培训,使他们能参加地区维和行动。⑮ 在安全和经济的双重考虑下,又迫于共和党宗教右翼施加的压力,美国援助政策有选择地为几个非洲国家提供了特别援助。"9·11"后,美国开始广泛采取一些或多或少带有秘密性质的活动,以保证自己在众多非洲国家的军事和经济存在。詹姆斯·费伦(James Fearon)和戴维·莱廷(David Laitin)将这种干预性行动定性为一种"后现代帝国主义",这也是有道理的。⑯

但是,表一的描述和数字背后隐藏着一个结构性特点,这恰恰是我的核心论点,如果一个国家或一个小型的国家集团对美国目标和权力给与稳定的支持,并同时在地区事务中扮演着重要角色,那么,这样的国家或国家集团就十分重要。南亚和非洲缺少这样的地区核心国家。印度太大了,不能在南亚扮演这个角色,种族隔离制度下的南非太孤立(这种状况直到最近才改变),而尼日利亚太动荡都不可能成为非洲的核心国家。因此,美国在这些地区实行了与在美洲相似的统治,即通过保护关系,依靠高压外交或军事干涉实行非正式统治。

南亚缺少地区支持国家。印度的主导地位使其邻国相信,地区合作只会加强印度的领导地位。最近几年,印度尝试着消除地区的这种看法,获得了一定程度的成功。遵照古杰拉尔(Gujral)的思想,自20世纪90年代中期以来,印度已经非常明确地把自己与邻国的关系建立在非互惠基础上。⑰ 但是,同时印度采取了"向东看"的政策,因为它看到自己未来的经济发展与东亚的发展是联系在一起的。1995年印度成为了东盟的"正式对话伙伴国",1996年参加了东盟地区论坛,2002年开始参与东盟的领导人级别的会议。南亚最重要的地区组织是南亚区域合作联盟,由于巴基斯坦被排除在外,而且在本地区最严峻的安全冲突——克什米尔问题——上没有达成妥协,南亚地区主义进展受阻。南亚区域合作联盟对于促进信息的非正式交流是有益的,它提供了一个平台,使印度和巴基斯坦的领导人在双边会见会在国内造成较高的政治代价的时候,能够进行会晤。但是,杰弗里·基(Jeffrey Key)总结道:在全世界的地区组织中,它仍然是"最不活跃、最不成功的"。⑱ 出于种种原因,包括南亚在美国政治中的边缘化、美国外交政策对巴基斯坦的不断倾斜、印

---

⑮ Keller 1997, 308. Rothchild 2000, 169.
⑯ Fearon and Laitin 2004, 7. Barnes 2004.
⑰ Ayoob 1999, 257.
⑱ Key 1998, 99.

度外交自1955年万隆会议以来形成的不结盟传统等等,印度作为世界上最大的民主国家,但却没有演变成美国的坚定支持者。

非洲也没有地区支持国家。利比里亚与美国的关系最牢固,但是它没有扮演这个角色。利比里亚是1816年由美国殖民协会(the American Colonization Society)建立起来的,早在1847年利比里亚就宣布成为了独立的共和国,它的宪法和政治制度都是按照美国模式制定的。利比里亚籍的美国人尽管只占人口总数的5%,但是却一直掌管着国家的政治,直到1980年的军事政变才告结束。美国的外交支持和美国海军偶尔的海港访问,帮助利比里亚捍卫了国家独立;但是,这些并没能阻止英国和法国向利比里亚政府施压,迫使它对塞拉利昂和象牙海岸割让了大片土地。1926年,凡士通公司(the Firestone Corporation)签订了一份为期99年的租约,租下了100万英亩土地用于橡胶种植;1989年该公司在利比里亚还雇有8 000名工人。1959年,美国和利比里亚政府签署了一个相互防御协定,利比里亚成了美国在冷战期间的非洲通讯中心。20世纪80年代前半期,对利比里亚的财政支持激增,因为它成了美国中央情报局到利比亚开展秘密行动以及向安哥拉的UNITA*叛乱分子运送战争物资的中转集结地。然而,冷战的结束也终结了这一特殊关系。在利比里亚的长期血腥内战中,美国分别在1990、1992和1996年进行了有限的干预,将美国公民和其他一些外国人撤离出来,但是美国与内战的双方都保持了距离。冷战结束后,美国与利比里亚的特殊关系并没有变成持续的政治接触——这大体上与美国和非洲的关系是一样的。⁹⁹

与南亚和非洲不同,美国在中东的重大经济和安全利益总是面临着危险。历史上中东曾经有过几个潜在的地区支持国。⁰⁰ 伊朗具有权力资源而且致力于西方式的现代化,但是在1979年革命以前它无法扮演这个角色,原因就是:伊朗不是"阿拉伯"国家。埃及是泛阿拉伯民族主义的心脏地带,尤其在20世纪50和60年代,随着戴维营协定的签署,它站到了美国一边。阿拉伯联盟与埃及断交达10年。到80年代晚期,这种相互疏离的情况才渐渐改变,但是穆巴拉克政权的严厉统治,尤其是他与政治伊斯兰派的激烈冲突,限制了埃及运筹帷幄的空间。

剩下的就是沙特阿拉伯和以色列了。这里存在一个矛盾:一方面,

---

* 争取安哥拉彻底独立全国同盟。——译者
⑨⑨ Adebajo 2002. Ellis 1999.
⑩⑩ 我要感谢马克·林奇(Marc Lynch),他的视角非常敏锐,我在此大量借用了他的观点。

美国的利益是稳定的石油供应，所以需要沙特阿拉伯保持稳定；另一方面，美国坚定地支持以色列，在 1967 年战争之后尤其如此。由于存在这种矛盾，以阿拉伯—以色列冲突为核心的棘手的领土问题没有得到缓解。进而，沙特阿拉伯的半封建政权离美国政治的民主实践过于遥远，所以，价值观方面的差距只能通过政治家之间（如布什家族和沙特皇家）和经济部门之间（如石油工业）的亲密关系加以填补。沙特的财富资助了教会和社会运动，因而推进了激进伊斯兰的事业。在 9 月 11 日袭击世贸中心和五角大楼的 19 个人中，有 15 个是美国在中东的重要同盟国沙特阿拉伯的公民。在半岛电视台（al Jazeera）出现之前，沙特阿拉伯对媒体进行了控制，这种控制部分是通过沙特设在伦敦的报纸来实现的，影响非常深远。沙特阿拉伯扮演了地区轴心国家的角色，但沙特的价值观却是与美国价值观相对立的。

美以关系是一种截然相反的模式，它们在政治上太过接近。在 20 世纪 90 年代的一个较短时期内，主导的劳动党和利库德政治家为了实现全地区的和平和繁荣，考虑过让以色列加入阿拉伯联盟，变成一个地区国家。但是当时最多也只是说说而已，并没有得到认真的考虑。原因很简单。随着时间的推移，以色列渐渐变成了美国选举政治无法分割的一部分。任何一党的总统候选人，如果在竞选纲领中表现出减弱美国对以色列的支持，那简直是不可思议的事情。沙特阿拉伯和以色列在圣地领土问题上有着深刻的分歧，加之一个与美国的关系太远、另一个又太近，所以这两个国家都无法担当美国的地区支持国这一角色。

在 20 世纪初，时任英国海军部长的温斯顿·丘吉尔（Winston Churchill）决心捍卫英国海军的海上霸权，以新一代大无畏战舰抗击德国。这批战舰的动力是石油而不是煤炭，这就突然使中东成了一个具有重大地缘政治意义的地区。[101] 随着大不列颠帝国的衰落，美国"保证战后石油秩序"的利益与保证以色列安全的利益之间趋于紧张。[102] 中东石油对于战后欧洲和亚洲的重建具有核心意义。在 1970 到 2000 年间，在总体石油消费中，西欧对中东石油的依赖降低了 50%，日本略有下降，美国增加到原来的 4 倍。当然，2000 年沙特阿拉伯是美国的五大石油供应国中唯一一个中东国家，排在加拿大之后，但居委内瑞拉、墨西哥和尼日利亚之前。在今天的全球市场上，一桶油的地理来源并不如石油价格的主

---

[101] Khalidi 2004, 84—85.
[102] Yergin 1991, 409—430.

第七章 地区世界中的美国帝权

导权重要,因为沙特阿拉伯已探明的储量最大,所以它就掌握了确定石油价格的权力。

几十年以来,美国历届政府都在中东花费了巨大的政治资本。在冷战期间,美国政策对于反对以色列的阿拉伯强硬派世俗政府起了助推器的作用,将它们推上了苏联的轨道,如加麦尔·阿卜杜勒·纳赛尔(Gamal Abdel Nasser)的埃及、哈菲兹·阿萨德(Hafiz al-Assad)的叙利亚和1980年前复兴党统治下的伊拉克。1979年伊朗革命之后,美国渐渐加强了在该地区的防御投入,使波斯湾成为了一个对美国具有"重大利益"的地区,支持伊拉克的萨达姆·侯赛因(Saddam Hussein)对伊朗开战,允许科威特油轮悬挂美国国旗并由美国海军护航以免遭伊朗炮火的袭击。1991年,美国发动了对伊拉克的第一次战争,作为对它1990年入侵科威特的回应。阿拉伯军队在美国的统一指挥下参加对伊拉克的作战,这"标志着阿拉伯统一计划以失败告终"。[103] 美国2003年再次向伊拉克开战,由于决策草率、占领伊拉克之后效率低下,结果是使阿拉伯人重新团结起来对抗美国。

保守的、维持现状的沙特阿拉伯政权不能充当美国支持国的角色。和其他海湾国家一样,它如果太公开地与美国结盟,就会身处险境。纳赛尔提出了泛阿拉伯认同的思想,这就限制了沙特阿拉伯的外交政策选择,伊拉克就是一个严肃的警告。伊拉克君主政权加入了1955年的《巴格达公约》,这一行动导致了当时伊拉克政权的迅速垮台。[104] 沙特阿拉伯不是没有吸取教训,此后多年都与美国保持距离,双方没有建立正式的防御关系。[105] 1958年,沙特阿拉伯基本停止了美国军购,1962年沙特阿拉伯政府拒绝了达兰(Dahran)空军基地的续租要求,该基地是美国在二战期间开始使用的。在此期间,沙特政府还开始强调它的伊斯兰身份,以反对纳赛尔激进的泛阿拉伯主义。在1962—1967年间,沙特阿拉伯和埃及在也门打了一场代理人战争,大量埃及军队直接参与战争。直到纳赛尔在1967年的六天战争中彻底输给以色列以后,沙特和埃及之间的冲突才得到解决。这使得均势朝着有利于沙特阿拉伯和海湾地区其他现状国家一边倾斜。

在20世纪70年代中期沙特阿拉伯和美国的交易中,沙特以在石油

---

[103] Hudson 1999, 13.
[104] Barnett 1996, 415—422.
[105] Gause 1996, 304.

输出国组织中的定价主导权换取了美国的安全保障。[106] 美国的支持对于经济发展也至关重要。美国是主要的石油消费国之一,而且是沙特对外投资最重要的目的地。沙特石油工业是由美国公司创建的。1944年加利福尼亚标准石油公司(Standard Oil)和德士古石油公司(Texco)组成了阿拉伯美国石油公司(Aramco);沙特政府20世纪70年代以非常优惠的条件购买了这个公司,当时它是最大的美国独资公司。[107] 伊朗革命、苏联入侵阿富汗和1980年的两伊战争使美国担负起更明确的保护沙特阿拉伯和海湾国家的责任。但是直到1990年伊拉克入侵科威特对其构成了直接威胁,沙特才下定决心公开与美国结盟。然而,不到10年,由于国内强大的伊斯兰运动、两次巴勒斯坦起义中美国对以色列毫不掩饰的支持以及"9·11"袭击附带的政治结果,沙特阿拉伯又开始犹豫。所以,从以上讨论的这段历史来看,沙特阿拉伯不会成为美国的地区支持国。

在过去的半个世纪中,美国与以色列复杂的"特殊关系"和它与沙特阿拉伯的特殊关系是深刻对立的。因为以色列是全地区联盟所反对的目标,所以它不可能承担美国地区支持国的角色。美国对一个犹太国家的支持早于以色列的独立。美国的外交压力对于1947年形成的原始的联合国分割计划非常重要。[108] 1967年战争后,美国的安全投入明显增加。尽管两个国家有过无数次意见分歧——被占领土上的以色列定居点问题、美国与阿拉伯国家的各种武器交易问题,以及以色列在两次巴勒斯坦起义中的策略问题——但是在过去的半个世纪中,按史蒂文·施皮格尔(Steven Speigel)的话说,就是"无论两国政府之间的紧张度有多高,保卫作为国家的以色列的安全与生存是美国的一项根本性承诺,自1948年以来,没有一届政府在这项承诺上产生过动摇"。[109]

六天战争对于以色列的国内政治和以美关系都产生了变革性的影响。1967年战争爆发之前那些剑拔弩张的日子加强了以色列极端分子阵营的合法性和可信度。利库德党成立于1973年,原来被视为极端分子而十分孤立,几年时间,它就就摆脱了孤立状态,成为了合法的权力竞争者。以色列占领西岸以后,关于以色列国的犹太身份和以色列领土主张的争论再次展开。对"大以色列"的呼唤使利库德有了一个能够影响整个以色列社会的议题,包括那些劳动党的传统支持者,并进而使以色

---

[106] Spiro 1999.
[107] Bahgat 2001, 3.
[108] Brands 1994, 19—30.
[109] Spiegel 1985, 381.

列社会出现了多极化。尤其是在20世纪90年代,利库德在以色列政治中的参与使得以色列同阿拉伯国家"土地换和平"的谈判更加复杂。

以色列强大的游说团保证了以色列和美国的亲密关系,他们给当选的美国官员施加压力,压其支持以色列。美国国会的支持对于财政和军事援助政策决策非常重要,但是在大多数对外政策事务上,国会对于总统和行政部门最多只能起到松散的约束作用。比国会和财政更重要的是选举团。任何一个总统候选人在纽约、加利福尼亚和佛罗里达三个关键州中至少要能获得一个州的支持,否则想要赢得选举是极其困难的。犹太人的选票在每个州都具有潜在的决定性作用,这就是为什么一些观察家认为以色列是美国第51个州的原因。这些国内因素运作的环境是潜在的共同价值观和同一身份,具体说来包括共同的犹太教—基督教传统、大屠杀的历史记忆和共同的民主制度和价值观。自从"9·11"以来,这个基础因为被阿拉伯武装分子作为袭击目标的共同遭遇而得到了巩固。在"9·11"和美国占领伊拉克以前,因为以色列全然拒绝承认居住在被占领土上阿拉伯人的权利,所以,对于很多美国人来说,以色列作为西方国家的身份受到质疑。但美国在"9·11"事件中也同样遭遇了阿拉伯恐怖主义的袭击,这样一来,美以同盟就得到了加强。自从1967年以来,美国人在以色列人身上发现了他们自己引以为豪的优点——民主、自力更生、实用主义、理想主义、开拓精神和军人的坚韧意志。现在,美国人看到这些东西在中东受到挑战,挑战者就是美国和以色列共同的死敌。然而,正因为美以两国关系空前亲密,所以以色列也就不可能在地区扮演核心角色。就文化而言,以色列在中东是一个外来异己。因为美国缺乏合适的地区中介力量,所以它在中东处理常见性问题的方式与在美洲、南亚和非洲一样——是非正式统治、保护关系、高压外交和军事干预等不同手段的结合。

由于中东问题非常棘手,再加上美国也需要其他国家对"9·11"袭击做出积极回应,所以美国外交政策出现了大幅度转向。美国外交政策体系中潜在的单边主义和先发制人的战争,被宣布为美国的国家安全理论。2003年美国发动了推翻萨达姆·侯赛因的战争,在计划和发动阶段美国并没有受到迫在眉睫的威胁,也没有得到真正广泛的国际支持。布什政府用错误的、甚至可能是伪造的情报说服美国国会和美国人民走向战争,然而美国的许多盟国并没有支持美国的做法。

不过,开战的一个重要原因非常符合本书的核心论点。一个民主的、资本主义的地区支持国可以重新定义整个地区的政治。从这个观点来看,如果出现一个民主的、世俗化的伊拉克,它就会成为一个核心国家,重新安排整个中东地区的政治。这并非是一个牵强的假设。伊拉克和沙特阿拉伯不同,伊拉克的国土面积和文化分量适于扮演这个角色;伊拉克和以色列也不同,伊拉克在文化上是地区成员而不是外来异己。在欧洲和亚洲建立支持国是美国外交政策在20世纪后半期最大的成就之一——使德国和日本成为了美国在欧洲和亚洲的支撑点。因此,布什政府一定会考虑,为了整个中东地区,为什么不在伊拉克复制一个这样的模型呢?对此,美国政府的回答是在没有正当理由的情况下,对伊拉克发动攻击。但是,美国外交政策忽视了一点,即:其他地区支持国的出现是具有特定的允容性条件的。当代的地区主义并没有让人们得出这样一个乐观的结论,即存在大量潜在的地区强国,可以为美国目标提供强大的支持。

苏珊娜·诺萨尔(Suzanne Nossel)认为,将2003年的伊拉克和1945年后的德国和日本进行历史类比"具有迷惑性,但是错误的"。[110] 当时的美国不同于今日的美国。1945年后,美国代表着自由主义、国际主义、多边合作、对人权的庄严承诺和使国家承当严肃责任的经济民主化——所有这些原则都是极端保守的布什政府所深恶痛绝的。[111] 进而,美国占领德国和日本的目的并不是要建设一个"民族"。[112] 德国和日本都有完全成型的民族身份,也有虽不完善但却十分精致的政治结构、强大的国家机器和高度发达的经济。美国的干预所建立起来的是在原有国家结构框架之中的民主政府。[113] 与伊拉克形成鲜明对比的是,美国的占领政策并不令人反感,也没有被看作是欧洲帝国政策的延续。1945年后美国的占领政策在国际上、在德国和日本都获得了广泛的合法性;在伊拉克战争的第一阶段,全世界范围的反美主义达到了几十年未见的激烈程度,很多伊拉克人希望美国尽快离开。

当时的美国不同于今日的美国,当时的德国和日本也与今天的伊拉克有着深刻的差别。德日两国的公民那时已经被社会化了,他们可以接受一个强大的国家。德国具有自由、联邦和民主的传统;它只经历了12年残酷的独裁统治;还没有走到各民族分崩离析的边缘;没有对美国军队展开游击战;它处于一个占领政权的统治下,这个政权在德国最后投

---

[110] Nossel 2004, 134.
[111] Dower 2003a.
[112] Ferguson 2004, 70.
[113] Khalidi 2004, 167—168.

降的前三年就开始小心筹备了。这些因素在日本也发挥了作用,但日本与伊拉克相比还有其他一些根本不同之处:在剧烈动荡的时代一个象征着延续性的天皇;国家和地方两级政府的基本结构保持不变;在权力转移最关键的几个星期没有出现引起社会恐怖的暴徒;尽管人们深信的观念千差万别,但是社会仍然具有凝聚力;没有原来逃亡国外的人想要在军事占领之后立即掌握大权;因为没有石油,日本没有出现战争投机行为;经济重建是亲国家、反外国的,而不是像伊拉克那样反国家、亲外国;美国占领只包括5 000名军事和文职人员。美国利用充足的资源,完成了在德国和日本有限但是极其艰难的任务,这个过程没有明确的计划,但获得了成功。[114] 美国在伊拉克想要实现的目标要野心勃勃得多,虽然同样付出了巨大努力,但是可利用的资源有限,而且在主要的几个地区面临着产生政治灾难的风险。

美国对德国和日本的占领产生了民主,但民主产生的条件与伊拉克的条件几乎完全不同。美国对冲绳岛和南朝鲜的占领并没有产生民主。在那些地方,对安全和帝国的要求轻易地压倒了美国建立民主的愿望,美国在那里驻军长达半个多世纪。用这两个地方的经历作为美国占领伊拉克的历史类比似乎更加合理,当然这种类比并不让人感到鼓舞。美国在伊拉克的城市和沙漠中寻求帝国,这是非常冒险的事情。在一个由多孔化地区构成的世界里,美国可以得心应手地管理一个帝权体系;不过,美国偶然也会受到建立帝国的诱惑。管理帝权体系和建立帝国,这两者之间是有着天壤之别的。

帝权的困境和可能性

如果忽视了地区的动态发展,美国外交政策就会处于危险之中。美国帝权在改变着地区,反过来地区也在改变着帝权。日本对不同的进程贡献着自己的力量,在亚洲帮助创建了"一个形成中的文明",欧洲化正在欧洲建立一种新奇的"平民"政体。[115] 这样的一些进程说明我们需要将注意力集中在变化的双向进程上。以两分法看待世界,将世界分为我们—他们、理性—非理性、现代—传统、东方—西方,这是不恰当的。它使我们将各个地区和居住在各个地区的人民看作是界限分明的对立单

---

[114] Ferguson 2004, 69—78.
[115] Yamazaki 1996.

位。这种思维方式所导致的只能是无知的冲突。⑯ 当前的世界政治比以前更加复杂,当然也更有意思。

有时候,世界政治也没有我们认为的那么新奇。在冷战开始后的近10年里,美国在欧洲致力于构建多边主义。但是它也试图通过消灭苏联并建构一个包括改革后的东方集团在内的全球秩序,单方面地对国际体系进行重组。格雷戈里·米特洛维奇(Gregory Mitrovich)提醒过我们,他说民主党和共和党政府都认为这个艰巨的任务显然是可以完成的。⑰ 美国当时的外交政策比我们现在所能记得的要更武断。美国干劲十足、志在必得地采取了心理战术,其政策目标是将苏联从东欧赶回去,并使苏联摆脱共产党的控制。美国的军事优势会对苏联产生威慑,使苏联不敢对美国的挑衅进行军事反击。多边体系是要获得国际支持,保证美国利益和价值观的胜利,避免发生第三次世界大战的灾难。在国外实行赶回去战略,在国内大搞麦卡锡主义,这种状况引起了莱因霍尔德·尼布尔(Reinhold Niebuhr)的思考,他指出了美国困境所具有的讽刺性:"如果美德因其自身某些隐含的缺陷而成了恶习;如果长处因其可能促使伟大的人或民族变得虚荣而成了短处;如果安全因对其过度依赖而变得不安全;如果智慧因其不知道自身的局限性而成了愚昧——那么所有这些情形就都具有了讽刺的意味。"尼布尔认为卷入讽刺性情形中的人负有某种责任,这是一种无意识的缺陷。一旦行为体意识到这个情形的讽刺性,这个问题就必须要解决,要么通过悔悟,要么通过"虚荣心的绝望膨胀,直到使讽刺变成纯粹的罪恶"。⑱

国家体系是国际政治的基本组织原则,对这一原则大体上并不存在什么质疑。在任何地方,国家至少保留了最小程度的主权。但是国际化和全球化正在使各地区中所有的国家和其他行为体嵌入其中,正在对世界政治议程产生深刻的影响。这就是赫德利·布尔(Hedley Bull)假设的当代国际政治朝着"新中世纪性"(neo-Medievalism)⑲发展过程中的一步:虽然不同地区的发展速度不尽相同,但都会朝着地区集体权威和集体身份的中心汇集,形成多个地区中心。美国权力和目标与全球化和国际化进程互动,创造了这样一个地区构成的世界。

美国帝权既是一个行为体也是一个体系。美国在冷战开始时的地

---

⑯ Said 2001. Thornton 2002. Clifford 1988.
⑰ Mitrovich 2000, 1—13.
⑱ Niebuhr 1954, viii.
⑲ Bull 1977, 254—255.

区外交政策和正在进行之中的双向美国化进程就是这种双重身份的例子。因此,美国帝权帮助塑造了世界上所有主要地区的政治。同时,帝权也是一个体系,作为体系,它就不能再专断地决定地区的运作结果(也许中美洲除外)。所以,权力既内生于美国,也内生于一个美国必须与之磨合的、由地区构成的世界。

什么是理想的美国外交政策?这个问题引发了争论。"9·11"之后,布什政府的政策是单边武断地使用军事实力。对这种做法,有人赞扬,有人批评;有人将"9·11"以后的世界看作是美国权力上升不可阻挡的确证,也有人将其看作是美国时代的终结。⑳ 这些辩论提醒我们,美国权力的意义既在于美国强大的实力,也在于美国从其他国家那里得到的认可与合作。布什政府外交政策的主要失误在于,由于采取了不计后果的财政政策,美国权力的长久基础受到削弱。进而,布什政府的单边主义和专横霸道削弱了美国帝权体系中仍然不可或缺的认可与合作。美国新罗马式的军国主义和单边主义冲动会带来风险,使美国为寻求稳定而陷入无益的徒劳之中。当年,罗马帝国为了阻挡日耳曼部落,在北部边境修建了围墙,但围墙并没有限制住罗马帝国在围墙之外寻求秩序的意愿。在世界不稳定的边境地区实现稳定是难以实现的目标,这样做还会侵蚀制定这种目标的国家的权力基础。在历史上,帝国因为过度扩张而付出了高昂的代价。今天,我们完全有理由相信,这种情况仍会再次发生。

美国政府在领土和非领土权力的平衡方面做出了重大选择,单边和多边是权力部署的方式。美国帝权常常反映出相互冲突的欲望。如何实现两者之间适当的平衡常常引起党派之间激烈的争吵。但在"9·11"之前,政治中心还是牢牢把持在自由国际主义者和实用现实主义者组成的两党联盟手里。硬权力和软权力的适当平衡变成了聪明的权力:美国自己的声音不是太大,也能够倾听别国的声音;它偶尔挥舞大棒的时候,大多是获得了地区核心国家的支持。

自"9·11"袭击以来,布什政府内部形成了一个不寻常的联盟,武断的民族主义者和民主帝国主义者联合起来单方面行使军事权力。美国人一方面受到美国无可匹敌的军事力量的诱惑,另一方面又因为将要面临着一种从未有过的脆弱性(至少对美国人来说是从未有过的)而感到沮丧,因此,自"9·11"以来美国政策发生了转变,美国以极大的热情在

---

⑳ Kagan 2003. Kupchan 2002.

两面同时下注:一方面是单边的、先发制人的军事权力,用以保证美国在由地区构成的变化着的世界中寻求安全;另一方面是美国观念和理想,可以随时向世界上所有地区出口。过去,美国的外交政策是以迁就融合的行为配合转型促变的言辞,这种做法一去不复返了。霸权体系尚未成熟,就被另外一种愿望所取代,这就是通过武力和美国民主的内在吸引力促成根本性的变化。在这个突变中,悲观的现实主义与乐观的理想主义都相信美国会把世界变成一个更加安全、更加美好的地方。

这种政策剧烈变化与一个由地区构成的世界的动态发展是对立的。那个世界太复杂,包含了太多潜在的抵抗因素。而且,尽管美国在重建德国和日本时获得了巨大的政治成功,但是在别的方面20世纪的历史只记录下了非常有限的成就。[⑫] 最后,与19世纪的英国形成鲜明对比的是,美国选民明显没有兴趣为了"崇高的事业"到遥远的国度去终身服役——更不用说要花费成百上千亿美元、丧失成千上万的人的生命了。尼尔·弗格森(Niall Ferguson)写道:美国人"缺乏帝国意识。他们喜欢的是消费而不是征服。"[⑫]2002年9月布什政府宣布了新安全论,但一年之内就在极不情愿的情况下被迫开始考虑那些反对这一重大战略转变的国际国内人士的意见了。

如果美国通过军事征服、单边主义和先发制人控制他国领土,那么美国的政策就是失衡的政策,就可能将美国帝权转变成英国历史学家迈克尔·曼(Michael Mann)所说的"军事巨人、经济上的好为人师者(back-seat economic driver)、政治狂人和意识形态的幽灵"。[⑬] 这样的政策是大错特错的政策。它忽视了美国帝权的核心特点,美国帝权的特点是其非领土权力投射的范围和具有的分量。保卫帝权的战争也是一场保存和延伸开放战略的战争。[⑭] 美国最重要最长久的权力来源不是美国对世界的发号施令,而是美国在松散但又共享的道德秩序中所表现出来的创造多样性和容忍多样性的能力。

我们现在看到的就是一个由多孔化地区构成的世界。日本和德国彻底输掉了战争,这才使得日德两国采纳了美国式的非正式自由统治。德国和日本不同于英国,它们一直是地区中介国家,与美国走得不是太

---

⑫ Carothers 1999, 171, 181—182, 250—251, 308, 332.

⑫ Ferguson 2004, 29; 2002. 奇布尔(Chibber)对弗格森论点中的一边倒和局限性进行了剖析, Chibber 2005。

⑬ Mann 2003, 13.

⑭ Bacevich 2002, 225—244.

近,离地区邻国又不是太远。德国和日本不能怀念它们辉煌的帝国主义历史,也不能回味在二战末期它们的超级大国地位,更不能利用它们在历史上与美国形成的深刻的"特殊关系"。[125] 二战中的全面军事失败削弱了它们的自信,而正是这种自信使英国在国家走向衰落的年代里仍然迷恋于自己不同于欧洲的"差别神话"。[126] 简言之,德国和日本都是地区核心国家,它们支持了美国的目标和权力。在20世纪后半叶,它们的转变给美国帝权体系中的多孔化地区主义赋予了双重政治意义:一方面是缓冲器,在美国权力上升太快的时候防止美国骄傲自大;另一方面是支持国,当美国权力看起来衰落太快的时候,对负担过重的美国给予支持。在军事能力、经济和文化联系,以及政治合法性等方面的不断调整,使亚洲、欧洲和美国帝权之间有希望保持持久的联系。

只有深刻理解世界政治,才能不断适应新的形势。但是我们常常屈从于口号或者过于简单的认知图式,比如民主和平、文明冲突、历史的终结、主权的终结、新无政府状态等。[127] 面临复杂的情况,渴求简单的答案,这样的心态是可以理解的,但却会使人误入歧途。之所以说可以理解,是因为我们都在寻找一个能够明确指引方向的指南针;说误入歧途,则是因为在世界政治中没有任何一个单一的点能够决定指针的方向。如果我们假装说有这样一个点,那就可能使轮船在初航中沉没。在本书中我确定了两个标点,即帝权和地区,并且跟踪了在这两个点之间流动的各种潮流。指南针在两者之间摆动,但没有让我们视野模糊走向灾难。它确定了水道的宽度,使我们能够安全航行。

在世界政治研究中,预言是风险极大的事情。在国际关系两部重要的著作中,肯尼思·沃尔兹(Kenneth Waltz)预言苏联会存在一个世纪,罗伯特·基欧汉预言在我们有生之年会看到美国霸权的消失。[128] 美国成为新罗马帝国是某些人的美梦,也是另外一些人的噩梦,但它是不可能实现的。然而,在一个由地区构成的世界中,新世界正在重新塑造着欧洲的旧世界和亚洲的古老世界。这就是现实。同时,旧世界和古老的世界也在以它们自己的方式重新塑造着这个新世界。美国权力范围广泛,但缺乏深度。它非常壮观,但却仍不充盈。美国帝权如果试图将自己片

---

[125] Fox 1944. Waltz 1967.
[126] Medrano 2003, 214.
[127] Fry and O'Hagan 2000.
[128] Waltz 1979, 95. Keohane 1984, 244.

面的秩序观强加于一个非常复杂、难以驾驭、不守规则的世界,那么它就会只能以失败告终。全球潮流和国际潮流正在塑造着一个多样化的地区世界,只有成为沃尔特·惠特曼(Walt Whitman)著名诗句中所说的那种"世界国家"(world nation)——也就是成为兼容并纳两股潮流的中心,美国帝权才能获得成功。

参考书目

Abdelal, Rawi. 1998. "The Politics of Monetary Leadership and Followership: Stability in the European Monetary System since the Currency Crisis of 1992." *Political Studies* 46, no. 2: 236–59.

Acharya, Amitav. 1990. "A Survey of Military Cooperation among the ASEAN States: Bilateralism or Alliance?" *Occasional Paper*, No. 14. Toronto: Centre for International and Strategic Studies.

Acheson, Dean. 1949. "Statement on the North Atlantic Treaty." *Department of State Bulletin* 20, no. 508: 385.

———. 1969. *Present at the Creation: My Years at the State Department*. New York: W. W. Norton.

Adebajo, Adekeye. 2002. *Building Peace in West Africa: Liberia, Sierra Leone, and Guinea-Bissau*. Boulder: Lynne Rienner.

Aggarwal, Vinod. K. 1993. "Building International Institutions in Asia-Pacific." *Asian Survey* 32, no. 11 (November): 1029–42.

Akamtsu, Kaname. 1961. "A Theory of Unbalanced Growth in the World Economy." *Weltwirtschaftliches Archiv* 86, no. 2: 196–217.

Albert, Michel. 1993. *Capitalism vs. Capitalism: How America's Obsession with Individual Achievement and Short-Term Profit Has Led It to the Brink of Collapse*. New York: Four Walls Eight Windows.

Alexander, Suzanne. 1991. "Japanese Firms Embark on a Program of Lavish Giving to American Charities." *Wall Street Journal* (May 23): B1.

Allen, David. 2000. "Cohesion and the Structural Funds." In Helen Wallace and William Wallace, eds., *Policy-Making in the European Union*, 4th ed., pp. 243–66. Oxford: Oxford University Press.

Allison, Anne. 2002. "The Cultural Politics of Pokemon Capitalism." Paper presented at the annual meeting of the Association for Asian Studies, Washington, D.C., April 4–7.

Alter, Karen. 1996. "The European Court's Political Power." *West European Politics* 19, no. 3: 458–87.

———. 1998a. "Explaining National Court Acceptance of European Court Jurisprudence: A Critical Evaluation of Theories of Legal Integration." In Anne-Marie Slaughter, Alec Stone Sweet, and J. H. H. Weiler, eds., *The European Court and National Courts—Doctrine and Jurisprudence*, pp. 227–52. Oxford: Oxford University Press.

———. 1998b. "Who Are the Masters of the Treaty? European Governments and the European Court of Justice." *International Organization* 52, no. 1 (Winter): 121–48.

Anderson, Jeffrey J. 1990. "Skeptical Reflections on a Europe of Regions: Britain, Germany, and the ERDF." *Journal of Public Policy* 10: 417–47.

Anderson, Malcolm. 1989. *Policing the World: Interpol and the Politics of International Police Co-operation*. Oxford: Oxford University Press.

Anderson, Malcolm, et al. 1995. *Policing the European Union*. Oxford: Clarendon.

Andreas, Peter. 2003. "A Tale of Two Borders: The US-Canada and US-Mexico Lines after 9–11." In Peter Andreas and Thomas J. Biersteker, eds., *The Rebordering of North America: Integration and Exclusion in a New Security Context*, pp. 1–23. New York: Routledge.

Androutsopoulos, Jannis, and Arno Scholz. 1999. "On the Recontextualization of Hip-Hop in European Speech Communities: A Contrastive Analysis of Rap Lyrics." Paper presented at the Workshop on Americanization and Popular Culture in Europe, Centro S. Franscini, Monte Verità, Ascona, Switzerland, November 10–14.

Aoki, Masahiko. 1988. *Information, Incentives, and Bargaining in the Japanese Economy*. Cambridge: Cambridge University Press.

Arase, David. 1995. *Buying Power: The Political Economy of Japan's Foreign Aid*. Boulder: Lynne Rienner.

Armstrong, Kenneth A. 1998. "Legal Integration: Theorizing the Legal Dimension of European Integration." *Journal of Common Market Studies* 36, no. 2 (June): 155–74.

Aron, Raymond. 1974. *The Imperial Republic: The United States and the World, 1945–1973*. Englewood Cliffs, N.J.: Prentice-Hall.

Arrighi, Giovanni. 1997. "Globalization and Capital Accumulation." Paper presented at the conference on States and Sovereignty in the World Economy, University of California, Irvine, February 21–23.

Ash, Timothy Garton. 1994. "Journey to the Post-communist East." *New York Review of Books* (June 23): 13–20.

Auswärtiges Amt. 2000. *Forum: Zukunft der Auswärtigen Kulturpolitik*. Berlin (July 4).

Axtmann, Roland. 2003. "State Formation and Supranationalism in Europe: The Case of the Holy Roman Empire of the German Nation." In Mabel Berezin and Martin Schain, eds., *Europe without Borders: Remapping Territory, Citizenship, and Identity in a Transnational Age*, pp. 118–39. Baltimore: Johns Hopkins University Press.

Ayoob, Mohammed. 1999. "From Regional System to Regional Society: Exploring Key Variables in the Construction of Regional Order." *Australian Journal of International Affairs* 53, no. 3: 247–60.

Bacevich, Andrew J. 2002. *American Empire: The Realities and Consequences of U.S. Diplomacy*. Cambridge: Harvard University Press.

Bahgat, Gawdat. 2001. "Managing Dependence: American-Saudi Oil Relations." *Arab Studies Quarterly* 23, no. 1: 1–14.

Baklanoff, Eric N. 1978. *The Economic Transformation of Spain and Portugal*. New York: Praeger.

Barkenbus, Jack. 2001. "APEC and the Environment: Civil Society in an Age of Globalization." *AsiaPacific* 51 (March): 1–8.
Barnes, Sandra T. 2004. "Global Flows: Terror, Oil and Strategic Philanthropy." Presidential Address to the African Studies Association, New Orleans, November 12.
Barnet, Richard J., and John Cavanagh. 1994. *Global Dreams: Imperial Corporations and the New World Order.* New York: Simon and Schuster.
Barnett, Michael N. 1996. "Identity and Alliances in the Middle East." In Peter J. Katzenstein, ed., *The Culture of National Security: Norms and Identity in World Politics*, pp. 400–47. New York: Columbia University Press.
Bates, Robert H. 1996. "Letter from the President: Area Studies and the Discipline." *APSA-CP: Newsletter of the APSA Organized Section on Comparative Politics* 7, no. 1: 1–2.
Bates, Robert H. 1997. "Area Studies and the Discipline: A Useful Controversy?" *PS: Political Science and Politics* 30, no. 2 (June): 166–69.
Bates, Robert H., et al. 1998. *Analytic Narratives.* Princeton: Princeton University Press.
Beeson, Mark, and Kanishka Jayasuriya. 1998. "The Political Rationalities of Regionalism: APEC and the EU in Comparative Perspective." *Pacific Review* 11, no. 3: 311–36.
Beisheim, Marianne, Sabine Dreher, Gregor Walter, Bernhard Zangl, and Michael Zürn. 1999. *Im Zeitalter der Globalisierung? Thesen und Daten zur gesellschaftlichen und politischen Denationalisierung.* Baden-Baden: Nomos.
Benyon, John, J. L. Turnbull, A. Willis, R. Woodward, and A. Beck. 1993. *Police Cooperation in Europe.* Leicester: University of Leicester, Centre for the Study of Public Order.
Benyon, John, J. L. Turnbull, A. Willis, and R. Woodward. 1994. "Understanding Police Cooperation in Europe: Setting a Framework for Analysis." In M. Anderson and M. Den Boer, eds., *Policing across National Boundaries*, pp. 46–65. London: Pinter.
Berger, Suzanne, and Richard K. Lester, eds. 1997. *Made by Hong Kong.* Hong Kong: Oxford University Press.
Bergner, Jeffrey T. 1991. *The New Superpowers: Germany, Japan, the U.S., and the New World Order.* New York: St. Martin's.
Bernard, Mitchell. 1996. "Regions in the Global Political Economy: Beyond the Local-Global Divide in the Formation of the Eastern Asian Region." *New Political Economy* 1, no. 3: 335–53.
Bernier, Ivan, and Martin Roy. 1999. "NAFTA and Mercosur: Two Competing Models?" In Gordon Mace, Louis Bélanger, et al., *The Americas in Transition: The Contours of Regionalism*, pp. 69–91. Boulder: Lynne Rienner.
Bertlein, Reihold F. 1989. "Europäischer Film und Kulturelle Eye-Dentity." In Kulturpolitische Gesellschaft, ed., *Kultur-Markt Europa: Jahrbuch für Europäische Kulturpolitik*, pp. 129–39. Cologne: Volksblatt Verlag.
Bhagwati, Jagdish. 1992. "Regionalism versus Multilateralism." *World Economy* 15, no. 5 (September): 535–55.
Biddle, Sheila. 2002. *Internationalization: Rhetoric or Reality?* ACLS Occasional Paper No. 56. New York: American Council of Learned Societies.
Bigo, Didier. 1996. *Polices en Résaux: L'Expérience en Européenne.* Paris: Presses de la Fondation Nationale des Sciences Politiques.
Bjarnar, Ove, and Matthias Kipping. 1998. "The Marshall Plan and the Transfer of US

Management Models to Europe: An Introductory Framework." In Matthias Kipping and Ove Bjarnar, eds., *The Americanization of European Business: The Marshall Plan and the Transfer of US Management Models*, pp. 1–17. London: Routledge.

Block, Fred. 1977. *The Origins of International Economic Disorder.* Berkeley: University of California Press.

Bolton, Herbert E. 1933. "The Epic of Greater America." *American Historical Review* 38 (April): 448–74.

Borneman, John, and Nick Fowler. 1997. "Europeanization." *Annual Review of Anthropology* 26: 487–514.

Borrus, Michael. 1994. "MNC Production Networks and East Asian Integration: A Research Note." Paper presented to the Berkeley Roundtable on the International Economy, University of California, Berkeley.

———. 1997. "Left for Dead: Asian Production Networks and the Revival of U.S. Electronics." In Barry Naughton, ed., *The China Circle: Economics and Electronics in the PRC, Taiwan, and Hong Kong*, pp. 139–63. Washington, D.C.: Brookings Institution.

Borrus, Michael, Dieter Ernst, and Stephan Haggard. 2000. "Introduction: Cross-Border Production Networks and the Industrial Integration of the Asia-Pacific Region." In M. Borrus, D. Ernst, and S. Haggard, eds., *International Production Networks in Asia: Rivalry or Riches?*, pp. 1–30. London: Routledge.

Borrus, Michael, and John Zysman. 1997. "Globalization with Borders: The Rise of Wintelism as the Future of Global Competition." *Industry and Innovation* 4, no. 2 (December): 141–66.

Borstelmann, Thomas. 1999. "Jim Crow's Coming Out: Race Relations and American Foreign Policy in the Truman Years." *Presidential Studies Quarterly* 29, no. 3: 549–69.

Bow, Brian. 2003. "The Missing Link: Transgovernmental Networks, Bargaining Norms, and Issue-Linkage in US-Canada Relations." PhD diss., Cornell University.

Boyer, Robert. 1996. "The Convergence Hypothesis Revisited: Globalization but Still the Century of Nations?" In Suzanne Berger and Ronald Dore, eds., *National Diversity and Global Capitalism*, pp. 29–59. Ithaca: Cornell University Press.

———. 2003. "European and Asian Integration Processes Compared." *CEPREMAP Working Paper No. 0302.* Paris: Centre d'Etudes Prospective d'Economie Mathématique Appliquées à la Planification.

Boyer, Robert, E. Charron, U. Jürgens, and S. Tolliday. 1998. *Between Imitation and Innovation: The Transfer and Hybridization of Productive Models in the International Automobile Industry.* Oxford: Oxford University Press.

Bracken, Paul. 2000. "The Second Nuclear Age." *Foreign Affairs* 19, no. 1: 147–56.

Bradsher, Keith. 2004. "Chinese Provinces Form Regional Economic Bloc." *New York Times* (June 2): W1, W7.

Brands, H. W. 1994. *Into the Labyrinth: The United States and the Middle East, 1945–1993.* New York: McGraw-Hill.

Bredow, Wilfried von. 1996. "Bilaterale Beziehungen im Netzwerk Regionaler und Globaler Interdependenz." In Karl Kaiser and Joachim Krause, eds., *Deutschlands neue Aussenpolitik*, pp. 109–115. Munich: R. Oldenbourg.

Breslin, Shaun, and Richard Higgott. 2002. "Regions in Comparative Perspective." In Shaun Breslin et al., eds., *New Regionalisms in the Global Political Economy*, pp. 1–19. New York: Routledge.

Brick, Andrew B. 1992. "The Emergence of Greater China: The Diaspora Ascendant." *The Heritage Lectures* No. 411. Washington, D.C.: The Heritage Foundation.
Bright, Charles, and Michael Geyer. 1987. "For a Unified History of the World in the Twentieth Century." *Radical History Review* 39: 69–91.
Broad, Robin. 1999. "Footloose Financial Flows in the 1990s: Where, What, Why, and How to Tame Them?" *International Studies* 1, no. 1 (Spring): 114–18.
Broad, William J. 2004. "U.S. Is Losing Its Dominance in the Sciences." *New York Times* (May 3): A1, A19.
Brock, Lothar, and Mathias Albert. 1995. "Entgrenzung der Staatenwelt: Zur Analyse weltgesellschaftlicher Entwicklungstendenzen." *Zeitschrift für Internationale Beziehungen* 2 (December): 259–85.
Brodie, Fawn M. 1975. *Thomas Jefferson: An Intimate History*. New York: Bantam.
Brooks, Stephen G. 2005. *Producing Security: Multinational Corporations, Globalization, and the Changing Calculus of Conflict*. Princeton: Princeton University Press.
Brzezinski, Zbigniew. 1997. *The Grand Chessboard: American Primacy and Its Geostrategic Imperatives*. New York: Basic Books.
Bull, Hedley. 1977. *The Anarchical Society: A Study of Order in World Politics*. New York: Columbia University Press.
Bumiller, Elisabeth. 2002. "Bush Affirms U.S. Role in Asia in New 'Pacific Century.'" *New York Times* (February 19): A8.
Bundesministerium des Innern. 1990. *Kultur-Staat—Wirtschaft, Zukunftsperspektiven der Kulturpolitik: Dokumentation über das Symposium des Bundesministers des Innern am 6. Dezember im Wissenschaftszentrum in Bonn*. Stuttgart: Kohlhammer.
Burress, Charles. 1997. "San Francisco's Manga Man." *San Francisco Chronicle* (February 2).
Buruma, Ian. 1994. *The Wages of Guilt: Memories of War in Germany and Japan*. New York: Farrar, Straus, and Giroux.
Busch, Heiner. 1995. *Grenzenlose Polizei? Neue Grenzen und polizeiliche Zusammenarbeit in Europa*. Münster: Westfälisches Dampfboot.
Buzan, Barry, and Ole Wæver. 2003. *Regions and Powers: The Structure of International Security*. Cambridge: Cambridge University Press.
Camilleri, Joseph A. 2000. *States, Markets, and Civil Society in Asia Pacific: The Political Economy of the Asia-Pacific Region*. Vol. 1. Northampton, Mass.: Edward Elgar.
Capie, David H., Paul M. Evans, and Akiko Fukushima. 1998. "Speaking Asian Pacific Security: A Lexicon of English Terms with Chinese and Japanese Translations and a Note on the Japanese Translation," *Working Paper*. Toronto: University of Toronto–York University Joint Centre for Asia Pacific Studies.
Carnegie Endowment Study Group. 1994. *Defining a Pacific Community*. New York: Carnegie Endowment for International Peace.
Carothers, Thomas. 1999. *Aiding Democracy Abroad: The Learning Curve*. Washington, D.C.: Carnegie Endowment for International Peace.
Chase, Kerry A. 2003. "Economic Interests and Regional Trading Arrangements." *International Organization* 57, no. 1 (Winter): 137–74.
———. 2005. *Trading Blocs: States, Firms, and Regions in the World Economy*. Ann Arbor: University of Michigan Press.
Checkel, Jeffrey. Forthcoming. "International Institutions and Socialization in Europe: Introduction and Framework." *International Organization*.

Chibber, Vivek. 2005. "The Good Empire: Should We Pick Up Where the British Left Off?" *Boston Review* (February/March): 30–34.

Choate, Pat. 1990. *Agents of Influence: How Japan's Lobbyists in the United States Manipulate America's Political and Economic System.* New York: Knopf.

Christensen, Thomas J. 1999. "China, the U.S.-Japan Alliance, and the Security Dilemma in East Asia." *International Security* 23, no. 4 (Spring): 49–80.

Chung, Daekyun. 1997. "Nationalization and Naturalization: Practice and Process of the Korean Incorporation of Japanese Culture." *Journal of Pacific Asia* 4: 47–64.

Clifford, James. 1988. *The Predicament of Culture: Twentieth Century Ethnography, Literature, and Art.* Cambridge: Harvard University Press.

Clover, Charles. 1999. "Dreams of the Eurasian Heartland: The Reemergence of Geopolitics." *Foreign Affairs* 78, no. 2 (March–April): 9–13.

Cohen, Benjamin J. 1998. *The Geography of Money.* Ithaca: Cornell University Press.

Cohen, Joshua, and Charles F. Sabel. 2003. "Sovereignty and Solidarity: EU and US." In Jonathan Zeitlin and David M. Trubek, eds., *Governing Work and Welfare in a New Economy: European and American Experiments,* pp. 345–75. Oxford: Oxford University Press.

Conant, Lisa. 2002. *Justice Contained: Law and Politics in the European Union.* Ithaca: Cornell University Press.

Cowen, Tyler. 2002. *Creative Destruction: How Globalization Is Changing the World's Cultures.* Princeton: Princeton University Press.

Crone, Donald. 1993. "Does Hegemony Matter? The Reorganization of the Pacific Political Economy." *World Politics* 45, no. 4 (July): 501–25.

Cumings, Bruce. 1990. *The Origins of the Korean War.* Vol. 2, *The Roaring of the Cataract, 1947–1950.* Princeton: Princeton University Press.

——. 1993. "Rimspeak; or, The Discourse of the 'Pacific Rim.'" In Arif Dirlik, ed., *What Is in a Rim? Critical Perspectives on the Pacific Region Idea,* pp. 29–47. Boulder: Westview.

——. 2000. "The American Ascendancy: Imposing a New World Order." *The Nation* 270, no. 18 (May 8): 13–20.

Dalton, Russell J., and Richard C. Eichenberg. 1998. "Citizen Support for Policy Integration." In Wayne Sandholtz and Alec Stone Sweet, eds., *European Integration and Supranational Governance,* pp. 250–82. Oxford: Oxford University Press.

Dehesa, Guillermo de la, and Paul Krugman. 1992. "EMU and the Regions." In *Group of Thirty's Occasional Papers,* pp. 1–59. Washington, D.C.: Group of Thirty.

Deng, Yong. 1997. "Chinese Relations with Japan: Implications for Asia-Pacific Regionalism." *Pacific Affairs* 70, no. 3 (Fall): 373–91.

Deudney, Daniel H. 1995. "The Philadelphia System: Sovereignty, Arms Control, and Balance of Power in the American States-Union, Circa 1787–1861." *International Organization* 49, no. 2 (Spring): 191–228.

Deutsch, Karl W. 1944. "Medieval Unity and the Economic Conditions for an International Civilization." *Canadian Journal of Economics and Political Science* 10, no. 1 (February): 18–35.

——. 1981. "On Nationalism, World Regions, and the Nature of the West." In Per Torsvik, ed., *Mobilization, Center-Periphery Structures, and Nation-Building: A Volume in Commemoration of Stein Rokkan,* pp. 51–93. Bergen: Universitetsforlaget.

Deutsch, Karl W., et al. 1957. *Political Community and the North Atlantic Area.* Princeton: Princeton University Press.

Devlin, Robert, Antoni Estevadeordal, and Luis Jorge Garay. 2000. "Some Economic and Strategic Issues in the Face of the Emerging FTAA." In Jorge I. Dominguez, ed., *The Future of Inter-American Relations*, 153–96. New York: Routledge.
Dirke, Sabine von. 1989. "A New German Wave: An Analysis of the Development of German Rock Music." *German Politics and Society* 18 (Fall): 64–81.
Dirlik, Arif. 1993a. "Introducing the Pacific." In A. Dirlik, ed., *What Is in a Rim? Critical Perspectives on the Pacific Region Idea*, pp. 3–11. Boulder: Westview.
———. 1993b. "The Asia-Pacific in Asian-American Perspective." In A. Dirlik, ed., *What Is in a Rim? Critical Perspectives on the Pacific Region Idea*, pp. 305–29. Boulder: Westview.
Dittmer, Lowell. 2000. "Conclusion: Asian Informal Politics in Comparative Perspective." In Lowell Dittmer, Haruhiro Fukui, and Peter N. S. Lee, eds., *Informal Politics in East Asia*, pp. 290–308. Cambridge: Cambridge University Press.
Djelic, Marie-Laure. 1998. *Exporting the American Model: The Post-War Transformation of European Business*. Oxford: Oxford University Press.
Dobson, Wendy. 1997a. "Crossing Borders: Multinationals in East Asia." In W. Dobson and C. S. Yue, eds., *Multinationals and East Asian Integration*, pp. 3–27. Ottawa and Singapore: International Development Centre and Institute of Southeast Asian Studies.
———. 1997b. "East Asian Integration: Synergies between Firm Strategies and Government Policies." In W. Dobson and C. S. Yue, eds., *Multinationals and East Asian Integration*, pp. 223–47. Ottawa and Singapore: International Development Centre and Institute of Southeast Asian Studies.
Dörrenbächer, Christoph. 1999. *Vom Hoflieferanten zum Global Player: Unternehmensreorganisation und nationale Politik in der Welttelekommunikationsindustrie*. Berlin: Edition Sigma, Rainer Bohn Verlag.
Dörrenbächer, C., I. Scheike, and M. Wortmann. 1996. *Die Top 500 Deutschen Tochter- und Beteiligungsgesellschaften in den Visegrad-Ländern*. Berlin: FAST.
Donges, Jürgen B., et al. 1982. *The Second Enlargement of the European Community: Adjustment Requirements and Challenges for Policy Reform*. Tübingen: J. C. B. Mohr (Paul Siebeck).
Donnelly, Jack. 1986. "International Human Rights: A Regime Analysis." *International Organization* 40, no. 3 (Summer): 599–642.
Dore, Ronald. 2000. *Stock Market Capitalism: Welfare Capitalism—Japan and Germany versus the Anglo-Saxons*. New York: Oxford University Press.
Doremus, Paul N., William W. Keller, Louis W. Pauly, and Simon Reich. 1998. *The Myth of the Global Corporation*. Princeton: Princeton University Press.
Dower, John. 1988. "Psychological Aspects of Contemporary U.S.-Japan Relations." Unpublished paper.
———. 2003a. "A Warning from History: Don't Expect Democracy in Iraq." *Boston Review* (February–March): 6–8.
Drifte, Reinhard. 1996. *Japan's Foreign Policy in the 1990s: From Economic Superpower to What Power?* New York: St. Martin's.
Dueck, Colin. 2004. "New Perspectives on American Grand Strategy." *International Security* 28, no. 4 (Spring): 197–216.
Düwell, Kurt. 1981. "Die Gründung der Kulturpolitischen Abteilung im Auswärtigen Amt 1919/20 als Neuansatz." In Kurt Düwell and Werner Link, eds., *Deutsche Auswärtige Kulturpolitik seit 1871*, pp. 46–61. Cologne: Böhlau.

Duffield, John. 2003. "Asia-Pacific Security Institutions in Comparative Perspective." In G. John Ikenberry and Michael Mastanduno, eds., *International Relations Theory and the Asia Pacific*, pp. 243–70. New York: Columbia University Press.

Dulles, John Foster. 1952. "Security in the Pacific." *Foreign Affairs* 30, no. 2 (January): 175–87.

Dupont, Alan. 1996. "Is Three an 'Asian Way'?" *Survival* 38, no. 2: 13–33.

——. 1999. "Transnational Crime, Drugs, and Security in East Asia." *Asian Survey* 39, no. 3 (May–June): 433–55.

——. 2001. *East Asia Imperiled: Transnational Challenges to Security*. Cambridge: Cambridge University Press.

Economist, The. 1995. "Japan and Asia: A Question of Balance." (April 22): 21–22.

——. 1997a. "The EU Budget: Just Small Change?" (October 18): 51–52.

——. 1997b. "A Survey of Business in Eastern Europe." (November 22): 1–22.

——. 2001a. "The Cutting Edge." (February 24): 80.

——. 2001b. "Geography and the Net: Putting It in Its Place." (August 11): 17–20.

Eichengreen, Barry. 1997. "Comment." In Stanley Black, ed., *Europe's Economy Looks East: Implications for Germany and the European Union*, pp. 342–45. New York: Cambridge University Press.

Eichengreen, Barry, and Richard Kohl. 1997. "The State and the External Sector in Eastern Europe: Implications for Foreign Investment and Outward-Processing Trade." Paper presented at the conference "Will There Be a Unified European Economy?" Vienna, June 5–6.

Eisenhower, Dwight D. 1963. *The White House Years: Mandate For Change, 1953–1965*. Garden City, N.Y.: Doubleday and Company.

Eisenstadt, Shmuel N. 2000a. "Multiple Modernities." *Dædalus* 129, no. 1 (Winter): 1–29.

——. 2000b. *Die Vielfalt der Moderne*. Weilerswist: Velbrück Wissenschaft.

Elger, Tony, and Chris Smith. 1994a. "Introduction." In T. Elger and C. Smith, eds., *Global Japanization? The Transnational Transformation of the Labour Process*, pp. 1–30. London: Routledge.

——. 1994b. "Global Japanization? Convergence and Competition in the Organization of the Labour Process." In T. Elger and C. Smith, eds., *Global Japanization? The Transnational Transformation of the Labour Process*, pp. 31–59. London: Routledge.

Ellis, Stephen. 1999. *The Mask of Anarchy: The Destruction of Liberia and the Religious Dimension of an African Civil War*. New York: New York University Press.

Elster, Jon. 2000. "Rational Choice History: A Case of Excessive Ambition." *American Political Science Review* 94, no. 3 (September): 685–95.

Emmerson, Donald K. 1993. "Part Two: Scenarios and Regimes." *NBR Analysis* 4, no. 2 (July): 18–35.

Encarnation, Dennis J. 1999. "Introduction: Japanese Multinationals in Asia." In D. J. Encarnation, ed., *Japanese Multinationals in Asia: Regional Operations in Comparative Perspective*, pp. 3–13. New York: Oxford University Press.

Enos, J. L., and W. H. Park. 1987. *The Adoption and Diffusion of Imported Technology: The Case of Korea*. London: Croom Helm.

Epstein, Joshua M. 1987. *Strategy and Force Planning: The Case of the Persian Gulf*. Washington, D.C.: Brookings Institution.

Ermarth, Michael. 1997. "'Amerikanisierung' und deutsche Kulturkritik 1945–65."

In K. Jarausch and H. Siegrist, eds., *Amerikanisierung und Sowjetisierung in Deutschland 1945–1970*, pp. 315–34. Frankfurt: Campus.

Ernst, Dieter. 1997. "Partners for the China Circle? The East Asian Production Networks of Japanese Electronic Firms." In B. Naughton, ed., *The China Circle: Economics and Electronics in the PRC, Taiwan, and Hong Kong*, pp. 210–53. Washington, D.C.: Brookings Institution.

——. 2001. "The Internet's Effect on Business Organization: Bane or Boon for Developing Asia?" *AsiaPacific Issues* 48 (January).

Ernst, Dieter, and David O'Connor. 1989. *Technology and Global Competition: The Challenge for Newly Industrialising Economies*. Paris: Organisation for Economic Co-operation and Development.

Esman, Milton. 1986. "The Chinese Diaspora in Southeast Asia." In Gabriel Sheffer, ed., *Modern Diasporas in International Politics*, pp. 130–63. New York: St. Martin's.

European Commission. 1996. *Top Decision Makers Survey, Summary Report: Directorate-General X, Survey Research Unit*. Brussels: European Commission.

——. 2000a. *Panorama of European Business 1999*. Luxembourg: European Commission.

——. 2000b. *Standard Eurobarometer: Public Opinion in the European Union*. No. 52. Brussels: European Commission.

——. 2001. *Europeans and Languages: A Eurobarometer Special Survey*. http://europa.eu.int/comm/dgs/education_culture/index_en/htm.

Evans, Paul. 2005. "Between Regionalism and Regionalization: Policy Networks and the Nascent East Asian Institutional Identity." In T. J. Pempel, ed., *Remapping East Asia: The Construction of a Region*, pp. 195–215. Ithaca: Cornell University Press.

Evers, Hans-Dieter, and Markus Kaiser. 2001. "Two Continents, One Area: Eurasia." In Peter W. Preston and Julie Gilson, eds., *The European Union and East Asia: Interregional Linkages in a Changing Global System*, pp. 65–90. Northampton, Mass.: Edward Elgar.

Fagan, Drew. 2003. "Beyond NAFTA: Towards Deeper Economic Integration." In D. Carment, F. O. Hampson, and N. Hillmer, eds., *Canada among Nations 2003: Coping with the American Colossus*, pp. 32–53. Toronto: Oxford University Press.

Faiola, Anthony. 2003. "Japan's Empire of Cool: Country's Culture Becomes Its Biggest Export." *Washington Post Foreign Service:* A01.

Fairbank, John King, and Merle Goldman. 1998. *China: A New History*. Cambridge: Belknap Press of Harvard University Press.

Farer, Tom 1999. Introduction to Tom Farer, ed., *Transnational Crime in the Americas: An Inter-American Dialogue Book*, pp. xiii–xvi. New York: Routledge.

Farnsworth, Clyde H. 1989. "Japan's Loud Voice in Washington." *New York Times* (December 10): F1, F6.

Fawcett, Louise, and Andrew Hurrell. 1995. "Introduction." In Louise Fawcett and Andrew Hurrell, eds., *Regionalism in World Politics: Regional Organization and International Order*, pp. 1–6. Oxford: Oxford University Press.

Fearon, James D., and David D. Laitin. 2004. "Neotrusteeship and the Problem of Weak States." *International Security* 28, no. 4 (Spring): 5–43.

Feng, Yi, and Gaspare M. Genna. 2003. "Regional Integration and Domestic Institutional Homogeneity: A Comparative Analysis of Regional Integration in the Americas, Pacific Asia, and Western Europe." *Review of International Political Economy* 10, no. 2 (May): 278–309.

Ferguson, Niall. 2002. *Empire: The Rise and Demise of the British World Order and the Lessons for Global Power.* New York: Basic Books.
———. 2004. *Colossus: The Price of America's Empire.* New York: Penguin.
Ferguson, Thomas. 1984. "From Normalcy to New Deal: Industrial Structure, Party Competition, and American Public Policy in the Great Depression." *International Organization* 38, no. 1 (Winter): 41–94.
Fijnaut, Cyrille. 1991. "Police Co-operation within Western Europe." In M. Farrell, ed., *Crime in Europe*, pp. 103–20. London: Routledge.
———. 1993. "The Schengen Treaties and European Police Co-operation." *European Journal of Crime* 1, no. 1: 37–56.
Fishlow, Albert, and Stephan Haggard. 1992. *The United States and the Regionalisation of the World Economy.* Paris: OECD.
Flynn, Gregory, and Henry Farrell. 1999. "Piecing Together the Democratic Peace: The CSCE and the 'Construction' of Security in Post-Cold War Europe." *International Organization* 53, no. 3 (Summer): 505–36.
Folly, Martin H. 1988. "Breaking the Vicious Circle: Britain, the United States, and the Genesis of the North Atlantic Treaty." *Diplomatic History* 12, no. 1: 59–77.
Fox, Edward Whiting. 1971. *History in Geographic Perspective: The Other France.* New York: W. W. Norton.
Fox, William T. R. 1944. *The Superpowers: The United States, Britain, and the Soviet Union—Their Responsibility for Peace.* New York: Harcourt, Brace.
Fox, William T. R., and Annette B. Fox. 1967. *NATO and the Range of American Choice.* New York: Columbia University Press.
Frankel, Jeffrey A. 1997. *Regional Trading Blocs in the World Economic System.* Washington, D.C.: Institute for International Economics.
Frankel, Jeffrey A., and Miles Kahler. 1993. "Introduction." In J. A. Frankel and M. Kahler, eds., *Regionalism and Rivalry: Japan and the United States in Pacific Asia*, pp. 1–18. Chicago: University of Chicago Press.
Franko, Lawrence. 1976. *The European Multinationals: A Renewed Challenge to American and British Big Business.* New York: Harper and Row.
Freyssenet, Michel, Andrew Mair, Koichi Shimizu, and Giuseppe Volpato, eds. 1998. *One Best Way? Trajectories and Industrial Models of the World's Automobile Producers.* Oxford: Oxford University Press.
Frieden, Jeff. 1988. "Sectoral Conflict and Foreign Economic Policy, 1914–1940." *International Organization* 42, no. 1 (Winter): 59–90.
Friedman, Thomas L. 1999. "Dueling Globalizations: A Debate between Thomas L. Friedman and Ignacio Ramonet." *Foreign Policy* 116 (Fall): 110–27.
Friesendorf, Cornelius. 2002. "Drogenhandel: Unterschiede der deutschen und amerikanischen Anti-Drogenpolitik." In Christopher Daase, Susanne Feske, and Ingo Peters, eds., *Internationale Risikopolitik: Der Umgang mit neuen Gefahren in den internationalen Beziehungen*, pp. 167–190. Baden-Baden: Nomos.
Friman, H. Richard. 1996. "Gaijinhanzai: Immigrants and Drugs in Contemporary Japan." *Asian Survey* 36, no. 10: 964–77.
———. 1997. "Europeanization and the U.S. War on Drugs." Paper presented at the conference on Europeanization in International Perspective, University of Pittsburgh, September 19–21.
Friman, H. Richard, and Peter Andreas. 1999. "Introduction: International Relations and the Illicit Global Economy." In H. Richard Friman and Peter Andreas, eds., *The*

Illicit Global Economy and State Power, pp. 1–24. Lanham, Md.: Rowman and Littlefield.

Friman, H. Richard, Peter J. Katzenstein, David Leheny, and Nobuo Okawara. Forthcoming. "Immovable Object? Japan's Security Policy." In Peter J. Katzenstein and Takashi Shiraishi, eds., *Beyond Japan: The Dynamics of East Asian Regionalism*. Ithaca: Cornell University Press.

Fröbel, Folker, Jürgen Heinrichs, and Otto Kreye. 1977. *Die neue internationale Arbeitsteilung: Strukturelle Arbeitslosigkeit in den Industrieländern und die Industrialisierung der Entwicklungsländer*. Hamburg: Rowohlt.

——. 1986. *Umbruch in der Weltwirtschaft—Die globale Strategie: Verbilligung der Arbeitskraft/Flexibilisierung der Arbeit/Neue Technologien*. Hamburg: Rowohlt.

Fry, Greg, and Jacinta O'Hagan. 2000. *Contending Images of World Politics*. New York: St. Martin's.

Fujiwara, Osamu. 1992. *Philanthropy: Learning from America*. IIGP Policy Paper No. 74E (February). Tokyo: International Institute for Global Peace.

Fukui, Haruhiro. 2000. "Introduction: On the Significance of Informal Politics." In Lowell Dittmer, Haruhiro Fukui, and Peter N. S. Lee, eds., *Informal Politics in East Asia*, pp. 1–19. Cambridge: Cambridge University Press.

Fukushima, Akiko. 1999a. *Japanese Foreign Policy: The Emerging Logic of Multilateralism*. Basingstoke: Macmillan.

——. 1999b. "Japan's Emerging View of Security Multilateralism in Asia." In Ralph Cossa and Akiko Fukushima, *Security Multilateralism in Asia: Views from the United States and Japan*, edited by Stephen Haggard and Daniel Pinkston. San Diego: University of California Institute on Global Conflict and Cooperation.

Gallagher, John, and Ronald Robinson. 1953. "The Imperialism of Free Trade." *Economic History Review*, 2nd. ser., 6, no. 1: 1–15.

Gambe, Annabelle. 1997. "Competitive Collaboration: Western Liberal and Overseas Chinese Ethnic Entrepreneurship in Southeast Asia." *Forschungsberichte aus dem ISW* 22 (November).

Garrett, Geoffrey. 1998. *Partisan Politics in the Global Economy*. Cambridge: Cambridge University Press.

Garten, Jeffrey E. 1992. *A Cold Peace: America, Japan, Germany, and the Struggle for Supremacy*. New York: Times Books.

Gates, Hill. 1996. *China's Motor: A Thousand Years of Petty Capitalism*. Ithaca: Cornell University Press.

Gause, F. Gregory, III. 1996. "From 'Over the Horizon' to 'Into the Backyard': The US-Saudi Relationship and the Gulf War." In D. W. Lesch, ed., *The Middle East and the United States: A Historical and Political Reassessment*, pp. 299–312. Boulder: Westview.

Geertz, Clifford. 1980. *Negara: The Theatre State in Nineteenth-Century Bali*. Princeton: Princeton University Press.

Gemünden, Gerd. 1998. *Framed Visions: Popular Culture, Americanization, and the Contemporary German and Austrian Imagination*. Ann Arbor: University of Michigan Press.

George, Stephen. 1994. *An Awkward Partner: Britain and the European Community*. 2nd ed. Oxford: Oxford University Press.

Georgiadou, Vassiliki. 1991. *Griechenlands nicht-kapitalistische Entwicklungsaspekte im 19. Jahrhundert*. Frankfurt: Peter Lang.

Gereffi, Gary. 1996. "The Elusive Last Lap in the Quest for Developed-Country Status." In James H. Mittelman, ed., *Globalization: Critical Reflections*, pp. 53–81. Boulder: Lynne Rienner.

Gheciu, Alexandra. Forthcoming. *NATO in the 'New Europe': International Socialization and the Politics of State-Crafting after the End of the Cold War.* Stanford: Stanford University Press.

Gienow-Hecht, Jessica C. E. 2000. "Shame on US? Academics, Cultural Transfer, and the Cold War—A Critical Review." *Diplomatic History* 24, no. 3: 465–94.

Gilpin, Robert. 1975. *U.S. Power and the Multinational Corporation.* New York: Basic Books.

———. 2000. *The Challenge of Global Capitalism: The World Economy in the 21st Century.* Princeton: Princeton University Press.

Gilpin, Robert, with the assistance of Jean M. Gilpin. 2001. *Global Political Economy: Understanding the International Economic Order.* Princeton: Princeton University Press.

Godement, François. 1999. *The Downsizing of Asia.* New York: Routledge.

Golob, Stephanie R. 2003. "Beyond the Policy Frontier: Canada, Mexico, and the Ideological Origins of NAFTA." *World Politics* 55, no. 3 (April): 361–98.

Gordon, Donald, et al. 2002. "Teaching International Studies from a Regional Perspective: An ISP Symposium on *Power, Wealth and Global Order: An International Relations Textbook for Africa.*" *International Studies Perspectives* 3, no. 3 (August): 235–57.

Gourevitch, Peter. 1977. "International Trade, Domestic Coalitions, and Liberty: Comparative Responses to the Crisis of 1873–1896." *Journal of Interdisciplinary History* 8 (Fall): 281–313.

———. 1986. *Politics in Hard Times: Comparative Responses to International Economic Crises.* Ithaca: Cornell University Press.

Grande, Edgar, and Jürgen Häusler. 1994. *Industrieforschung und Forschungspolitik: Staatliche Steuerungspotentiale in der Informationstechnik.* Frankfurt: Campus.

Gray, Colin S. 1977. "The Geopolitics of the Nuclear Era: Heartland, Rimlands, and the Technological Revolution." *Strategy Paper* (National Strategy Information Center) No. 30. New York: Crane, Russak.

Green, Michael J. 2001. *Terrorism: Prevention and Preparedness; New Approaches to U.S.-Japan Security Cooperation.* New York: Japan Society.

Greene, Kevin. 1986. *The Archeology of the Roman Economy.* Berkeley: University of California Press.

Grieco, Joseph M. 1999. "Realism and Regionalism: American Power and German and Japanese Institutional Strategies during and after the Cold War." In E. Kapstein and M. Mastanduno, eds., *Unipolar Politics: Realism and State Strategies after the Cold War,* pp. 319–53. New York: Columbia University Press.

Grigsby, Mary. 1998. "Sailormoon: Manga (Comics) and Anime (Cartoon) Superheroine Meets Barbie: Global Entertainment Commodity Comes to the United States." *Journal of Popular Culture* 32, no. 1: 59–80.

Group of Lisbon, The. 1995. *Limits to Competition: The Group of Lisbon.* Cambridge: MIT Press.

Gruber, Lloyd. 2000. *Ruling the World: Power Politics and the Rise of Supranational Institutions.* Princeton: Princeton University Press.

Grugel, Jean. 1996. "Latin America and the Remaking of the Americas." In Andrew

Gamble and Anthony Payne, eds., *Regionalism and World Order*, pp. 131–67. New York: St. Martin's.

Grugel, Jean, and Wil Hout. 1999. "Regions, Regionalism, and the South. " In J. Grugel and W. Hout, eds., *Regionalism across the North-South Divide: State Strategies and Globalization*, pp. 3–13. New York: Routledge.

Guerrieri, Paolo. 1998. "Trade Patterns, FDI, and Industrial Restructuring in Central and Eastern Europe." In John Zysman and Andrew Schwartz, eds., *Enlarging Europe: The Industrial Foundations of a New Political Reality*, pp. 130–56. Berkeley: University of California, International and Area Studies, a BRIE/Kreisky Forum Project.

Gungwu, Wang. 1994. "Empires and Anti-empires: Asia in World Politics." In G. Lundestad, ed., *The Fall of Great Powers: Peace, Stability, and Legitimacy*, pp. 235–58. Oxford: Oxford University Press.

Gurowitz, Amy I. 1999. "Mobilizing International Norms: Domestic Actors, Immigrants, and the Japanese State." *World Politics* 51, no. 3 (April): 413–45.

Haas, Ernst. 1966. "International Integration: The European and the Universal Process." In *International Political Communities: An Anthology*, pp. 93–129. New York: Doubleday, Anchor Books.

Haas, Michael. 1989. *The Asian Way to Peace: A Story of Regional Cooperation*. New York: Praeger.

Hall, Derek Andrew. 2002. "Dying Geese: Japan and the International Political Ecology of Southeast Asia." PhD diss., Cornell University.

——. Forthcoming. "Regional Shrimp, Global Trees, Chinese Vegetables: The Environment in Japan-Asia Relations." In Peter J. Katzenstein and Takashi Shiraishi, eds., *Beyond Japan: The Dynamics of East Asian Regionalism*. Ithaca: Cornell University Press.

Hall, Peter. 1997. "The Political Challenges Facing Regional Trade Regimes." *La Lettre de la Régulation* 22 (September): 1–4.

Hall, Peter, and David Soskice. 2001. "An Introduction to Varieties of Capitalism." In Peter A. Hall and David Soskice, eds., *Varieties of Capitalism: The Institutional Foundations of Comparative Advantage*, pp. 1–68. New York: Oxford University Press.

Hall, Peter A., and Sidney Tarrow. 1998. "Globalization and Area Studies: When Is Too Broad Too Narrow?" *Chronicle of Higher Education* 44, no. 20 (January 23): B4.

Hall, Robert. 1948. *Area Studies: With Special Reference to Their Implications for Research in the Social Sciences*. New York: Social Science Research Council, Committee on World Area Research Program.

Hamilton, Gary G. 1996. "Overseas Chinese Capitalism." In Tu Wei-ming, ed., *Confucian Traditions in East Asian Modernity: Moral Education and Economic Culture in Japan and the Four Mini-Dragons*, pp. 328–42. Cambridge: Harvard University Press.

——. 1999. "Asian Business Networks in Transition: or, What Alan Greenspan Does Not Know about the Asian Business Crisis." In T. J. Pempel, ed. *The Politics of the Asian Economic Crisis*, pp. 45–61. Ithaca: Cornell University Press.

Hamilton, Gary G., and Robert C. Feenstra. 1997. "Varieties of Hierarchies and Markets: An Introduction." In Marco Orrù, Nicole Woolsey Biggart, and Gary G. Hamilton, eds., *The Economic Organization of East Asian Capitalism*, pp. 55–94. Thousand Oaks, Calif.: Sage.

Hamilton, Gary G., and Cheng-Su Kao. 1990. "The Institutional Foundations of Chinese Business." *Comparative Social Research* 12: 135–51.

Hamilton, Gary G., Marco Orrù, and Nicole Woolsey Biggart. 1987. "Enterprise

Groups in East Asia: An Organizational Analysis." *Shoken Keizai* 161 (September): 78–106.

Hamilton, Gary G., and Tony Walters. 1995. "Chinese Capitalism in Thailand: Embedded Networks and Industrial Structure." In Edward K. Y. Chen and Peter Drysdale, eds., *Corporate Links and Foreign Direct Investment in Asia and the Pacific*, pp. 87–111. New York: Harper Educational.

Hamilton-Hart, Natasha. 2002. *Asian States, Asian Bankers: Central Banking in Southeast Asia*. Ithaca: Cornell University Press.

Hammerstein, Konstantin von. 2001. "Schluss mit Eiapopeia." *Der Spiegel* 10: 74–76.

Hampton, Mary. 1995. "NATO at the Creation: U.S. Foreign Policy, West Germany, and the Wilsonian Impulse." *Security Studies* 4, no. 3 (Spring): 610–56.

Hannerz, Ulf. 1989. "Notes on the Global Ecumene." *Public Culture* 1, no. 2: 66–75.

Hanrieder, Wolfram F. 1967. *West German Foreign Policy, 1949–1963: International Pressure and Domestic Response*. Stanford: Stanford University Press.

Harding, Harry. 1993. "The Concept of 'Greater China': Themes, Variations, and Reservations." *China Quarterly* 136 (December): 660–86.

Hardt, Michael, and Antonio Negri. 2000. *Empire*. Cambridge: Harvard University Press.

Hassner, Ron E. 2003. "To Halve and to Hold: Conflicts over Sacred Space and the Problem of Indivisibility." *Security Studies* 12, no. 4 (Summer): 1–33.

Hatch, Walter. 2000. "Rearguard Regionalization: Preserving Core Coalitions in the Japanese Political Economy." PhD diss., University of Washington, Seattle.

———. 2002. "Regionalizing the State: Japanese Administrative and Financial Guidance for Asia." *Social Science Japan Journal* 5, no. 2: 179–97.

Hatch, Walter, and Kozo Yamamura. 1996. *Asia in Japan's Embrace: Building a Regional Production Alliance*. New York: Cambridge University Press.

Haufler, Daniel. 1997. "Amerika, Du hast es Besser? Zur Deutschen Buchkultur nach 1945." In Konrad Jarausch and Hannes Siegrist, eds., *Amerikanisierung und Sowjetisierung in Deutschland, 1945–1970*, pp. 387–408. Frankfurt: Campus.

Havens, Thomas R. H. 1987. "Government and the Arts in Contemporary Japan." In Milton C. Cummings Jr. and Richard S. Katz, eds., *The Patron State: Government and the Arts in Europe, North America, and Japan*, pp. 333–49. New York: Oxford University Press.

Hein, Laura, and Mark Selden. 2000. "The Lessons of War, Global Power, and Social Change." In Laura Hein and Mark Selden, eds., *Censoring History: Citizenship and Memory in Japan, Germany, and the United States*, pp. 3–50. Armonk, N.Y.: M. E. Sharpe.

Helleiner, Eric. 1994. "Regionalization in the International Political Economy: A Comparative Perspective." *Eastern Asia Policy Paper No. 3*. Toronto: University of Toronto-York University, Joint Centre for Asia Pacific Studies.

Hemmer, Christopher, and Peter J. Katzenstein. 2002. "Why Is There No NATO in Asia? Collective Identity, Regionalism, and the Origins of Multilateralism." *International Organization* 56, no. 3 (Summer): 575–608.

Henley, Jon. 1999. "UNESCO's New Head Vows to End Corruption." *The Guardian* (October 21).

Henrikson, Alan K. 1975. "The Map as an Idea: The Role of Cartographic Imagery during the Second World War." *American Cartographer* 2, no. 1: 19–53.

———. 1980. "The Creation of the North Atlantic Alliance, 1948–1952." *Naval War College Review* 33, no. 3: 4–39.

Henwood, Doug. 2003. "Beyond Globophobia." *The Nation* (December 1): 17–20.
Herf, Jeffrey. 1984. *Reactionary Modernism: Technology, Culture, and Politics in Weimar and the Third Reich.* Cambridge: Cambridge University Press.
Herrera, Juan José Durán. 1992. "Cross-Direct Investment and Technological Capability of Spanish Domestic Firms." In J. Cantwell, ed., *Multinational Investment in Modern Europe: Strategic Interaction in the Integrated Community,* pp. 214–55. Brookfield, Vt.: Edward Elgar.
Herrigel, Gary. 1996. *Industrial Constructions: The Sources of German Industrial Power.* Cambridge: Cambridge University Press.
——. 2000. "American Occupation, Market Order, and Democracy: Restructuring the Steel Industry in Japan and Germany after World War II." In J. Zeitlin and G. Herrigel, eds., *Americanization and Its Limits: Reworking Management and Technology in Europe and Japan after World War Two,* pp. 340–99. Oxford: Oxford University Press.
Herrman, Robert. 1995. "Ideas, Identity, and the Redefinition of Interests: The Political and Intellectual Origins of the Soviet Foreign Policy Revolution." PhD diss., Cornell University.
Herrmann, Karin. 1994. "Auswärtige Kulturarbeit—Magd oder Muse?" In Hilmar Hoffmann and Kurt Jürgen Maaß, eds., *Freund oder Fratze? Das Bild von Deutschland in der Welt und die Aufgaben der Kulturpolitik,* pp. 73–78. Frankfurt: Campus.
Herz, John H. 1983. *From Dictatorship to Democracy.* Westport, Conn.: Greenwood.
Hettne, Björn. 1999a. "The New Regionalism: A Prologue." In Björn Hettne, András Inotai, and Osvaldo Sunkel, eds., *Globalism and the New Regionalism,* pp. xv–xxxvi. New York: St. Martin's.
——. 1999b. "Globalization and the New Regionalism: The Second Great Transformation." In Björn Hettne, András Inotai, and Osvlado Sunkel, eds., *Globalism and the New Regionalism,* pp. 1–24. New York: St. Martin's.
Hicks, George, and J. A. C. Mackie. 1994. "Overseas Chinese: A Question of Identity." *Far Eastern Economic Review:* 46–48.
Higgott, Richard. 1995. "Economic Co-operation in the Asia-Pacific: A Theoretical Comparison with the European Union." *Journal of European Public Policy* 2, no. 3 (September): 361–83.
Hirano, Kenichiro. 1988. "International Cultural Conflicts: Causes and Remedies." *Japan Review of International Affairs* 2, no. 2 (Fall/Winter): 143–64.
Hirano, Kenichiro. 1997. "Japan's Cultural Exchange Approaches." In Charles E. Morrison, Akira Kojima, and Hans W. Maull, eds., *Community-Building with Pacific Asia,* pp. 88–97. New York: Trilateral Commission.
Hirst, Paul, and Grahame Thompson. 1996. *Globalization in Question: The International Economy and the Possibilities of Governance.* Cambridge: Polity Press.
——. 2002. "The Future of Globalization." *Cooperation and Conflict* 37, no. 3 (September): 247–65.
Hochberg, Leonard J. 1986. "The Geography of Revolution: The Cases of England, the United States, and France." PhD diss., Cornell University.
Hoge, Warren. 2001. "Nineteen Countries Join in Raids on Internet Pornography." *New York Times* (November 29): A11.
Holman, Otto. 1996. *Integrating Southern Europe: EC Expansion and the Transnationalization of Spain.* London: Routledge.
Honda, Shiro. 1994. "East Asia's Middle Class Tunes in to Today's Japan." *Japan Echo* 21, no. 4: 75–79.

Hooghe, Liesbet, and Gary Marks. 2001. *Multi-Level Governance and European Integration*. Lanham, Md.: Rowman and Littlefield.

Horn, Ernst-Jürgen. 1990. "West German Technology in the 1980s: Perceptions, Evidence, and Policy Issues." In G. Heiduk and K. Yamamura, eds., *Technological Competition and Interdependence: The Search for Policy in the United States, West Germany, and Japan*, pp. 64–84. Seattle: University of Washington Press.

Horne, Gerald. 1999. "Race from Power: U.S. Foreign Policy and the General Crisis of 'White Supremacy.'" *Diplomatic History* 23, no. 3: 437–61.

Howells, Jeremy, and Michelle Wood. 1993. *The Globalisation of Production and Technology*. London: Belhaven Press.

Huber, Evelyne. 2003. "The Role of Cross-regional Comparison." *APSA-CP: Newsletter of the APSA Organized Section on Comparative Politics* 14, no 2: 1–6.

Hudson, Michael C. 1999. "Arab Integration: An Overview." In M. C. Hudson, ed., *Middle East Dilemma: The Politics and Economics of Arab Integration*, pp. 1–32. New York: Columbia University Press.

Hudson, Wayne, and Geoffrey Stokes. 1997. "Australia and Asia: Place, Determinism, and National Identities." In Geoffrey Stokes, ed., *The Politics of Identity in Australia*, pp. 145–57. Cambridge: Cambridge University Press.

Hufbauer, Gary C., Jeffrey C. Schott, and Barbara R. Kotschwar. 1999. "U.S. Interests in Free Trade in the Americas." In Albert Fishlow and James Jones, eds., *The United States and the Americas: A Twenty-First Century View*, pp. 58–78. New York: W. W. Norton.

Hughes, David, and Jonathan Clements. 1997. "Arts: Manga Goes to Hollywood." *The Guardian* (April 14).

Hui, Po-Keung. 1995. "Overseas Chinese Business Networks: East Asian Economic Development in Historical Perspective." PhD diss., State University of New York, Binghamton.

Hui, Victoria Tin-bor. 2004. "Toward a Dynamic Theory of International Politics: Insights from Comparing Ancient China and Early Modern Europe." *International Organization* 58, no. 1 (Winter): 175–205.

Hunt, Michael. 1987. *Ideology and U.S. Foreign Policy*. New Haven: Yale University Press.

Huntington, Samuel P. 1968. *Political Order in Changing Societies*. New Haven: Yale University Press.

——. 1973. "Transnational Organizations in World Politics." *World Politics* 25, no. 3 (April): 333–68.

——. 1996. *The Clash of Civilizations and the Remaking of World Order*. New York: Simon and Schuster.

——. 1999. "The Lonely Superpower." *Foreign Affairs* 78, no. 2 (March–April): 35–49.

Hurrell, Andrew. 1995. "Regionalism in Theoretical Perspective." In L. Fawcett and A. Hurrell, eds., *Regionalism in World Politics: Regional Organization and International Order*, pp. 37–73. Oxford: Oxford University Press.

Ifestos, Panayotis. 1987. "European Political Cooperation (EPC): Its Evolution from 1970 to 1986, and the Single European Act." *Journal of European Integration* 11, no. 1 (Fall): 47–62.

Igarashi, Akio. 1997. "From Americanization to 'Japanization' in East Asia?" *Journal of Pacific Asia* 4: 3–19.

Ikenberry, G. John. 2001. *After Victory: Institutions, Strategic Restraint, and the Rebuilding of Order after Major Wars*. Princeton: Princeton University Press.

———. 2004. "Illusions of Empire: Defining the New American Order." *Foreign Affairs* 83, no. 2 (March–April): 144–54.
International Labor Organisation. 2002. *Employment and Social Policy in Respect of Export Processing Zones (EPZs)*. Geneva: International Labor Organisation, Committee on Employment and Social Policy.
Iriye, Akira. 1992. *China and Japan in the Global Setting*. Cambridge: Harvard University Press.
———. 1997. *Cultural Internationalism and World Order*. Baltimore: Johns Hopkins University Press.
Isaacson, Walter, and Evan Thomas. 1986. *The Wise Men: Six Friends and the World They Made*. New York: Touchstone.
Isard, Walter. 1956. *Location and Space-Economy: A General Theory Relating to Industrial Location, Market Areas, Land Use, Trade, and Urban Structure*. New York: Technology Press of Massachusetts Institute of Technology and John Wiley and Sons.
Itagaki, Hiroshi. 1997. "Conclusions and Prospects." In H. Itagaki, ed., *The Japanese Production System: Hybrid Factories in East Asia*, pp. 366–79. London: Macmillan.
Iversen, Torben and Thomas R. Cusack. 2000. "The Causes of Welfare State Expansion: Deindustrialization or Globalization?" *World Politics* 52, no. 3 (April): 313–49.
Iwabuchi, Koichi. 1998. "Marketing 'Japan': Japanese Cultural Presence under a Global Gaze." *Japanese Studies* 18, no. 2: 165–80.
———. 1999. "Return to Asia: Japan in Asian Audiovisual Markets." In Kosaku Yoshino, ed., *Consuming Ethnicity and Nationalism: Asian Experiences*, pp. 177–99. Honolulu: University of Hawaii Press.
———. 2002. *Recentering Globalization: Popular Culture and Japanese Transnationalism*. Durham: Duke University Press.
Jackson, Patrick Thaddeus. 2001. "Occidentalism: Rhetoric, Process, and Postwar German Reconstruction." PhD diss., Columbia University.
Jarausch, Konrad H., and Hannes Siegrist. 1997. "Amerikanisierung und Sowjetisierung: Eine Vergleichende Fragestellung zur Deutsch-Deutschen Nachkriegsgeschichte." In Konrad Jarausch and Hannes Siegrist, eds., *Amerikanisierung und Sowjetisierung in Deutschland, 1945–1970*, pp. 11–46. Frankfurt: Campus.
Jehl, Douglas. 2001. "Holy War Lured Saudis as Rulers Looked Away." *New York Times* (December 27): A1, B4–B5.
Jerábek, Hynek, and Frantisek Zich. 1997. "The Czech Republic: Internationalization and Dependency." In Peter J. Katzenstein, ed., *Mitteleuropa: Between Europe and Germany*, pp. 149–91. Providence, R.I.: Berghahn Books.
Johnson, Chalmers. 1997. "Preconception vs. Observation, or the Contributions of Rational Choice Theory and Area Studies to Contemporary Political Science." *PS: Political Science and Politics* 30, no. 2 (June): 170–74.
———. 2000. *Blowback: The Costs and Consequences of American Empire*. New York: Henry Holt.
———. 2004. *The Sorrows of Empire: Militarism, Secrecy, and the End of the Republic*. New York: Henry Holt.
Johnson, Kenneth L. 2001. "Critical Debates: Regionalism Redux? The Prospects for Cooperation in the Americas." *Latin American Politics and Society* 43, no. 3 (Fall): 121–38.
Johnston, Alastair Iain. 1999. "The Myth of the ASEAN Way? Explaining the Evolu-

tion of the ASEAN Regional Forum." In Helga Haftendorn, Robert O. Keohane, and Celeste A. Wallander, eds., *Imperfect Unions: Security Institutions in Time and Space*, pp. 287–324. London: Oxford University Press.

Jones, Eric. 1987. *The European Miracle: Environments, Economies, and Geopolitics in the History of Europe and Asia*. Cambridge: Cambridge University Press.

Jordan, Amos A., and Jane Khanna. 1995. "Economic Interdependence and Challenges to the Nation-State: The Emergence of Natural Economic Territories in the Asia-Pacific." *Journal of International Affairs* 48, no. 2 (Winter): 433–62.

Jowitt, Kenneth. 1992. *New World Disorder: The Leninist Extinction*. Berkeley: University of California Press.

Kaelble, Hartmut. 1990. *A Social History of Western Europe, 1880–1980*. Savage, Md.: Barnes and Noble.

Kagan, Robert. 2003. *Of Paradise and Power: America and Europe in the New World Order*. New York: Alfred A. Knopf.

Kahler, Miles. 1995. *International Institutions and the Political Economy of Integration*. Washington, D.C.: Brookings Institution.

Kaiser, Karl. 1971. "Transnational Relations as a Threat to the Democratic Process." *International Organization* 25, no. 3: 706–20.

Kammen, Michael. 2003. "Clio, Columbia, and the Cosmopolitans: Beyond American Exceptionalism and the Nation-State." *History and Theory* 42 (February): 106–15.

Kang, David. 2003a. "Getting Asia Wrong: The Need for New Analytical Frameworks." *International Security* 27, no. 4 (Spring): 57–85.

———. 2003b. "Hierarchy and Stability in Asian International Relations." In G. John Ikenberry and Michael Mastanduno, eds., *International Relations Theory and the Asia-Pacific*, pp. 163–89. New York: Columbia University Press.

Kang, David C. 2003/04. "Hierarchy, Balancing, and Empirical Puzzles in Asian International Relations." *International Security* 28, no. 3 (Winter): 165–80.

Kao, John. 1993. "The Worldwide Web of Chinese Business." *Harvard Business Review* 71 (March–April): 24–36.

Kaplan, Amy. 2002. *The Anarchy of Empire in the Making of U.S. Culture*. Cambridge: Harvard University Press.

Kaplan, Lawrence S. 1981. "NATO: The Second Generation." In L. S. Kaplan and R. W. Clawson, eds., *NATO after Thirty Years*, pp. 3–29. Wilmington, Del.: Scholarly Resources.

———. 1984. *The United States and NATO: The Formative Years*. Lexington: University Press of Kentucky.

Kaplan, Robert D. 2003. "Supremacy by Stealth." *Atlantic Monthly* (July–August): 65–83.

Kapner, Suzanne. 2003. "U.S. TV Shows Losing Potency around World." *New York Times* (January 2): A1, A8.

Kasza, Gregory J. Forthcoming. *Japan's Welfare Policies in Comparative Perspective*. Ithaca: Cornell University Press.

Katada, Saori N. 2001. *Banking on Stability: Japan and the Cross-Pacific Dynamics of International Financial Crisis Management*. Ann Arbor: University of Michigan Press.

Katada, Saori N., Hans W. Maull, and Takashi Inoguchi, eds. 2004. *Global Governance: Germany and Japan in the International System*. Aldershot: Ashgate.

Kato, Kozo. 2002. *The Web of Power: Japanese and German Development Cooperation Policy*. Lanham, Md.: Lexington Books.

Katzenstein, Peter J. 1978. *Between Power and Plenty: Foreign Economic Policies of Advanced Industrial States*. Madison: University of Wisconsin Press.

———. 1985. *Small States in World Markets: Industrial Policy in Europe*. Ithaca: Cornell University Press.

———. 1990. *West Germany's Internal Security Policy: State and Violence in the 1970s and 1980s*. Ithaca: Cornell University, Center for International Studies, Western Societies Program.

———. 1996. *Cultural Norms and National Security: Police and Military in Postwar Japan*. Ithaca: Cornell University Press.

———. 1997a. "Introduction: Asian Regionalism in Comparative Perspective." In P. J. Katzenstein and T. Shiraishi, eds., *Network Power: Japan and Asia*, pp. 1–44. Ithaca: Cornell University Press.

———. 1997b. "United Germany in an Integrating Europe." In P. J. Katzenstein, ed., *Tamed Power: Germany in Europe*, pp. 1–48. Ithaca: Cornell University Press.

———. 1997c. "The Cultural Foundations of Murakami's Polymorphic Liberalism." In Kozo Yamamura, ed., *A Vision of a New Liberalism? Critical Essays on Murakami's Anticlassical Analysis*, pp. 23–40. Stanford: Stanford University Press.

———, ed. 1997d. *Tamed Power: Germany in Europe*. Ithaca: Cornell University Press.

———. 2000. "Varieties of Asian Regionalisms." In P. J. Katzenstein, N. Hamilton-Hart, K. Kato, and M. Yue, *Asian Regionalism*, pp. 1–34. Ithaca: Cornell University, Center for International Studies, East Asia Program.

———. 2001. "Area and Regional Studies in the United States." *PS: Political Science and Politics* (December): 789–91.

———. 2002. "Regionalism and Asia." In Shaun Breslin, Christopher W. Hughes, Nicola Phillips, and Ben Rosamond, eds., *New Regionalism in the Global Political Economy*, pp. 104–18. New York: Routledge.

———. 2002a. "Area Studies, Regional Studies, and International Relations." *Journal of East Asian Studies* 2, no. 1 (February 2002): 127–38.

———. 2003a. "Regional States: Japan and Asia, Germany in Europe." In Kozo Yamamura and Wolfgang Streeck, eds., *The End of Diversity? Prospects for German and Japanese Capitalism*, pp. 89–114. Ithaca: Cornell University Press.

———. 2003b. "Japan, Technology, and Asian Regionalism in Comparative Perspective." In Giovanni Arrighi, Takeshi Hamashita, and Mark Selden, eds., *The Resurgence of East Asia: 500, 150 and 50 Year Perspectives*, pp. 214–58. London: Routledge.

———. 2003c. "Same War—Different Views: Germany, Japan, and Counter-Terrorism." *International Organization* 57, no. 4 (Fall): 731–60.

———. 2003d. "*Small States* and Small States Revisited." *New Political Economy* 8, no. 1 (March): 9–30.

Katzenstein, Peter J., and Nobuo Okawara. 2001/02. "Japan, Asian-Pacific Security, and the Case for Analytical Eclecticism." *International Security* 26, no. 3 (Winter): 153–85.

———. 2004. "Japan and Asian-Pacific Security." In J. J. Suh, Peter J. Katzenstein, and Allen Carlson, eds., *Rethinking Security in East Asia: Identity, Power, and Efficiency*, pp. 97–130. Stanford: Stanford University Press.

Katzenstein, Peter J., and Takashi Shiraishi, eds. 1997a. *Network Power: Japan and Asia*. Ithaca: Cornell University Press.

Katzenstein, Peter J., and Takashi Shiraishi. 1997b. "Conclusion: Regions in World Politics, Japan and Asia—Germany in Europe." In Peter J. Katzenstein and Takashi

Shiraishi, eds., *Network Power: Japan and Asia*, pp. 341–81. Ithaca: Cornell University Press.

Katzenstein, Peter J., and Rudra Sil. 2004. "Rethinking Asian Security: A Case for Analytical Eclecticism." In J. J. Suh, Peter J. Katzenstein, and Allen Carlson, eds., *Rethinking Security in East Asia: Identity, Power, and Efficiency*, pp. 1–33. Stanford: Stanford University Press.

Katzenstein, Peter J., and Yutaka Tsujinaka. 1995. "'Bullying,' 'Buying,' and 'Binding': US-Japanese Transnational Relations and Domestic Structures." In Thomas Risse-Kappen, ed., *Bringing Transnational Relations Back In*, pp. 79–111. Cambridge: Cambridge University Press.

Katznelson, Ira. 2002. "Rewriting the Epic of America." In I. Katznelson and M. Shefter, eds., *Shaped by War and Trade*, pp. 3–23. Princeton: Princeton University Press.

Kawamura, Yoko, Maki Okabe, and Toichi Makita. 2000. "The Concept of 'Region' as a Framework for Interchange: Japanese-German Comparison of National Participation in Regional Cultural Cooperation [Koryu no Wakugumi to Shiteno 'Chiiki' no Ninshiki: Chiiki Bunka Kyoryoku ni Taisuru Kokkateki Kanyo no Nichidoku Hikaku]." Paper presented at the conference on Contemporary Thought on International Cultural Relations, May 19, Tokyo.

Keeler, John T. S. 1996. "Agricultural Power in the European Community: Explaining the Fate of CAP and GATT Negotiations." *Comparative Politics* 28, no. 2: 127–49.

Keller, Edmond J. 1997. "Rethinking African Regional Security." In David Lake and Patrick M. Morgan, eds., *Regional Orders: Building Security in a New World*, pp. 296–317. University Park: Pennsylvania State University Press.

Keller, William W., and Richard J. Samuels. 2003. "Continuity and Change in Asian Innovation." In W. W. Keller and R. J. Samuels, eds., *Crisis and Innovation in Asian Technology*, pp. 226–41. Cambridge: Cambridge University Press.

Kennan, George F. (Mr. X). 1947. "The Sources of Soviet Conduct." *Foreign Affairs* 25, no. 4 (July): 566–82.

———. 1994. "The Failure in Our Success." *New York Times* (March 14): A17.

Keohane, Robert O. 1984. *After Hegemony: Cooperation and Discord in the World Political Economy*. Princeton: Princeton University Press.

Keohane, Robert O., and Joseph S. Nye. 2001. *Power and Interdependence*. 3rd ed. New York: Longman.

Key, Jeffrey E. 1998. "Beyond 'Tilting Both Ways': A New Post-Cold War South Asia Policy." *Asian Affairs* 25, no. 2: 89–102.

Khalidi, Rashid. 2004. *Resurrecting Empire: Western Footprints and America's Perilous Path in the Middle East*. Boston: Beacon Press.

Khong, Yuen Foong. 1997. "Making Bricks without Straw in the Asia Pacific?" *Pacific Review* 10, no. 2: 289–300.

Kim, B. Sang Joon. 1965. "The United States and SEATO." PhD diss., Yale University.

Kimball, Warren F. 1984. *Churchill and Roosevelt: The Complete Correspondence*. Vols. 1–2. Princeton: Princeton University Press.

Kindleberger, Charles. 1969. *American Business Abroad*. New Haven: Yale University Press.

Kirchner, Emil J. 1989. "Has the Single European Act Opened the Door for a European Security Policy?" *Journal of European Integration* 13, no. 1 (Autumn): 1–14.

Kleinsteuber, Hans J., and Bettina Peters. 1991. "Media Moguls in Germany." In Je-

remy Tunstall and Michael Palmer, eds., *Media Moguls*, pp. 184–205. London: Routledge.
Kloosterhuis, Jürgen. 1981. "Deutsche Auswärtige Kulturpolitik und Ihre Trägergruppen vor dem Ersten Weltkrieg." In Kurt Düwell and Werner Link, eds., *Deutsche Auswärtige Kulturpolitik seit 1871*, pp. 7–35. Cologne: Böhlau.
Knapp, Manfred. 1975. "Zum Stand der Forschung über die deutsch-amerikanischen Nachkriegsbeziehungen." In M. Knapp, ed., *Die deutsch-amerikanischen Beziehungen nach 1945*, pp. 7–85. Frankfurt: Campus.
König, Dominik Freiherr von. 1999. "Leistungen und Vielfalt der Kulturstiftungen: Petersilie im Maul des Karpfen?" In *Kulturstiftungen als Impulsgeber in einem Zusammenwachsenden Europa*, pp. 26–41. Bonn: Bundesverband Deutscher Stiftungen.
Kohler-Koch, Beate. 1998. "Leitbilder und Realität der Europäisierung der Regionen." In B. Kohler-Koch, ed., *Interaktive Politik in Europa: Regionen im Netzwerk der Integration*, pp. 232–53. Opladen: Leske + Budrich.
Kohno, Masaru. 2003. "A Changing Ministry of International Trade and Industry." In Jennifer Amyx and Peter Drysdale, eds., *Japanese Governance: Beyond Japan Inc.*, pp. 96–112. London: Routledge.
Kondo, Hisashi. 1995. "Manga Go Global." *Pacific Friend* 23, no. 2 (June): 2–9.
Koopmans, Thijmen. 1991. "The Birth of European Law at the Cross Roads of Legal Traditions." *American Journal of Comparative Law* 39, no. 3 (Summer): 493–507.
Kramer, Alan. 1991. *The West German Economy*. New York: Berg.
Kramer, Paul A. 2002. "Empires, Exceptions, and Anglo-Saxons: Race and Rule between the British and United States Empires, 1880–1910." *Journal of American History* 88, no. 4 (March): 1315–53.
Krasner, Stephen. 1995. "Compromising Westphalia." *International Security* 20, no. 3: 115–51.
Kroes, Rob. 1996. *If You've Seen One, You've Seen the Mall: Europeans and American Mass Culture*. Urbana: University of Illinois Press.
Kume, Ikuo. 1998. *Disparaged Success: Labor Politics in Postwar Japan*. Ithaca: Cornell University Press.
Kupchan, Charles A. 2002. *The End of the American Era: U.S. Foreign Policy and the Geopolitics of the Twenty-first Century*. New York: Alfred A. Knopf.
Kurth, James. 1979. "The Political Consequences of the Product Cycle: Industrial History and Political Outcomes." *International Organization* 33, no. 1 (Winter): 9–33.
———. 1989. "The Pacific Basin versus the Atlantic Alliance: Two Paradigms of International Relations." *Annals of the American Academy of Political Science* 505 (September): 34–45.
———. 1990. "The Rise and Decline of the Inter-American System: A U.S. View." In Richard J. Bloomfield and Gregory F. Treverton, eds., *Alternative to Intervention: A New U.S.-Latin American Security Relationship*, pp. 9–25. Boulder: Lynne Rienner.
Kurzer, Paulette. 2001. *Markets and Moral Regulation: Cultural Change in the European Union*. Cambridge: Cambridge University Press.
Kuwahara, Yasue. 1997. "Japanese Culture and Popular Consciousness: Disney's *The Lion King* vs. Tezuka's *Jungle Emperor*." *Journal of Popular Culture* 31, no. 1 (Summer): 37–48.
Laffan, Brigid. 1998. "The European Union: A Distinctive Model of Internationalization." *Journal of European Public Policy* 5, no. 2: 235–53.

Laitin, David D. 1997. "The Cultural Identities of a European State." *Politics and Society* 25, no. 3: 277–302.

———. 2002. "Culture and National Identity: 'The East' and European Integration." In Peter Mair and Jan Zielonka, eds., *The Enlarged European Union: Diversity and Adaptation,* pp. 55–80. London: Frank Cass.

Lake, David A. 1999. *Entangling Relations: American Foreign Policy in Its Century.* Princeton: Princeton University Press.

Lake, David A., and Patrick M. Morgan. 1997. "The New Regionalism in Security Affairs." In D. A. Lake and P. M. Morgan, eds., *Regional Orders: Building Security in a New World,* pp. 3–19. University Park: Pennsylvania State University Press.

Lansford, Tom. 2002. *All for One: Terrorism, NATO, and the United States.* Aldershot: Ashgate.

Larson, Deborah Welch. 1985. *Origins of Containment: A Psychological Explanation.* Princeton: Princeton University Press.

Lauren, Paul Gordon. 1988. *Power and Prejudice: The Politics of Diplomacy and Racial Discrimination.* Boulder: Westview.

Lawrence, Robert Z. 1996. *Regionalism, Multilateralism, and Deeper Integration.* Washington, D.C.: Brookings Institution.

LeDonne, John P. 1997. *The Russian Empire and the World, 1700–1917: The Geopolitics of Expansion and Containment.* New York: Oxford University Press.

Lee, Chung Hee. 1988. *Foreign Lobbying in American Politics.* Seoul: Seoul National University.

Lee, Jennifer. 2001. "U.S. May Help Chinese Evade Net Censorship." *New York Times* (August 30): A1, A10.

Leheny, David. 2001–2. "Tokyo Confronts Terror." *Policy Review* 110 (December–January): 37–47.

———. Forthcoming. "A Narrow Place to Cross Swords: 'Soft Power' and the Politics of Japanese Popular Culture in Asia." In Peter J. Katzenstein and Takashi Shiraishi, eds., *Beyond Japan: The Dynamics of East Asian Regionalism.* Ithaca: Cornell University Press.

Lehmbruch, Gerhard. 2001. "The Rise and Change of Discourses on 'Embedded Capitalism' in Germany and Japan and Their Institutional Settings." In W. Streeck and K. Yamamura, eds., *The Origins of Nonliberal Capitalism: Germany and Japan in Comparison,* pp. 39–93. Ithaca: Cornell University Press.

Lemke, Douglas. 2002. *Regions of War and Peace.* Cambridge: Cambridge University Press.

Lemoine, Françoise. 1998. "Integrating Central and Eastern Europe in the European Trade and Production Network." In J. Zysman and A. Schwartz, eds., *Enlarging Europe: The Industrial Foundations of a New Political Reality,* pp. 157–68. Berkeley: University of California, International and Area Studies, a BRIE/Kreisky Forum Project.

Lepenies, Wolf. 1999a. "The End of 'German Culture': (I) Exile and Emigration: The Survival of 'German Culture.'" Delivered as the Tanner Lecture on Human Values, Harvard University.

———. 1999b. "The End of 'German Culture': (II) Unification and European Integration: The End of 'German Culture.'" Delivered as the Tanner Lecture on Human Values, Harvard University.

Lincoln, Edward J. 1992. *Japan's Rapidly Emerging Strategy toward Asia.* Paris: OECD, Research Program on Globalisation and Regionalization.

———. 1993. *Japan's New Global Role*. Washington, D.C.: Brookings Institution.
Linden, Greg. 2000. "Japan and the United States in the Malaysian Electronics Sector." In M. Borrus, D. Ernst, and S. Haggard, eds., *International Production Networks in Asia: Rivalry or Riches?* pp. 198–225. London: Routledge.
Link, Werner. 1977. *The Socio-Political Culture of Germany and the United States: Distinctions, Linkages, and Transfers*. Bloomington: Indiana University, Institute for German Studies.
———. 1978. *The Contribution of Trade Unions and Businessmen to German-American Relations, 1945–1975*. Bloomington: Indiana University, Institute of German Studies.
Lippert, Barbara. 1996. *Auswärtige Kulturpolitik im Zeichen der Ostpolitik: Verhandlungen mit Moskau, 1969–1980*. Münster: Lit.
Lipset, Seymour Martin. 1990. *Continental Divide: The Values and Institutions of the United States and Canada*. New York: Routledge.
Liu, Hong. 2000. *Sino-Southeast Asian Studies: Toward a New Analytical Paradigm*. Singapore: National University, Department of Chinese Studies.
Locke, Richard M. 1995. *Remaking the Italian Economy*. Ithaca: Cornell University Press.
Luce, Henry R. 1941. *The American Century*. New York: Farrar and Reinhart.
Lundestad, Geir. 1986. "Empire by Invitation? The United States and Western Europe, 1945–1952." *Journal of Peace Research* 23, no. 3 (September): 263–77.
———. 1990. *The American "Empire": And Other Studies of Foreign Policy in a Comparative Perspective*. Oxford and Oslo: Oxford University Press and Norwegian University Press.
———. 1998. *"Empire" by Integration*. Oxford: Oxford University Press.
———. 1999. "'Empire by Invitation' in the American Century." *Diplomatic History* 23, no. 2: 189–217.
Lyman, Rick. 2000. "That'll Be 2 Adults and 50 Million Children." *New York Times* (March 7): E1, E3.
Maase, Kaspar. 1997. "'Amerikanisierung der Gesellschaft': Nationalisierende Deutung von Globalisierungsprozessen." In Konrad Jarausch and Hannes Siegrist, eds., *Amerikanisierung und Sowjetisierung in Deutschland 1945–1970*, pp. 219–41. Frankfurt: Campus.
Maeda, Toshi. 1999. "SDF Aid Flights Fly Legalistic Tightrope." *Japan Times* (November 24).
Mahoney, James. 2001. *The Legacies of Liberalism: Path Dependence and Political Regimes in Central America*. Baltimore: Johns Hopkins University Press.
Maier, Charles S. 1978. "The Politics of Productivity: Foundations of American International Economic Policy after World War II." In P. J. Katzenstein, ed., *Between Power and Plenty: Foreign Economic Policies of Advanced Industrial States*, pp. 23–49. Madison: University of Wisconsin Press.
———. 1989. "Alliance and Autonomy: European Identity and U.S. Foreign Policy Objectives in the Truman Years." In Michael J. Lacey, ed., *The Truman Presidency*, pp. 273–98. Cambridge: Cambridge University Press.
———. 2002. "The Culture of Culture: Toward a German Variant of Performative Democracy." *German Politics and Society* 20, no. 2 (Summer): 14–25.
Makihara, Minoru. 1998. "The Path Transformed: Redefining Japan's Role in the Information Economy." *Journal of International Affairs* 51, no. 2 (Spring): 555–64.
Mann, Michael. 1986. *The Sources of Social Power: A History of Power from the Beginning to A.D. 1760*. Vol. 1. Cambridge: Cambridge University Press.

———. 1993. *The Sources of Social Power: The Rise of Classes and Nation-States, 1760–1914.* Vol. 2. Cambridge: Cambridge University Press.

———. 2003. *Incoherent Empire.* London: Verso.

Mansfield, Edward D., and Helen V. Milner. 1997. "The Political Economy of Regionalism: An Overview." In Edward D. Mansfield and Helen V. Milner, eds., *The Political Economy of Regionalism,* pp. 1–19. New York: Columbia University Press.

———. 1999. "The New Wave of Regionalism." *International Organization* 53, no. 3 (Summer): 589–627.

Markovits, Andrei S. 2004. *European Anti-Americanism (and Anti-Semitism): Ever Present though Always Denied.* Working Paper No. 108. Cambridge: Harvard University, Center for European Studies.

Markovits, Andrei S., and Simon Reich. 1997. *The German Predicament: Memory and Power in the New Europe.* Ithaca: Cornell University.

Marks, Gary, Richard Haesly, and Heather A. D. Mbaye. 2002. "What Do Subnational Offices Think They Are Doing in Brussels?" *Regional and Federal Studies* 12, no. 3 (Autumn): 1–23.

Marte, Fred. 1994. *Political Cycles in International Relations: The Cold War and Africa, 1945–1990.* Amsterdam: VU University Press.

Mathews, Jessica. 1997. "Power Shift." *Foreign Affairs* 76, no. 1 (January–February): 50–66.

Mattli, Walter. 1999. *The Logic of Regional Integration: Europe and Beyond.* Cambridge: Cambridge University Press.

Mattli, Walter, and Anne-Marie Slaughter. 1998. "The Role of National Courts in the Process of European Integration: Accounting for Judicial Preferences and Constraints." In Anne-Marie Slaughter, Alec Stone Sweet, and J. H. H. Weiler, eds., *The European Court and National Courts—Doctrine and Jurisprudence,* pp. 253–76. Oxford: Oxford University Press.

McAllister, James. 2002. *No Exit: America and the German Problem, 1943–1954.* Ithaca: Cornell University Press.

McCormack, Gavan. 1996. *The Emptiness of Japanese Affluence.* Armonk, N.Y.: M. E. Sharpe.

McFarlane, John. 1999. "Containing Transnational Crime in the Asia-Pacific: Defining the Issues." In M. J. Hassan and M. C. Anthony, eds., *Taming Turmoil in the Pacific: Papers Presented at the 12th Asia-Pacific Roundtable,* pp. 167–92. Kuala Lumpur: ISIS Malaysia.

McGray, Douglas. 2002. "Japan's Gross National Cool." *Foreign Policy* 130 (May–June): 44–54.

McKendrick, David G., Richard F. Doner, and Stephan Haggard. 2000. *From Silicon Valley to Singapore: Location and Competitive Advantage in the Hard Disk Drive Industry.* Stanford: Stanford University Press.

McMichael, Philip. 1990. "Incorporating Comparison within a World-Historical Perspective: An Alternative Comparative Method." *American Sociological Review* 55 (June): 385–97.

———. 1992. "Rethinking Comparative Analysis in a Post-Developmentalist Context." *International Social Science Journal* 133: 351–65.

———. 2000a. "World Systems Analysis, Globalization, and Incorporated Comparison." *Journal of World Systems Research* 6, no. 3 (Fall/Winter): 68–99.

McMichael, Philip, and Chul-Kyoo Kim. 1994. "Japanese and South Korean Agricultural

Restructuring in Comparative and Global Perspective." In Philip McMichael, ed., *The Global Restructuring of Agro-Food Systems*, pp. 21–52. Ithaca: Cornell University Press.

———. 2000b. "A Global Interpretation of the Rise of the East Asian Food Import Complex." *World Development* 28, no. 3: 409–24.

McMurry, Ruth Emily, and Muna Lee. 1947. *The Cultural Approach: Another Way in International Relations*. Chapel Hill: University of North Carolina Press.

McNicoll, Geoffrey. 2005. "Demographic Future of East Asian Regional Integration." In T. J. Pempel, ed., *Remapping East Asia: The Construction of a Region*, pp. 54–74. Ithaca: Cornell University Press.

McVeigh, Brian J. 1998. *The Nature of the Japanese State: Rationality and Rituality*. London: Routledge.

Mead, Walter Russell. 2001. *Special Providence: American Foreign Policy and How It Changed the World*. New York: Knopf.

Mearsheimer, John J. 2001. *The Tragedy of Great Power Politics*. New York: W. W. Norton.

Medrano, Juan Díez. 2003. *Framing Europe: Attitudes to European Integration in Germany, Spain, and the United Kingdom*. Princeton: Princeton University Press.

Menju, Toshihiro, and Takao Aoki. 1995. "The Evolution of Japanese NGOs in the Asia Pacific Context." In Tadashi Yamamoto, ed., *Emerging Civil Society in the Asia Pacific Community*, pp. 143–59. Tokyo and Singapore: Japan Center for International Exchange and the Institute of Southeast Asian Studies.

Meyer-Larsen, Werner. 2000. *Germany Inc.: The New German Juggernaut and Its Challenge to World Business*. New York: John Wiley.

Miller, Karen Lowry, and John Templeman. 1997. "Germany's New East Bloc." *Business Week* (February 3).

Milner, Helen V., and Robert O. Keohane. 1996. "Internationalization and Domestic Politics: An Introduction." In R. O. Keohane and H. V. Milner, eds., *Internationalization and Domestic Politics*, pp. 3–24. Cambridge: Cambridge University Press.

Mitchell, J. M. 1986. *International Cultural Relations*. London: Allen and Unwin.

Mitrovich, Gregory. 2000. *Undermining the Kremlin: America's Strategy to Subvert the Soviet Bloc, 1947–1956*. Ithaca: Cornell University Press.

Mittelman, James H., and Richard Falk. 2000. "Global Hegemony and Regionalism." In Stephen C. Calleya, eds., *Regionalism in the Post–Cold War World*, pp. 3–22. Aldershot: Ashgate.

Mjøset, Lars, and Kristen Nordhaug. 1999. "Atlantic and Pacific Integration—A Comparative Study of Postwar Western Europe and East Asia." Paper presented at the International Studies Association annual convention, Washington, D.C., February 16–20.

Modelski, George. 1962. "SEATO: Its Functions and Organization." In G. Modelski, ed., *SEATO: Six Studies*, pp. 3–45. Melbourne: F. W. Chesire.

Montgomery, John. 1957. *Forced to Be Free: The Artificial Revolution in Germany and Japan*. Chicago: University of Chicago Press.

Moravcsik, Andrew. 2002. "How Europe Can Win without an Army." *Financial Times* (April 3): 13.

Morgan, Patrick M. 1997. "Regional Security Complexes and Regional Orders." In David A. Lake and Patrick M. Morgan, eds., *Regional Orders: Building Security in a New World*, pp. 20–42. University Park: Pennsylvania State University Press.

Morse, Ronald A. 1989. "Japanese Lobbynomics: Shaping America's Political Agenda." *Venture Japan* 1, no. 4: 29–35.

Moulton, Harold G. 1944. *The Control of Germany and Japan.* Washington, D.C.: Brookings Institution.
Mullen, Ruth. 1997. "Manga Magic." *Indianapolis Star* (August 2).
Munakata, Naoko. 2002. *Evolution of Japan's Policy toward Economic Integration.* Washington, D. C.: Brookings Institution.
Muñoz, Juan, Santiago Roldán, and Angel Serrano. 1979. "The Growing Dependence of Spanish Industrialization on Foreign Investment." In D. Seers, B. Schaffner, and M.-L. Kiljunen, eds., *Underdeveloped Europe: Studies in Core-Periphery Relations,* pp. 161–77. Atlantic Highlands, N.J.: Humanities Press.
Murakami, Yasusuke. 1990. "Two Types of Civilization: Transcendental and Hermeneutic." *Japan Review* 1: 1–34.
———. 1996. *An Anti-Classical Political-Economic Analysis.* Stanford: Stanford University Press.
Myers, Willard H., III. 1995. "Orb Weavers–The Global Webs: The Structure and Activities of Transnational Ethnic Chinese Criminal Groups." *Transnational Organized Crime* 1, no. 4 (Winter): 1–36.
Nadelmann, Ethan A. 1993. *Cops across Borders: The Internationalization of U.S. Criminal Law Enforcement.* University Park: Pennsylvania State University Press.
———. 1995. "The DEA in Europe." In C. Fijnaut and G. T. Marx, eds., *Undercover: Police Surveillance in Comparative Perspective,* pp. 269–89. The Hague: Kluwer.
Natsume, Fusanosuke. 2000. "Japan's Manga Culture." *Japan Foundation Newsletter* 27, no. 3 (March): 1–6.
Nau, Henry R. 2002. *At Home Abroad: Identity Power in American Foreign Policy.* Ithaca: Cornell University Press.
Naughton, Barry, ed. 1997. *The China Circle: Economics and Technology in the PRC, Taiwan, and Hong Kong.* Washington, D.C.: Brookings Institution.
Nelson, Richard R. 1990. "What Has Happened to U.S. Technological Leadership?" In G. Heiduk and K. Yamamura, eds., *Technological Competition and Interdependence: The Search for Policy in the United States, West Germany, and Japan,* pp. 3–24. Seattle: University of Washington Press.
Neumann, Iver B. 1999. *Uses of the Other: 'The East' in European Identity Formation.* Minneapolis: University of Minnesota Press.
Newhouse, John. 1997. "Europe's Rising Regionalism." *Foreign Affairs* 76, no. 1 (January–February): 67–84.
Niebuhr, Reinhold. 1954. *The Irony of American History.* New York: Charles Scribner's Sons.
Nisbett, Richard E. 2003. *The Geography of Thought: How Asians and Westerners Think Differently . . . And Why.* New York: Free Press.
Nolan, Mary. 1994. *Visions of Modernity: American Business and the Modernization of Germany.* New York: Oxford University Press.
Nonini, Donald M. 1993. "On the Outs on the Rim: An Ethnographic Grounding of the 'Asia-Pacific' Imagery." In A. Dirlik, ed., *What Is in a Rim? Critical Perspectives on the Pacific Region Idea,* pp. 161–82. Boulder: Westview.
Nossel, Suzanne. 2004. "Smart Power." *Foreign Affairs* 83, no. 2 (March–April): 131–42.
Nye, Joseph S., Jr. 1990. *Bound to Lead: The Changing Nature of American Power.* New York: Basic Books.
O'Brien, Richard. 1992. *Global Financial Integration: The End of Geography.* New York: Council on Foreign Relations.

Ogura, Kazuo. 1993. "A Call for a New Concept of Asia." *Japan Echo* 20, no. 3 (Autumn): 37–44.
Ohmae, Kenichi. 1985. *Triad Power: The Coming Shape of Global Competition*. New York: Free Press.
———. 1990. *The Borderless World*. London: Collins.
———. 1993. "The Rise of the Region State." *Foreign Affairs* 72, no. 2 (Spring): 78–87.
———. 1995. *The End of the Nation State: The Rise of Regional Economies*. New York: Free Press.
———. 1999. *The Invisible Continent: Four Strategic Imperatives of the New Economy*. New York: HarperCollins.
Okawara, Nobuo, and Peter J. Katzenstein. 2001. "Japan and Asia-Pacific Security: Regionalization, Entrenched Bilateralism, and Incipient Multilateralism." *Pacific Review* 14, no. 2: 165–94.
Oksenberg, Michel. 2001. "The Issue of Sovereignty in the Asian Historical Context." In Stephen D. Krasner, ed., *Problematic Sovereignty: Contested Rules and Political Possibilities*, pp. 83–104. New York: Columbia University Press.
O'Loughlin, John, and Luc Anselin. 1996. "Geo-Economic Competition and Trade Bloc Formation: United States, German, and Japanese Exports, 1968–1992." *Economic Geography* 72, no. 2 (April): 131–60.
Olsen, Johan P. 2002. "The Many Faces of Europeanization." *Journal of Common Market Studies* 40, no. 5: 921–52.
Oman, Charles. 1994. *Globalisation and Regionalisation: The Challenge for Developing Countries*. Paris: OECD.
———. 1999. "Globalization, Regionalization, and Inequality." In A. Hurrell and N. Woods, eds., *Inequality, Globalization, and World Politics*, pp. 36–65. Oxford: Oxford University Press.
Onishi, Norimitsu. 2004. "Long Indifferent, Japanese Are Drawn to South Korea." *New York Times* (February 22): 12.
Organisation for Economic Co-operation and Development. 1991. *Change in Focus in Information Technology Policies during the 1980s: A Comparison of Changing Public Policies in Austria, Germany, and Japan*. OECD/GD (91) 62. Paris: OECD.
Orrù, Marco, Gary G. Hamilton, and Mariko Suzuki. 1997. "Patterns of Interfirm Control in Japanese Business." In Marco Orrù, Nicole Woolsey Biggart, and Gary G. Hamilton, eds., *The Economic Organization of East Asian Capitalism*, pp. 188–214. Thousand Oaks, Calif.: Sage.
Orwall, Bruce. 2001. "Latin Translation: Colombian Pop Star Taps American Taste in Repackaged Imports." *Wall Street Journal* (February 13): A1, A6.
Osiander, Andreas. 1994. *The States System of Europe, 1640–1990: Peacemaking and the Conditions of International Stability*. Oxford: Clarendon Press.
———. 2001. "Sovereignty, International Relations, and the Westphalian Myth." *International Organization* 55, no. 2 (Spring): 251–87.
Ozawa, Terutomo. 1979. *Multinationalism Japanese Style: The Political Economy of Outward Dependency*. Princeton: Princeton University Press.
Paarlberg, Robert L. 1995. *Leadership Abroad: U.S. Foreign Economic Policy after the Cold War*. Washington, D.C.: Brookings Institution.
Pantel, Melissa. 1999. "Unity-in-Diversity: Cultural Policy and EU Legitimacy." In Thomas Banchoff and Mitchell P. Smith, eds., *Legitimacy and the European Union: The Contested Polity*, pp. 46–65. New York: Routledge.
Parsons, Craig. 2003. *A Certain Idea of Europe*. Ithaca: Cornell University Press.

Pastor, Manuel, and Carol Wise. 2003. "A Long View of Mexico's Political Economy: What's Changed? What Are the Challenges?" In J. S. Tulchin and A. D. Selee, eds., *Mexico's Politics and Society in Transition*, pp. 179–213. Boulder: Lynne Rienner.

Paul, T. V. 1996. "Great Powers without Nuclear Weapons? Explaining the Non-Nuclear Policies of Germany and Japan." Paper presented at the 1996 annual meeting of the American Political Science Association, San Francisco, August 29–September 1.

Pauly, Christoph. 2001. "Hollywood statt Babelsberg." *Der Spiegel* (October 15): 144–46.

Pauly, Louis W., and Simon Reich. 1997. "National Structures and Multinational Corporate Behavior: Enduring Differences in a Globalizing World." *International Organization* 51, no. 1 (Winter): 1–30.

Payne, Anthony, and Gamble, Andrew. 1996. "Introduction: The Political Economy of Regionalism and World Order." In A. Gamble and A. Payne, eds., *Regionalism and World Order*, pp. 1–20. New York: St Martin's.

Pellegrin, Julie. 2000. "The Political Economy of Competitiveness in an Enlarged Europe: Who Is in Charge?" Unpublished paper (March).

Pells, Richard. 1997. *Not Like US: How Europeans Have Loved, Hated, and Transformed American Culture since World War II*. New York: Basic Books.

Pempel, Aaron. 1991. "From the Bottom Up: Understanding Business-Government Relations from a Corporate Perspective." Undergraduate honors thesis, Government Department, Cornell University.

Pempel, T. J. 1982. *Policy and Politics in Japan: Creative Conservatism*. Philadelphia: Temple University Press.

Pempel, T. J., and Keiichi Tsunekawa. 1979. "Corporatism without Labor?" In P. C. Schmitter and G. Lehmbruch, eds., *Trends toward Corporatist Intermediation*, pp. 231–70. Beverly Hills, Calif.: Sage.

Perroux, François. 1950. "Economic Space: Theory and Applications." *Quarterly Journal of Economics* 64, no. 1 (February): 21–36.

Pilling, David. 2002. "Japan's Cartoon Hero." *Financial Times* (February 23–4): 7.

Pilling, David, and Richard McGregor. 2004. "Crossing the Divide: How Booming Business and Closer Cultural Ties Are Bringing Two Asian Giants Together." *Financial Times* (March 30): 13.

Piore, Michael, and Charles F. Sabel. 1984. *The Second Industrial Divide: Possibilities for Prosperity*. New York: Basic Books.

Pocock, J. G. A. 1997. "What Do We Mean by Europe?" *Wilson Quarterly* 21, no. 1 (Winter): 12–29.

Podhoretz, Norman. 1999. "Strange Bedfellows: A Guide to the New Foreign-Policy Debates." *Commentary* 108, no. 5 (December): 19–31.

Polelle, Mark. 1999. *Raising Cartographic Consciousness: The Social and Foreign Policy Vision of Geopolitics in the Twentieth Century*. Lanham, Md.: Lexington Books.

Pollak, Andrew. 1992. "Technology without Borders Raises Big Questions for U.S." *New York Times* (January 1): sec. 1, pp. 48–49.

Prakash, Aseem. 1997. "Book Review." *Indiana Journal of Global Legal Studies* 4: 575–91.

Press-Barnathan, Galia. 2003. *Organizing the World: The United States and Regional Cooperation in Asia and Europe*. New York: Routledge.

Prewitt, Kenneth. 1996a. "Presidential Items." *Items* (March): 15–18.

——. 1996b. "Presidential Items." *Items* (June–September): 31–40.

———. 2002. "The Social Science Project: Then, Now, and Next." *Items* 3, nos. 1–2 (Spring): 1, 5–9.
Purifoy, Lewis McCarroll. 1976. *Harry Truman's China Policy: McCarthyism and the Diplomacy of Hysteria, 1947–1951.* New York: Franklin Watts.
Pyle, Kenneth B. 1997. "New Orders and the Future of Japan and the United States in Asia." In *The 1997 Edwin O. Reischauer Memorial Lecture.* Tokyo: International House of Japan.
Rafael, Vicente L. 1994. "The Cultures of Area Studies in the United States." *Social Text* 41 (Winter): 91–111.
Ravenhill, John. 2003. "The Move to Preferential Trade in the Western Pacific Rim." *Asia Pacific Issues* 69 (June): 1–8.
Reger, Guido, and Stefan Kuhlmann. 1995. *European Technology Policy in Germany: The Impact of European Community Policies upon Science and Technology in Germany.* Heidelberg: Physica.
Reinicke, Wolfgang. 1998. *Global Public Policy: Governing without Government?* Washington, D.C.: Brookings Institution.
Reuber, Paul, and Günter Wolkersdorfer, eds. 2001. *Politische Geographie: Handlungsorientierte Ansätze und Critical Geopolitics.* Heidelberg: Selbstverlag des Geographischen Instituts der Universität Heidelberg.
Richardson, Michael. 1996. "Regional Pacts Seen as Threat: Target Dates Urged to Achieve Global Free Trade." *Financial Times* (April 26): 17.
Richtel, Matt. 2002. "Brain Drain in Technology Found Useful for Both Sides." *New York Times* (19 April): C1, C6.
Ridding, John, and James Kynge. 1997. "Empires Can Strike Back." *Financial Times* (November 5): 13.
Riding, Alan. 2004. "A Common Culture (From the U.S.A.) Binds Europeans Ever Closer." *New York Times* (April 26): E1, E5.
Risse, Thomas. 2001. "A Europeanization of Nation-State Identities?" In Maria Green Cowles, James Caporaso, and Thomas Risse, eds., *Europeanization and Domestic Change,* pp. 198–216. Ithaca: Cornell University Press.
Risse-Kappen, Thomas. 1995. *Cooperation among Democracies: The European Influence on U.S. Foreign Policy.* Princeton: Princeton University Press.
Rodgers, Daniel T. 1998. *Atlantic Crossings: Social Politics in a Progressive Age.* Cambridge: Belknap Press of Harvard University Press.
Rohlen, Thomas P. 1989. "Order in Japanese Society: Attachment, Authority, and Routine." *Journal of Japanese Studies* 15, no. 1: 5–40.
———. 1995. *A 'Mediterranean' Model for Asian Regionalism: Cosmopolitan Cities and Nation-States in Asia.* Stanford: Stanford University, Asia/Pacific Center.
———. 2002. *Cosmopolitan Cities and Nation States: Open Economics, Urban Dynamics, and Government in East Asia.* Stanford: Stanford University, Asia/Pacific Center.
Roobeek, Annemieke J. M. 1990. *Beyond the Technology Race: An Analysis of Technology Policy in Seven Industrial Countries.* Amsterdam: Elsevier.
Rosenbach, Marcel. 2001. "Frische Ware aus Fernost." *Der Spiegel* 10: 77–78.
Roseperry, William. 1989. *Anthropologies and Histories: Essays in Culture, History, and Political Economy.* New Brunswick, N.J.: Rutgers University Press.
Rothchild, Donald. 2000. "The Impact of US Disengagement on African Intrastate Conflict Resolution." In J. Harbeson and D. Rothchild, eds., *Africa in World Politics: The African State System in Flux,* pp. 160–87. Boulder: Westview.

Rotter, Andrew J. 1987. *The Path To Vietnam: Origins of the American Commitment to Southeast Asia*. Ithaca: Cornell University Press.

"Roundtable on Rethinking International Studies in a Changing Global Context." 2002. Special issue, *Items* 3, nos. 3–4 (Summer/Fall).

Rozman, Gilbert. 2004. *Northeast Asia's Stunted Regionalism: Bilateral Distrust in the Shadow of Globalization*. Cambridge: Cambridge University Press.

Rudolph, Suzanne H. 1987. "Presidential Address: State Formation in Asia—Prolegomenon to a Comparative Study." *Journal of Asian Studies* 46, no. 4 (November): 731–46.

———. Forthcoming. "Presidential Address: The Imperialism of Categories." *Perspectives on Politics*.

Ruggie, John G. 1982. "International Regimes, Transactions, and Change: Embedded Liberalism in the Postwar Economic Order." *International Organization* 36, no. 2 (Spring): 379–415.

———. 1991. "Embedded Liberalism Revisited: Institutions and Progress in International Economic Relations." In E. Adler and B. Crawford, eds., *Progress in Postwar International Relations*, pp. 201–34. New York: Columbia University Press.

———. 1993. "Multilateralism: The Anatomy of an Institution." In J. G. Ruggie, ed., *Multilateralism Matters: The Theory and Praxis of an Institutional Form*, pp. 3–47. New York: Columbia University Press.

———. 1996. *Winning the Peace: America and World Order in the New Era*. New York: Columbia University Press.

———. 1997. "The Past as Prologue: Interests, Identity and American Foreign Policy." *International Security* 21, no. 4 (Spring): 89–125.

———. 1999. "What Makes the World Hang Together? Neo-Utilitarianism and the Social Constructivist Challenge." In Peter J. Katzenstein, Robert O. Keohane, and Stephen D. Krasner, eds., *Exploration and Contestation in the Study of World Politics*, pp. 215–45. Cambridge: MIT Press.

Ruigrok, Winfried, and Rob Van Tulder. 1995. *The Logic of International Restructuring*. London: Routledge.

Rusk, Dean, and Thanat Khomen. 1962. "Joint Statement." *Department of State Bulletin* 46, 1187 (March 6): 498–99.

Rutenberg, Jim. 2001. "Violence Finds a Niche in Children's Cartoons." *New York Times* (January 28): A1, A19.

Said, Edward W. 2001. "The Clash of Ignorance." *The Nation* 273, no. 12 (October): 11–13.

Santa-Cruz, Arturo. 2003. "International Election Monitoring as an Emergent Norm: The Latin American Experience." PhD diss., Cornell University.

Sassen, Saskia. 1996. *Losing Control? Sovereignty in an Age of Globalization*. New York: Columbia University Press.

Sato, Kenji. 1997. "More Animated Than Life: A Critical Overview of Japanese Animated Films." *Japan Echo* 24, no. 5 (December): 50–53.

Saxenian, AnnaLee, and Jinn-Juh Hsu. 2001. "The Silicon Valley–Hsinchu Connection: Technical Communities and Industrial Upgrading." *Industrial and Corporate Change* 10, no. 4: 893–920.

Saxenian, AnnaLee, and Chuen-Yueh Li. 2002. "Bay-to-Bay Strategic Alliances: The Network Linkages between Taiwan and the U.S. Venture Capital Industries." *International Journal of Networking and Virtual Organisations* 1, no. 1: 17–31.

Schaede, Ulrike, and William W. Grimes. 2003. "Introduction: The Emergence of Permeable Insulation." In U. Schaede and W. Grimes, eds., *Japan's Managed Globalization: Adapting to the Twenty-first Century*, pp. 3–16. Armonk, N.Y.: M. E. Sharpe.

Scheingold, Stuart. 1971. *The Law in Political Integration: The Evolution and Integrative Implications of Regional Legal Processes in the European Community*. Occasional Papers in International Affairs, No. 21 (June). Cambridge: Harvard University, Center for International Affairs.

Scheller, Susanne. 2002. "Migration: Kulturelle und normative Determinanten divergierender Risikoperzeption in Deutschland und den USA." In Christopher Daase, Susanne Feske, and Ingo Peters, eds., *Internationale Risikopolitik: Der Umgang mit neuen Gefahren in den internationalen Beziehungen*, pp. 65–85. Baden-Baden: Nomos.

Scherfenberg, Ulrich. 1984. *Die Auswärtige Kulturpolitik der Bundesrepublik Deutschland in der Peripheren Region Lateinamerika: Rahmenbedingungen, Formen, Inhalte, Ziele und Auswirkungen*. Munich: Fink.

Schilling, Mark. 2003. "Comic Culture Is Serious Business." *Japan Times* (March 23).

Schlesinger, Arthur. 1989. "Our Problem Is Not Japan or Germany." *Wall Street Journal* (December 22): A6.

Schmidt, Gustav, and Charles F. Doran. 1996. *Amerika's Option für Deutschland und Japan: Die Position und Rolle Deutschland's und Japan's in regionalen und internationalen Strukturen—die 1950er und 1990er Jahre im Vergleich*. Bochum: Universitätsverlag Dr. N. Brockmeyer.

Schmidt, Klaus-Dieter, and Petra Naujoks. 1993. *Western Enterprises on Eastern Markets: The German Perspective*. Kiel Working Paper No. 607 (December). Kiel: Institut für Welt-Wirtschaft.

Schmidt, William E. 1993. "In Europe, America's Grip on Pop Culture Is Fading." *New York Times* (March 28): A3.

Schodt, Frederik L. 1996. *Dreamland Japan: Writings on Modern Japan*. Berkeley, Calif.: Stone Bridge Press.

Scholte, Jan Aart. 2000. *Globalization: A Critical Introduction*. New York: St. Martin's.

Schoppa, Leonard J. 1997. *Bargaining with Japan: What American Pressure Can and Cannot Do*. New York: Columbia University Press.

———. 1999. "The Social Context in Coercive International Bargaining." *International Organization* 53, no. 2 (Spring): 307–43.

Schreurs, Miranda A. 2002. *Environmental Politics in Japan, Germany, and the United States*. New York: Cambridge University Press.

Schroeder, Paul W. 1994. *The Transformation of European Politics, 1763–1848*. Oxford: Clarendon.

Schurmann, Franz. 1974. *The Logic of World Power: An Inquiry into the Origins, Currents, and Contradictions of World Politics*. New York: Random House.

Schwarz, Jürgen. 1982. *Structural Development of the North Atlantic Treaty Organization*. Munich: Hochschule der Bundeswehr.

Schweigler, Gebhard. 1991. "The United States and the New World Order." Paper presented at the 13th European-Japanese Conference (Hakone XIII) of the Japanese Center for International Exchange, April 16–18.

Scott, Allen J. 1998. *Regions and the World Economy: The Coming Shape of Global Production, Competition, and Political Order*. Oxford: Oxford University Press.

Sedgwick, Mitchell W. 1994. "Does the Japanese Management Miracle Travel in Asia?

Managerial Technology Transfer at Japanese Multinationals in Thailand." Paper presented at the Workshop on Multinationals and East Asian Integration, at MIT Japan Program, Cambridge, November 18–19.

Seki, Mitsuhiro. 1994. *Beyond the Full-Set Industrial Structure: Japanese Industry in the New Age of East Asia*. Tokyo: LTCB International Library Foundation.

Sender, Henny. 1991. "Inside the Overseas Chinese Networks." *Institutional Investor* 25, no. 10 (September): 29–43.

Servan-Schreiber, Jean-Jacques. 1968. *The American Challenge*. New York: Atheneum.

Shafer, D. Michael. 1994. *Winners and Losers: How Sectors Shape the Developmental Prospects of States*. Ithaca: Cornell University Press.

Shibasaki, Atsushi. 1997. *International Cultural Relations and Modern Japan: History of Kokusai Bunka Shinkokai, 1934–1945* [Kindai Nihon to Kokusai Bunka Koryu: Kokusai Bunka Shinkokai no Sousetsu to Tenkai]. Tokyo: Yushindo.

———. 1999. "The Founding of KBS—Historical Characteristics of the Foreign Cultural Policy of Prewar Japan [Kokusai Bunka Shinkokai no Sosetsu: Senzen Nihon no Taigai Bunka Seisaku no Rekishiteki Tokushitsu]." *Research in International Relations [Kokusai Kankeiron Kenkyu]* 11: 39–64.

Shillony, Ben-Ami. 1981. *Politics and Culture in Wartime Japan*. Oxford: Clarendon.

Shin, Michael D. 2004. "The Cultural Policies of the So-Called 'Cultural Policy' (*Bunka Seiji*), 1919–1925." Unpublished paper, Cornell University.

Shinn, James. 1998. "Introduction." In J. Shinn, ed., *Fires across the Water: Transnational Problems in Asia*, pp. 158–74. New York: Council on Foreign Relations.

Shiraishi, Saya. 1997. "Japan's Soft Power: Doraemon Goes Overseas." In Peter J. Katzenstein and Takashi Shiraishi, eds., *Network Power: Japan and Asia*, pp. 234–72. Ithaca: Cornell University Press.

Shiraishi, Saya, and Takashi Shiraishi. 1993. "The Japanese in Colonial Southeast Asia: An Overview." In Shiraishi and Shiraishi, eds., *The Japanese in Colonial Southeast Asia*, pp. 5–20. Ithaca: Cornell University, Southeast Asia Program.

Shiraishi, Takashi. Forthcoming. "The Third Wave: Southeast Asia and Middle-Class Formation in the Making of a Region." In Peter J. Katzenstein and Takashi Shiraishi, eds., *Beyond Japan: The Dynamics of East Asian Regionalism*. Ithaca: Cornell University Press.

Shore, Chris. 1996. "Transcending the Nation-State? The European Commission and the (Re)-Discovery of Europe." *Journal of Historical Sociology* 9, no. 4 (December): 473–96.

Siaroff, Alan. 1994. "Interdependence versus Asymmetry? A Comparison of the European and Asia-Pacific Economic Regions." Paper presented at the International Studies Association-West Meetings, Seattle, October 14–15.

Simões, Vitor Corado. 1992. "European Integration and the Pattern of FDI Inflow in Portugal." In J. Cantwell, ed., *Multinational Investment in Modern Europe: Strategic Interaction in the Integrated Community*, pp. 256–97. Brookfield, Vt.: Edward Elgar.

Simon, Sheldon W. 1998. "Security Prospects in Southeast Asia: Collaborative Efforts and the ASEAN Regional Forum." *Pacific Review* 11, no. 2: 195–212.

Simons, Marlise. 1999. "In New Europe, a Lingual Hodgepodge." *New York Times* (October 17): 8.

Sittner, Gernot, and Thomas Steinfeld. 2001. "Ein Dialog Muss Auch Praktisch Sein." *Süddeutsche Zeitung* (November 26): 16.

Smith, David A. 1997. "Technology, Commodity Chains, and Global Inequality: South

Korea in the 1990s." *Review of International Political Economy* 4, no. 4 (Winter): 734–62.

Smith, Michael E. 1996. *The 'Europeanization' of European Political Cooperation: Trust, Transgovernmental Relations, and the Power of Informal Norms.* Berkeley: University of California, Center for German and European Studies.

Smith, Peter. 2001. "Strategic Options for Latin America." In Joseph S. Tulchin and Ralph H. Espach, eds., *Latin America in the New International System*, pp. 35–72. Boulder: Lynne Rienner.

Smith, Shannon L. D. 1997. "The Indonesia-Malaysia-Singapore Growth Triangle: A Political and Economic Equation." *Australian Journal of International Affairs* 51, no. 3: 369–82.

Soares de Lima, Maria Regina. 1999. "Brazil's Alternative Vision." In Gordon Mace, Louis Bélanger, et al., *The Americas in Transition: The Contours of Regionalism*, pp. 133–51. Boulder: Lynne Rienner.

Sobieck, Stephen M. 1994. "Democratic Responses to International Terrorism in Germany." In D. A. Charters, eds., *The Deadly Sin of Terrorism: Its Effect on Democracy in Six Countries*, pp. 43–72. Westport, Conn.: Greenwood.

Solingen, Etel. 1998. *Regional Orders at Century's Dawn: Global and Domestic Influences on Grand Strategy.* Princeton: Princeton University Press.

———. 2001. "Mapping Internationalization: Domestic and Regional Impacts." *International Studies Quarterly* 45, no. 4: 517–55.

———. 2005. "East Asian Regional Institutions: Characteristics, Sources, Distinctiveness." In T. J. Pempel, ed., *Remapping East Asia: The Construction of a Region*, pp. 31–53. Ithaca: Cornell University Press.

Soskice, David. 1994. "Germany and Japan: Industry-Coordinated versus Group-Coordinated Market Economy." Paper presented at the conference "Political Economy of the New Germany: Coordinated Economy," Cornell University, Ithaca, October 14–16.

Spiegel, Steven L. 1985. *The Other Arab-Israeli Conflict: Making America's Middle East Policy from Truman to Reagan.* Chicago: University of Chicago Press.

Spiro, David E. 1997. "Where Does the Buck Stop? The National Bases of Internationalized Money." Paper presented at the annual meeting of the American Political Science Association, Washington, D.C., August 27–31.

———. 1999. *The Hidden Hand of American Hegemony: Petrodollar Recycling and International Markets.* Ithaca: Cornell University Press.

Stallings, Barbara, and Wolfgang Streeck. 1995. "Capitalisms in Conflict? The United States, Europe, and Japan in the Post-Cold War World." In B. Stallings, ed., *Global Change, Regional Response: The New International Context of Development*, pp. 67–99. New York: Cambridge University Press.

Stanciewicz, Michael. 1998. "Preface: The Bilateral-Multilateral Context in Northeast Asian Security." In Byung-Joon Ahn and Konstantin Sarkisov, *Korean Peninsula Security and the U.S.-Japan Defense Guidelines: An IGCC Study Commissioned for the Northeast Asia Cooperation Dialogue VII, Tokyo, Japan, 3–4 December 1997.* IGCC Policy Paper 45. San Diego: University of California Institute on Global Conflict and Cooperation.

Steinberg, Philip E. 2001. *The Social Construction of the Ocean.* Cambridge: Cambridge University Press.

Stern, Eric, and Bengt Sundelius. 1997. "Sweden's Twin Monetary Crises of 1992: Rigidity and Learning in Crisis Decision Making." *Journal of Contingencies and Crisis Management* 5, no. 1 (March): 32–48.

Stone, Diane. 1997. "Networks, Second Track Diplomacy, and Regional Cooperation: The Role of Southeast Asian Think Tanks." Paper presented at the thirty-eighth annual International Studies Association convention, Toronto, Canada, March 22–26.

Stone Sweet, Alec. 1998. "Constitutional Dialogues in the European Community." In Anne-Marie Slaughter, Alec Stone Sweet, and J. H. H. Weiler, eds., *The European Court and National Courts—Doctrine and Jurisprudence*, pp. 305–30. Oxford: Oxford University Press.

———. 2000. *Governing with Judges: Constitutional Politics in Europe*. Oxford: Oxford University Press.

Stone Sweet, Alec, and Thomas L. Brunell. 1998. "The European Court and the National Courts: A Statistical Analysis of Preliminary References, 1961–95." *Journal of European Public Policy* 5, no. 1 (March): 66–97.

Storper, Michael. 1995. "The Resurgence of Regional Economies, Ten Years Later: The Region as a Nexus of Untraded Interdependencies." *European Urban and Regional Studies* 2, no. 3: 191–221.

———. 1997. *The Regional World: Territorial Development in a Global Economy*. New York: Guilford Press.

Stubbs, Richard. 1999. "War and Economic Development: Export-Oriented Industrialization in East and Southeast Asia." *Comparative Politics* 31, no. 3 (April): 337–55.

———. 2005. *Cold War Economies: Rethinking the Political Economy of the Asian 'Miracle'*. Basingstoke: Palgrave.

Szanton, David L., ed. 2003. *The Politics of Knowledge: Area Studies and the Disciplines*. Berkeley: University of California Press/University of California International and Area Studies Digital Collection, vol. 3. http://repositories.cdlib.org/uciaspubs/editedvolumes/3.

Tachiki, Dennis S. 2001. "Japanese FDI after the Asian Crisis: The Role of Production Networks in Regional Integration." Paper presented at the Fifty-third Annual Meeting of the Association of Asian Studies, Chicago, March 23.

Tadokoro, Masayuki. 2000–2001. "Japan's Pop Culture Spreads through Asia." *Correspondence* 7 (Winter): 24.

Takahashi, Rikimaru. 1998. "International Cultural Relations as Ideological Warfare: The Prewar Activities of the KBS [Shisosen to shite no Kokusai Bunka Koryu: Senzen no Kokusai Bunka Shinkokai no Katsudo o Megutte]." *Bulletin of Graduate Research in the Social Sciences [Shakai Kagaku Kenkyuka Kiyo Bessatsu]* 2 (March): 95–115.

Tang, Ming, and Myo Thant. 1994. "Growth Triangles: Conceptual and Operational Considerations." In M. Thant, M. Tang, and H. Kakazu, eds., *Growth Triangles in Asia: A New Approach to Regional Economic Cooperation*, pp. 1–28. New York: Oxford University Press.

Tarrow, Sidney. 2005. *The New Transnational Activism*. New York: Cambridge University Press.

Taylor, Paul. 1993. *International Organization in the Modern World: The Regional and the Global Process*. London: Francis Pinter.

Taylor, Peter J. 1988. "World-Systems Analysis and Regional Geography." *Professional Geographer* 40, no. 3: 259–65.

———. 1990. *Britain and the Cold War: 1945 as a Geopolitical Transition*. London: Francis Pinter.
———. 1991. "A Theory and Practice of Regions: The Case of Europe." *Environment and Planning D: Society and Space* 9: 183–95.
———. 1992. "Nationalism, Internationalism, and a 'Socialist Geopolitics': A Review Essay." *Antipode* 24, no. 4: 327–36.
———. 1995. "Beyond Containers: Internationality, Interstateness, Interterritoriality." *Progress in Human Geography* 19, no. 1: 1–15.
Theiler, Tobias. 1999. "The 'Identity Politics' of the European Union." D. Phil., Oxford University.
Thomas, Daniel C. 2001. *The Helsinki Effect: International Norms, Human Rights, and the Demise of Communism*. Princeton: Princeton University Press.
Thomas, Kenneth P., and Mary Ann Tétrault, eds. 1999. *Racing to Regionalize: Democracy, Capitalism, and Regional Political Economy*. Boulder: Lynne Rienner.
Thornton, William H. 2002. *Fire on the Rim: The Cultural Dynamics of East/West Power Politics*. Lanham, Md.: Rowman and Littlefield.
Thurow, Lester C. 1992. *Head to Head: The Coming Economic Battle between Japan, Europe, and America*. New York: William Morrow.
Tilly, Charles. 1984. *Big Structures, Large Processes, Huge Comparisons*. New York: Russell Sage Foundation.
Tilton, Mark, and Patricia Boling. 2000. "Changing Institutions to Promote Stable Growth in Japan and German." Paper presented at the conference "Japan and Germany in a Globalizing Economic Environment: Saving Institutional Strengths or Radically Converging on International Standards?" Duisburg University, Germany, April 13–14.
Trachtenberg, Mark. 1999. *A Constructed Peace: The Making of the European Settlement, 1945–1963*. Princeton: Princeton University Press.
Trubowitz, Peter. 1998. *Defining the National Interest: Conflict and Change in American Foreign Policy*. Chicago: University of Chicago Press.
Tucker, Robert W., and David C. Hendrickson. 1990. *Empire of Liberty: The Statecraft of Thomas Jefferson*. New York: Oxford University Press.
Tulchin, Joseph S., and Andrew D. Selee. 2003. "Introduction." In J. S. Tulchin and A. D. Selee, eds., *Mexico's Politics and Society in Transition*, pp. 5–25. Boulder: Lynne Rienner.
Tuschhoff, Christian. 2002. "The Ties That Bind: Allied Commitment and NATO before and after September 11." *German Issues* 27: 71–95.
———. 2003. "Why NATO Is Still Relevant." *International Politics* 40, no. 1 (March): 101–20.
Tyrrell, Ian. 1999. *True Gardens of the Gods: Californian-Australian Environmental Reform, 1860–1930*. Berkeley: University of California Press.
Uchitelle, Louis. 1998a. "Global Tug, National Tether: As Companies Look Overseas, Governments Hold the String." *New York Times* (April 30): D1, D6.
———. 1998b. "Some Economic Interplay Comes Nearly Full Circle." *New York Times* (April 30): D6.
United Nations Conference on Trade and Development. 1998. *World Investment Report 1998: Trends and Determinants*. New York: United Nations, UNCTAD.
United States Census Bureau. 2004. *Foreign Trade Statistics*. www.census.gov/foreign-trade/balance (accessed July 31, 2004).

University of Tokyo Study Group on International Cultural Relations. 1997. "International Cultural Exchange and Cultural Cooperation between ASEAN and Japan: Historical Development and Present Situation: Interim Report. Commissioned by The Japan Foundation Asia Center." October.

———. 1998. "International Cultural Exchange and Cultural Cooperation between ASEAN and Japan: Historical Development and Present Situation: Final Report. Commissioned by The Japan Foundation Asia Center." April.

U.S. Senate. 1949. *North Atlantic Treaty: Hearings before the Committee on Foreign Relations*, 81st Cong., 1st sess. Washington, D.C.: Government Printing Office.

Vaitsos, Constantine. 1982. "Transnational Corporate Behaviour and the Enlargement." In Dudley Seers and Constantine Vaitsos, with the assistance of Marja-Liisa Kiljunen, eds., *The Second Enlargement of the EEC: The Integration of Unequal Partners*, pp. 136–62, New York: St. Martin's.

Värynen, Raimo. 2003. "Regionalism: Old and New," *International Studies Review* 5, no. 1 (March): 25–52.

Van Tulder, Rob, and Gerd Junne. 1988. *European Multinationals in Core Technologies*. New York: John Wiley.

Verniere, James. 1999. "Un-American Dream: Raft of Films Made in Hollywood by Foreigners." *Chicago Tribune* (November 27).

Vernon, Raymond. 1971. *Sovereignty at Bay*. New York: Basic Books.

———. 1977. *Storm over the Multinationals: The Real Issues*. Cambridge: Harvard University Press.

Veseth, Michael. 1998. *Selling Globalization: The Myth of the Global Economy*. Boulder: Lynne Rienner.

Vogel, Steven K. 1996. *Freer Markets, More Rules: Regulatory Reform in Advanced Industrial Countries*. Ithaca: Cornell University Press.

Wade, Robert. 1996. "Globalization and Its Limits: Reports of the Death of the National Economy Are Greatly Exaggerated." In Suzanne Berger and Ronald Dore, eds., *National Diversity and Global Capitalism*, pp. 60–88. Ithaca: Cornell University Press.

Wagnleitner, Reinhold. 1994. *Coca-Colonization and the Cold War: The Cultural Mission of the United States in Austria after the Second World War*. Chapel Hill: University of North Carolina Press.

Wallander, Celeste M. 1999. *Mortal Friends, Best Enemies: German-Russian Cooperation after the Cold War*. Ithaca: Cornell University Press.

Waltz, Kenneth N. 1967. *Foreign Policy and Democratic Politics: The American and British Experience*. Boston: Little, Brown.

———. 1979. *Theory of International Politics*. Reading, Mass.: Addison-Wesley.

Wan, Ming. 1995. "Spending Strategies in World Politics: How Japan Has Used Its Economic Power in the Past Decade." *International Studies Quarterly* 39, no. 1 (March): 85–108.

Warshaw, Steven. 1975. *Southeast Asia Emerges: A Concise History of Southeast Asia from Its Origins to the Present*. Berkeley: Diablo Press.

Washington, George. 1896. *The Farewell Address of George Washington to the People of the United States of America*. [Savannah, Ga.]: General Society, Sons of the Revolution.

Way, Christopher. Forthcoming. *Manchester Revisited: Economic Interdependence and Conflict* (working title). Ithaca: Cornell University Press.

Webb, Leicester C. 1962. "Australia and SEATO." In G. Modelski, ed., *SEATO: Six Studies*, pp. 49–83. Melbourne: F. W. Chesire.

Weidenbaum, Murray, and Samuel Hughes. 1996. *The Bamboo Network: How Expatriate Chinese Entrepreneurs Are Creating a New Economic Superpower in Asia.* New York: Free Press.

Weidenfeld, Werner. 1996. *The Transatlantic Challenge: German Contributions to the German-American Partnership in the Cultural and Public Relations Spheres.* New York: German Information Center.

Weiler, John H. H. 2000. "Federalism and Constitutionalism: Europe's Sonderweg." *Jean Monnet Working Paper No. 10.* New York: New York University Law School, Jean Monnet Center for International and Regional Economic Law and Justice.

Weiner, Tim. 2003. "Free Trade Accord at Age 10: The Growing Pains Are Clear." *New York Times* (December 27): A1, A8.

Weiss, Linda. 1999. "Globalization and National Governance: Antinomy or Interdependence?" *Review of International Studies* 25, no. 5 (December): 59–88.

Werz, Nikolaus. 1992. "External Cultural Policy: Continuity or Change." *Aussenpolitik* 92, no. 3: 246–55.

Westerfield, H. Bradford. 1955. *Foreign Policy and Party Politics: Pearl Harbor to Korea.* New Haven: Yale University Press.

Westney, D. Eleanor. 1999. "Organization Theory Perspectives on the Cross-Border Transfer of Organizational Patterns." In Paul Adler, Mark Fruin, and Jeffrey Liker, eds., *Re-Made in America,* pp. 385–408. New York: Oxford University Press.

Whitaker, Arthur P. 1954. *The Western Hemisphere Idea: Its Rise and Decline.* Ithaca: Cornell University Press.

White, David. 1997. "Spain Prepares to Fight for EU Grants." *Financial Times* (November 18): 4.

White, George W. 2000. *Nationalism and Territory: Constructing Group Identity in Southeastern Europe.* Lanham, Md.: Rowman and Littlefield.

Williams, Frances. 2002. "Foreign Investment Dives in US and UK." *Financial Times* (25 October): 7.

Williams, Lee E. 1976. *Southeast Asia: A Short History.* New York: Oxford University Press.

Winner, Langdon. 1977. *Autonomous Technology: Technics-out-of-Control as a Theme in Political Thought.* Cambridge: MIT Press.

Witte, Bruno de. 1998. "Sovereignty and European Integration: The Weight of Legal Tradition." In Anne-Marie Slaughter, Alec Stone Sweet, and J. H. H. Weiler, eds., *The European Court and National Courts—Doctrine and Jurisprudence,* pp. 277–304. Oxford: Oxford University Press.

Wolfers, Arnold. 1962. *Discord and Collaboration: Essays on International Politics.* Baltimore: Johns Hopkins University Press.

Wolters, O. W. 1982. *History, Culture, and Region in Southeast Asian Perspectives.* Singapore: Institute of Southeast Asian Studies.

Wong, Anny. 1991. "Japan's National Security and Cultivation of ASEAN Elites." *Contemporary Southeast Asia* 12, no. 4 (March): 306–30.

World Bank. 2004. *World Development Indicators.* Washington, D.C.: World Bank.

Wortmann, Michael. 1991. *German Direct Investment in the Spanish Economy following Spain's Entry to the EEC: Summary of the Main Findings of the German Team.* Berlin: FAST.

Yamamura, Kozo, and Wolfgang Streeck, eds. 2003. *The End of Diversity? Prospects for German and Japanese Capitalism.* Ithaca: Cornell University Press.

Yamazaki, Masakazu. 1996. "Asia, a Civilization in the Making." *Foreign Affairs* 75, no. 4 (July–August): 106–18.

Yergin, Daniel. 1991. *The Prize: The Epic Quest for Oil, Money, and Power.* New York: Simon and Schuster.

Yeung, Henry Wai-chung. 2003. "Financing Chinese Capitalism: Principal Banks, Economic Crisis, and Chinese Family Firms in Singapore." Paper presented at the conference "Cultural Approaches to Asian Financial Markets," Cornell Law School, Ithaca, April 26.

Yu, Kie-Un. 1999. "Global Division of Cultural Labor and the Korean Animation Industry." In John A. Lent, ed., *Themes and Issues in Asian Cartooning: Cute, Cheap, Mad, and Sexy*, pp. 37–60. Bowling Green, Ohio: Bowling Green State University Popular Press.

Yuan, Jing-dong, and Lorraine Eden. 1992. "Export Processing Zones in Asia: A Comparative Study." *Asian Survey* 32, no. 11 (November): 1026–45.

Yue, Chia Siow, and Wendy Dobson. 1997. "Harnessing Diversity." In W. Dobson and C. S. Yue, eds., *Multinationals and East Asian Integration*, pp. 249–65. Ottawa and Singapore: International Development Centre and Institute of Southeast Asian Studies.

Zakaria, Fareed. 1998. *From Wealth to Power: The Unusual Origins of America's World Role.* Princeton: Princeton University Press.

Zeitlin, Jonathan. 2000. "Introduction: Americanization and Its Limits: Reworking US Technology and Management in Postwar Europe and Japan." In Jonathan Zeitlin and Gary Herrigel, eds., *Americanization and Its Limits: Reworking US Technology and Management in Post-War Europe and Japan*, pp. 1–50. Oxford: Oxford University Press.

Zemans, Joyce. 1999. "A Comparative Overview." In Joyce Zemans and Archie Kleingartner, eds., *Comparing Cultural Policy: A Study of Japan and the United States*, pp. 19–60. Walnut Creek, Calif.: Sage/Alta Mira.

Zhu, Tianbiao. 2000. "Consistent Threat, Political-Economic Institutions, and Northeast Asian Developmentalism." PhD diss., Cornell University.

———. 2002. "Developmental States and Threat Perceptions in Northeast Asia." *Journal of Conflict, Security and Development* 2, no. 1 (April): 6–29.

Znined-Brand, Victoria. 1997. *Deutsche und Französische Auswärtige Kulturpolitik: Eine Vergleichende Analyse. Das Beispiel der Goethe-Institute in Frankreich Sowie des Instituts und Centres Culturels Français in Deutschland seit 1945.* Frankfurt: Peter Lang.

Zysman, John, Ellen Doherty, and Andrew Schwartz. 1996. "Tales from the 'Global' Economy: Cross-National Production Networks and the Re-organization of the European Economy." *Working Paper No. 83.* Berkeley: University of California, Berkeley Roundtable on the International Economy.

Zysman, John, and Andrew Schwartz. 1998. "Reunifying Europe in an Emerging World Economy: Economic Heterogeneity, New Industrial Options, and Political Choices." *Journal of Common Market Studies* 36, no. 3: 405–29.

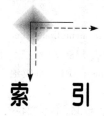

索 引

Acharya, Amitav 阿米塔·阿查亚 59
Acheson, Dean 迪安·艾奇逊 44,47,54,56
Adenauer, Konrad 康拉德·阿登纳 85
Afghanistan 阿富汗
　　NATO and 北约 129,184
　　Soviet invasion of 苏联入侵 3,236,240
　　United States in 美国 29,105,206
Africa 非洲 3,12,22,29,58,234—238
African Crisis Response Initiative 非洲危机反应机制 236—237
Agency for Cultural Affairs 文化厅 151—152
agricultural policies 农业政策 196—198
Akamatru, Kaname 赤松要 61—62
Albania 阿尔巴尼亚 29
Alexander, Suzanne 苏珊娜·亚历山大 186—187
Algeria 阿尔及利亚 29,83
al Jazeera 半岛电视台 239
Allende, Salvador 萨尔瓦多·阿连德 226

Alliance for Progress 进步同盟 227
Allison, Anne 安妮·阿利森 176
al Qaeda 基地组织 105,125,137
Alter, Karen 卡伦·奥尔特 73
American imperium 美国帝权 See imperium 参见帝权
American Online (AOL) 美国在线 170,171
Amsterdam, treaty of《阿姆斯特丹条约》82,130,136,147,193
Andean Pact《安第斯条约》233
Angola 安哥拉 236,238
anime 动画片 162,165—167,201 See also films 亦参见电影
anti-Americanism 反美主义 87—89,240—243
anti-Communism 反共产主义 44—52,213,224,226,244
　　Asian coalitions for 亚洲联盟 47—52,59
　　European coalitions for 欧洲联盟 44—47,52—54
　　See also cold war 亦参见冷战
Anti-Imperialist League 反帝国主义同盟

211, 215
Anti-Terrorism Network 反恐网络 139 See also terrorism 亦参见恐怖主义
AOL (American Online) 美国在线 170, 171
Arabian American Oil Company 阿拉伯美国石油公司 240
Arab League 阿拉伯联盟 22, 238, 240
Arase, David 戴维·阿拉斯 63
Argentina 阿根廷 197, 231, 232
Aron, Raymond 雷蒙·阿隆 214
artistic freedom 艺术自由 158
Asia 亚洲
 anti-Communism coalitions in 反共联盟 47—52
 environmental concerns of 环境关切 27, 197
 Eurasianism and 欧亚主义 9
 export processing zones and 出口加工区 26, 33
 GNPs of 国民生产总值 51
 human rights concerns in 人权关切 140—141, 219—220
 market networks of 市场网络 60—69, 220
 regional identities in 地区认同/身份 78—81
 security concerns of 安全关切 38, 136—148
 subregionalism in 次地区主义 91—93, 96—103, 189—192
 technology networks of 技术网络 106—117, 125
 U. S. trade with 对美贸易 235
 See also specific countries 亦参见具体国家
Asian Development Bank 亚洲开发银行

35, 146
Asian Drug Law Enforcement Conference 亚洲毒品执法大会 138
ASEAN Regional Forum (ARF) 东盟地区论坛 140—144, 237
"Asian Way" 亚洲方式 36, 79, 224—225
Asia-Pacific Center for Security Studies 亚太安全研究中心 144
Asia Pacific Economic Community (APEC) 亚太经济共同体 41, 66, 141—142
 Bogor Declaration of《茂物宣言》24
 democratization within 内部的民主化 221
 formation of 形成 80
 waning of 衰落 208
Asia Pacific Economic Cooperation Ministerial Conference 亚太经济合作部长会议 80
Assad, Hafiz al- 哈菲兹·阿萨德 239
Association for Progressive Communications 进步通讯协会 16
Association of Southeast Asian Nations (ASEAN) 东南亚国家联盟 10—11, 27, 110, 140—145
 Anti-Terrorism Network of 反恐网络 139
 Culture Center of 文化中心 154
 enlargement of 扩大 21
 financial surveillance by 财政监督 219
 free trade agreements of 自由贸易协定 27
 human rights and 人权 219—220
 India 印度 237
Astra Company 阿斯特拉公司 68
Atlantic Charter 大西洋宪章 46, 49, 213

Audi Corporation 奥迪公司 123
Aum Shinrikyo（cult）奥姆真理教（邪教）137
Australia 澳大利亚 11，26，78，142
　　APEC and 亚太经合组织 80
　　beef industry of 牛肉产业 197
　　East Timor and 东帝汶 145
　　environmentalism in 环保主义 39
　　SEATO and 东南亚条约组织 55
　　trade agreements of 贸易协定 62
Austria 奥地利 4，82，131，209，214
automobile industry 汽车业 123—124，155
Axtmann, Roland 罗兰·阿克斯特曼 2

BABEL（Broadcasting Across the Barriers of European Languages）欧洲语言无障碍广播 172
Baghdad Pact《巴格达公约》236，240
Bali 巴厘岛 93
Balkans 巴尔干 84，206
　　European Union and 欧盟 28—29
　　NATO in 北约 127—130，133，184
Baltic states 波罗的海国家 28，84，127—128
Bandung conference 万隆会议 237
Barnet, Richard J., 理查德·J. 巴尼特 171
Basque country 巴斯克山区 193
Bates, Robert 罗伯特·贝茨 x
Beedham, Brian 布赖恩·比达姆 78
Beethoven, Ludwig van 路德维希·凡·贝多芬 85
Belarus 白俄罗斯 84
Belgium 比利时 4，168
Bentham, Jeremy 杰里米·边沁 14
Bertelsmann Corporation 贝塔斯曼公司 169—171，200
Bethman-Hollweg, Theobald von 特奥巴登·冯·贝特曼—霍尔维格 176
Bevin, Ernest 厄恩斯特·贝文 52，53
Bhagwati, Jagdish 杰格迪什·巴格瓦蒂 23，25
Bismarck, Otto von 奥托·冯·俾斯麦 216
Blair, Tony 托尼·布莱尔 130
"bloc regionalism" "集团地区主义" 24，42，177—178
Bogor Declaration《茂物宣言》24
Bolivia 玻利维亚 231，233
Böll, Heinrich 海因里希·伯尔 158
Borrus, Michael 迈克尔·伯勒斯 111，113，115，190
Bosnia 波斯尼亚 29，184，206 See also Balkans 亦参见巴尔干
Bow, Brian 布莱恩·鲍 225n
Brandt, Willy 维利·勃兰特 158
Brazil 巴西 12，197，231—233
Bretton Woods agreement 布雷顿森林协议 46
Bright, Charles 查尔斯·布莱特 89
British Council 英国文化委员会 153
Britanny 布列塔尼 193
Brzezinski, Zbigniew 兹比格纽·布热津斯基 8
Bulgaria 保加利亚 28，123，127—128
Bull, Hedley 赫德利·布尔 1，245
Bundesbank 联邦银行 17，32，99，183—184
Burma 缅甸 110，140，177，191，220，221
Buruma, Ian 伊恩·伯卢马 86
Bush, George H. W., 乔治·H. W. 布什 211—212，238

Bush, George W. 乔治·W. 布什 80, 238, 245—246
    fiscal policies of 财政政策 5
    Iraq war and 伊拉克战争 211—212, 242—243

California 加利福尼亚 39, 42, 114, 115, 188, 210
Cambodia 柬埔寨 110, 223
Camp David agreement《戴维营协定》238
Canada 加拿大 8, 78, 132, 212, 225
    Asia and 亚洲 142, 219
    bilingualism in 双语 228—229
    exports of 出口 12, 229, 239
    GDP of 国内生产总值 229
    Iraq war 伊拉克战争 129
    NAFTA and 北美自由贸易区 230—231
    NATO and 北约 186
Caribbean 加勒比 11—12, 211, 225n, 227, 233
Catalonia 加泰罗尼亚 192—194
Cavanaugh, John 约翰·卡瓦诺 171
Central America 中美洲 225n, 226, 232—234, 245
Central American Common Market 中美洲共同市场 233
Chase, Kerry 克里·蔡斯 26
Chechnya 车臣 206
Checkel, Jeffrey 杰弗里·切克尔 81
Cheung, Jacky 张学友 163—164
Chiang Kai-shek 蒋介石 54
Chiang Mai initiative 清迈倡议 35
Chile 智利 226, 231, 232
China 中国
    ASEAN and 东盟 11, 27

civil war of 内战 47—49, 54, 223
corporate networks of 公司网络 106—108, 112—115
currency of 货币 33, 34, 37
democratization in 民主化 221
empire of 帝国 91—93, 209
export processing zones and 出口加工区 26
GDP of 国内生产总值 36—37
growth triangles of 增长三角 42, 189—192
immigrants from 移民 63—67, 113—114, 137
Indonesia and 印尼 65, 66
Internet in 互联网 149—150
market networks of 市场网络 60—69, 113—116
security concerns of 安全关切 38, 58, 139—145, 213
Taiwan and 台湾 27, 139, 140, 142, 223
during WWII 二战期间 54, 175, 177
Choate, Pat 帕特·乔特 187
Churchill, Winston 温斯顿·丘吉尔 44, 52, 54, 239
Citizen Kane (film)《公民凯恩》(电影) 207
Clayton, Will 威尔·克雷顿 55
Clover, Charles 查尔斯·克洛弗 9
Cohen, Benjamin 本杰明·科恩 31, 77
cold war 冷战 2—4, 37, 38, 149
    Africa and 非洲 236, 238
    Germany and 德国 45—46
    globalization and 全球化 21
    Iraq during 伊拉克 239
    NATO after 北约 126—128
    USSR during 苏维埃社会主义共和国

2—4, 45—46, 56, 126, 210, 226—227

See also anti-communism 亦参见反共产主义

Cologne summit 科隆峰会 130—131

Colombia 哥伦比亚 233

comic books 漫画书 162, 164—167, 200—201

Commander-in-Chief, Pacific Command (CINCPAC) 太平洋司令部总司令 144

common agriculture policy (CAP) 共同农业政策 196

common foreign and security policy (CFSP) 共同外交和安全政策 130—131

Commonwealth of Independent States (CIS) 独联体 127

Communications Decency Act《通讯准则法》150

computer security 计算机安全 218—219

Conference for Security and Co-operation in Europe (CSCE) 欧洲安全与合作会议 126, 129

Congo 刚果 132, 236

Co-Prosperity Sphere 共荣圈 44, 46, 49, 60, 177, 181

COPS (Comitè Politique de Securitè) 政治安全委员会 131

copyright issues 版权问题 158, 164, 201, 217

corporations 公司

    multinational 多国 4, 13, 18, 25—28, 67—69, 204, 218

    networks of 网络 15—16, 60—63, 106—125, 146, 224

    philanthropy of 慈善 155—157, 161, 186—187

cosmopolitanism 大都会主义 173, 190

Costa Rica 哥斯达尼加 232

Council for Security Cooperation in the Asia Pacific (CSCAP) 亚太安全合作委员会 143

Croatia 克罗地亚 29 See also Balkans 亦参见巴尔干

Cuba 古巴 5, 212, 225—227

cultural diplomacy 文化外交

    Germany 德国 156—161, 176—177

    Japanese 日本 58, 62, 150—156, 161, 175, 244

Cumings, Bruce 布鲁斯·卡明斯 10

currencies 货币 See monetary policies 参见货币政策

cyber-warfare 网络战争 218—219

Cyprus 塞浦路斯 28, 29

Czech Republic 捷克共和国 28, 84, 123—124, 127—128, 171

Dahrendorf, Ralf 拉尔夫·达伦多夫 160

De Gasperi, Alcide 阿尔希德·德·加斯珀瑞 85

de Gaulle, Charles 戴高乐 83, 187

Denmark 丹麦 131

Deutsch, Karl 卡尔·多伊奇 11, 52, 229

Deutscher, Isaac 伊萨克·多伊彻 101

Deutsche Welle 德语之声 160

Ding, Xinghao 丁幸豪 113

Disney Corporation 迪斯尼公司 164, 167, 170, 200, 201

Dodge, Martin 马丁·道奇 149

Dominican Republic 多米尼加共和国 227

Dore, Ronald 罗纳德·多尔 97

John, Dower 约翰·道尔 182
drug agencies 毒品机构 136, 204—205, 218—219
 Asian 亚洲 138—139, 191
 Latin American 拉丁美洲 228, 230, 233
Dulles, John Foster 约翰·福斯特·杜勒斯

East Asian Economic Caucus (EAEC) 东亚经济论坛 220—221
Eastland, James 詹姆斯·伊斯特兰德 56
East Timor 东帝汶 144—145
Economic Commission for Asia and the Far East (ECAFE) 亚洲和远东经济委员会 224
Economic Planning Agency 经济规划署 61
economic zones 经济区 189
Ecuador 厄瓜多尔 228, 233
Egypt 埃及 4, 238—240
Eichengreen, Barry 巴里·艾肯格林 121
Eisenhower, Dwight Dwight·艾森豪威尔 46, 52, 57, 58
Elger, Tony 托尼·埃尔加 203
El Salvador 萨尔瓦多 232
Emmerich, Roland 罗兰德·埃默里赫 200n
Emmerson, Donald 唐纳德·埃默森 51
environmentalism 环保主义 27, 39, 197
Epstein, Joshua 爱泼斯坦·乔舒亚 8
ERASMUS 伊拉斯谟 85
Ernst, Dieter 迪特尔·厄恩斯特 115
Estonia 爱沙尼亚 28, 127—128
ethnic capitalism 民族资本主义 60—69
ethnic cleansing 种族清洗 84, 178

Eurasianism 欧亚主义 9—11, 77
Eurocorps 欧洲军团 131
Europe 欧洲
 anti-Communism coalitions in 反共联盟 44—47, 52—54
 collective identity in 集体认同/身份 81—89
 export processing zones and 出口加工区 26
 film industry of 电影工业 168—169, 172—173, 177
 GDPs of 国民生产总值 17—18, 221
 GNPs of 国内生产总值 51
 music industry of 音乐产业 169—170, 201
 "New Order" of "新秩序" 44, 178
 oil imports of 石油进口 239
 security concerns of 安全关切 38, 125—136, 145—148
 technology networks of 技术网络 107, 117—125
 See also European Union 亦参见欧盟
European Atomic Energy Community 欧洲原子能共同体 183
European Central Bank (ECB) 欧洲中央银行 99, 183—184
European Coal and Steel Community 欧洲煤钢共同体 182—183
European Court of Justice 欧洲法院 70—74, 136, 183, 234
European Currency Units 欧洲货币单位 32
European Defense Community 欧洲防务共同体 83
European Economic Area 欧洲经济区 23—24, 29
European Economic Community (EEC)

欧洲经济共同体 27—28，183，196
European Free Trade Area 欧洲自由贸易区 29
European Free Trade Association (EFTA) 欧洲自由贸易联盟 24
Europeanization 欧洲化 81—86，117，135—136，172—173，179—184，244
European Monetary Union (EMU) 欧洲货币联盟 31—33，36，184
European policy cooperation (EPC) 欧洲政策合作 129—130
European Rapid Reaction Force 欧洲快速反应部队 131
European security and defense policy (ESCP) 欧洲安全与防务政策 131
European Union (EU) 欧盟
  agricultural policies of 农业政策 196
  court system of 法院系统 70—74，90—91
  cultural interchanges in 文化交流 172—173
  development of 发展 27—28，70—73，81，183
  enlargement of 扩大 21，28—29，84—85，208
  German unification and 德国统一 58—59
  Holy Roman Empire and 神圣罗马帝国 91
  human rights and 人权 29，124，133，158，222
  membership requirements for 成员资格要求 29
  Mercosur and 南方共同市场 21，24，231
  Regional and Cohesion Funds 地区发展基金和团结基金 120—121
  subregionalism in 次地区主义 82，96—103，192—195
  Turkey and 土耳其 11，28，29，84—85，222
  United States and 美国 214
  See also specific countries 亦参见具体国家
Europol 欧洲刑警组织 135—136
Evans, Paul 保罗·埃文斯 142，143
exchange rate mechanism (ERM) 汇率机制 32
export processing zones 出口加工区 26，33
External Trade Organization 对外贸易组织 186

Fearon, James 詹姆斯·费伦 237
Federal Ministry of Research (Germany) 联邦研究部 (德国) 117—118
Ferguson, Niall 尼尔·弗格森 246
Fijnaut, Cyrille 西里尔·菲乙瑙 136
films 电影
  anime 动画片 162，165—167，201
  banning of 禁止 175
  Citizen Kane《公民凯恩》207
  European 欧洲 168—169，172—173，177
  Hollywood 好莱坞 14，168，171，177，200，201
Finland 芬兰 131
Firestone Corporation 凡士通公司 238
Fischer, Joschka 乔西卡·费舍尔 161
Fishlow, Albert 阿尔伯特·菲什洛 24
Flanders 弗兰德斯 193
Florence 佛罗伦萨 85
Florida 佛罗里达 210

"flying geese" theory "雁行"理论 61, 113
Flynn, Gregory 格雷戈里·弗林 133
Folly, Martin 马丁·福利 53
Ford Motor Company 福特汽车公司 123
foreign direct investment (FDI) 外国直接投资 12, 31
Forman, Milos 米洛斯·福尔曼 200n
France 法国 8, 32, 93, 192—193
    empire of 帝国 4, 49, 209, 223
    European identity in 欧洲认同 83
    film industry of 电影工业 168
    Nazis and 纳粹 177
    SEATO and 东南亚条约组织 55
    subregionalism in 次地区主义 85—86, 192—195
Frankel, Jeffrey 杰弗里·弗兰克尔 220
Franko, Lawrence 劳伦斯·弗兰科 118
Fraser, Malcolm 马尔科姆·弗雷泽 62
free trade agreements (FTAs) 自由贸易协定 24—27
    ASEAN 东盟 237
    Latin American 拉丁美洲 12, 24, 227—234
    Pacific 太平洋 62
Free Trade Area of the Americans (FTAA) 美洲自由贸易区 228, 231—233
Friedman, Thomas 托马斯·弗里德曼 21
Fujiwara, Osamu 藤原修 156
Fukuda, Takeo 福田赳夫 153
Fukui, Haruhiro 福井春宏 223
Gaulle, Charles de 查尔斯·戴高乐 83, 187
Geertz, Clifford 克利福德·格尔茨 93

General Agreement on Tariffs and Trade (GATT) 关贸总协定 23, 25, 46, 60, 230
General Motors (GM) 通用汽车公司 123
Georgiadou, Vassiliki 瓦西里基·乔治亚多 222
Gereffi, Gary 加里·格雷菲 108—109
German Academic Exchange Service 德国学术交流中心 153, 160
German Research Council 德国研究委员会 160
Germany 德国
    Bundesbank of 联邦银行 17, 32, 99, 183—184
    cold war and 冷战 45—46
    cultural diplomacy of 文化外交 156—161, 176—177
    GDP of 国内生产总值 220—221
    Hungarian joint ventures with 匈牙利—德国合资公司 123—124
    identity of 身份/认同 82, 101
    Iraq and 伊拉克 129, 242—243
    "milieu goals" of "环境目标" 21—22
    in NATO 在北约 127, 184
    popular culture in 流行文化 162, 167—173
    security concerns of 安全关切 8, 38, 145—148
    "societal foreign policy" of "社会外交政策" 160, 180, 184
    SPD of 社民党 158, 160
    subregionalism 次地区主义 96—103, 192—195
    technology networks of 技术网络 106, 117—125
    unification of 统一 58—59, 99
    U.S. influence 美国的影响 184—188

WWI and 第一次世界大战 176, 209, 239
WWII and 第二次世界大战 3, 44—46, 69, 82—87, 156, 158, 177—178, 247
Gesellschaftliche Aussenpolitik 社会外交政策 *See* 参见 "societal foreign policy"
Gilpin, Robert 罗伯特·吉尔平 41
globalization 全球化 13—16, 29, 44, 112—113
  defined 定义 13
  internationalization and 国际化 19—21, 30, 35—36, 40—42, 86, 155, 208, 234
  Internet and 互联网 14—16, 149—150, 217—219
global system for mobile communication (GSM) 全球移动通讯系统 117
global warming 全球变暖 27 *See also* environmentalism 亦参见环保主义
"glocalization" "全球-地区化" 30, 88, 190
Goebbels, Josef 约瑟夫·戈培尔 157, 177
Goethe Institute 歌德学院 153, 160—161
Goldwater-Nichols Act 戈德华特—尼古拉斯法案 24
Good Neighbor Policy 友好睦邻政策 227
Gorbachev, Mikhail 米哈伊尔·戈尔巴乔夫 133
Grass, Günther 君特·格拉斯 158
Greece 希腊 69, 118—223, 127
Grotius, Hugo 雨果·格劳修斯 101
Guatemala 危地马拉 227, 232
Gujral doctrine 古杰拉尔思想 237
Gulf War 海湾战争 206, 211—212, 240 *See also* Iraq war 亦参见伊拉克战争

Haas, Ernst 厄恩斯特·哈斯 81
Haas, Michael 迈克尔·哈斯 224
Haiti 海地 227
Hall, Derek 德里克·霍尔 197
Hall, Peter 彼得·霍尔 219
Hamilton, Alexander 亚历山大·汉密尔顿 216
Hamilton, Gary 加里·汉密尔顿 65, 69
Hamilton-Hart, Natasha 娜塔莎·汉密尔顿—哈特 223
Hannerz, Ulf 乌尔夫·汉纳兹 151
Hanrieder, Wolfram 沃尔夫兰姆·汉里德 187
Hardt, Michael 迈克尔·哈特 4
Harriman, Averell 埃夫里尔·哈里曼 55
Hashimoto, Ryutaro 桥本龙太郎 139, 154
Hatch, Walter 沃尔特·哈奇 63, 114, 224
Haushofer, Karl 卡尔·豪斯霍弗 7
Hawaii 夏威夷 64, 68
Hellstrom, Mats 马茨·赫尔斯特龙 23
Helsinki Accord 《赫尔辛基协定》126, 132—133
Hirano, Kenichiro 平野健一郎 152
Hitachi Foundation 日立财团 155
Hitler, Adolf 阿道夫·希特勒 178
Hobbes, Thomas 托马斯·霍布斯 101
Hollywood 好莱坞 14, 168, 171, 177, 200, 201 *See also* films 亦参见电影
Holocaust 大屠杀 52, 84—87, 156, 158, 178, 241 *See also* Nazism 亦参见纳粹主义
Holy Roman Empire 神圣罗马帝国 89—91
Honduras 洪都拉斯 232
Hong Kong 香港 42, 64—66, 189,

191—192

Horn, Ernst-Juergen 厄恩斯特—于尔根·霍恩 104

Hosokawa, Morihiro 细川护熙 154

Howard, John 约翰·霍华德 78

Hull, Cordell 科德尔·赫尔 44, 46

human rights 人权

 Asia and 亚洲 140—141, 219—220

 European Union and 欧盟 29, 124, 133, 158, 222

 state sovereignty and 国家主权 219, 226, 245

Humboldt Foundation 洪堡基金会 160

Hungary 匈牙利

 automobile industry of 汽车工业 123—124

 European Union and 欧盟 28

 German joint ventures in 德国合资企业 123—124

 Iraq war and 伊拉克战争 129

 NATO and 127—128

Hunt, Michael 迈克尔·亨特 57

Huntington, Samuel 塞缪尔·亨廷顿 77, 214—215

Hussein, Saddam 萨达姆·侯赛因 239, 242

IBM 国际商业机器 117—118

Iceland 冰岛 29, 53

Identity (ies) 认同/身份

 Australian 澳大利亚人 78

 Canadian 加拿大人 229

 Chinese 中国人 64, 66, 67

 collective 集体的 86—89

 European 欧洲的 81—89

 German 德国人 82, 101

 Japanese 日本人 87—88, 94, 101, 174

 language and 语言 94

 Malaysian 马来西亚人 79

 regional 地区的 76—103

 Russian 俄国人 84

 Singaporean 新加坡人 78—79

Igarashi, Akio 五十岚昭男, 151

IG Metall 德国金属行业工会 187

Ikenberry, John 约翰·伊肯伯里 214

"image alliances" "形象联盟" 162, 165

immigrant 移民 See migrants 参见移民

imperium, American 美国帝权 2—6, 50, 211, 223, 234—248

 Iraq war and 伊拉克战争 241—244

 Latin America and 拉丁美洲 12, 225—236, 245

 Monroe Doctrine and 门罗主义 227

 regionalism and 地区主义 40—45, 179—188, 208—217, 231

India 印度 22, 27, 115, 236, 237

Indonesia 印度尼西亚

 agricultural policies of 农业政策 197

 anti-Communism and 反共产主义 49, 59

 Chinese migrants in 华人移民 65, 66

 democratization in 民主化 221

 growth triangle of 增长三角 189, 191, 223

 Japan and 日本 33, 34, 177

 technology networks of 技术网络 114

Institute of Foreign Relations 对外关系研究院 160

International Cultural Relations 国际文化关系 175

internationalization 国际化

 defined 定义 13

 globalization and 全球化 16—21, 30,

35—36，40—42，86，155，208，234

　　Internet and 互联网 14—16，149—150，217—219

　　Luce on 卢斯 206—207

International Monetary Fund（IMF）国际货币基金组织 31，35，36，90

International Trade Organization（ITO）国际贸易组织 46

Inter Nationes 国际交流中心 160

Internet 互联网

　　in Asia 在亚洲 26，149—150

　　globalization and 全球化 14—16，149—150，217—219

　　publishing and 出版 166，171

　　security concerns with 安全关切 218—219

Interpol 国际刑警组织 135，138

Iran 伊朗 238—240

Iraq war 伊拉克战争 29，105，206，241—244

　　Bush on 布什 211—212，242—243

　　European Union and 欧盟 131

　　NATO and 北约 126，128，129

　　opposition to 反对 132n

　　UN and 联合国 132

　　See also Gulf War 亦参见海湾战争

Ireland 爱尔兰 32，82，118，131，134，136，193

Ise Cultural Foundations Ise 文化基金 155

Ismay, Hastings Lionel 海斯汀·莱昂尼尔·伊斯梅 184

Israel 以色列 3，29，186，208，238—242

Itagaki, Hiroshi 板垣宏 108

Italy 意大利 32，42，82，168

ius sanguinis 血统主义 65

Ivory Coast 象牙海岸 238

Iwabuchi, Koichi 岩渊功一 162

Jackson, Andrew 安德鲁·杰克逊 217

Japan 日本

　　as "advanced information society" 发达的信息社会 146

　　agricultural policies of 农业政策 196—198

　　ASEAN and 东盟 11，27

　　Asian market networks of 亚洲市场网络 60—63，67—69

　　Chinese migrants in 华人移民 137

　　Co-Prosperity Sphere of 共荣圈 44，46，49，60，177，181

　　corporate networks of 公司网络 60—63，106—116，146，224

　　cultural diplomacy of 文化外交 58，62，150—156，161，175，244

　　currency of 货币 33—35，62

　　Dulles on 杜勒斯 57

　　empire of 帝国 3，61，175，177，209，247

　　environmental concerns of 环境关切 27，197

　　exports of 出口 62，224

　　foreign investments of 外国投资 33—35，62—63

　　GDP of 国内生产总值 36—37，209，220—221

　　imports of 进口 33，109，177，239

　　Internet in 互联网 26

　　Iraq and 伊拉克 242—243

　　Liberal-Democratic Party of 自由民主党 98，224

　　Ministry of Education of 文部科学省

　　　　151
　　Ministry of Foreign Affairs 外务省 151
　　National Police Agency 警事厅 137—
　　　　140, 148
　　oil imports of 石油进口 109, 177, 239
　　overseas citizens of 海外公民 61
　　popular culture in 流行文化 162—167
　　SEATO and 东南亚条约组织 50
　　security concerns of 安全关切 38,
　　　　137—148
　　Self-Defense Force of 自卫队 144—145
　　subregionalism and 次地区主义 96—
　　　　103, 191
　　technology networks of 技术网络 106—
　　　　116, 203
　　UNESCO and 联合国教科文组织 151,
　　　　154, 161
　　U. S. influence of 美国影响 62, 184—
　　　　188
　　war crimes of 战争罪行 87
　　WWII and 第二次世界大战 3, 44—
　　　　45, 49, 56—57, 86, 87, 102,
　　　　175, 177
Japan Defense Agency 日本防卫厅 144
Japan External Trade Organization 日本对
　　外贸易组织 186
Japan Foundation 日本国际交流基金会
　　151—155, 175
Japan Red Army（JRA）日本赤军 137
Jefferson, Thomas 托马斯·杰斐逊 211,
　　212, 217
Jin, Xie 谢晋 151
Johnson, Chalmers 查默斯·约翰逊 206
Joint European Submicron Silicon Initiative
　　欧洲亚微米硅联合体项目
Jones, Eric 埃里克·琼斯 89
Jordan 约旦 29

Jowitt, Kenneth 肯尼思·乔伊特 77

Kaelble, Hartmut 哈特穆特·凯尔伯尔
　　91
Kahler, Miles 迈尔斯·卡勒 219, 220
Kanemoto, Toshinori 兼元俊德 138
karaoke 卡拉 OK 162, 167
Kashmir 克什米尔 236, 237
Kato, Kozo 加藤浩三 145
KBS（Kokusai Bunka Shinkokai）国际文
　　化关系协会 175
Keidanren 日本经济团体联合会 152—
　　153
Keller, William 威廉·凯勒 116
Kennan, George 乔治·凯南 7, 47
Kenya 肯尼亚 206
Keohane, Robert 罗伯特·基欧汉 17,
　　247
Key, Jeffrey 杰弗里·基 237
Keynes, John Maynard 约翰·梅纳德·
　　凯恩斯 46
Khong, Yuen Foong 邝元芳 141
Kirch, Leo 雷欧·基尔希 171
Kohl, Helmut 赫尔穆特·科尔 32, 158,
　　193
Kojima, Kiyoshi 小岛清 62
Kokusai Bunka Shinkokai（KBS）国际文
　　化关系协会 175
Koopmans, Thijmen 蒂耶门·库普曼斯
　　72—73
Korea 韩国
　　agricultural policies of 农业政策 196—
　　　　197
　　ASEAN and 东盟 11
　　corporate networks of 公司网络 112—
　　　　114, 146
　　democratization in 民主化 221, 243

growth triangle of 增长三角 42, 190

imports of 进口 33

Internet in 互联网 26

Japan and 日本 34—35, 166, 174—175, 177

nuclear weapons of 核武器 27, 59, 137

SEATO and 东南亚条约组织 50

security concerns with 安全关切 59, 137

technology networks of 技术网络 112—114

Korean War 朝鲜战争 45—50, 56, 126, 139, 223—224

Kosovo 科索沃 29, 127—130, 133, 184, 206

Kramer, Paul 保罗·克雷默 57

Kuok Brothers 郭氏兄弟公司 68

Kurth, James 詹姆斯·库尔思 220, 226

Kuwait 科威特 239—240

Kyoto Protocol《京都议定书》27

Laffan, Brigid 布里吉德·拉芬 28

Laitin, David 戴维·莱廷 86, 237

Lake, David 戴维·莱克 24

Lang, Jack 雅克·朗 172

language issues 语言问题

    Canadian 加拿大 228—229

    European 欧洲 85—86, 172, 193

    identity and 认同 94

    Japanese 日本 153, 166

    popular music and 流行音乐 166, 170

    United States 美国 201

Laos 老挝 110, 191

Lappessen, Sascha 拉珀森·萨夏 170

Latin America 拉丁美洲 12, 22, 26, 211, 225—236, 245

    Mercosur and 南方共同市场 21, 24, 228, 231—233

    Miami Declaration and《迈阿密宣言》24

Latvia 拉脱维亚 28, 127—128

League of Nations 国联 44

Lebanon 黎巴嫩 29

Lee, Ang 李安 200n

Lee, Kuan Yew 李光耀 141

Leheny, David 戴维·莱恩尼 137

Lehmbruch, Gerhard 格哈特·莱姆布鲁赫 101

Leonhard, Joachim-Felix 约阿希姆—菲利克斯·莱昂哈德 161

Liberal-Democratic Party（LDP）自由民主党 98, 224

Liberia 利比里亚

Libya 利比亚 238

Liechtenstein 29

Likud Party 利库德党 241

Lippmann, Walter 沃尔特·李普曼 55

Lipset, Seymour Martin 西摩·马丁·利普塞特 228

Lithuania 28, 84, 127—128

localization 本地化 30, 88, 190

Louisiana Purchase 路易斯安那购买 210

Luce, Henry 亨利·卢斯 206—207

Lundestad, Geir 47

Maastricht treaty《马斯特里赫特条约》32, 82, 83

    cultural policies in 文化政策

    security concerns in 安全关切 130, 135—136, 147

Macedonia 马其顿 29 See also Balkans 亦参见 巴尔干

Madison, James 詹姆斯·麦迪逊 212

Mahan, Alfred Thayer 阿尔弗雷德·塞

耶·马汉 6
Mahoney, James 詹姆斯·马奥尼 232
Maier, Charles 查尔斯·梅尔 97, 156
Malaya 马来亚 48
Malaysia 马来西亚
　　anti-Communism and 反共产主义 49, 59
　　Chinese migrants in 华人移民 66
　　formation of 形成 223
　　growth triangle of 增长三角 42, 189, 191
　　identity of 认同 79
　　Japanese in 日本人 33, 35
　　technology networks of 技术网络 113, 114
Malta 马耳他 28, 29
Manchuria 满洲里 175, 177
manga comics 日式漫画书 162, 164—167, 200—201
Manila Framework Group 马尼拉框架小组 35
Mann, Michael 迈克尔·曼 246
maquiladoras 加工出口工厂 26, 230
Matsushita Corporation 松下公司 200, 201
Matsuura, Koichiro 松浦晃一郎 154
May, Karl 卡尔·梅 168
McCarthyism 麦卡锡主义 213, 244 See also anti-Communism 亦参见反共产主义
McCormack, Gavan 加万·麦科马克 78
McKinder, Halford 哈尔福德·麦金德 6
Mearsheimer, John 约翰·米尔斯海默 7—9
MEDIA program MEDIA 项目 172
Meiji Restoration 明治维新 96, 107, 156
Mendes, Sam 萨姆·门德斯 200n

mercantilism 重商主义 22
Mercosur (Mercado comùn del Sur) 南方共同市场 228, 231—233
　　Brazil and 巴西 232
　　European Union and 欧盟 21, 24, 231
Mexican-America War 墨美战争 210
Mexico 墨西哥
　　NAFTA and 北美自由贸易区 23, 41, 230—231
　　oil exports of 石油出口 231, 235, 239
　　U.S. relations with 对美关系 8, 225, 227, 229—231
Miami Declaration《迈阿密宣言》24
Middelhoff, Thomas 托马斯·米德尔霍夫 171
Middle East 中东 3, 12, 208, 234—242
migrants 移民 218
　　Caribbean 加勒比 233
　　Chinese 华人 63—67, 113—114, 137
　　European 欧洲人 10, 78, 135
　　Mexican 墨西哥人 229, 230
Mika, Chiba 千叶美加 163
Milner, Helen 海伦·米尔纳 17
Milosevic, Slobodan 米洛舍维奇 128—129
Ministry of Economy, Trade and Industry (METI) 经济产业省 110
Ministry of International Trade and Industry (MITI) 通产省 63
Mitrovich, Gregory 格雷戈里·米特洛维奇 244
Mittelman, James 詹姆斯·米特尔曼 23, 189
Miyazaki, Hayao 宫崎骏 201
MOFA 外务省 139, 152, 154
Mohn, Reinhard 莱恩哈德·摩恩 171
monetary policies 货币政策 17, 30—36,

62，99，183—184
Monnet，Jean 让·莫内 85
Monroe Doctrine 门罗主义 227
Morgan，Patrick 帕特里克·摩根 10，24
Morgenthau plan 摩根索计划 47
Morocco 摩洛哥 29
movies 电影 See 参见 films
Mubarak，Hosni 霍斯尼·穆巴拉克 238
multinational corporation 多国公司 4，13，18，25—28，67—69，204，218
Murakami，Yasusuke 村上泰亮 95
Murayama，Tomiichi 村山富市 154
Murdoch，Rupert 鲁珀特·默多克 200
music industry 音乐产业 162—170，175，200，201
Myanmar 缅甸 110，140，177，191，220，221

NAFTA 北美自由贸易协定 See 参见 North American Free Trade Agreement
Nakamichi Foundation 中道基金 155
Nasser，Gamal Abdel 加麦尔·阿卜杜勒·纳赛尔 239，240
National Endowment for the Arts（NEA）国家艺术基金会 151
National Police Agency（NPA）日本警事厅 137—140，148
NATO 北约 See 参见 North Atlantic Treaty Organization
natural economic territories（NETs）自然经济区 189—190
Nau，Henry 亨利·诺 214
Naughton，Barry 巴里·诺顿 66
naval power 海军军力 6
Nazism 纳粹主义 44，46，52，82—87，156，158，177—178

Netherlands 荷兰 4，49，82，129，168，193，209，223
New Deal 新经济政策 215
new industrial economies（NIEs）新兴工业国 108—109
"New Order" 新秩序 44，178
New Zealand 新西兰 11，55
Nicaragua 尼加拉瓜 227，232
Nice，treaty of《尼斯条约》130
Niebuhr Reinhold 莱因霍尔德·尼布尔 244
Nigeria 尼日利亚 3，236，237，239
Nisbett，Richard 理查德·尼斯比特 93—95
Nordic Council 北欧理事会 83
North American Free Trade Agreement（NAFTA）《北美自由贸易协定》23，41，228—234
North Atlantic Cooperation Council 北大西洋合作理事会 127
North Atlantic Treaty（NAT）《北大西洋公约》47
North Atlantic Treaty Organization（NATO）北大西洋公约组织 22，186
Acheson on 艾奇逊 54
in the Balkans 在巴尔干 127—130，133，184
after cold war 冷战后 126—128
enlargement of 扩大 21，184
Germany and 德国 58—59，127，184
human rights concerns of 人权关切 124
Iraq war and 伊拉克战争 126
Russia and 俄罗斯 127—128，134
SEATO versus，东南亚条约组织 50—56，58
security concerns of 安全关切 125—

134, 147
Northeast Asia Treaty Organization (NEATO) 东北亚条约组织 51
Norway 挪威 29, 32, 53, 129
Nossel, Suzanne 苏珊娜·诺萨尔 242
nuclear industry 核工业 183
nuclear weapons 核武器 27, 47, 49, 59, 105, 132—133, 137, 180, 218
Nye, Joseph 约瑟夫·奈 150—151, 167
Nyun, U 宇农 224

O'Brien, Richard 理查德·奥布赖恩 35
Ogura, Kazuo 小仓和夫 200
Ohira, Masayoshi 大平正芳 62, 153—154
Ohmae, Kenichi 大前研一 41—48
oil imports 石油进口 3, 219, 231, 239—240
    Japanese 日本 109, 177, 239
    United States 美国 235, 236, 239
Okita, Saburo 小北三良 61, 62
Oman, Charles 查尔斯·奥曼 15
Organization for Economic Co-operation and Development (OECD) 经济合作与发展组织 31, 121—122
Organization for Security and Cooperation in Europe (OSCE) 欧洲安全与合作组织 28, 125, 129—134, 140—142, 147, 219
Organization of African Unity (OAU) 非洲统一组织 22
Organization of American States (OAS) 美洲国家组织 22
Orwellianism 奥威尔主义 7, 42
Ottoman empire 奥斯曼帝国 4, 209, 222
Ozawa, Terutomo 111

Pacific Basin Economic Council 太平洋地区经济委员会 62
Pacific Economic Cooperation Conference 太平洋地区经济合作会议 62
Pacific Economic Cooperation Council 太平洋经济合作委员会 143
Pakistan 巴基斯坦 3, 48, 236, 237
    nuclear weapons of 核武器 27
    SEATO and 东南亚条约组织 55
Palermo conference of 1998 1998 年巴勒莫会议 29
Palestinians 巴勒斯坦人 29, 240—241
Panama 巴拿马 227
Pan-Arabism 泛阿拉伯主义 240 See also Arab League 亦参见阿拉伯联盟
Parretti, Giancarlo 詹卡洛·帕雷塔 200
Partnership for Peace 和平伙伴 127
Paul, T. V. T. V. 保罗 99—100
Pempel, T. J. T. J. 彭泊尔 180
People's Republic of China (PRC) 中华人民共和国 See China 参见中国
Perot, Ross 罗斯·佩罗 187
Perroux, Francois 弗兰科·佩罗 20, 30
Peru 秘鲁 138, 228, 233
Petersen, Wolfgang 沃夫冈·彼特森 200n
"Philadelphia system" "费城体系" 91, 233—234
philanthropy, corporate 公司慈善 155—157, 161, 186—187
Philippines 菲律宾
    agricultural policies of 农业政策 197
    Chinese migrants in 华人移民 66
    democratization in 民主化 221
    Dulles on 杜勒斯 57
    independence of 独立 213
    Japan and 日本 166, 175, 177

SEATO and 东南亚条约组织 50, 55
technology networks of 技术网络 114
United States and 美国 49, 210—211
Podhoretz, Norman 诺曼·波德霍雷茨 217
Pokémon 口袋怪兽 166, 167
Poland 波兰 8
    European Union and 欧盟 28, 84
    Iraq war and 伊拉克战争 129
    NATO and 北约 127
Polanksi, Roman 罗曼·波兰斯基 200n
Polk, James 詹姆斯·波尔克 210, 211
Polygram 宝丽金 169, 200
Pompidou, Georges 乔治·蓬皮杜 134
Pompidou Group 蓬皮杜集团 204
popular culture 流行文化 162—173, 199—201
    banning of 禁止 175
    cross-fertilization of 交配融合 199—201
    German 德国 162, 167—173
    Japanese 日本 162—167
    technology and 技术 202—204
Populists 人民党党员 213
Portugal 葡萄牙 69, 119—121
    currency devaluation by 货币贬值 32
    democratization in 民主化 221, 222
    empire of 帝国 4, 209
    "postmodern imperialism" "后现代帝国主义" 237
PRC 中华人民共和国 *See* China 参见中国
preemptive war 先发制人的战争 217, 242, 246
Presley, Elvis 埃尔维斯·普莱斯利 168
Progressivism 进步主义 39, 213
Puerto Rico 波多黎各 227

Vladimir Putin 弗拉基米尔·普京 127

Québec 魁北克 228—229

racism 种族主义 57—58, 86, 213
RAND Corp. 兰德公司 149
Random House 兰登书屋 171
Reagan, Ronald 罗纳德·里根 215
Regional and Cohesion Funds 地区发展基金和团结基金 120—121
regionalism 地区主义 6—13, 43—60, 67—69, 112—113, 145—150
    American imperium and 美国帝权 40—45, 179—188, 208—217, 231
    "bloc" "集团" 24, 42, 177—178
    defined 定义 2, 6
    Holy Roman Empire and 神圣罗马帝国 89—91
    identity and 认同/身份 76—103
    Mercosur and 南方共同市场 231
    Mittelman on 米特尔曼 23
    porosity of 21—36, 96—103, 149—150, 174, 177, 188—198, 217—225
Rhône-Alpes 罗纳—阿尔卑斯大区 192—193
Riefenstahl, Leni 莱妮·里芬斯塔尔 177
Risse, Thomas 托马斯·里斯 82
Risse-Kappen, Thomas 托马斯·里斯—卡彭 186
Rodamas Group Rodamas 集团 68
Rogers, Daniel T. 丹尼尔·T.罗杰斯 39
Roman empire 罗马帝国 2, 8, 12
Romania 罗马尼亚 28, 123, 127—128
Roosevelt, Franklin 富兰克林·罗斯福 46, 54, 58, 215

地区构成的世界

Roosevelt, Theodore 西奥多·罗斯福 213, 227
Rostow, Walt 沃尔特·罗斯托 56
Rotter, Andrew 安德鲁·罗特 54—55
Rudolph, Suzanne 苏珊娜·鲁道夫 92
Ruggie, John 约翰·鲁杰 9, 46, 59
Russia 俄罗斯 143, 214
 Asian trade with 对亚洲贸易 190—191
 Baltic states and 波罗的海国家 84
 defense budget of 国防预算 209
 European identity and 欧洲认同 11, 77, 84
 expansion of 扩张 6, 209
 NATO and 北约 127—128, 134
 See also Union of Soviet Socialist Republics 亦参见苏维埃社会主义共和国

Saban, Haim 哈伊姆·萨班 171
Santa-Cruz, Arturo 阿图罗·桑塔—克鲁兹 226
Sassen, Saskia 萨斯基亚·萨森 29
Sato, Kenji 佐藤健治 201
Saudi Arabia 沙特阿拉伯 206, 238—242
Scheingold, Stuart 斯图尔特·沙因戈尔德 74
Schengen accords 申根协定 136
Schengen Information System 申根信息系统 135
Schlesinger, Arthur 阿瑟·施莱辛格 181
Schmidt, William E. 威廉姆·E.施密特 169
Schodt, Frederik 弗雷德里克·肖特 163
Schroeder, Paul 保罗·施罗德 90
Scott, Allen 艾伦·斯科特 188
Seagate Corporation 希捷公司 113
SEAT Corporation 西亚特公司 120

security concerns 安全关切 38, 199
 Americanization of 美国化 204—207
 Asian 亚洲 136—145
 European 欧洲 125—136
 Internet 互联网 218—219
Sedgwick, Mitchell 米切尔·塞奇威克 67
Seki, Mitsuhiro 关满博 107—108
Serbia 塞尔维亚 29, 128—129, 184 See also Balkans 亦参见巴尔干
Shalikashvili, John 约翰·沙利卡什维利 127
Shanghai Cooperation Organization 上海合作组织 142
Shiraishi, Saya 白石沙耶 165—166
Siam Motor Group 暹罗摩托集团 68
Siemens Corporation 西门子公司 117—118
Sierra Leone 塞拉利昂 236, 238
SII (Structural Impediment Initiatives) 结构障碍方案 181
Silicon Valley 硅谷 42, 114, 115, 188
Simmel, Georg 乔治·西莫尔 77
Singapore 新加坡 11, 59, 223
 ethnic groups of 族群 79
 exceptionalism of 例外论 223
 growth triangle of 增长三角 42, 189, 191
 identity of 认同/身份 78—79
 technology network of 技术网络 26, 112—114
Single European Act《单一欧洲法案》83, 129
Sinocentrism 华夷秩序 89, 91—95, 192
Six-Day War 六日战争 240, 241
slave trade 奴隶贸易 11—12
Slovakia 斯洛伐克 28, 127—128

Slovenia 斯洛文尼亚 28，123，127—128
Smart Border plan 智能边境计划 229
Smith, Chris 克里斯·史密斯 203
Smith, Shannon 香农·史密斯 191
Social Democratic Party (SDP) 社会民主党 158，160
"societal foreign policy" 社会外交政策 160，180，184
Solana, Javier 哈维尔·索拉纳 131
Somalia 索马里 5，236
Sony Corporation 索尼公司 163—164，200，201
South Africa 南非 3，197，236，237
South Asian Association for Regional Cooperation 南亚地区合作联盟 237
Southeast Asian Command (SEAC) 东南亚司令部 54
Southeast Asia Treaty Organization (SEATO) 东南亚条约组织 22，50—56，58
sovereignty 主权 17，29，90—93，187
    human rights and 人权 219，226，245
Soviet Union 苏联 See Union of Soviet Socialist Republics 参见苏维埃社会主义共和国
Spain 西班牙 69，93，96—103，119—121，192—194
    currency devaluation by 货币贬值 32
    democratization in 民主化 221，222
    empire of 帝国 209，223
    foreign investment in 外国投资 119—120
    Iraq war and 伊拉克战争 129
    NATO and 北约 127
    United States and 美国 210—211，227
Speigel, Steven 史蒂文·施皮格尔 241
Spiro, David 戴维·夏皮罗 17

Spykman, Nicholas 尼古拉斯·斯派克曼 6
St. Malo agreement 圣马洛协议
Stalin, Joseph 约瑟夫·斯大林 56
Standard Oil Company 标准石油公司 240
Stankiewicz, Michael 迈克尔·斯坦克维克兹 59
Steinberg, Philip 菲利普·斯坦伯格 9
Stone, Diane 戴安娜·斯通 79
Strompf, Kevin 凯文·斯特罗姆普弗 225n
Structural Impediment Initiatives (SII) 结构障碍方案 181
Subaru Foundation 速霸基金 155
subregionalism 次地区主义 96—103，188—198 See also regionalism 亦参见地区主义
Suzuki Corporation 铃木公司 123
Sweden 瑞典 32，82，131，169
Switzerland 瑞士 29，119，217
Syria 叙利亚 239

Taiwan 台湾 105，166，177，186
    Chinese networks in 华人网络 64，66
    growth triangle of 增长三角 189，191—192
    mainland concerns with 大陆的关切 27，139，140，142，223
    technology networks of 技术网络 112—115
Takeshita, Noboru 竹下登 154
Tanzania 坦桑尼亚 206
television 电视
    Asian 亚洲 163，165—167
    European 欧洲 85，168—173
    United States 美国 214
terrorism 恐怖主义 42，105，137—139，

204—207, 218—219
Terrorism, Radicalism, Extremism, and International Violence (TREVI) 恐怖主义、激进主义、极端主义和国际暴力（特拉维）134—135
Texaco 德士古石油公司 240
Texas 得克萨斯 210
Tezuka, Osamu 手塚治虫 164, 201
Thailand 泰国
    anti-Communism and 反共产主义 59
    Chinese migrants in 华人移民 66
    growth triangle of 增长三角 189, 161
    Japan and 日本 33, 67, 166
    SEATO and 东南亚条约组织 50—51, 55
    shrimp farming in 虾养殖业 197
    technology networks of 技术网络 113—115
Thorn EMI 科艺百代 169, 170, 200
Thurow, Lester 莱斯特·瑟罗 25
Tilly, Charles 查尔斯·蒂利 38
Time Warner 时代华纳 170, 171, 200
Timor, East 东帝汶 144—145
Tojo, Hideki 东条英机 177
Tokugawa shogunate 德川幕府 61
Tong Li Publishing Co. 东立出版公司 165
Toshiba Corporation 东芝公司 118
Toyota USA 丰田美国公司 155
Trilateral Coordination and Oversight Group 三边协调监管小组 59
Trilateral Forum on North Pacific Security 北太平洋安全三边论坛 143
Truman, Harry S. 哈里·S.杜鲁门 46—49, 54, 55, 58
Tsunekawa, Keiichi 恒川惠市 180
Tunisia 突尼斯 29

Turkey 土耳其
    European Union and 欧盟 11, 28, 29, 84—85, 222
    Iraq war and 伊拉克战争 129
    NATO and 北约 127
    Ottoman empire and 奥斯曼帝国 4, 209, 222
Turner, Frederick Jackson 弗雷德里克·杰克逊·特纳 215
Twain, Mark 马克·吐温 211
Tyrrel, Ian 伊恩·蒂勒尔 39

Ukraine 乌克兰 8, 127—128
UNESCO 联合国教科文组织 151, 154, 161
Union of Soviet Socialist Republics (USSR) 苏维埃社会主义共和国 4—5, 209, 213
    Afghanistan and 阿富汗 3, 236, 240
    during cold war 冷战期间 2—4, 45—46, 56, 126, 210, 226—227
    collapse of 解体 37, 42, 43, 127, 244
    NATO and 北约 126—127
    Norway defense pact with 与挪威签订的防卫条约 53
    nuclear weapons of 核武器 47, 49
    Warsaw Pact and《华沙条约》22
    See also Russia 亦参见俄罗斯
United Kingdom 英国
    currency speculation against 货币投机 32—33
    empire of 帝国 4—5, 11, 46, 49, 209, 214, 223, 239
    European Union and 欧盟 82—83, 193
    Hollywood films in 好莱坞电影 168
    SEATO and 东南亚条约组织 55
    United States and 美国 48, 185

United Nations (UN) 联合国
  charter of 宪章 22
  East Timor and 东帝汶 145
  Economic and Social Council 经济与社会委员会 16
  Economic Commission for Asia and the Far East 亚洲和远东经济委员会 224
  Iraq war and 伊拉克战争 132
  Israeli statehood and 以色列国 241
  Kosovo and 科索沃 128—129
  Office of Drug Control and Crime Prevention 毒品控制和犯罪预防办公室 138
United States 美国
  anti-Americanism toward 反美主义 87—89, 240—243
  Canadian trade with 对加拿大贸易 229
  European Union and 欧盟 214
  exceptionalism of 例外论 212, 225
  expansion of 扩张 210
  foreign aid of 对外援助 235, 237
  GDP of 国内生产总值 209, 229
  GNP of 国民生产总值 51
  "milieu goals" of "环境目标" 21—22
  New Deal of 新经济政策 215
  North Pacific security and 北太平洋安全 143
  oil imports of 石油进口 235, 236, 239
  Pacific nations and 太平洋国家 80, 219, 236
  "Philadelphia system" of "费城体系" 91, 233—234
  security concerns of 安全关切 4, 38, 203—207, 228, 229, 235—237
  trade balances of 贸易平衡 235
  See also imperium 亦参见帝权

utopianism 乌托邦主义

Venezuela 委内瑞拉 232, 233, 235, 239
Verniere, James 詹姆斯·维尼拉 200
Veseth, Michael 迈克尔·维塞斯 20—21
Vietnam 越南 48, 49, 213
  China and 中国 93
  democratization in 民主化 221
  imports of 进口 33
Vietnam War 越南战争 56, 139, 217, 223—224
Vogel, Steven 斯蒂文·沃格尔
Volkswagen (VW) 大众 120, 123

Waltz, Kenneth 肯尼思·沃尔兹 247
Wang, Gungwu 王赓武 92
war, preemptive 先发制人的战争 217, 242, 246
Warsaw Pact《华沙条约》22
Washington, George 乔治·华盛顿 211
Way, Christopher 克里斯托弗·韦 12
weapons of mass destruction 大规模杀伤性武器 27, 105, 137, 218 See also nuclear weapons 亦参见核武器
Weber, Max 马克斯·韦伯 39, 222, 223
Weiler, Joseph 约瑟夫·韦勒 74—75
Welles, Orson 奥森·韦尔斯 207
West European Union (WEU) 西欧联盟 129—131
Westphalia, Peace of《威斯特伐利亚和约》28, 89—90
White, Harry Dexter 哈利·德克斯特·怀特 46
Whitman, Walt 沃尔特·惠特曼 248
Wilson, Woodrow 伍德罗·威尔逊 213,

216—217

Winner, Langdon 兰登·温纳 104

Wittgenstein, Ludwig 路德维希·维特根斯坦 13

Wolf, Ira 艾拉·沃尔夫 186

Wolfers, Arnold 阿诺德·沃尔弗斯 21

Wong, Tony 黄玉郎 165

World Trade Organization (WTO) 世界贸易组织 23, 25, 26, 60

World Wide Web 万维网 See Internet 参见互联网

Wössner, Mark 马克·弗月斯纳 171

Wu, Gordon 戈登·吴 64

Yamamura, Kozo 野口悠纪雄 63, 114, 224

Yeltsin, Boris 鲍里斯·叶利钦 133

Yemen 也门 206, 240

Yoshida, Shigeru 吉田茂 102

Yugoslavia 南斯拉夫 See Balkans 参见巴尔干

Zakaria, Fareed 法里德·扎卡里亚 210

Zeitlin, Jonathan 乔纳森·蔡特林 198, 202

Zhirinovsky, Vladimir 弗拉基米尔·日里诺夫斯基 8—9

Ziuganov, Gennady 根纳季·久加诺夫 8—9

Zysman, John 约翰·齐斯曼 111